Wolf-Gert Matthäus

Java für
IT-Berufe

Wolf-Gert Matthäus

Java für IT-Berufe

Das Lehr- und Begleitbuch für den Unterricht

Bibliografische Information Der Deutschen Bibliothek
Die Deutsche Bibliothek verzeichnet diese Publikation in der Deutschen Nationalbibliografie;
detaillierte bibliografische Daten sind im Internet über <http://dnb.ddb.de> abrufbar.

Das in diesem Werk enthaltene Programm-Material ist mit keiner Verpflichtung oder Garantie irgendeiner Art verbunden. Der Autor übernimmt infolgedessen keine Verantwortung und wird keine daraus folgende oder sonstige Haftung übernehmen, die auf irgendeine Art aus der Benutzung dieses Programm-Materials oder Teilen davon entsteht.

Die Wiedergabe von Gebrauchsnamen, Handelsnamen, Warenbezeichnungen usw. in diesem Werk berechtigt auch ohne besondere Kennzeichnung nicht zu der Annahme, dass solche Namen im Sinne von Warenzeichen- und Markenschutz-Gesetzgebung als frei zu betrachten wären und daher von jedermann benutzt werden dürfen.

Höchste inhaltliche und technische Qualität unserer Produkte ist unser Ziel. Bei der Produktion und Auslieferung unserer Bücher wollen wir die Umwelt schonen: Dieses Buch ist auf säurefreiem und chlorfrei gebleichtem Papier gedruckt. Die Einschweißfolie besteht aus Polyäthylen und damit aus organischen Grundstoffen, die weder bei der Herstellung noch bei der Verbrennung Schadstoffe freisetzen.

1. Auflage November 2005

Alle Rechte vorbehalten
© Friedr. Vieweg & Sohn Verlag/GWV Fachverlage GmbH, Wiesbaden 2005

Lektorat: Dr. Riccardo Mosena / Andrea Broßler

Der Vieweg-Verlag ist ein Unternehmen von Springer Science+Business Media.
www.vieweg-it.de

Konzeption und Layout des Umschlags: Ulrike Weigel, www.CorporateDesignGroup.de
Umschlagbild: Nina Faber de.sign, Wiesbaden

ISBN-13:978-3-8348-0009-1   e-ISBN-13:978-3-322-82034-1
DOI: 10.1007/978-3-322-82034-1

Vorwort

Dieses Java-Einsteiger-Buch wurde für die Auszubildenden in den neuen IT-Berufen geschrieben. Schüler und Studenten, für die die Informatik kein Hauptfach darstellt, sind angesprochen. Es führt schrittweise, konsequent und verständlich in Java ein.

Da das Buch sich an Lernende ohne jegliche Vorkenntnisse wendet, beginnt es deshalb einführend mit einer Klärung der Begriffe Programm und Programmiersprache, logischer und syntaktischer Fehler. Ein erstes, kleines Java-Programm wird geschrieben und zum Anlass genommen, die elementare Zweischritt-Technologie kennen zu lernen, mit der überall und kostenlos Java-Programmentwicklung vorgenommen werden kann.

Es folgen Hinweise auf hilfreiche Entwicklungswerkzeuge und ihre Bezugsmöglichkeiten, bevor dann in den Kapiteln 6 bis 11 erst einmal grundlegend auf die klassische strukturierte Programmierung mit Java eingegangen wird. Alles dient dabei dem Ziel, das Basiswissen für die späteren Kapitel aufzubauen. Dafür gibt es auch die in den Text eingestreuten Übungsaufgaben, deren Lösungen sowohl am Ende des Buches angegeben als auch im online-Service verfügbar sind.

Mit dem Kapitel 12 beginnt die intensive Beschäftigung mit dem Objektbegriff, denn bereits für Zeichenfolgen besitzt Java keine einfachen Speicherplätze mehr.

Klasse und Konstruktor, Objekt und Datenkern, statische und nicht-statische Methoden und viele weitere Begriffe werden danach ausführlich erklärt und genutzt. Die Java-Dokumentation, ebenfalls kostenlos im Internet verfügbar, erweist sich dabei als reiche Quelle.

Schließlich ist im Kapitel 20 die Zeit gekommen, die visuellen Klassen von Java zur Programmierung von Benutzeroberflächen nutzen zu können. Reaktionen für Nutzereinwirkungen auf einfache Bedienelemente werden vorbereitet – und immer wieder werden dabei die Grundlagen wiederholt und gefestigt.

Mit der Einführung in die Applet-Programmierung wird der unmittelbare Bezug zwischen Java- und der Internet-Programmierung hergestellt.

Das Buch entstand aus den vielfältigen Erfahrungen, die ich in meiner Lehrtätigkeit und in der Gestaltung von Praktika an verschiedensten Bildungseinrichtungen sammeln konnte. Den Teilnehmern meiner Lehrveranstaltungen möchte ich hiermit Dank sagen.

Für Rückmeldungen und kritische Hinweise wäre ich sehr dankbar. Besuchen Sie mich doch gelegentlich im Internet unter http://www.w-g-m.de und schreiben Sie mir Ihre Meinung.

Abschließend möchte ich allen, die mich während der Zeit der Manuskripterarbeitung unterstützten und mir viel Verständnis entgegenbrachten, ganz herzlich danken.

Uenglingen, im Oktober 2005   Wolf-Gert Matthäus

Inhaltsverzeichnis

5

Online-Unterstützung 55

6 Speicherplätze für ganze Zahlen 67

E1 Einschub: Verkürzte Schreibweisen in Java 109

9 Felder 119

15 Überladen 191

16 Noch einmal: Methoden 203

17   Vererbung ... 239

18 Abstrakte Klassen und Interfaces 255

19 Polymorphie 269

20 Benutzeroberflächen

E2 Einschub: Weitere verkürzende Schreibweisen

21 Einfache Bedienelemente 301

22 Gruppierte Radiobuttons und Listen 325

1 Grundbegriffe: Programme und Programmiersprachen

1.1 Programme

Zur Veranschaulichung der Vokabeln *Programm* und *Programmiersprache* hilft die Erinnerung an die erste Klasse der Grundschule. Da musste zum Beispiel *zwei plus drei* gerechnet werden, und alle ABC-Schützen, die die richtige Lösung gefunden hatten, hoben stolz und schnell das kleine, passende *Zahlentäfelchen* hoch.

Die Erinnerung an derartige Zahlentäfelchen mit den Ziffern *Null* bis *Neun* wird jetzt sehr hilfreich sein.

1.1.1 Gedankenexperiment

Wir wollen uns vorstellen, dass sich in einem Raum ein paar ganz einfache Geräte befinden (s. Bild 1.1).

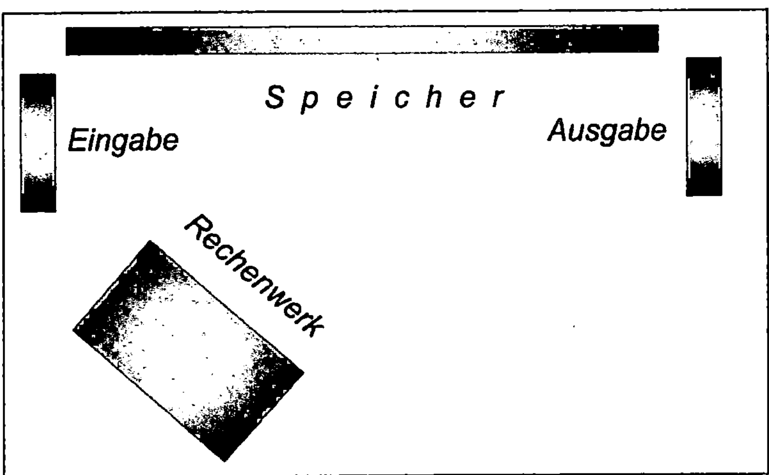

Bild 1.1: Geräte des Gedankenexperiments

Links an der Wand befindet sich die Rückseite eines Briefkastenschlitzes; dessen Einwurf ist draußen. Innen kann nur entnommen werden. Es passt *immer nur ein Zahlentäfelchen* in den Einwurf, und solange dieses nicht von innen abgeholt wurde, kann kein neues Täfelchen eingeworfen werden. Zu diesem Briefkastenschlitz wollen wir *Eingabe* sagen.

Rechts an der Wand, gegenüber, befindet sich ein ebensolcher Briefkastenschlitz, dieser allerdings wird von innen bedient; außen kann nur entnommen werden. Dazu wollen wir *Ausgabe* sagen.

Gegenüber von uns, an der Wand angebracht, steht ein Regal. Ganz flach ist es, hat aber viele Fächer nebeneinander; in jedes Fach soll gerade *ein einziges Zahlentäfelchen* hineinpassen. Hinten ist das Regal offen, so dass ein neu in einen Speicherplatz eingeschobenes Zahlentäfelchen den bisherigen Inhalt verdrängt.

Das kennen wir ja auch beim Aufnehmen auf einen Tonträger – der bisherige Inhalt wird stets überspielt. Die Bezeichnung für dieses Regal ist schon gefallen – wir wollen es unseren *Speicher* nennen.

In einer Ecke unseres Raumes steht ein wahres Ungetüm: Das *Rechenwerk.*

Viel kann es aber trotz seiner Größe nicht: Es gibt zwei *Eingabefächer*, in die jeweils nur ein Zahlentäfelchen hineinpasst, dann gibt es das *Ergebnisfach*, in dem nach vollbrachter Rechenoperation das Zahlentäfelchen mit dem Ergebnis liegt.

Bevor dieses Ergebnis nicht abgeholt wird, können in die beiden Eingabefächer keine neuen Zahlentäfelchen eingelegt werden. Als Rechenoperationen sind nur die drei Grundrechenarten von Plus bis Mal möglich.

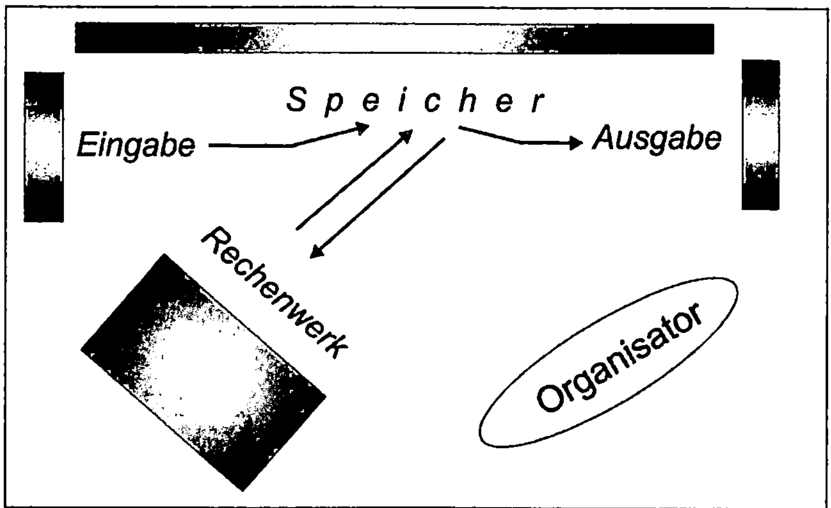

Bild 1.2: Erlaubte Transportwege und der Organisator

Damit soll es gut sein. Nein – doch noch nicht. Wir brauchen noch einen Helfer, der die Zahlentäfelchen im Raum umher trägt. Nennen wir ihn unseren *Transporteur.*

Der Transporteur hat es aber leicht, denn es gibt nur *vier erlaubte Wege:*

Erlaubt ist

- der Transport von der Eingabe zum Speicher,
- der Transport vom Speicher zum Rechenwerk,
- der Transport vom Rechenwerk zum Speicher,
- der Transport vom Speicher zur Ausgabe.

Schließlich und endlich muss noch jemand da sein, der die Prozesse in unserem Raume leitet, der die *nötigen Befehle* gibt. Bild 1.2 enthält deshalb noch den *Organisator*.

Kommen wir nun zu unserer scheinbar ganz leichten *Aufgabe*: Draußen vor der Eingabe steht ein Nutzer und hat vier Zahlentäfelchen in der Hand.

Welche Befehle muss der Organisator erteilen, damit der Nutzer an der Ausgabe die *Summe seiner Zahlen* entgegennehmen kann?

Überlegen wir gemeinsam: Natürlich muss der erste Befehl an die *Eingabe* gehen:

    (1) Eingabe: Nimm ein Zahlentäfelchen!

Nun gut, der Briefkastenschlitz wird geöffnet, der Nutzer schiebt seine erste Zahlentafel hinein. Bevor diese nicht wegtransportiert wird, kann die zweite Zahl nicht erfasst werden. Also muss der Transporteur aktiviert werden:

    Transporteur: Bringe die Zahl zum Speicher!

Doch das macht der Transporteur nicht – er verlangt eine genauere Angabe. Er muss sie bekommen, ein bestimmter Speicherplatz muss benannt werden:

    (2) Transporteur: Transportiere zum Speicherplatz Sp_1!

Nun kann die Eingabe die *zweite Zahl* entgegennehmen:

    (3) Eingabe: Nimm ein Zahlentäfelchen!

Auch diese Zahl muss in den Speicher – wohin sollte sie auch sonst. Und schon können wir den ersten *Denkfehler* begehen, wenn wir nämlich die zweite Zahl falsch in den Speicherplatz Sp_1 bringen lassen würden – und damit die erste Zahl sofort wieder zerstören. Wir brauchen also als Ziel nun unbedingt einen anderen Speicherplatz:

    (4) Transporteur: Transportiere zum Speicherplatz Sp_2!

Nun gibt es verschiedene weitere Vorgehensweisen; wir wollen erst einmal die *erste Zwischensumme* herstellen lassen:

    (5) Transporteur: Transportiere von Sp_1 zum Rechenwerk!
    (6) Transporteur: Transportiere von Sp_2 zum Rechenwerk!
    (7) Rechenwerk: Addiere!

Im Ergebnisfach des Rechenwerkes liegt jetzt die Summe der ersten beiden Zahlen.

Machen wir nun etwas falsch mit folgendem Befehl?

(8) Transporteur: Transportiere vom Rechenwerk nach Sp_1!

Nein, denn die dort nun zerstörte erste Zahl hätten wir sowieso nicht mehr gebraucht. Die zweite Zahl in Sp_2 können wir nun durch die hereingeholte *dritte Zahl* überspeichern lassen:

(9) Eingabe: Nimm ein Zahlentäfelchen!

(10) Transporteur: Transportiere zum Speicherplatz Sp_2!

Und schon hatten wir die zweite Möglichkeit, einen *Denkfehler* zu begehen: Der Transport in den Speicherplatz Sp_1 hätte die Zwischensumme zerstört.

Die Hinzunahme der dritten Zahl zur Zwischensumme wird jetzt veranlasst:

(11) Transporteur: Transportiere von Sp_1 zum Rechenwerk!

(12) Transporteur: Transportiere von Sp_2 zum Rechenwerk!

(13) Rechenwerk: Addiere!

Im Ergebnisfach des Rechenwerkes liegt jetzt die Summe der ersten drei Zahlen.

(14) Transporteur: Transportiere vom Rechenwerk nach Sp_1!

Nun liegt die Zwischensumme der ersten drei Zahlen im Speicherplatz Sp_1, sie wird noch gebraucht; im Speicherplatz Sp_2 liegt die dritte Zahl – sie wurde ja bereits verarbeitet und kann mit der letzten Zahl überspeichert werden:

(15) Eingabe: Nimm ein Zahlentäfelchen!

(16) Transporteur: Transportiere zum Speicherplatz Sp_2!

Hier hätten wir schon die dritte Möglichkeit gehabt, durch *falsches Denken* zu *falschem Ergebnis* zu kommen! Abschließend wird die letzte Zahl aufsummiert, dann liegt im Ergebnisfach des Rechenwerks das gesuchte Ergebnis:

(17) Transporteur: Transportiere von Sp_1 zum Rechenwerk!

(18) Transporteur: Transportiere von Sp_2 zum Rechenwerk!

(19) Rechenwerk: Addiere!

Da der direkte Transport des Ergebnisses zur Ausgabe verboten ist, muss noch einmal der Speicher bemüht werden:

(20) Transporteur: Transportiere vom Rechenwerk nach Sp_1!

Zum Schluss müssen wir veranlassen, dass der Transport vom richtigen Speicherplatz (wieder eine Fehlerquelle) zur Ausgabe erfolgt:

(21) Transporteur: Transportiere von Sp_1 zur Ausgabe!

Dann muss der Befehl an die *Ausgabe* kommen:

(22) Ausgabe: Gib die Zahl aus!

Zweiundzwanzig Befehle müsste der Organisator erteilen, um die Aufgabe zu lösen. Und dabei gilt:

> Wenn *wir* vorher nicht richtig denken, dann erteilt *er* falsche Befehle.

1.1.2 Das erste Programm

Stellen wir nun alle Befehle, die wir uns überlegt haben, noch einmal in Kurzschreibweise übersichtlich zusammen:

```
(1)   E: Nimm Zahl
(2)   T: E --> Sp1
(3)   E: Nimm Zahl
(4)   T: E --> Sp2
(5)   T: Sp1 --> RW
(6)   T: Sp2 --> RW
(7)   RW: Addiere
(8)   T: RW --> Sp1
(9)   E: Nimm Zahl
(10)  T: E --> Sp2
(11)  T: Sp1 --> RW
(12)  T: Sp2 --> RW
(13)  RW: Addiere
(14)  T: RW --> Sp1
(15)  E: Nimm Zahl
(16)  T: E --> Sp2
(17)  T: Sp1 --> RW
(18)  T: Sp2 --> RW
(19)  RW: Addiere
(20)  T: RW --> Sp1
(21)  T: Sp1 --> A
(22)  A: Gib aus
```

Diese Zusammenstellung von Befehlen, die man sich vorher überlegt, nennt man ein *Programm*.

> Ein Programm ist also das Ergebnis vorausschauenden Denkens, aufgeschrieben in geeigneter Form.

> Programmieren – das heißt Denken. Anstrengendes Denken!

1.1.3 Logische Fehler

Programmieren heißt also Denken. Und beim Denken kann man Fehler machen. Diese haben einen speziellen Namen:

> Denkfehler beim Programmieren bezeichnet man als *logische Fehler*.

Wir haben gesehen, dass sich logische Fehler beim Programmieren sehr schnell einschleichen können: durch mangelnde Konzentration, zu geringe Bereitschaft zum gründlichen Nachdenken, durch Unwissenheit.

Und es ist eine Illusion anzunehmen, dass nur bei umfangreichen Programmen die Gefahr von logischen Fehlern besteht. Unser kleines Beispiel gab uns bereits an vier Stellen Gelegenheit, dass sich logische Fehler einschleichen. Denken wir nur an den vorletzten Befehl:

$$(21) \quad T: Sp_1 \; --> A$$

Eine kleine Unachtsamkeit, ein einziges Zeichen anders geschrieben

$$(21) \quad T: Sp_2 \; --> A$$

und schon erhält unser Nutzer nicht seine erwartete Summe, sondern nur die letzte Zahl, die er eingegeben hat, zurück. Das Programm würde völlig falsch arbeiten.

Ebenso, wie kein Mensch absolut sicher gegen Irrtümer gefeit ist, wird es niemand geben, der von sich sagen kann, dass er *beim Denken niemals Fehler* macht.

Logische Fehler sind, das können wir uns jetzt schon vorstellen, recht schwer zu finden. Und finden muss man sie, wenn man sie beseitigen will. Oder man bemüht sich, derartige Fehler erst gar nicht zu machen.

> Also bleibt die Schlussfolgerung: Der Programmierprozess muss so organisiert werden, dass die *Wahrscheinlichkeit von Denkfehlern* möglichst gering ist.

Davon wird eigentlich das ganze restliche Buch handeln.

1.2 Programmiersprachen

1.2.1 Symbolbefehle

> Ein Programm ist das Ergebnis vorausschauenden Denkens, aufgeschrieben in *geeigneter Form*.

Wollen wir uns nun mit den letzten beiden Worten dieses Satzes beschäftigen. Mit den Befehlen von (1) bis (22) haben wir ein Programm im Stile der 50er und 60er Jahre aufgeschrieben – jeder einzelne Transport- und Rechenvorgang musste damals im Detail vorher überlegt werden. Und nicht so populär wie bei uns aufgeschrieben, sondern speziell und aufwändig kodiert, sehr unübersichtlich.

Die Schwierigkeiten beim vorausschauenden Denken wurden zusätzlich überlagert durch die Schwierigkeiten beim Aufschreiben der Befehle. Man arbeitete auf dem *Niveau der Maschinenprogrammierung*; nur wenigen Spezialisten war es damals vergönnt, Programme entwickeln zu können.

Muss der *denkende Mensch* eigentlich immer alle Details eines Programms aufschreiben? fragte man sich damals. Und man fand eine Antwort.

Denn eigentlich ist der Organisator überhaupt nicht ausgelastet, wenn er nur die Befehlsliste mit den (Detail-)Befehlen übergeben bekommt und diese lediglich abliest.

Warum wollen wir uns seiner nicht bedienen, indem wir in folgender Weise zu acht *Symbolbefehlen* übergehen?

```
(1)   E: Nimm Zahl         \     ----> Sp1
(2)   T: E --> Sp1         /
(3)   E: Nimm Zahl         \     ----> Sp2
(4)   T: E --> Sp2         /
(5)   T: Sp1 --> RW        \
(6)   T: Sp2 --> RW         \   Sp1+ Sp2 ----> Sp1
(7)   RW: Addiere          /
(8)   T: RW --> Sp1        /
(9)   E: Nimm Zahl         \     ----> Sp2
(10)  T: E --> Sp2         /
(11)  T: Sp1 --> RW        \
(12)  T: Sp2 --> RW         \   Sp1+ Sp2 ----> Sp1
(13)  RW: Addiere          /
(14)  T: RW --> Sp1        /
(15)  E: Nimm Zahl         \     ----> Sp2
(16)  T: E --> Sp2         /
(17)  T: Sp1 --> RW        \
(18)  T: Sp2 --> RW         \   Sp1+ Sp2 ----> Sp1
(19)  RW: Addiere          /
(20)  T: RW --> Sp1        /
(21)  T: Sp1 --> A         \   Sp1 ---->
(22)  A: Gib aus           /
```

Stellen wir uns vor, dass der Organisator eine Menge an Formularen besitzt, in denen die Detailbefehle schon vorbereitet sind; nur die jeweils konkreten Angaben müssten noch eingetragen werden.

Wenn der Organisator entsprechend unterwiesen (angelernt) ist, wird es ihm doch sicher möglich sein, rein formal, so, wie es Bild 1.3 zeigt, aus den acht rechts stehenden Symbolbefehlen selbständig das fertige, komplette Maschinenprogramm herstellen zu können. Dabei braucht er nicht einmal denken, das Einsetzen kann als ein *ganz formaler Prozess* betrachtet werden.

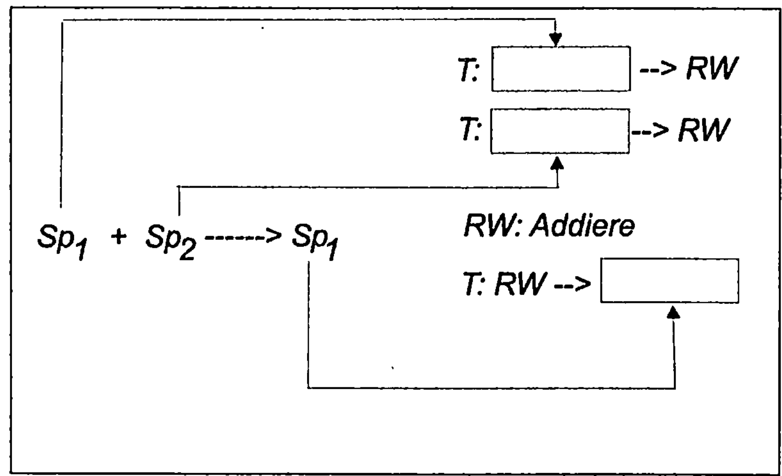

Bild 1.3: Formales Eintragen in passendes Formular

Für den *denkenden Menschen* aber wird dann das Programmieren wesentlich leichter, weil er sich auf das Wesentliche konzentrieren kann. Das Wesentliche, das sind in unserem Fall die wenigen, acht Symbolbefehle.

Damit kommen wir zum wichtigen Begriff:

Eine Menge an Symbolbefehlen nennt man eine *Programmiersprache.*

Wer also eine Programmiersprache zum Programmentwurf nutzen kann, der kann sich folglich auf das Wesentliche konzentrieren. Denkfehler werden seltener auftreten. Aber – nichts ist umsonst – dafür erscheint nun eine zweite Art, Fehler zu machen. Wieso?

Ganz einfach: Was passiert denn, wenn der angelernte Organisator einen Symbolbefehl erhält, mit dem er nichts anfangen kann, zum Beispiel mit diesem:

Sp₁ <---- Sp₁ + Sp₂

Für den *denkenden Menschen* wäre alles klar – aber der Organisator besitzt dieses Denkvermögen nicht. Er kann nur Symbolbefehle umsetzen, die er kennt.

Das bedeutet, dass jeder, der Programme in Form von Symbolbefehlen schreiben will, sich an gewisse Regeln halten muss.

Das Regelwerk für die Symbolbefehle nennt man *Syntax.*

Damit kommen wir zur treffenden (naiven) Definition einer Programmiersprache:

> Eine *Programmiersprache* ist eine Menge von Symbolbefehlen einschließlich des dazugehörigen Regelwerks.

Wird ein Programm in einer Programmiersprache entwickelt und aufgeschrieben, dann kann sich der Programmierer auf das Wesentliche konzentrieren. Er erkauft sich die Erleichterung seiner Denkarbeit aber mit einer neuen Fehlerart: Verstöße gegen das Regelwerk der Programmiersprache heißen syntaktische Fehler.

1.2.2   Syntaktische Fehler

> *Syntaktische Fehler* sind Verstöße gegen das Regelwerk der Programmiersprache. *Logische Fehler* sind Denkfehler.

Welche Fehler sind schwerwiegender? Welche Fehler sind leichter zu finden und zu korrigieren?

Es ist leicht einzusehen: Schwerwiegender sind immer die *logischen Fehler*. Denn wenn ein *syntaktischer Fehler* vorliegt, wird er sofort beim Versuch der Verarbeitung des Symbolbefehls erkannt. Es gibt eine klare Fehlermeldung.

Logische Fehler dagegen sind stets schwer zu finden; sie werden oft erst erkannt, wenn das Programm nicht die Leistung bringt, die es eigentlich bringen soll.

Es bleibt also dabei – von entscheidender Bedeutung ist die Entwicklung einer Programmiertechnologie, bei der die *Wahrscheinlichkeit für logische Fehler gering* wird.

1.2.3   Programmiersprachen

Warum hatten die vorhin beispielhaft entwickelten Symbolbefehle eigentlich keine Chance, als Programmiersprache um die Welt zu gehen? Es sieht doch gar nicht so schlecht aus, das Programm, das nur aus acht anschaulichen Symbolbefehlen besteht und das Wesen der Abläufe klar beschreibt:

$$----> Sp_1$$
$$----> Sp_2$$
$$Sp_1 + Sp_2 ----> Sp_1$$
$$----> Sp_2$$
$$Sp_1 + Sp_2 ----> Sp_1$$
$$----> Sp_2$$
$$Sp_1 + Sp_2 ----> Sp_1$$
$$Sp_1 ---->$$

Trotzdem hat diese Symbolschreibweise keine Chance: Als nämlich die ersten Programmiersprachen entstanden, in den fünfziger Jahren des vergangenen Jahrhunderts, da gab es ganz praktische Überlegungen, wie Symbolbefehle nur aussehen können.

Denn an heutige Computertastaturen oder Bildschirme war überhaupt nicht zu denken; also musste Rücksicht auf die damaligen, sehr einfachen Eingabe- und Ausgabemöglichkeiten genommen werden.

Pfeile und tief gestellte Ziffern waren also undenkbar.

Die Welt der Programmiersprachen begann außerdem im englischen Sprachraum, so dass *Befehlswörter* ausnahmslos der *englischen Sprache* entnommen wurden.

1.2.4 Programmieren in Java

In einer Java-Symbolik wird unser Programm zur Erfassung und Summation von vier Zahlen in folgender Weise geschrieben:

```
//Vereinbarungen der Speicherplätze
int s1.s2;
//Ausführungsteil
System.out.print("Erste Zahl eingeben:"); s1=Keyb.nextInt();
System.out.print("Zweite Zahl eingeben:");s2=Keyb.nextInt();
s1=s1+s2;
System.out.print("Dritte Zahl eingeben:");s2=Keyb.nextInt();
s1=s1+s2;
System.out.print("Vierte Zahl eingeben:");s2=Keyb.nextInt();
s1=s1+s2;
System.out.println("Summe="+s1);
```

Das also ist die *Java-Schreibweise* unseres Programms. Sofort zu erkennen – hier gibt es keine Pfeile und tief gestellte Ziffern. Es wird *streng linear* geschrieben.

1.2.5 Erste Vorschriften der Java-Syntax

Ein *Name für einen Speicherplatz* soll immer mit einem Kleinbuchstaben beginnen und darf kein Leerzeichen, keinen deutschen Umlaut oder ein anderes Sonderzeichen enthalten; als Ausnahme ist der Unterstrich erlaubt (Beispiel: zahl_1).

■ Jeder Befehl muss in Java *mit dem Semikolon abgeschlossen werden.*

■ Die *Groß- und Kleinschreibung* ist in Java sehr wichtig!

1.2.6   Deklaration von Speicherplätzen

Die zusätzliche erste Zeile dient der *Deklaration* (oft auch als *Vereinbarung* bezeichnet), das heißt der Mitteilung, welche Inhalte für die zwei Speicherplätze vorgesehen sind.

```
int s1,s2;
```

Unser Java-Regelwerk verlangt, jeden Speicherplatz einzeln aufzuführen und *seinen beabsichtigten Inhalt* mitzuteilen. Als Trennzeichen wird das Komma verwendet.

Mit der Schreibweise

```
int s1,s2;
```

werden s1 und s2 als int-Speicherplätze angefordert, also *als Speicherplätze zur Aufnahme ganzer Zahlen*.

Folglich wird unser Programm für Dezimalbrüche, die ein Dezimal-Trennzeichen besitzen, in dieser Form nicht nutzbar sein.

Was für Arten von Speicherplätzen überhaupt in einem Java-Programm benutzt werden können, wird ab Abschnitt 6 (ab Seite 67) ausführlich behandelt.

1.2.7   Ausführungsteil

Ab der zweiten Zeile erkennen wir im Ausführungsteil des Programms unsere Java-Schreibweise der acht Symbolbefehle.

Zuerst wird der Nutzer aufgefordert, eine ganze Zahl einzugeben (d. h. einzutippen) und den Abschluss seiner Eingabe mit [Enter] zu bestätigen.

```
System.out.print("Erste Zahl eingeben:"); s1=Keyb.nextInt();
```

In den Klammern des System.out.print-Ausgabe-Befehls steht, in die Anführungszeichen "" eingeschlossen, der *Informationstext an den Nutzer.*

Weiter enthält dieser Java-Symbolbefehl die *Transportaufforderung*: Transportiere die Nutzereingabe in den Speicherplatz s1. Hier können wir bereits ein ganz wichtiges, immer gültiges Element des Regelwerks der Programmiersprache erkennen:

Die Quelle steht immer rechts, das Ziel steht immer links.

Oder kürzer, zum Auswendiglernen:

Rechts die Quelle, links das Ziel.

Daraus folgt, dass die passende Vokabel und Sprechweise für das mathematische Gleichheitszeichen = für den Programmierer logischerweise niemals das *ist gleich* sein kann: Jetzt muss man dieses Zeichen anders lesen und aussprechen:

Das Gleichheitszeichen = muss gesprochen werden als *ergibt sich aus.*

Besonders deutlich wird das in der Zeile:

```
s1=s1+s2;
```

Wer hier spricht s1 ist gleich s1 plus s2, der spricht nicht nur falsch, sondern *denkt auch falsch.* Denn damit würde nur ein *Zustand* beschrieben. Das ist grundfalsch. Hier handelt es sich nämlich um einen *Befehl:* Der Inhalt des Speicherplatzes s1 ist zuerst zu dem Inhalt des Speicherplatzes s2 zu addieren. Anschließend ist das Ergebnis in den Speicherplatz s1 zu bringen (wobei der alte Inhalt überschrieben wird).

Oder kürzer und *korrekt gesprochen:* s1 ergibt sich aus s1 plus s2.

Das ist richtig. So *muss* man sprechen. Dann *denkt* man auch richtig.

Die weiteren Java-Befehle sind nun leicht zu verstehen. Klar ist auch die Tatsache, dass *ein Semikolon jeden Befehl abschließen* muss.

Die letzte Zeile

```
System.out.println("Summe="+s1);
```

veranlasst die Ausgabe des Inhalts des (Zahlen-)Speicherplatzes s1 auf den Bildschirm. Mit einem *erklärenden Text,* an den Nutzer.

Wird nur print geschrieben, gibt es nach der Textausgabe *keinen Zeilenwechsel.* Schreibt man dagegen println (gesprochen *print line),* wird nach der Textausgabe auf den *Beginn einer neuen Zeile* geschaltet.

1.2.8   Allgemeines und Besonderes

Es soll nicht verschwiegen werden, dass in dem Befehl s1=Keyb.nextInt(); am Ende der Dialogzeile

```
System.out.print("Erste Zahl eingeben:"); s1=Keyb.nextInt();
```

der zur Nutzerinformation und Entgegennahme der Nutzereingabe dient, anstelle der vier Buchstaben Keyb auch eine andere Zeichenfolge stehen könnte. Warum das so ist und wann man anderes schreiben darf, das wird in Abschnitt 14.3 auf Seite 190 erklärt.

1.2.9   Kommentare

Die beiden Schrägstriche // dienen dazu, dass der *Rest der Zeile* ignoriert wird, er hat dann *keinerlei Programmwirkung* mehr. Damit wird es möglich, hinter beiden Schrägstrichen verschiedene *Bemerkungen* in einen Java-Programmtext einzufügen. Derartige Bemerkungen nennt man *Kommentare.*

Mit *Kommentaren* lassen sich Programmtexte übersichtlicher gestalten und mit Erklärungen versehen.

2 Das Java-Prinzip

Java ist nicht nur eine neue Programmiersprache, eine neue Art, *Symbolbefehle* aufschreiben zu können. Nein, Java ist viel mehr: Mit Java verbindet sich ein *neuartiges Prinzip der Verarbeitung von Programmen,* das mit dem Internet entstanden ist und die plattform-übergreifende Nutzung von Programmen überhaupt erst ermöglicht.

Java wird deshalb zu Recht als *Sprache des Internet* bezeichnet.

Um aber verstehen zu können, worin die neuartige und revolutionäre Bedeutung von Java besteht, müssen wir uns zuerst die beiden klassischen Verarbeitungsprinzipien von Programmen ansehen – das *Compilerprinzip* und das *Interpreterprinzip.*

2.1 Die beiden klassischen Verarbeitungsprinzipien

2.1.1 Das Compilerprinzip

Das Compilerprinzip ist das älteste Prinzip zur Verarbeitung von Programmen, die in einer Programmiersprache geschrieben sind. Es handelt sich um ein Vier-Schritt-Prinzip (Bild 2.1).

Wir gehen davon aus, dass der Programmierer seinen Programmtext in der Programmiersprache auf einem oder mehreren Blatt Papier notiert hat. Diesen Text wollen wir den *Quelltext* nennen.

Im ersten Verarbeitungsschritt muss der Quelltext erfasst und in einer Datei gespeichert werden. Dazu benötigen wir ein erstes Hilfsprogramm, einen *Editor.*

Mit Hilfe des Editors entsteht im Computer die Datei mit dem Programmtext, man spricht vom *Quellmodul.*

Für den *zweiten Schritt* benötigen wir ein sehr wichtiges Hilfs-Programm, einen *Compiler* für die Sprache, in der das Programm geschrieben ist. Der Compiler führt zuerst die *Syntaxprüfung* durch; gibt es im Quelltext einen *Syntaxfehler,* also einen Verstoß gegen das Regelwerk der Programmiersprache. Der Compiler meldet diesen und beendet sofort seine Arbeit. Wir müssen den Quelltext korrigieren, neu editieren, den Compiler wieder starten usw.

Sind auf diese Weise alle Syntaxfehler beseitigt, kann der Compiler sich seiner eigentlichen Aufgabe zuwenden: Er erzeugt ein *halbfertiges Maschinenprogramm.* Dieses unvollständige Maschinenprogramm wird *Objektmodul* genannt.

Im *dritten Schritt* müssen wir ein weiteres Hilfsprogramm starten, den *Verbinder*. Der Verbinder schließt die *Lücken des Objektmoduls*.

Man kann sich das so vorstellen: Angenommen, in einem Programm muss oft die Wurzel aus einer Zahl berechnet werden. Dann lässt der Compiler an dieser Stelle eine Lücke im Maschinenprogramm (deshalb „unvollständig"), und der Verbinder fügt aus einer *Bibliothek* das zugehörige Maschinenprogrammstück ein.

Hat der Verbinder seine Arbeit beendet, liegt das *fertige Maschinenprogramm* endlich vor; es wird als *Lademodul* bezeichnet.

Mit Hilfe des *Betriebssystems* kann das Lademodul gestartet werden, das Programm arbeitet, es kann getestet werden. Sofern jetzt noch *logische Fehler* erkannt werden, beginnt die Entwicklung von neuem.

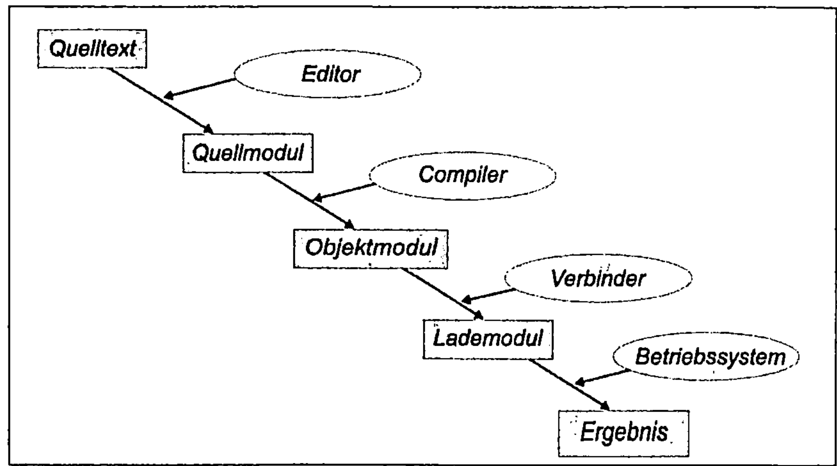

Bild 2.1: Programmverarbeitung nach dem Compilerprinzip

Das Vier-Schritt-*Compilerprinzip* ist das älteste Prinzip zur Verarbeitung von Programmen, die in einer Programmiersprache geschrieben sind.

Programme in den alten Sprachen FORTRAN, COBOL, PL/1, aber auch Programme in PASCAL und C werden noch heute nach diesem Prinzip verarbeitet.

Gleichzeitig ist dieses Prinzip gängige Praxis für die *Herstellung von verkaufsfähiger Software*. Denn die Quelltexte bleiben beim Produzenten, verkauft wird nur das Lademodul. Will der Kunde eine Änderung oder Verbesserung des Programms, wendet er sich wieder an den Programmentwickler, dieser ändert am Quelltext, stellt das neue Lademodul her und verkauft es als verbesserte Version.

Wo lag das Problem? Das waren das umständliche Vorgehen und die Mühen der Organisation. Bis weit in die 80er Jahre hinein musste tatsächlich jedes Hilfsprogramm einzeln angefordert werden!

So dauerte es manchmal Wochen, bis alle Syntaxfehler beseitigt waren – von den logischen Fehlern ganz zu schweigen.

In den 80er Jahren kam endlich mit dem *Turbo-System* zur Verarbeitung von Pascal-Programmen eine neue Qualität auf den Markt. Dieses System vereinigte in sich alle Hilfsprogramme vom Editor bis zum Verbinder und ließ auch noch die Aktivierung des Betriebssystems zum abschließenden Start des Maschinenprogramms zu (Bild 2.2).

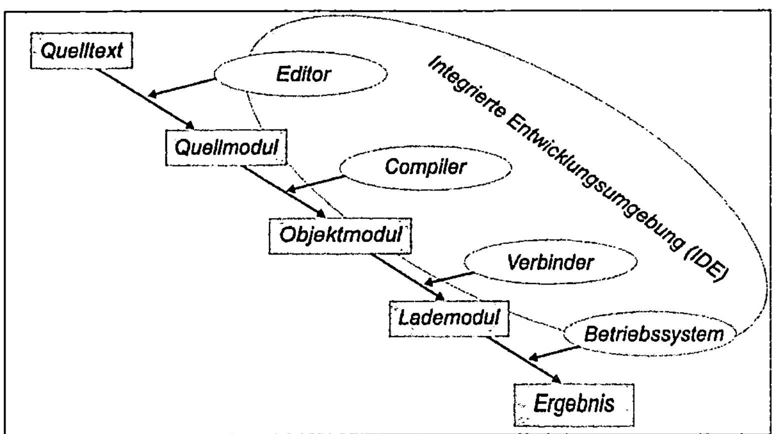

Bild 2.2: Integrierte Entwicklungsumgebung

Derartige Systeme, die heute an der Tagesordnung sind, werden als *Integrierte Entwicklungsumgebungen* (engl. IDE) bezeichnet.

Nun war es möglich, mit wenigen Handgriffen die Programmverarbeitung zu organisieren; entdeckte zum Beispiel der Compiler einen Fehler, dann startete die IDE sofort wieder den Editor und versuchte dabei, die Stelle des Syntaxfehlers zu finden und anzuzeigen.

Trotzdem soll eines nicht vergessen werden: Alle Hilfsprogramme, vom Editor bis zum Verbinder, mussten *zum jeweiligen Betriebssystem passen*: Für jede Plattform (Hardware und Betriebssystem) benötigte man beispielsweise einen eigenen FORTRAN-Compiler.

Und auch das *Lademodul*, das letztendlich erzeugte Maschinenprogramm, war nur nutzbar auf der gegebenen Technik mit demjenigen Betriebssystem, für das es entwickelt worden war.

2.1.2   Das Interpreterprinzip

Als im letzten Drittel des zwanzigsten Jahrhunderts die ersten Heimcomputer auf den Markt kamen (Atari, Commodore usw.), wollte man den Käufern natürlich auch die Möglichkeit geben, eigene Programme schreiben und verarbeiten lassen zu können.

Doch wie sollte das möglich werden, wenn damals nur extrem geringer Speicherplatz zur Verfügung stand?

Wo sollten denn die vielen Hilfsprogramme, wo die Quell-, Objekt- und Lademodule gespeichert werden, wenn nur ganz wenige Bytes an verfügbarem Hauptspeicher vorhanden sind?

In dieser Situation erinnerte man sich an das *Interpreterprinzip* (Bild 2.3).

Bei der Verarbeitung eines Programms nach dem *Interpreterprinzip* wird das Quellmodul stückweise übersetzt und sofort ausgeführt.

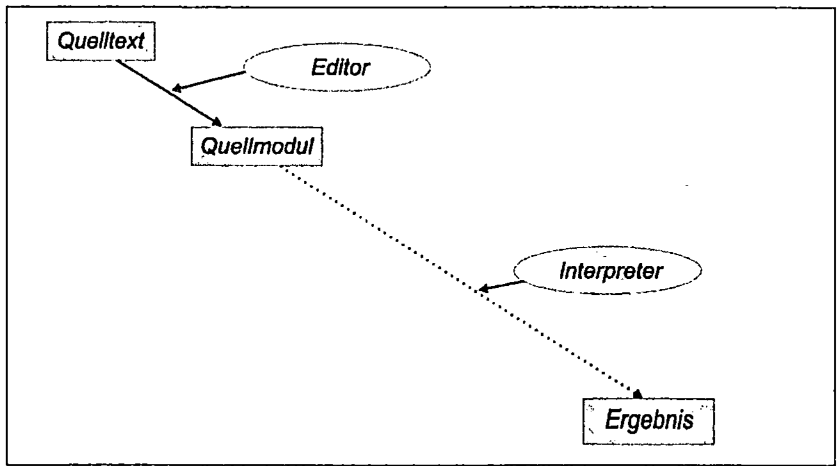

Bild 2.3: Verarbeitung nach dem Interpreterprinzip

Das war die Lösung: Nun konnte auch ohne großes Speichervolumen auf Heimcomputern programmiert werden.

Damals begann mit der interpretativen Verarbeitung auch der Siegeszug der *Anfänger-Sprache BASIC* (*B*eginners *A*ll Purpose *S*ymbolic *I*nstruction *C*ode, auf Deutsch: Allzwecksprache für Anfänger). Weil es natürlich auch viel schneller Erfolgserlebnisse gab: War ein Programmstück syntaktisch fehlerfrei, wurde es schon abgearbeitet – spätere Fehler spielten noch keine Rolle.

So mancher Lernende schätzte diese Methode, sich auf diese Weise „von Fehler zu Fehler hangeln" zu können.

Allerdings hatte die interpretative Verarbeitung von Programmen den Nachteil, dass sie langsam ablief – im Vergleich zur Ausführung eines fertigen Maschinenprogramms.

Und dann war sie für den Verkauf von Software ungeeignet – da hätte man ja Quelltexte weitergeben müssen, und das hätte das Verschenken von geistigem Eigentum bedeutet.

2.2   Internet und Globalisierung

Mit dem Entstehen des Internet war plötzlich die phantastische Möglichkeit geschaffen worden, rund um die Erde Computer verschiedenster Technik und verschiedenster Betriebssysteme (d. h. also verschiedenste Plattformen) miteinander verbinden zu können.

Gleichzeitig begann eine Entwicklung, die man heute als *Globalisierung* bezeichnet – es entstanden weltweit operierende Unternehmen, in allen denkbaren Ländern wurden Niederlassungen gegründet, Firmen übernommen, Zweigstellen errichtet.

Stellen wir uns beispielsweise einmal ein Unternehmen mit dem Namen McMakea vor. Es hat seine Zentrale in Dortfurt, aber weltweit verteilte Niederlassungen und Zweigstellen (Bild 2.4).

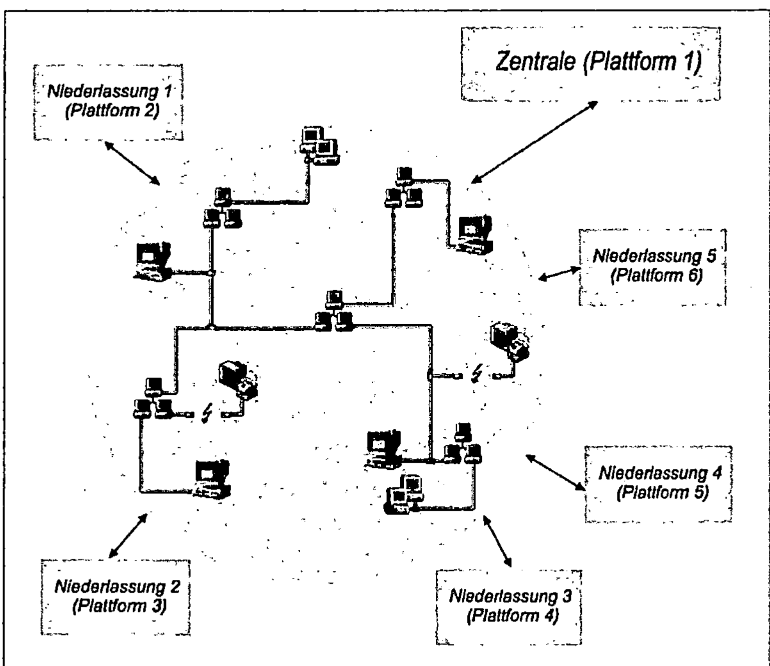

Bild 2.4: Niederlassungen der Firma McMakea weltweit

Alle Niederlassungen und Zweigstellen sind mit moderner Rechentechnik ausgestattet, natürlich. Alle Niederlassungen können mit der Zentrale und untereinander Daten über das Internet austauschen.

Doch in den Niederlassungen befindet sich sehr unterschiedliche Rechentechnik, es sind Computer verschiedener Hersteller, verschiedene Betriebssysteme steuern dort die Prozesse. In Bild 2.4 ist das durch die Begriffe „Plattform2 bis Plattform 6" angedeutet.

2 Das Java-Prinzip

Java ist nicht nur eine neue Programmiersprache, eine neue Art, *Symbolbefehle* aufschreiben zu können. Nein, Java ist viel mehr: Mit Java verbindet sich ein *neuartiges Prinzip der Verarbeitung von Programmen,* das mit dem Internet entstanden ist und die plattform-übergreifende Nutzung von Programmen überhaupt erst ermöglicht.

Java wird deshalb zu Recht als *Sprache des Internet* bezeichnet.

Um aber verstehen zu können, worin die neuartige und revolutionäre Bedeutung von Java besteht, müssen wir uns zuerst die beiden klassischen Verarbeitungsprinzipien von Programmen ansehen – das *Compilerprinzip* und das *Interpreterprinzip.*

2.1 Die beiden klassischen Verarbeitungsprinzipien

2.1.1 Das Compilerprinzip

Das Compilerprinzip ist das älteste Prinzip zur Verarbeitung von Programmen, die in einer Programmiersprache geschrieben sind. Es handelt sich um ein Vier-Schritt-Prinzip (Bild 2.1).

Wir gehen davon aus, dass der Programmierer seinen Programmtext in der Programmiersprache auf einem oder mehreren Blatt Papier notiert hat. Diesen Text wollen wir den *Quelltext* nennen.

Im ersten Verarbeitungsschritt muss der Quelltext erfasst und in einer Datei gespeichert werden. Dazu benötigen wir ein erstes Hilfsprogramm, einen *Editor.*

Mit Hilfe des Editors entsteht im Computer die Datei mit dem Programmtext, man spricht vom *Quellmodul.*

Für den *zweiten Schritt* benötigen wir ein sehr wichtiges Hilfs-Programm, einen *Compiler* für die Sprache, in der das Programm geschrieben ist. Der Compiler führt zuerst die *Syntaxprüfung* durch; gibt es im Quelltext einen *Syntaxfehler,* also einen Verstoß gegen das Regelwerk der Programmiersprache. Der Compiler meldet diesen und beendet sofort seine Arbeit. Wir müssen den Quelltext korrigieren, neu editieren, den Compiler wieder starten usw.

Sind auf diese Weise alle Syntaxfehler beseitigt, kann der Compiler sich seiner eigentlichen Aufgabe zuwenden: Er erzeugt ein *halbfertiges Maschinenprogramm.* Dieses unvollständige Maschinenprogramm wird *Objektmodul* genannt.

Dieses Zwischenprodukt ist unter dem Namen *Java-Bytecode* bekannt geworden (Bild 2.5).

Dieser *Bytecode*, der in Dateien mit der Extension class abgelegt wird, ist in Wirklichkeit ein Maschinenprogramm, aber nur für eine so genannte *virtuelle Maschine*. Das heißt, es ist zwar scheinbar ein Maschinenprogramm, aber die Maschine, für die es hergestellt wird, existiert überhaupt nicht. Es handelt sich um eine virtuelle, also *gedachte Maschine.*

In der nächsten Verarbeitungsstufe wird dann dieses virtuelle Maschinenprogramm mit dem Hilfsprogramm java interpretativ abgearbeitet.

Und nun kommt die Revolution: Sowohl das Programm javac als auch das Programm java gibt es für alle gängigen Betriebssysteme kostenlos im Internet!

Bild 2.6 zeigt uns jetzt, wie die Firma McMakea ihre internen Kommunikationsprobleme mit Java lösen kann:

Die Programmierer der Zentrale in Dortfurt programmieren zuerst das überall in der Firma anzuwendende Abrechnungsprogramm in der *Programmiersprache Java*. Dann laden sie sich aus dem Internet dasjenige Programm javac herunter, das auf ihre Entwicklungsplattform, also zu *ihrem Betriebssystem*, passt. Damit können sie also den *Bytecode* herstellen.

Der Bytecode wird per Internet an die Niederlassungen verschickt.

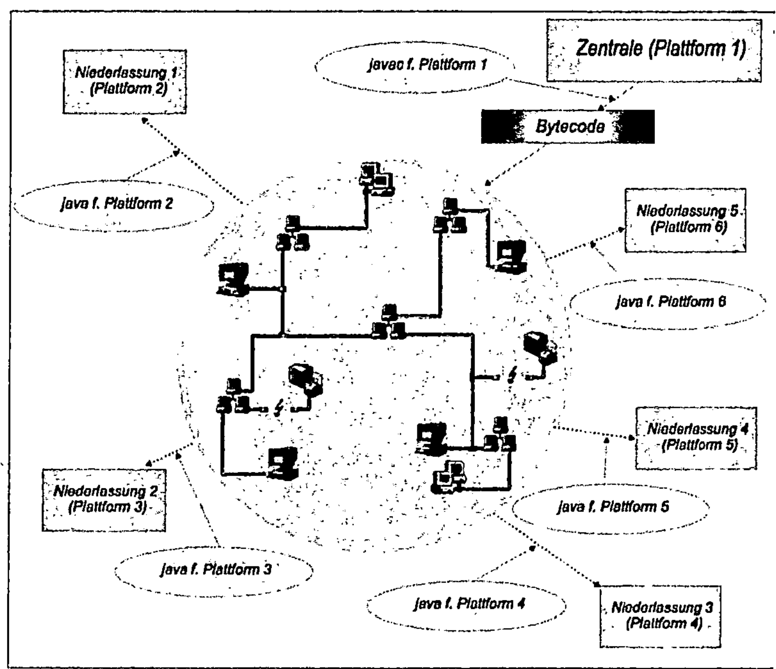

Bild 2.6: Bytecode zentral, Interpretation in den Niederlassungen

Jede Niederlassung besorgt sich dann aus dem Internet für *ihre Plattform* das passende Interpretationsprogramm java.

Der Java-Interpreter wird gestartet, auf den Bytecode angewandt, und schon läuft auf allen Niederlassungs-Rechnern einheitlich das gleiche, in der Zentrale vorbereitete Programm.

2.4 Ausblick

Nachdem wir also kennen gelernt haben, worin die ungeheure Bedeutung von Java liegt, wollen wir auch uns zu Nutznießern der freien Verfügbarkeit von Java-Compiler und Java-Interpreter machen.

Im nächsten Abschnitt wird gezeigt, wie diese beiden Programme im Internet gefunden und heruntergeladen werden können.

Dann brauchen wir nur noch einen einfachen Editor, den jedes Betriebssystem standardmäßig besitzt – und schon können wir anfangen.

Das ist das Geheimnis des Erfolges von Java: Plattformübergreifende Lösungen können *mit einfachen Mitteln* hergestellt werden. Es ist jetzt nicht mehr nötig, für teures Geld integrierte Entwicklungsumgebungen zu kaufen.

■ Java-Programmierung ist weltweit offen!

Das werden wir uns jetzt ansehen.

3 Einfache Verarbeitung von Java-Programmen

Ein Programm, dessen *Quelltext in Java* geschrieben ist, wird nach dem neuen *Zweischritt-Prinzip* verarbeitet. Folglich reichen uns grundsätzlich *drei Programme*, um erfolgreich mit Java arbeiten zu können. Wir benötigen

- einen *Editor*, mit dessen Hilfe der Quelltext zuerst in einer Datei erfasst wird, die die Extension .java erhalten wird;

- das Programm javac (genannt *Java-Compiler*), das die syntaktische Richtigkeit des Quelltextes prüft und Fehler meldet, und das bei syntaktischer Korrektheit den Java-Bytecode erzeugt und in einer .class-Datei ablegt,

- das Programm java (genannt *Java-Interpreter*), mit dessen Hilfe der Java-Bytecode schließlich ausgeführt (abgearbeitet) wird.

3.1 Editieren des Java-Quelltextes

3.1.1 Vorbereitung

Es ist günstig, dass für alle Dateien, die für Beispiele, Übungen und Lösungen im PC gespeichert werden sollen, ein *eigener Ordner* (d. h. ein eigenes Verzeichnis) gleich zu Beginn der Arbeit angelegt wird.

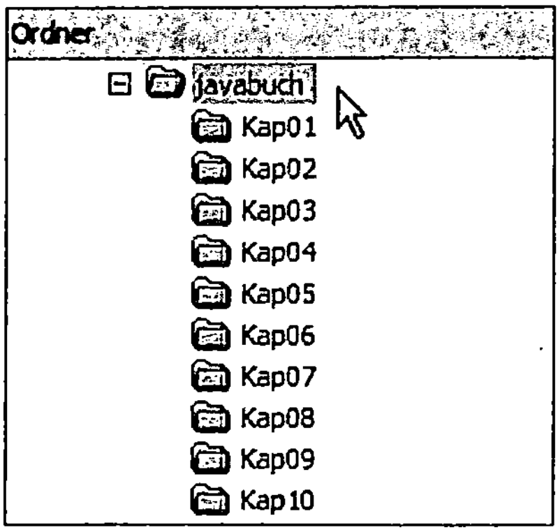

Bild 3.1: Empfohlenes Ordnersystem für die Dateien dieses Buches

Dieses Verzeichnis sollte am besten JAVABUCH heißen und sich vorzugsweise auf der Standard-Festplatte C: *unmittelbar unterhalb des Wurzelverzeichnisses* befinden.

Es kann zum Beispiel schnell in folgender Weise angelegt werden:

> Doppelklick auf ARBEITSPLATZ → Doppelklick auf BOOT (C:) → DATEI → NEU→
> ORDNER, dann den Ordnernamen JAVABUCH eintragen.

Alle Beispiele in diesem Buch, auch alle Download-Beschreibungen (siehe Seite 55) gehen davon aus, dass solch ein Verzeichnis an dieser Stelle existiert.

Anschließend wird dann *für jedes Kapitel ein Unterverzeichnis* eingerichtet, so dass schließlich ein *übersichtliches Ordnersystem* für alle Dateien dieses Buches existiert (Bild 3.1).

Wer anders vorgeht, muss stets zeitraubend auf seine eigenen Verhältnisse „umdenken" – und das ist wieder eine (unnütze) Fehlerquelle mehr. Hinzu kommt, dass wir anfangs viel eintippen müssen, da lohnt es sich, kurze Pfadangaben zu verwenden.

3.1.2 Start des Editors

In *Windows-Betriebssystemen* (von denen wir ab nun ausgehen) finden wir den *Editor* über diese Folge von Bedienhandlungen (siehe Bild 3.2):

> START → PROGRAMME → ZUBEHÖR → EDITOR

Da ein Editor ein einfaches Programm ist, das nur dazu dient, Quelltexte zu erfassen und abzuspeichern, wird sein bescheidenes Leistungsangebot auch nur in den vier Überschriften DATEI, BEARBEITEN, FORMAT und ANSICHT zusammengefasst (Bild 3.3).

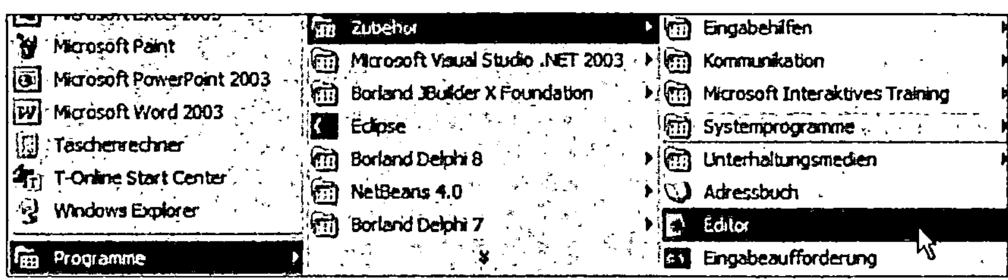

Bild 3.2: Start eines Editors

3.1.3 Der Programmrahmen für Anfänger-Programme

Sehen wir uns noch einmal unser Java-Programm von Seite 10 aus dem Abschnitt 1.2.4 an. Es besteht aus zwei *Kommentarzeilen,* eingeleitet mit den beiden Schrägstrichen //, dann aus dem *Vereinbarungsteil* und schließlich aus den eigentlichen *Befehlen,* die der Computer ausführen soll.

Diese elf Zeilen stellen aber nur den *Inhalt* unseres Java-Programms dar. Er muss noch durch einen geeigneten *Rahmen* umgeben werden.

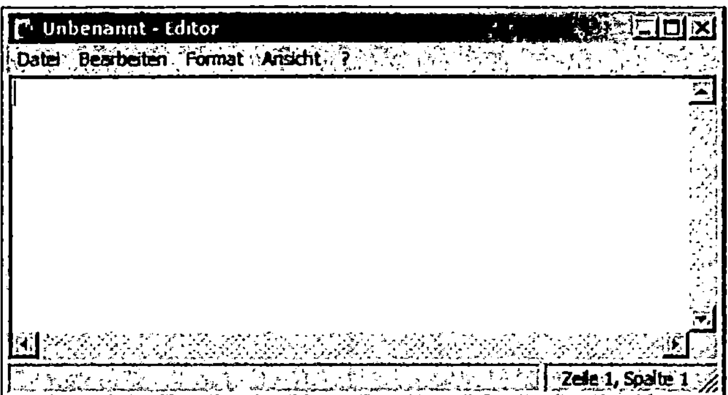

Bild 3.3: Leeres Editor-Fenster

```
//Vereinbarungen der Speicherplätze
int s1,s2;
//Ausführungsteil
System.out.print("Erste Zahl eingeben:"); s1=Keyb.nextInt();
System.out.print("Zweite Zahl eingeben:");s2=Keyb.nextInt();
s1=s1+s2;
System.out.print("Dritte Zahl eingeben:");s2=Keyb.nextInt();
s1=s1+s2;
System.out.print("Vierte Zahl eingeben:");s2=Keyb.nextInt();
s1=s1+s2;
System.out.println("Summe="+s1);
```

Der Programmrahmen besteht für unsere Anfängerprogramme aus *vier Kopfzeilen* und *zwei Fußzeilen.*

Die *vier Kopfzeilen unseres Programmrahmens,* die wir ab jetzt für die weiteren Kapitel 5 bis 19 immer eintragen müssen, lauten:

```
import java.util.*;                                     //erste Kopfzeile
public class Bsp01_1{
   public static void main(String[] args){
      Scanner Keyb=new Scanner(System.in);              //letzte Kopfzeile
```

Es lässt sich leider am Anfang nicht alles sofort erklären – wer Geduld hat, erfährt im Abschnitt 14.3 ab Seite 189, welche Bedeutung jede einzelne der vier Kopfzeilen hat.

Sehr wichtig ist aber, dass die frei wählbare und deshalb hier hervorgehobene Zeichenfolge Bsp01_1 die Funktion des *Programm-Namens* übernimmt.

Unter dem gewählten Programm-Namen, zeichengenau, mit Groß- und Kleinschreibung, muss der Quelltext dann in einer .java-Datei gespeichert werden!

Die *zwei Fußzeilen* des Programmrahmens sind viel einfacher – sie bestehen nur aus *zwei untereinander stehenden schließenden geschweiften Klammern*:

```
        }                                           //1. Fußzeile
        }                                           //2. Fußzeile
```

Eckige und geschweifte Klammern findet man auf der Tastatur im Normalfall über die *Drittbelegung* – dafür muss die Umschalttaste $\boxed{\text{AltGr}}$ (rechts von der breiten Leertaste) gedrückt werden.

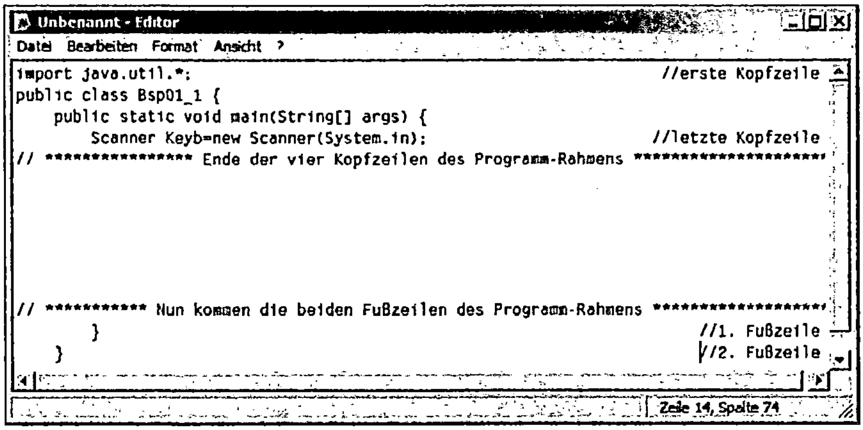

Bild 3.4: Quelltextdatei mit eingetragenem Programmrahmen

Wenn der Programmrahmen korrekt eingetragen ist, d. h. wenn sowohl die *vier Kopf-* als auch die *beiden Fußzeilen* eingetragen sind (Bild 3.4), dann sollte der Quelltext bereits *zum ersten Male abgespeichert* werden.

Ganz wichtig beim *erstmaligen Abspeichern eines Java-Quelltextes* ist, dass nach DATEI→SPEICHERN UNTER und *vor der Eingabe des Dateinamens* im Feld DATEI-TYP unbedingt auf ALLE DATEIEN umgestellt wird (Bild 3.5).

Bild 3.5: Umstellen des Dateityps ist unbedingt notwendig

Sonst kann es passieren, dass der Editor den Quelltext unter dem falschen Namen Bsp01_1.java.txt ablegt; damit wird die weitere Verarbeitung unmöglich.

Nach dem *ersten Sichern des Quelltextes*, der bisher nur aus dem Programmrahmen besteht, wird dann der *Programm-Inhalt* eingegeben.

```
Bsp01_1.java - Editor
Datei  Bearbeiten  Format  Ansicht  ?

import java.util.*;                                        //erste Kopfzeile
public class Bsp01_1 {
     public static void main(String[] args) {
         Scanner Keyb=new Scanner(System.in);              //letzte Kopfzeile
// **************** Ende der vier Kopfzeilen des Programm-Rahmens ******************

//Vereinbarungen der Speicherplätze
         int s1,s2;
//Ausführungsteil
         System.out.print("Erste Zahl eingeben:"); s1=Keyb.nextInt();
         System.out.print("Zweite Zahl eingeben:");s2=Keyb.nextInt();
         s1=s1+s2;
         System.out.print("Dritte Zahl eingeben:");s2=Keyb.nextInt();
         s1=s1+s2;
         System.out.print("Vierte Zahl eingeben:");s2=Keyb.nextInt();
         s1=s1+s2;
         System.out.println("Summe="+s1);

// *********** Nun kommen die beiden Fußzeilen des Programm-Rahmens ****************
     }                                                     //1. Fußzeile
  }                                                        //2. Fußzeile

                                                           Zeile 1, Spalte 1
```

Bild 3.6: Programmrahmen und Programm-Inhalt im Editor

Dabei sollte von Anfang an auf *übersichtliche Schreibweise* geachtet werden (Bild 3.6). Obwohl das *Semikolon die Befehle abschließt* und demnach alle Befehle eigentlich in eine einzige Zeile geschrieben werden könnten, hat es sich doch bewährt, nur logisch zusammengehörende Befehle in einer Zeile anzuordnen.

Erinnern wir uns außerdem wieder an die unangenehmste Fehlerart:

Logische Fehler sind bekanntlich *Denkfehler.* Dem Auftreten von Denkfehlern kann dadurch entgegengewirkt werden, dass der Programmtext *extrem übersichtlich* aufgeschrieben wird. Das vergrößert die Chancen sehr, später derartige Fehler finden zu können.

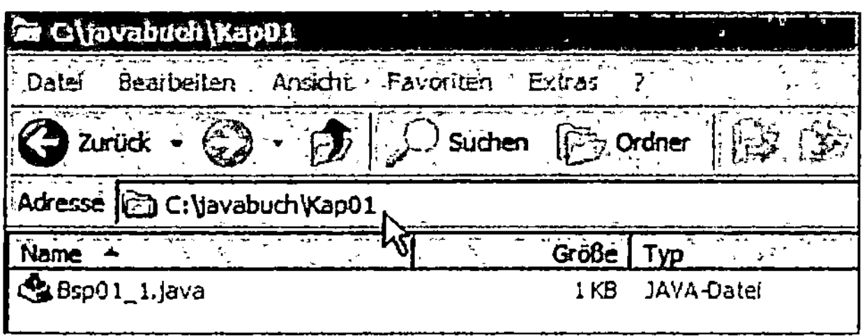

Bild 3.7: Java-Quelltextdatei in `C:\javabuch\Kap01\Bsp01_1.java`

Am Anfang ist es noch ungewohnt, so sorgfältig zwischen Groß- und Kleinschreibung unterscheiden zu müssen.

Doch daran gewöhnt man sich schnell, zumal wir das von der deutschen Sprache ja kennen. Außerdem hat die Groß- und Kleinschreibung in Java eine klare Logik, die wir im Verlauf der nächsten Kapitel kennen lernen werden.

Nun sind wir mit der *Erfassung* unseres ersten Java-Programms fertig. Bevor wir uns mit dessen *Verarbeitung* beschäftigen, müssen wir uns die beiden Programme java und java aus dem Internet herunterladen. Das wird im nächsten Kapitel beschrieben.

Der Editor kann deshalb erst einmal geschlossen werden; ein kontrollierender Blick in den Ordner C:\javabuch\Kap01 sollte aber nicht fehlen (Bild 3.7).

3.2 Java-Compiler und Java-Interpreter beschaffen

3.2.1 Herunterladen aus dem Internet

Erinnern wir uns an die Besonderheit des Java-Prinzips (Seite 19):

> Für jedes gängige Betriebssystem können die beiden Programme javac (der *Java-Compiler*) und java (der *Java-Interpreter*) aus dem Internet kostenlos heruntergeladen werden.

Am schnellsten kommt man zu der passenden Download-Adresse des Internets für diese beiden Programme, wenn in irgendeine *Suchmaschine* das richtige *Stichwort* eingegeben wird. Das ist bei uns einfach nur die Vokabel *Java*, gefolgt von der Nummer der bisher höchsten bekannten Version. Zurzeit (September 2005) trägt die jüngste Version die Bezeichnung *Java 5*. Außerdem wollen wir herunterladen, also benutzen wir noch das englische Wort *download*.

Geben wir also unser Stichwort *Java 5 download* in eine Suchmaschine ein. Bild 3.8 zeigt uns, dass wir sofort fündig werden – die Adresse

> java.sun.com/j2se/1.5.0/download.jsp

führt uns unmittelbar zur Quelle für unsere gesuchten Programme.

Folgen wir dem Link, erhalten wir auf der nächsten geöffneten Seite die Download-Angebote, nach Aktualität geordnet. In Bild 3.9 (Stand September 2005) wird an führender Stelle das Entwicklungspaket (*Java Development Kit*) JDK 5.0 im Update 2.0 angeboten, zusammen mit einer guten *integrierten Entwicklungsumgebung* mit dem Namen NetBeans. Warum sollen wir da nicht zugreifen? Zumal alles – der Java-Philosophie folgend – kostenlos ist.

Also klicken wir den Link an (Bild 3.10):

> Download JDK 5.0 Update 2 with NetBeans 4.0 Bundle

Danach folgt die Aufforderung, die Software-Lizenzbedingungen zu akzeptieren, es muss dazu | I accept | ausgewählt werden.

Download Java 2 Platform, Standard Edition 5.0 - [Diese Seite übersetzen]
... JRE 5.0 Release Candidate for Windows AMD64, **Download.** *. *, **Java** Cryptography
... Please Note: J2SE 5 Itanium port is not available at this time. ...
java.sun.com/j2se/1.5.0/download.jsp - 24k - Im Cache - Ähnliche Seiten

Java 2 Platform, Standard Edition (J2SE) - [Diese Seite übersetzen]
... Move to the J2SE 5 Platform Five important reasons to move to the **Java** 2 Platform,
... **Java** Web Services Developer Pack 1.4 **Download** the latest release. ...
java.sun.com/j2se/ - 41k - Im Cache - Ähnliche Seiten
[Weitere Ergebnisse von java.sun.com]

Sun: Java 5.0 ist fertig - Golem.de
... **Java** 2 Platform Standard Edition 1.5 steht zum **Download** bereit ... Sun bringt
Update für **Java** 5.0. Buch zu **Java** 5 zum kostenlosen **Download** ...
www.golem.de/0409/33884.html - 30k - Im Cache - Ähnliche Seiten

Buch zu Java 5 zum kostenlosen Download - Golem.de
... larfi lehrt (larfs Weblog - oder ists ein Blog?, 03.01.05 13:54). Kostenloses
Java 5-Buch zum **Download** ([CB/05], 03.01.05 12:55) ...
www.golem.de/0501/35433.html - 30k - Im Cache - Ähnliche Seiten
[Weitere Ergebnisse von www.golem.de]

Bild 3.8: Ergebnisse der Stichwortsuche zu Java 5 download

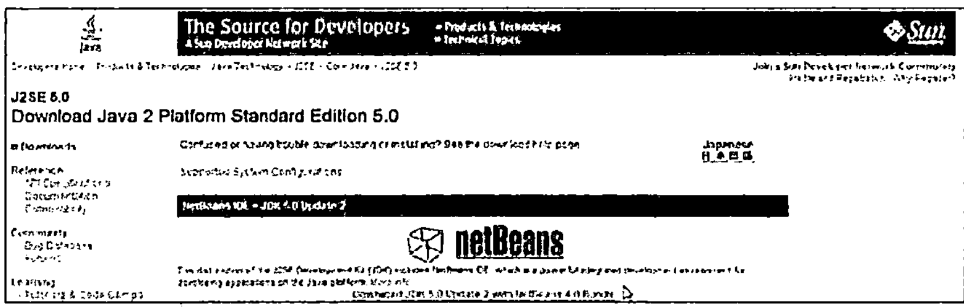

Bild 3.9: Angebot zum download von Java 5 *plus* NetBeans 4

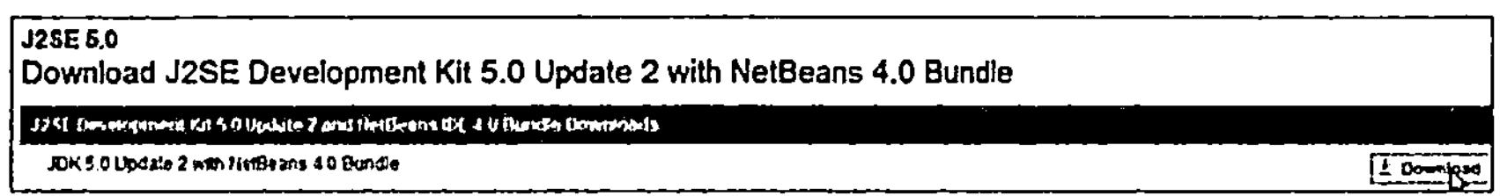

Bild 3.10: Nächster Schritt

Anschließend kommt diejenige Frage, die der Java-Philosophie hundertprozentig entspricht:

Wir müssen natürlich mitteilen, über welche Plattform wir verfügen, damit wir passend herunterladen können.

Wenn wir, was in diesem Buch angenommen wird, über einen Windows-PC verfügen, muss dort *Windows-Plattform* ausgewählt werden.

3.2.2 Speichern des Installationsprogramms

Ja, und dann kommt schon die Frage von Bild 3.11, wohin die ausführbare Datei jdk-1_5_0_02-nb-4_0-ml-win.exe mit dem Installations-Programm, das immerhin im September 2005 102 Megabyte umfasste, auf dem persönlichen Rechner gespeichert werden soll. Hier bietet es sich an, einen Ordner C:\downloads speziell als Ziel für derartige Aktionen anzulegen und anzugeben.

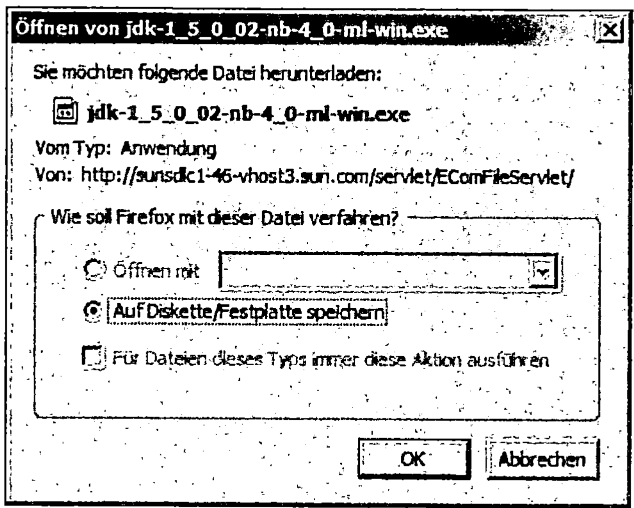

Bild 3.11: Frage nach dem Ziel der Installationsdatei

3.2.3 Kaffee für die Wartezeit

Während sich die Bits durch die Leitung quälen, ist es an der Zeit, einen *Kaffee* trinken zu gehen. Nun heißt es warten.

Auch in den USA pflegt man sich die Wartezeit gesellig bei einem Kaffee zu überbrücken. Und dort sagt man zu solch einem Pausenkaffee umgangssprachlich nur kurz: *Java*. Auf diese Weise soll der Name für diese neue Programmiersprache entstanden sein.

Es ist folglich nicht verwunderlich, dass immer dann, wenn von *Java* die Rede ist, eine *dampfende Kaffeetasse* nicht weit ist. Wer genau hinsieht, kann sie auch im Bild 3.9, links oben, erkennen.

3.2.4 Installation des JDK

Nach einer Wartezeit, die der Geschwindigkeit des Internet-Zugangs entspricht, befindet sich dann im vorher angegebenen Verzeichnis die sehr große Installationsdatei jdk-1_5_0_02-nb-4_0-ml-win.exe für das Java-Entwicklungssystem JDK5 und die mitgelieferte Entwicklungsumgebung NetBeans 4.

Der Doppelklick auf den Dateinamen startet den Installationsassistenten (engl.: *Installer*).

Nach dessen Begrüßungsfenster muss noch einmal mitgeteilt werden, dass man die Lizenzbedingungen akzeptiert. Anschließend können wir uns den Vorschlägen des Installers problemlos anvertrauen, das heißt, dass wir alle Angebote mit OK oder Next> bestätigen.

Wenn wir nichts Anderes verlangt haben, befindet sich danach das ganze Java-System im Ordner C:\Programme\Java (Bild 3.12).

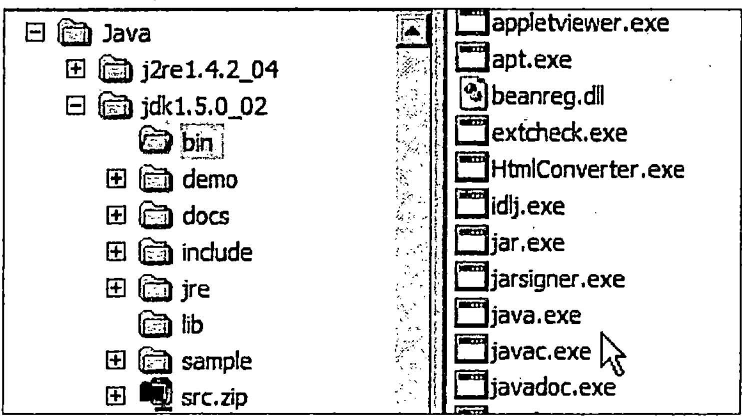

Bild 3.12: Lokalisation des installierten JDK

Erinnern wir uns – welche beiden Programme benötigten wir eigentlich? Richtig, das waren der *Java-Compiler* mit dem Namen javac und der *Java-Interpreter* mit dem Namen java.

Programme befinden sich im Windows-Betriebssystem im Regelfall in .exe-Dateien. Also suchen wir – nach javac.exe und java.exe. Bild 3.13 zeigt uns das Suchergebnis.

Bild 3.13: Java-Compiler und Java-Interpreter

Das ist ungeheuer wichtig, und wir sollten es uns sofort notieren:

Wenn wir die Standard-Installation haben vornehmen lassen, dann befinden sich die beiden wichtigen Programme javac und java in den beiden Dateien

    C:\Programme\Java\jdk1.5.0_02\bin\javac.exe

    C:\Programme\Java\jdk1.5.0_02\bin\java.exe

Um die gleichzeitig erhaltene und installierte integrierte Java-Entwicklungsumgebung NetBeans kümmern wir uns später im Abschnitt 4.3 auf Seite 50.

Jetzt sollten wir Bilanz ziehen:

> Wir haben einen *Editor*, einen in einer Datei bereits enthaltenen *Java-Quelltext*, wir wissen, wo sich *Java-Compiler* und *Java-Interpreter* befinden – was soll uns nun hindern, unser erstes Java-Programm verarbeiten zu lassen?

3.3 Arbeit mit Compiler und Interpreter

3.3.1 Syntaxkontrolle und Bytecode-Erzeugung

Die Überschrift besagt es – wir wollen zuerst den *Java-Compiler* nutzen.

Schritt 1: Wir benötigen dazu das einfache DOS-Fenster, heute wird es auch oft als *Eingabeaufforderung* bezeichnet. Es wird geöffnet mit der Kommandofolge START→PROGRAMME→ZUBEHÖR→EINGABEAUFFORDERUNG (Bild 3.14).

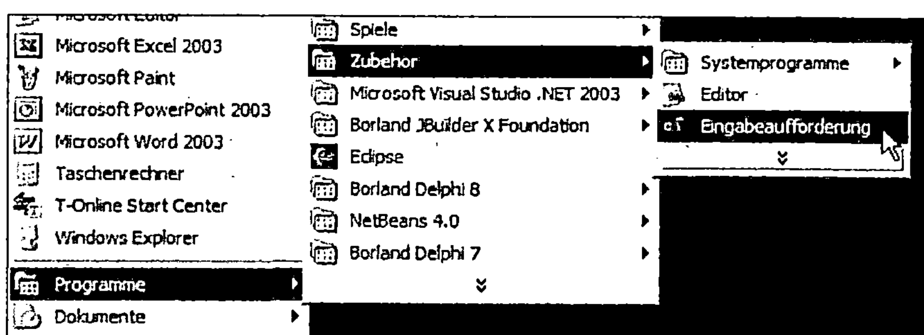

Bild 3.14: Öffnen des Fensters für die Eingabeaufforderung

Das Fenster für die Eingabeaufforderung (Bild 3.15) ist schmucklos, fast primitiv, mit weißer Schrift auf schwarzem Hintergrund. Wir werden uns nicht lange damit beschäftigen, aber mindestens einmal sollte jeder Java-Programmierer diese Vorgehensweise erlebt und selbst praktiziert haben.

Im *2. Schritt* muss nun zuerst durch häufiges Eingeben von cd.. dafür gesorgt werden, dass nur noch C:\> zu sehen ist. Dann befinden wir uns im *Wurzelverzeichnis der Festplatte*.

Anschließend bewegen wir uns in denjenigen Ordner, in dem sich unsere Java-Quelltextdatei mit dem Namen Bsp01_1.java befindet, indem wir cd javabuch und danach cd Kap01 eintippen und jeweils mit | Enter | bestätigen. Mit dir können wir uns überzeugen, dass wir danach tatsächlich am richtigen Ort angekommen sind – wir sehen unseren Dateinamen (Bild 3.16).

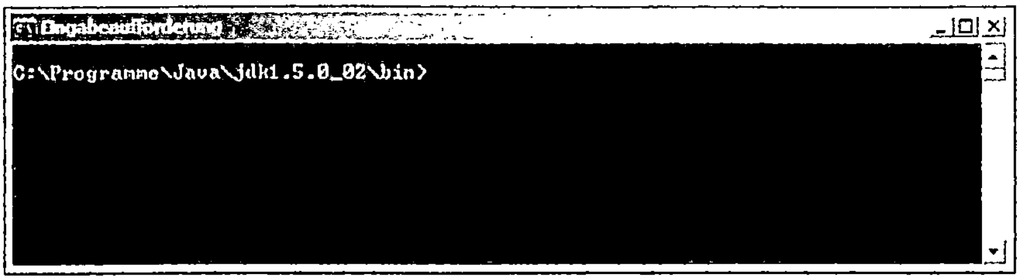

Bild 3.15: Fenster für die Eingabeaufforderung

Im Fenster ist meist der Buchstabe der Standard-Festplatte C: zu sehen, gefolgt von einem mehr oder weniger langen *Pfadnamen*. Bild 3.15 zeigt zum Beispiel den Pfad, der zum Java-Compiler javac führt.

Bild 3.16: Befehlsfolge zum Erreichen der Java-Quelltextdatei

Nun müssen wir uns konzentrieren und *von diesem Ordner aus* den *Java-Compiler* anfordern, damit er zuerst den Quelltext in der Datei Bsp01_1.java auf Syntax-Fehler prüft.

Das heißt, wir müssen den *vollen Pfad* bis zur Datei javac.exe eintippen und anschließend den *vollen Dateinamen der Java-Quelltextdatei* angeben:

```
c:\programme\java\jdk1.5.0_02\bin\javac Bsp01_1.java
```

Wenn es danach *keine Reaktion* gibt, bedeutet dies, dass javac *keinen Syntaxfehler* erkannte.

Bild 3.17 zeigt aber, dass dann mit erneutem dir die neu entstandene Datei Bsp01_1.class mit dem *Java-Bytecode* zu erkennen ist.

Warum muss bloß so viel und so konzentriert eingetippt werden, mag sich jetzt mancher Leser fragen. Der Grund: Der Java-Compiler legt den Bytecode in den Ordner ab, von dem aus er gestartet wird.

Und wir wollen doch, dass unsere Bytecode-Datei in dasselbe Verzeichnis kommt wie unsere Java-Quelltext-Datei.

Sicher – es gibt da Möglichkeiten der Voreinstellung mit dem so genannten classpath, dem *Klassenpfad*. Doch ab dem folgenden Kapitel arbeiten wir ohnehin mit einem Hilfe-System, deshalb soll darauf hier nicht weiter eingegangen werden.

```
C:\javabuch\Kap01>c:\programme\java\jdk1.5.0_02\bin\javac Bsp01_1.java

C:\javabuch\Kap01>dir
 Datenträger in Laufwerk C: ist BOOT
 Volumeseriennummer: 802C 5933

 Verzeichnis von C:\javabuch\Kap01

09.05.2005  13:28    <DIR>          .
09.05.2005  13:28    <DIR>          ..
09.05.2005  13:28               974 Bsp01_1.class
09.05.2005  12:47             1.006 Bsp01_1.java
               2 Datei(en)          1.980 Bytes
               2 Verzeichnis(se), 62.083.203.072 Bytes frei

C:\javabuch\Kap01>
```

Bild 3.17: Keine Syntaxfehlermeldung, Bytecode wurde erzeugt

Also – konzentrieren wir uns für die kurze Zeit und gehen über zum dritten und letzten Schritt.

3.3.2   Interpretation des Bytecode

Im *3. Schritt* wird der *Java-Interpreter*, d.h. das Programm java, durch Angabe des *vollen Pfadnamens* aktiviert und auf die Datei mit dem Java- Bytecode gelenkt.

Dabei ist zu beachten, dass die Endung .class nun *wegzulassen* ist:

```
c:\programme\java\jdk1.5.0_02\bin\java  Bsp01_1
```

Bild 3.18 zeigt, wie der Interpreter das Programm *ausführt*, also Befehl für Befehl abarbeitet: Es wird nach den vier Zahlen gefragt, anschließend wird die Summe ausgegeben.

```
C:\javabuch\Kap01>c:\programme\java\jdk1.5.0_02\bin\java Bsp01_1
Erste Zahl eingeben:2
Zweite Zahl eingeben:3
Dritte Zahl eingeben:4
Vierte Zahl eingeben:5
Summe=14

C:\javabuch\Kap01>
```

Bild 3.18: Ausführung des Java-Interpreters

Wir sind fertig. Unser Programm hatte keine Syntaxfehler, und es arbeitet auch logisch korrekt. Der seltene Idealfall.

3.3.3   Syntaxfehlermeldung

Um zu erleben, wie eine *Syntaxfehlermeldung* des Java-Compilers aussieht, aktivieren wir den Editor mit der Quelltextdatei, „vergessen" nun aber die geforderte Vereinbarung des Speicherplatzes s2:

```
//Vereinbarungen der Speicherplätze
int s1:
//Ausführungsteil
```

und speichern den fehlerhaften Text.

Wie reagiert der Compiler auf diesen Fehler? Bild 3.19 zeigt es uns – wir erhalten sofort die Mitteilung cannot find symbol und in der nächsten Zeile dazu die weitere Erklärung: symbol: variable s2.

```
Eingabeaufforderung                                              _ |□| x|

C:\javabuch\Kap01>c:\programme\java\jdk1.5.0_02\bin\javac Bsp01 1.java
Bsp01_1.java:11: cannot find symbol
symbol  : variable s2
location: class Bsp01_1
        System.out.print("Zweite Zahl eingeben:");s2=Keyb.nextInt();
                                                   ^
Bsp01 1.java:12: cannot find symbol
symbol  : variable s2
location: class Bsp01_1
        s1=s1+s2;
           ^
```

Bild 3.19: Syntaxfehlermeldung bei fehlender Vereinbarung

> Die Fehlermeldung cannot find symbol bedeutet, dass mindestens ein Speicherplatz nicht vereinbart wurde.

Bild 3.19 zeigt übrigens nur den allerersten Teil der *sehr umfangreichen Fehlermeldung*. Bildschirmfüllend werden weitere Fehler aufgelistet. Doch die meisten (hier sogar alle) sind so genannte Folgefehler.

Merken wir uns deshalb gleich die wichtige

> *Regel für die Beseitigung von Syntaxfehlern:* Es soll stets nur der *erstgenannte Syntaxfehler* beseitigt werden. Denn die vom Compiler weiterhin angezeigten Syntaxfehler sind häufig nur *Folgefehler*, die oft nach der Beseitigung des ersten Fehlers automatisch verschwinden.

Ein anderer, oft auftretender Syntaxfehler ist eigentlich auch ein *logischer Fehler*. Nehmen wir, nachdem wir die Vereinbarung von s2 wieder ergänzten, durch Voranstellen von zwei Schrägstrichen // die Zeile für die Erst-Belegung von s1 außer Betrieb:

```
int s1.s2:
//Ausführungsteil
//System.out.print("Erste Zahl eingeben:"); s1=Keyb.nextInt();
System.out.print("Zweite Zahl eingeben:");s2=Keyb.nextInt();
```

Wie gesagt, das ist eigentlich sogar schon ein *logischer Fehler* – wir *denken falsch*. Doch, zum Glück, dieser Fehler wird bereits vom *Compiler* erkannt:

Er meldet uns an der Stelle, wo wir den Inhalt eines (unbeabsichtigt) *leeren Speicherplatzes* verarbeiten lassen wollen, in feinem Englisch: `variable s1 might not have been initialized` (Bild 3.20).

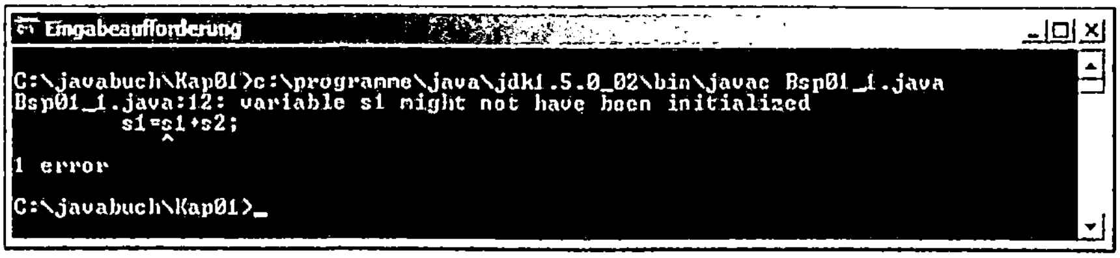

Bild 3.20: Verwendung eines leeren Speicherplatzes

Die Fehlermeldung `variable ... might not have been initialized` des Java-Compilers weist auf den Fehler hin, dass im Programm ein *leerer Speicherplatz* verwendet werden soll.

3.3.4   Logische Fehler

Begehen wir einen anderen Denkfehler, der beim besten Willen nicht vom Compiler gefunden werden kann. Lassen wir anstelle des Inhalts von s1 am Ende des Programms den Inhalt von s2 ausgeben:

```
System.out.println("Summe="+s2);
```

Diesen Fehler, Bild 3.21 zeigt es, bekommen wir überhaupt nicht angezeigt – wir müssen ihn selber merken. Also bleibt es dabei:

Logische Fehler sollten bereits beim Programmieren verhindert werden. Sie können nur durch uns selbst gefunden werden, wenn wir beim Testen merken, dass das Programm falsch arbeitet.

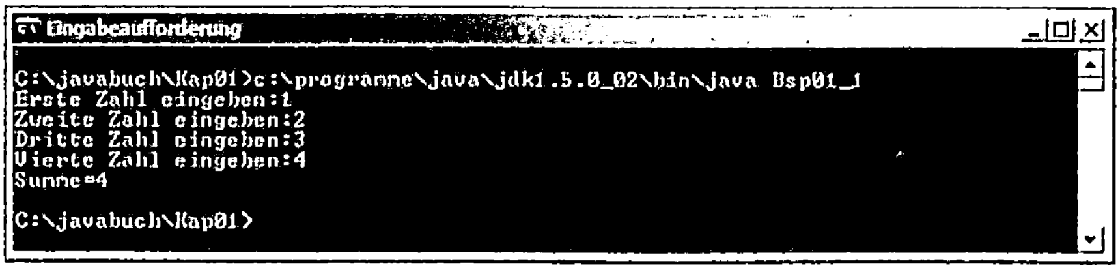

Bild 3.21: Das Programm arbeitet falsch

3.4 Zusammenfassung

Sehen wir uns die einzelnen *Schritte zur Herstellung und Verarbeitung eines Java-Programmes* noch einmal an:

♦ Nachdem der *Editor* aktiviert und die *beiden Programme* javac und java aus dem Internet heruntergeladen worden sind, kann bereits Java-Programmierung erfolgen:

♦ Mit dem *Editor* wird der Quelltext erfasst und dann gespeichert. Er sollte immer *sehr übersichtlich* geschrieben werden. Der *Dateiname* vor der Endung .java muss sogar bezüglich *Groß- und Kleinschreibung* absolut identisch mit dem *Programm-Namen* sein.

♦ Nach dem Öffnen des Fensters EINGABEAUFFORDERUNG ist durch Eintippen geeigneter Befehle der Ordner anzuwählen, in dem sich die Quelltextdatei befindet.

♦ Der Java-Compiler javac wird durch Angabe seines vollen Pfadnamens aktiviert und auf die Quelltextdatei gelenkt. Dabei ist unbedingt die Endung .java anzugeben.

♦ Gibt der Compiler eine *Syntaxfehler-Meldung* ab, ist nur der erstgenannte Fehler zu suchen und mit dem Editor zu beseitigen. Nach dem Speichern muss erneut der Compiler gestartet werden.

♦ Gibt es keine Fehlermeldung des Compilers mehr, dann existiert die Datei mit dem *Java-Bytecode*. Sie besitzt die Endung .class.

♦ Der Interpreter java muss ebenfalls durch Angabe seines vollen Pfadnamens aktiviert und auf die Bytecode-Datei gelenkt werden. Dabei ist *keine Endung* anzugeben.

♦ Ausführliches Testen und kritische Wertung der Ergebnisse müssen zeigen, ob das Programm logisch korrekt ist.

Erinnern wir uns an die Gründe, warum das Java-Prinzip überhaupt entwickelt wurde (siehe Abschnitt 2.3 auf Seite 18): An jeder Stelle der Welt sollte es unkompliziert möglich werden, Programme in Java zu entwickeln und zu testen. Nötig sollen dafür nur ein Editor sowie der Internet-Zugang sein.

Genau so haben wir es nun kennen gelernt.

Diese Vorgehensweise zeigt, wie es möglich ist, dass weltweit und kostenlos Programme in Java entwickelt und getestet werden können.

Und weiter: Wir könnten unseren Bytecode mit der Datei `Bsp01_1.class` jetzt um die Welt schicken, und *jeder Empfänger* kann ihn mit dem *zu seinem Betriebssystem passenden* Java-Interpreter `java` problemlos abarbeiten lassen.

> Java ist die Sprache der Globalisierung.

Gibt es überhaupt noch ein Problem? Nun ja, die recht primitive Vorgehensweise mit dieser Eingabeaufforderung ist doch ziemlich mühsam. Viel ist zu tippen, die Maus kann nicht benutzt werden, es macht alles noch keinen richtigen Spaß.

Der *Logik von Java* entspricht es natürlich, dass inzwischen viele *nützliche Hilfsmittel* bereitgestellt wurden, mit denen die Entwicklung und der Test von Java-Programmen komfortabler und bequemer gestaltet werden können.

Wir lernen im folgenden Kapitel einige von ihnen kennen.

Einige Java-Entwicklungssysteme

Java – das ist die Sprache der Globalisierung, die Sprache des Internet.

Jedermann kann sich den *Java-Compiler* javac und den *Java-Interpreter* java für sein Betriebssystem aus dem Internet herunterladen. Über einen *Editor* und über eine einfache *Eingabeaufforderung* verfügt ohnehin jedes Betriebssystem.

Im vorigen Kapitel lernten wir, wie mit diesen *vier Grundelementen* bereits erfolgreiche Java-Programmierung stattfinden kann. Wir könnten nun zur Sache kommen und uns damit beschäftigen, wie man Programme so entwirft, dass die *Wahrscheinlichkeit für logische Fehler* möglichst gering wird.

Doch die Art und Weise von Programmentwicklung und -test, die im vorigen Kapitel vorgestellt wurde, war ziemlich umständlich. Da überlagern sich die Schwierigkeiten von Bedienung und Programmierung.

Deshalb wird hier ein Kapitel eingeschoben über die wirkungsvollen *Hilfen zur Java-Programmierung* im Internet. Es sind viele.

4.1   Fantastic-Bits JOE von Timo Haberkern

4.1.1   Beschreibung

JOE ist Freeware und wird dies auch immer bleiben.

Mit diesen Worten umreißt *Timo Haberkern* sein lobenswertes Motiv, allen Java-Lernenden im deutschen Sprachraum ein einfaches, aber sehr effektiv arbeitendes Hilfsmittel zur Java-Programmierung kostenlos zur Verfügung zu stellen.

Deshalb benutzt er auch in der Dialoggestaltung seines Werkzeuges die deutsche Sprache – für Anfänger ein zusätzliches, wichtiges Plus.

JOE kann also von Jedermann aus den Internet heruntergeladen und *für den individuellen Gebrauch unbeschränkt und kostenlos* genutzt werden.

Im folgenden Abschnitt wird zwar noch das ebenfalls kostenlose Hilfsmittel eclipse vorgestellt, aber JOE steht an der Spitze der empfohlenen Java-Entwicklungsumgebungen für Anfänger. JOE ist sehr leicht zu beschaffen, zu installieren und zu benutzen. Sehen wir es uns an.

4.1.2 JOE aus dem Internet herunterladen

Es gibt eine *Hilfe für die Entwicklung von und den Test von Java-Programmen*, die rundum zu empfehlen ist, weil sie sehr einfach zu bedienen ist. Sie heißt JOE und findet sich im Internet unter der Adresse

```
http://www.fantastic-bits.de
```

Über die Schritte DOWNLOAD→PROGRAMMIEREN kommt man zum Angebot JOE (java oriented editing), das zurzeit (September 2005) in der Version 2.3.25 vorliegt.

Ein Klick auf das Angebot reicht, und schon wird eine Datei joe.zip im Umfang von ca. 1,3 MB heruntergeladen, und zwar standardmäßig auf Desktop, d. h. auf die (meist blaue) Windows-Benutzeroberfläche. Dort erscheint nach Abschluss des Ladevorgangs ein entsprechendes Sinnbild (Bild 4.1).

Bild 4.1: Sinnbild für die heruntergeladene Datei joe.zip

Vom Desktop sollte die Datei joe.zip am besten in den schon auf Seite 28 erwähnten Ordner download verschoben und dort entpackt (extrahiert) werden. Am einfachsten veranlasst man das Entpacken mit der *rechten Maustaste* und HIER ENTPACKEN (EXTRACT HERE). Dabei entstehen zwei Dateien: setup.exe und joe.xml.

4.1.3 JOE installieren

Ein einfacher Doppelklick auf den Dateinamen setup.exe startet den Installationsvorgang von JOE; dreimal die jeweiligen Vorschläge mit Weiter> bestätigen und noch einmal die Schaltfläche Installieren anklicken – schon beginnt die Installation.

Während der Installation wird gefragt, ob selbständig nach bereits installierten JDK gesucht werden soll – wer diese Frage positiv beantwortet, sorgt dafür, dass JOE bei der ersten Nutzung die beiden wichtigen Programme javac und java finden kann. Trotzdem sollte, wie anschließend in Abschnitt 4.1.4 auf Seite 40 beschrieben wird, die *Kontrolle der richtigen Pfade* nicht fehlen.

Am Ende des Installationsvorganges ist die Java-Programmierhilfe JOE zum Start vorbereitet, und ein entsprechender Eintrag in die Programmlisten ist erfolgt; mit der Befehlsfolge START→PROGRAMME→FANTASTIC-BITS→JOE→JOE wird sie dann gestartet (Bild 4.2).

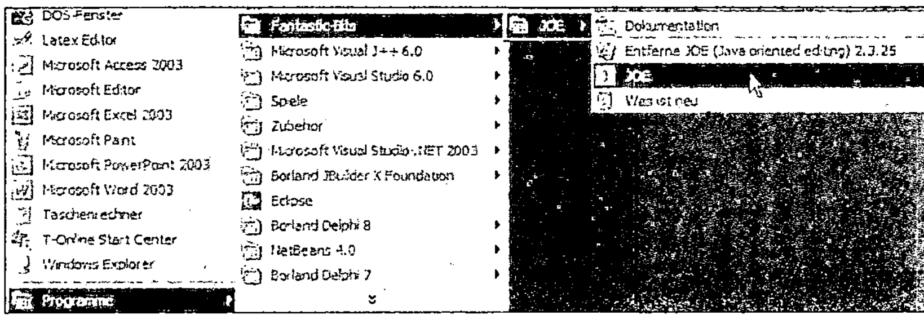

Bild 4.2: Starten von JOE

4.1.4   JOE einrichten

Nun kann JOE gestartet werden; Bild 4.3 zeigt das Startbild.

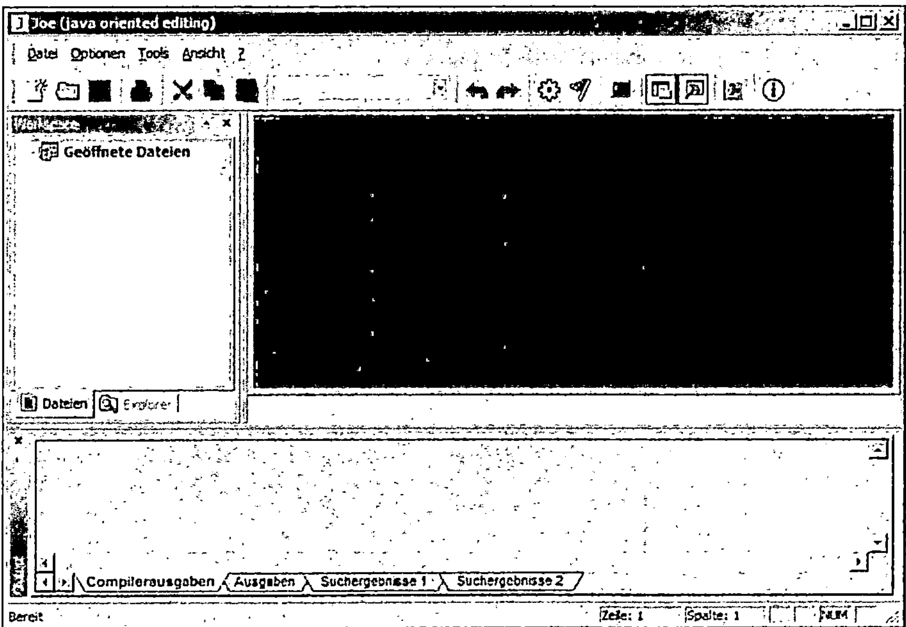

Bild 4.3: Startbild von JOE

Bevor die erste Java-Quelltextdatei geöffnet und bearbeitet wird, sollten auf jeden Fall die Pfade zu javac und java überprüft werden.

Das erfolgt zuerst über OPTIONEN→EINSTELLUNGEN→COMPILER. Und wenn im Fenster PFAD DES COMPILERS nicht der korrekte Pfad zu javac eingetragen ist, muss er korrigiert werden. Bild 4.4 zeigt die richtige Einstellung.

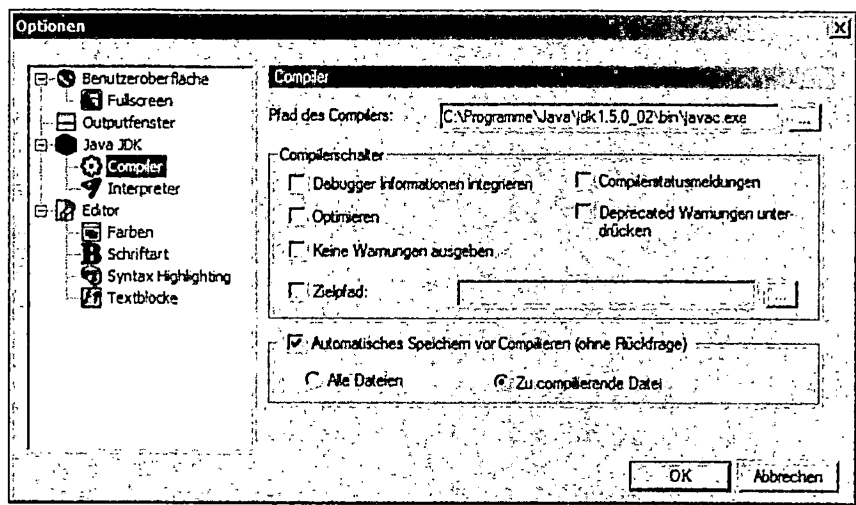

Bild 4.4: Korrekter Pfad zu javac

In gleicher Weise zeigt Bild 4.5, wie der korrekte Pfad zum Interpreter java eingestellt werden muss.

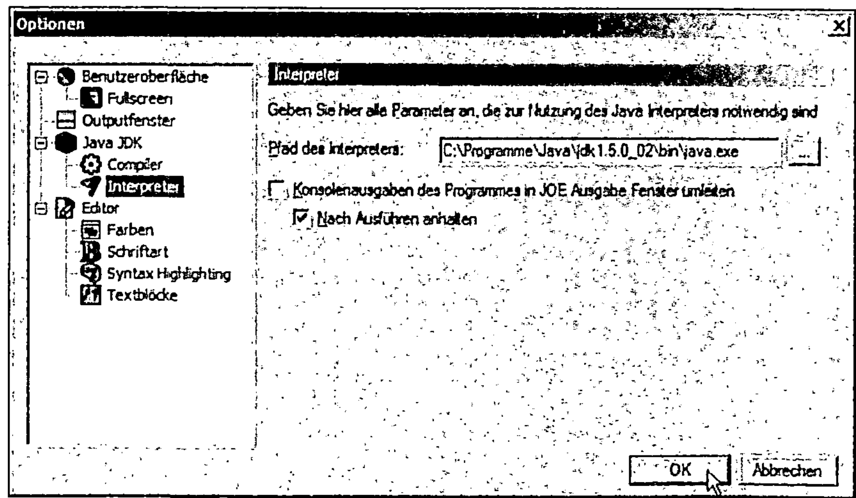

Bild 4.5: Korrekter Pfad zu java

4.1.5   Programmentwicklung mit JOE

Wählen wir nun DATEI→ÖFFNEN und laden aus unserem Quelltext-Ordner java-buch\Kap01 die Datei Bsp01_1.java in das große Arbeitsfenster von JOE, dann können wir ganz bequem mit diesem Quelltext arbeiten. Bild 4.6 zeigt die übliche Anordnung der Fenster.

Bild 4.6: JOE *mit Java-Quelltext*

JOE ist ein *Java-orientierter Editor*, das sieht man ganz deutlich:

Die *Schlüsselwörter der Sprache* werden *blau* hervorgehoben, die *Kommentarzeilen* sind *grün*, die *Dialogtexte* erscheinen *lila*, und die *Namen der Speicherplätze* sind *schwarz*.

Vergisst man beim Eintippen zum Beispiel die schließenden Textstriche ", dann merkt man sofort an der Färbung den Fehler.

Nun brauchen wir nur noch die beiden wichtigen *Sinnbilder für den Start von Compiler und Interpreter* zu erfahren, dann können wir beginnen.

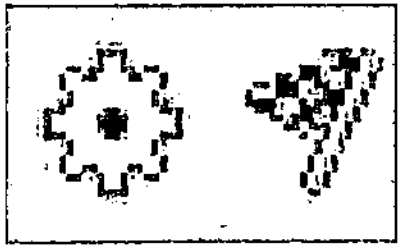

Bild 4.7: Sinnbilder für Compiler und Interpreter

> Mit dem Klick auf das *Zahnrad*, das sich im Bild 4.7 *links* befindet, wird der *Java-Compiler* javac gestartet.

Während des Compiler-Laufes erfolgt eine informierende Mitteilung, und nach Abschluss der Syntaxprüfung und der Bytecode-Erstellung kommt im unteren *Output-Fenster* eine entsprechende Erfolgsmeldung (Bild 4.8).

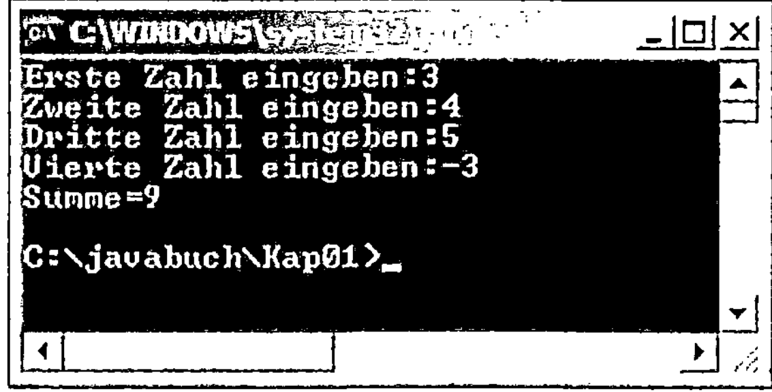

Bild 4.8: Information über erfolgreiche Compilierung

> Mit Klick auf die *Flagge*, die sich im Bild 4.7 *rechts* befindet, wird der *Java-Interpreter* java gestartet.

Der Interpreter sucht sich die Bytecode-Datei zu derjenigen Quelltextdatei, die sich gerade im *aktiven Fenster* befindet – er braucht dazu nur die Endung .java durch die Endung .class zu ersetzen.

Dann führt er Befehl für Befehl aus.

Bild 4.9: Ausgabefenster des Java-Interpreters

Dieses *Ausgabefenster des Interpreters* kennen wir bereits aus dem vorigen Abschnitt – es ist das einfache schwarze Fenster der Windows-Eingabeaufforderung. JOE öffnet dieses Fenster aber selbsttätig und sorgt dafür, dass der *Programmdialog* und die *Ausgabe der Ergebniswerte* dort erfolgen.

Nach dem Schließen des schwarzen Fensters befinden wir uns wieder im Editor-Modus von JOE (Bild 4.6), können den Quelltext verändern oder erweitern, dann speichern lassen (über DATEI→ALLE SPEICHERN), neu übersetzen und abarbeiten lassen. So einfach ist das mit JOE. Wirklich sehr zu empfehlen.

4.1.6   Arbeit mit mehreren Java-Quelltextdateien

JOE erlaubt es auch, mit *mehreren Quelltext-Dateien gleichzeitig* zu arbeiten, Programmstücke von Datei zu Datei zu kopieren, einen Quelltext zusammenzusetzen, Versionen zu verwalten und vieles mehr. Die Dateien werden mit DATEI→ÖFFNEN angefordert.

In dem Fenster WORKSPACE wird dann die jeweils aktuelle Datei ausgewählt (Bild 4.10).

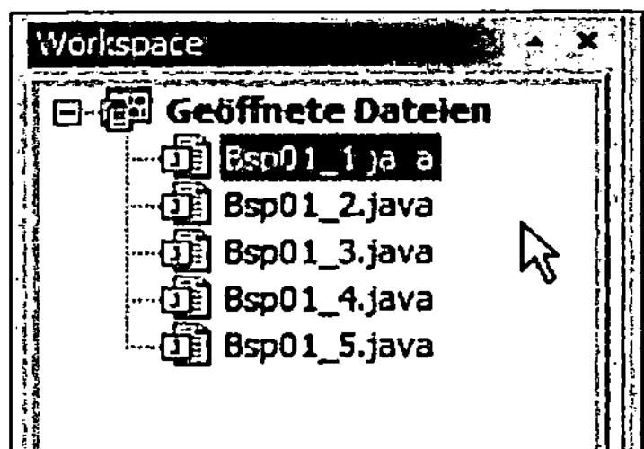

Bild 4.10: Fenster Workspace *zur Auswahl der aktiven Datei*

4.2   Eclipse

4.2.1   Allgemeines

JOE ist sehr einfach zu bedienen und deutschsprachig. Allerdings ist es nur nutzbar für Entwickler, die an *PC mit Windows-Betriebssystemen* arbeiten.

Doch wir sollten uns immer wieder an die folgende Tatsache erinnern:

> Java ist deswegen die Sprache der Globalisierung, weil jeder Entwickler und jeder Nutzer die beiden Programme javac und java passend für sein Betriebssystem aus dem Internet laden kann.

Arbeitet ein Programmentwickler z. B. an einem Linux-PC, dann kann er dort JOE nicht nutzen. Natürlich – das bleibt ihm immer – könnte er ganz *elementar* seine Programmentwicklung betreiben, so wie wir das im Kapitel 3 ab Seite 21 kennen lernten. Mit dem *Editor* seines Betriebssystems, mit dessen *Eingabeaufforderung* und javac und java. Doch auch er kann sich die Arbeit erleichtern:

Eclipse ist ein kostenloses, freies Java-Entwicklungssystem, das den Anspruch erhebt, für *verschiedene Plattformen* zur Verfügung zu stehen und nutzbar zu sein. Deswegen wollen wir es auch kennen lernen.

4.2.2   Eclipse aus dem Internet laden

Das Download-Angebot für Eclipse findet man im Internet unter

> http://www.eclipse.org/downloads/index.php

Bereits in der obersten Zeile des umfangreichen Katalogs findet sich das Angebot (Stand September 2005)

```
Download now: Eclipse SDK 3.1 Windows.
```

Wird es angewählt, erscheint eine Liste der Quellen, von denen eclipse heruntergeladen werden kann. Nach der Auswahl einer Quelle und der Angabe des Ziel-Ordners beginnt der Download-Prozess, der ziemlich lange dauern kann, denn die zu ladende Datei eclipse-SDK-3.1-win32.zip hat den Umfang von mehr als 100 MB.

Es vergeht Zeit genug, einen Kaffee zu trinken und sich an die Herkunft des Namens von *Java* zu erinnern...

Schließlich befindet sich die Datei eclipse-SDK-3.1-win32.zip vollständig im Ziel-Ordner, zum Beispiel in C:\download.

4.2.3   Eclipse entpacken und vorbereiten

Wird die *rechte Maustaste* auf den Dateinamen eclipse-SDK-3.1-win32.zip gerichtet, folgt in der Regel das Angebot, diese Datei zu *entpacken* (extrahieren). Man sollte selbst einen *Zielordner* dafür angeben, sehr sinnvoll wäre beispielsweise ein vorher angelegter Ordner:

```
C:\Programme\eclipse
```

Ist der Vorgang des Entpackens beendet, sollten sich in dem gewählten Ziel-Ordner vier Unterverzeichnisse und fünf Dateien befinden (Bild 4.11).

Name ▲	Größe	Typ
configuration		Dateiordner
features		Dateiordner
plugins		Dateiordner
readme		Dateiordner
.eclipseproduct	1 KB	ECLIPSEPRODUCT-Datei
eclipse.exe	108 KB	Anwendung
eclipse.ini	1 KB	Konfigurationseinstellungen
epl-v10.html	17 KB	HTML Document
notice.html	7 KB	HTML Document
startup.jar	31 KB	Executable Jar File

Bild 4.11: Inhalt des Ordners eclipse

Die hervorgehobene Datei eclipse.exe ist die *Start-Datei für das Java-Entwicklungs- und Hilfesystem.*

Bevor wir sie jedoch durch Doppelklick mit der linken Maustaste ausführen lassen, sollten wir zuerst dafür sorgen, dass zum *schnellen Programmstart* ein *Sinnbild* auf unserem Windows-Startbildschirm zur Verfügung steht.

Bild 4.12 zeigt das Vorgehen: Rechte Maustaste auf den Dateinamen → SENDEN AN→DESKTOP (VERKNÜPFUNG ERSTELLEN).

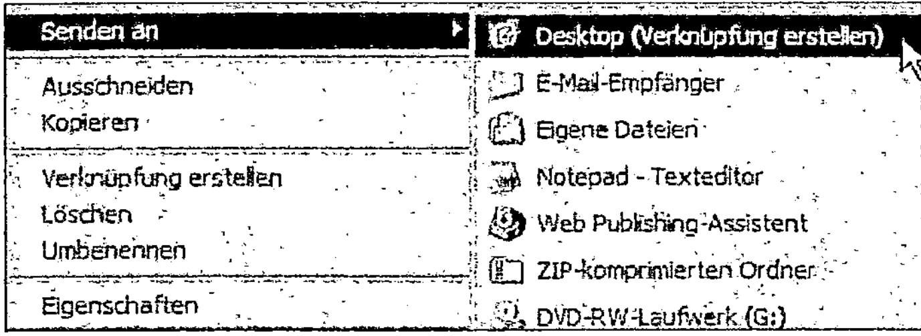

Bild 4.12: Sinnbild für eclipse *erstellen lassen*

Bild 4.13: Eclipse-Sinnbild

Nun sehen wir das typische Eclipse-Symbol (Bild 4.13) und können unser Entwicklungssystem zum ersten Mal starten. Die Abkürzung *SDK* im Dateinamen der heruntergeladenen zip-Datei bedeutet wörtlich *Software Development Kit*, auf Deutsch: *Software-Entwicklungs-Werkzeugsammlung*. Wir sind gespannt.

4.2.4   Eclipse erstmalig starten und einrichten

Unmittelbar nach dem Start fordert uns eclipse auf, eine workspace einzugeben (Bild 4.14). Damit ist aber lediglich gemeint, dass wir den Ordner benennen, unter dem sich alle unsere Java-Programme befinden werden. Also geben wir ein: C:\javabuch.

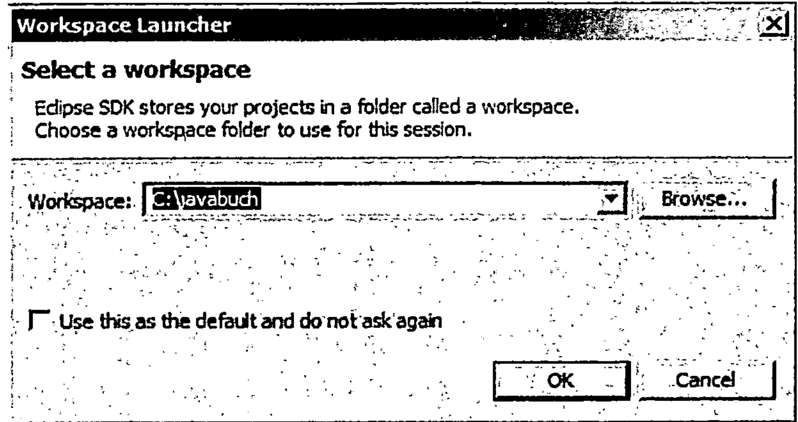

Bild 4.14: Ordnereingabe beim ersten eclipse-*Start*

Das Startbild von eclipse besteht aus einem System leerer Fenster (Bild 4.15).
Wie bei JOE, so müssen wir zuerst dafür sorgen, dass geprüft wird, ob der *richtige Pfad* zu den beiden Programmen javac und java eingestellt ist.

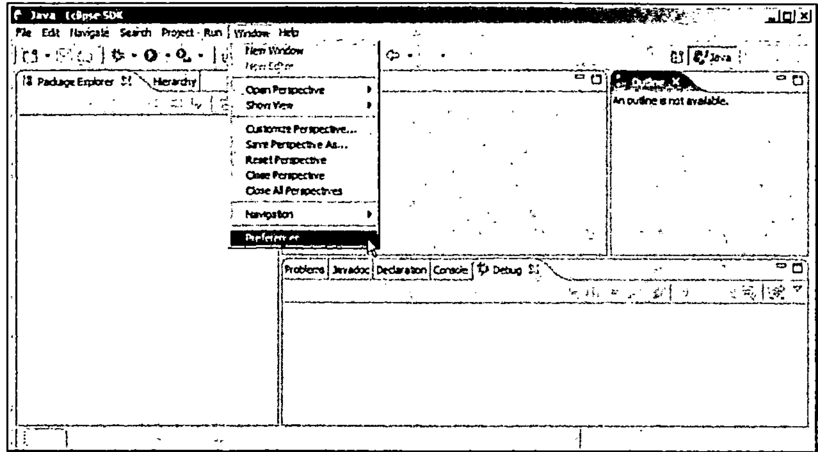

Bild 4.15: Startbild von eclipse

Dazu wird über WINDOW→PREFERENCES das *Fenster der Voreinstellungen* geöffnet und INSTALLED JRES angesehen.

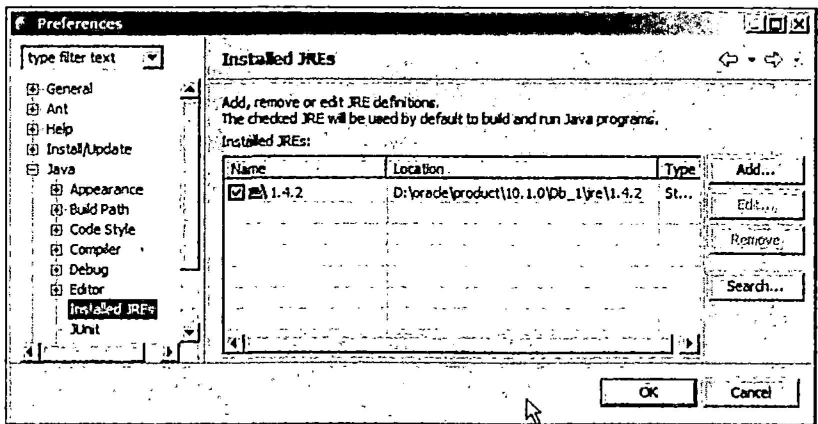

Bild 4.16: Bisher vorhandene Pfade zu javac *und* java

Bild 4.16 zeigt, dass hier nur eine ältere Version (erkennbar an der 4 in 1.4.2) eingestellt ist; unser aktuell neues *Java 5* fehlt noch.

Also veranlassen wir die *Suche* durch Klick auf `Search...` wobei viel Zeit gespart wird, wenn wir als Ausgangspunkt für die Suche schon den Ordner C:\Programme\Java einstellen. Denn dort, das wissen wir aus dem vorigen Kapitel (Seite 28), befinden sich javac und java.

Wie zu erwarten, wird die neue Java-Version gefunden (Bild 4.17), so dass wir
den Haken anders setzen können.

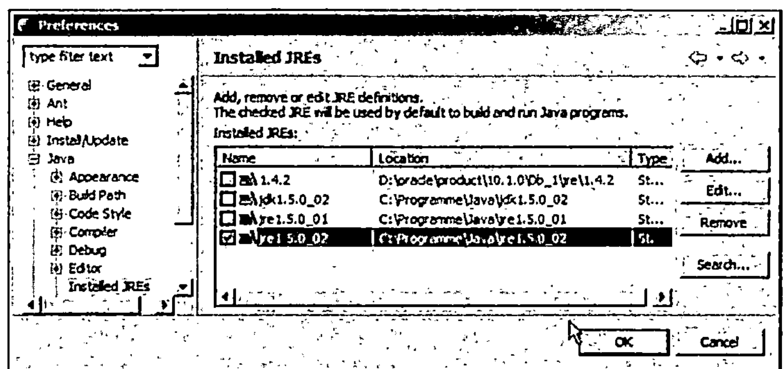

Bild 4.17: Gefundene neue Pfade auswählen

Nun ist unsere Java-Entwicklungsumgebung eclipse richtig vorbereitet, und wir
können daran gehen, unser Beispielprogramm verarbeiten zu lassen. Leider hat
die neue Qualität von eclipse ihren Preis – so einfach wie bei JOE ist nun alles
nicht mehr. Wir werden es sehen.

4.2.5   Projekte und Dateien

Obwohl eclipse schon C:\javabuch als *Workspace* benannt bekam, müssen
noch weitere *organisatorische Vorarbeiten* erfolgen. Es muss noch mindestens
ein *Projekt* festgelegt werden, damit eclipse mit einer bestimmten Java-Quelltext-Datei arbeiten kann.

Bild 4.18 Projektname muss festgelegt werden

Also wählen wir FILE→NEW→PROJECT (Bild 4.18), dann entscheiden wir uns für
JAVA PROJECT, klicken | Next> | und tragen als *Projektnamen* Kap01 ein – in die-
sem Ordner findet sich unsere Datei Bsp01_1.java, mit der wir arbeiten wollen.

Wie gewünscht, erscheint links im Fenster PROJEKT-EXPLORER dieser *Projektname*,
darunter finden wir dann den Dateinamen Bsp01_1.java (Bild 4.19). Der Klick auf
den Dateinamen Bsp01_1.java zeigt uns unseren bekannten Text in dem großen
Quelltext-Fenster rechts daneben, gut sichtbar und wieder *mit unterstützender
Farbgebung. Grobe Fehler werden bereits angezeigt.*

Sollte im Quelltext das Wort Scanner mit einer *roten Wellenlinie* als Fehler an-
gestrichen sein, ist eclipse doch noch nicht auf die *Version 5* von Java umgestellt. Denn frühere Versionen kennen Scanner nicht. Dann muss nach Abschnitt
4.2.4 die Einstellung wiederholt werden.

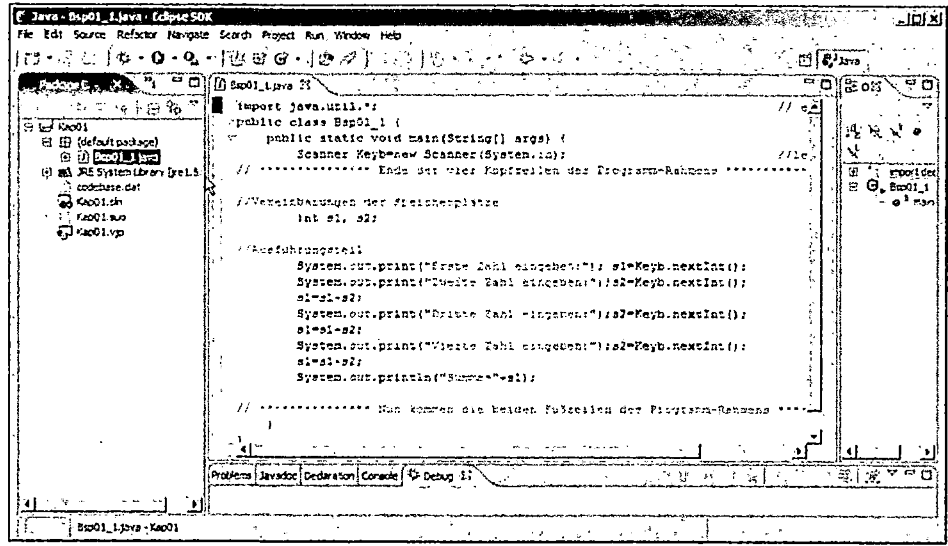

Bild 4.19: Projekt-Explorer und Quelltext-Fenster

4.2.6 Syntaxprüfung, Bytecode-Erzeugung und Ausführung

Nun sind wir endlich so weit, dass wir mit Hilfe von eclipse den Java-Compiler javac und den Java-Interpreter java für uns arbeiten lassen können.

Dazu müssen wir zuerst die Befehlsfolge RUN→DEBUG auswählen. Wir erhalten das *Debug-Fenster* (Bild 4.20).

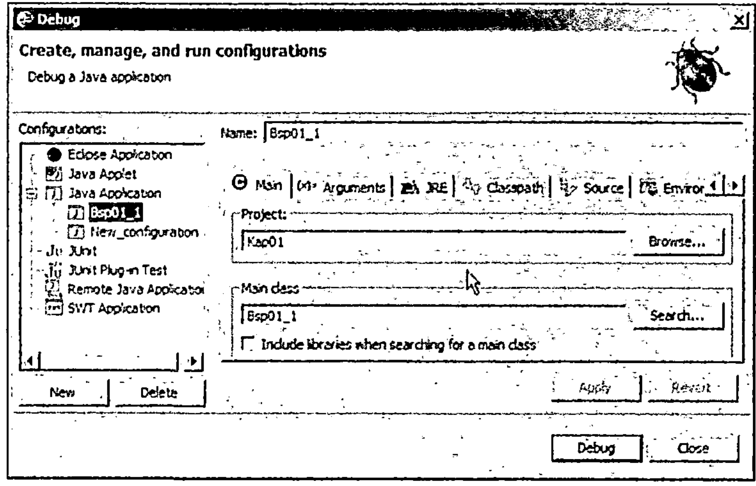

Bild 4.20: Debug-Fenster

Wenn der angebotene *Projektname* im Fenster PROJECT nicht dem Ordnernamen entspricht, muss er über Browse... anders eingestellt werden.

Da sich in dem ausgewählten Ordner/Projekt mehrere Java-Quelltext-Dateien befinden können, in denen die spezielle Kopfzeile

```
public static void main(String[] args) {
```

auftritt, muss man gegebenenfalls durch Klick auf | Search... | alle derartigen Dateien anzeigen lassen und die gewünschte Datei aussuchen. Die Auswahl wird mit | Debug | bestätigt; danach findet die Syntaxanalyse durch javac statt.

An dieser Stelle ist Gelegenheit zu erklären, warum die Fehlersuche in einem Programm mit der englischen Vokabel *debug* beschrieben wird: *Bug* ist die *Wanze*, und *debug* heißt also *entwanzen*. Ein sehr schönes Exemplar dieser Gattung ist auch im Bild 4.20 rechts oben abgebildet. Warum?

In der Pionierzeit der Computerei muss es gewesen sein, als die Rechner noch riesige Säle füllten und Millionen Röhren und Kontakte hatten. Da suchte und suchte man einen Fehler und fand ihn einfach nicht. Endlich, nach ewig langer, verzweifelter Suche entdeckte ein Techniker eine Wanze, die sich zwischen zwei Kontakte geschoben hatte. Und so kam es, dass fortan das *Entwanzen* in seiner englischen Übersetzung *debug* zur Vokabel für die Fehlersuche wurde.

Werden von javac aber keine Syntaxfehler festgestellt, gibt es also keine *Verstöße gegen das Regelwerk der Sprache Java*, dann wird der *Java-Bytecode* hergestellt und sofort von java abgearbeitet. Im Fenster CONSOLE findet dann die Erfassung der Nutzereingaben und die Ausgabe des Ergebnisses statt (Bild 4.21).

```
| Problems | Javadoc | Declaration |          | Debug |
<terminated> Bsp01_1 [Java Application] C:\Programme\Java\jre1.5.0_02\bin\javaw.exe (14.09.2005 11:37:23)
Erste Zahl eingeben:2
Zweite Zahl eingeben:3
Dritte Zahl eingeben:4
Vierte Zahl eingeben:5
Summe=14
```

Bild 4.21 Ein- und Ausgaben im Fenster CONSOLE

Liegen dagegen Syntaxfehler vor, reagiert eclipse auf zweierlei Weise. Im Fenster PROBLEMS werden die Fehlermeldungen aufgelistet. Sehen wir uns in Bild 4.22 an, welche Fehlermeldungen wir erhalten, wenn wir, wie schon auf Seite 33, die Vereinbarung des Speicherplatzes s2 vergessen:

	Javadoc	Declaration	Console	Debug			
6 errors, 0 warnings, 0 infos							
Description		Resource		In Folder		Location	
⊗ s2 cannot be resolved		Bsp01_1.java		Kap01		line 12	
⊗ s2 cannot be resolved		Bsp01_1.java		Kap01		line 13	
⊗ s2 cannot be resolved		Bsp01_1.java		Kap01		line 14	
⊗ s2 cannot be resolved		Bsp01_1.java		Kap01		line 15	
⊗ s2 cannot be resolved		Bsp01_1.java		Kap01		line 16	
⊗ s2 cannot be resolved		Bsp01_1.java		Kap01		line 17	

Bild 4.22: Fehlermeldungen bei fehlender Vereinbarung

Häufig benötigt man den Blick in das Fenster PROBLEMS gar nicht, denn eclipse versucht schon im Quelltext durch *rote Wellenlinien* unter unbekannten Namen oder falsch geschriebenen Schlüsselwörtern auf Fehler aufmerksam zu machen (Bild 4.23).

```
//Ausführungsteil
      System.out.print("Erste Zahl eingeben:"); s1=Keyb.nextInt();
      System.out.print("Zweite Zahl eingeben:");s2=Keyb.nextInt();
      s1=s1+s2;
      System.out.print("Dritte Zahl eingeben:");s2=Keyb.nextInt();
      s1=s1+s2;
      System.out.print("Vierte Zahl eingeben:");s2=Keyb.nextInt();
      s1=s1+s2;
      System.out.println("Summe="+s1);
```

Bild 4.23: Syntaxfehlermarkierung im Quelltext

Zusätzlich werden auch noch an der *linken und rechten Bildkante* diejenigen Zeilen hervorgehoben, in denen *Fehler erkannt* wurden.

Das müssen allerdings nicht immer die fehlerhaften Zeilen sein: Wir wissen ja, dass unser Fehler hier gar nicht in den sechs Zeilen, die eclipse markiert, sondern im *Vereinbarungsteil* liegt. Aber erst bei der Syntaxanalyse der Zeilen des Ausführungsteils wird der Fehler vom Compiler javac *erkannt.*

Merken wir uns: Ein Syntaxfehler wird im Regelfall erst später (d. h. weiter unten im Programmtext) vom Compiler javac erkannt.

4.3 NetBeans IDE

4.3.1 Allgemeines

Die *Integrierte Entwicklungsumgebung* NetBeans wird in der Version 4.0 (Stand Mai 2005) automatisch mitgeliefert, wenn von der Internet-Adresse

```
java.sun.com/j2se/1.5.0/download.jsp
```

das Java-5-System mit den beiden entscheidenden Programmen javac und java heruntergeladen wird (siehe Seite 26). Es wird bei der Installation von Java ohne besondere Rückfrage installiert, standardmäßig erfolgt die Installation aller zu NetBeans gehörenden Dateien im Ordner C:\Programme\netbeans-4.0.

Gleichzeitig wird für NetBeans ein Eintrag in der Liste der verfügbaren Programme sowie ein Sinnbild auf Desktop angefertigt. Somit liegt uns mit NetBeans eine dritte *kostenlose Entwicklungshilfe* für unsere Einführung in die Java-Programmierung vor.

Allerdings ist NetBeans von den drei genannten Hilfen am schwierigsten zu bedienen, wie gleich gezeigt wird. Deshalb werden wir einstweilen nicht mit Net-Beans arbeiten.

4.3.2   Starten und Einrichten von NetBeans

NetBeans lässt sich über sein Sinnbild auf Desktop oder über seinen Eintrag in der Programmliste (Bild 4.24) starten.

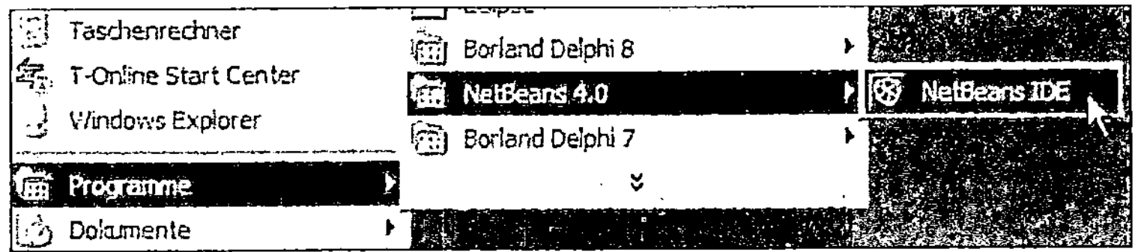

Bild 4.24: Starten von NetBeans 4.0

Auch hier sehen wir am Anfang nur leere Fenster (Bild 4.25); da NetBeans gleichzeitig mit der neuesten Java-Version aus dem Internet geladen wurde, erübrigt sich hier eigentlich die manuelle Einstellung auf Java 5. Trotzdem sollte man sich mit Hilfe des JAVA PLATFORM MANAGERS aus dem Menü TOOLS davon überzeugen, dass tatsächlich mit Java 5 gearbeitet wird.

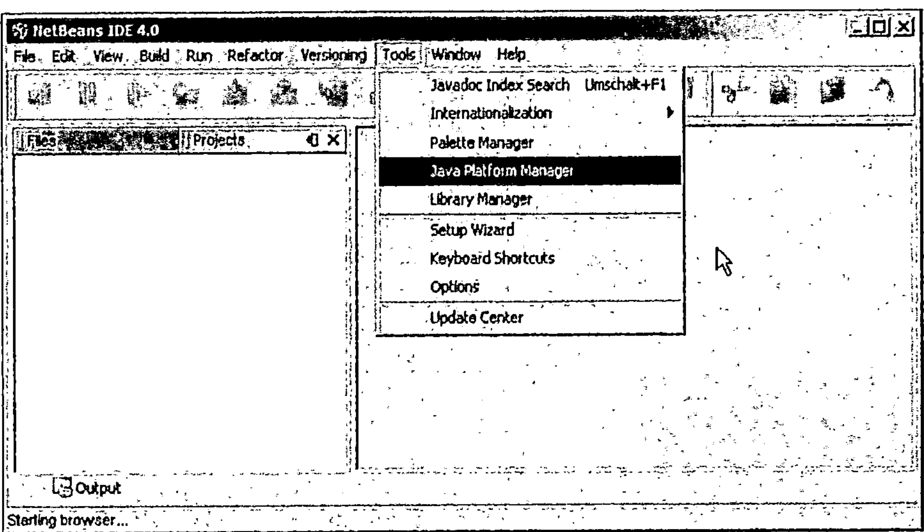

Bild 4.25: Startbild von NetBeans 4.0

4.3.3   Projekte und Dateien

NetBeans macht es uns noch schwerer als eclipse, sofort und unkompliziert mit unserer Java-Quelltext-Datei Bsp01_1.java aus dem Ordner C:\javabuch\Kap01 arbeiten zu können.

Natürlich müssen wir auch hier zuerst ein *neues Projekt* anlegen. Versuchen wir es mit FILE→NEW PROJECT, dann wählen wir im nächsten Fenster GENERAL aus.

Nun müssen wir überlegen: Wollen wir gänzlich neu beginnen oder wollen wir mit vorhandenen Dateien arbeiten?

Bild 4.26: Festlegung von Quell-Ordner und Projektnamen

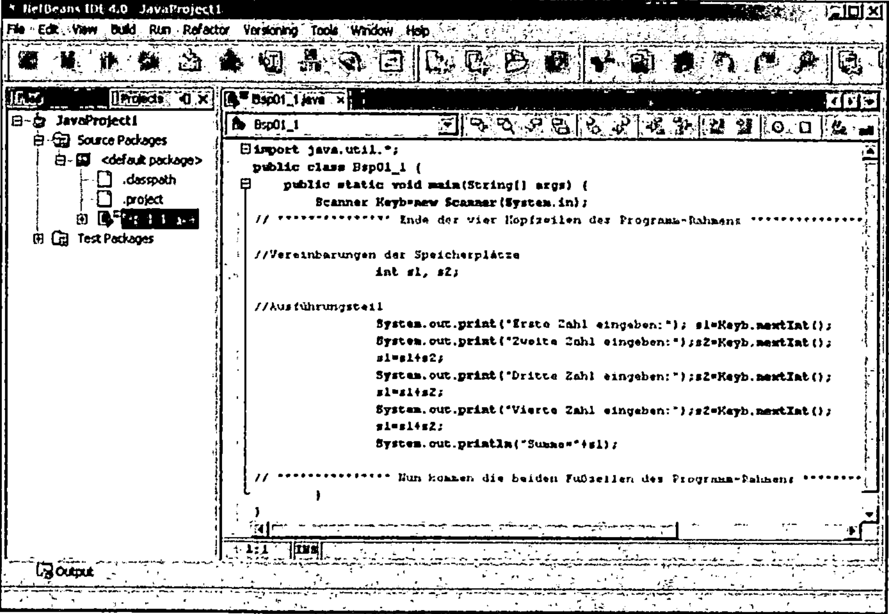

Bild 4.27: NetBeans-Projekt mit vorhandener Quelltextdatei

Einstweilen wird das Letztere der Fall sein – denn die *Beispiele, Übungen und Lösungen* dieses Buches sind ja im Regelfall in fertigen oder halbfertigen Dateien im Download verfügbar (Einzelheiten im Kapitel 5 ab Seite 55).

Also wählen wir JAVA PROJECT WITH EXISTING SOURCES, mit | Next> | bestätigen wir. Bild 4.26 zeigt uns dann die auszufüllenden Fenster. Für den *Projektnamen* darf allerdings nicht Kap01 verwendet werden; hier sollten wir den Vorschlägen von NetBeans folgen.

Nach der Bestätigung mit | Finish | sehen wir links im Fenster PROJECTS, unterhalb des Projektnamens JavaProject1, die einbezogenen Dateien (Bild 4.27), und rechts daneben befindet sich der bekannte Java-Quelltext des Programms Bsp01_1.

Er kann nun auf Syntaxfehler geprüft werden; anschließend wird der Java-Bytecode erzeugt und kann ausgeführt werden.

> Wie schon erwähnt, erscheint NetBeans 4.0 von den drei bisher vorgestellten Entwicklungs-Unterstützungs-Werkzeugen JOE, eclipse und NetBeans als das anspruchsvollste, was seine Bedienungstechnologie angeht. Für Anfänger wird deshalb empfohlen, mit JOE zu arbeiten.

4.4   Weitere Java-Entwicklungsumgebungen

4.4.1   JPadPro

Die Java-Entwicklungshilfe JPadPro, die derzeit (Stand September 2005) in der Version 5.5 angeboten wird, kommt aus dem Hause Modelworks Software. JPadPro ist ebenso einfach zu bedienen wie JOE und wäre deshalb für jeden Anfänger sehr zu empfehlen - aber JPadPro wird kostenlos nur für einen 30-Tage-Test angeboten, doch auch dafür muss man sich registrieren lassen. Die dauerhafte Nutzung von JPadPro kostet Geld.

JPadPro kann aus dem Internet von der Seite

    http://www.modelworks.com/downloads.html

herunter geladen werden. Äußeres Zeichen von JPadPro sind die beiden Schaltflächen für den Start von javac bzw. java: Der stehende Mann symbolisiert den Java-Compiler, während der Läufer den Interpreter symbolisiert.

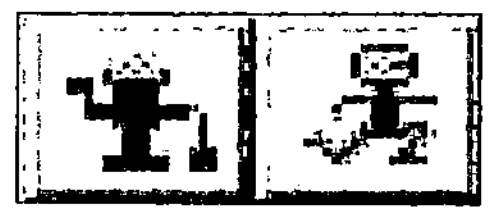

Bild 4.28: Startsymbole für javac *und* java

Die Fensteranordnung bei JPadPro ist sehr übersichtlich. JPadPro arbeitet unmittelbar und unkompliziert mit den Java-Quelltextdateien, weder Projekte noch Pakete müssen vorbereitet werden.

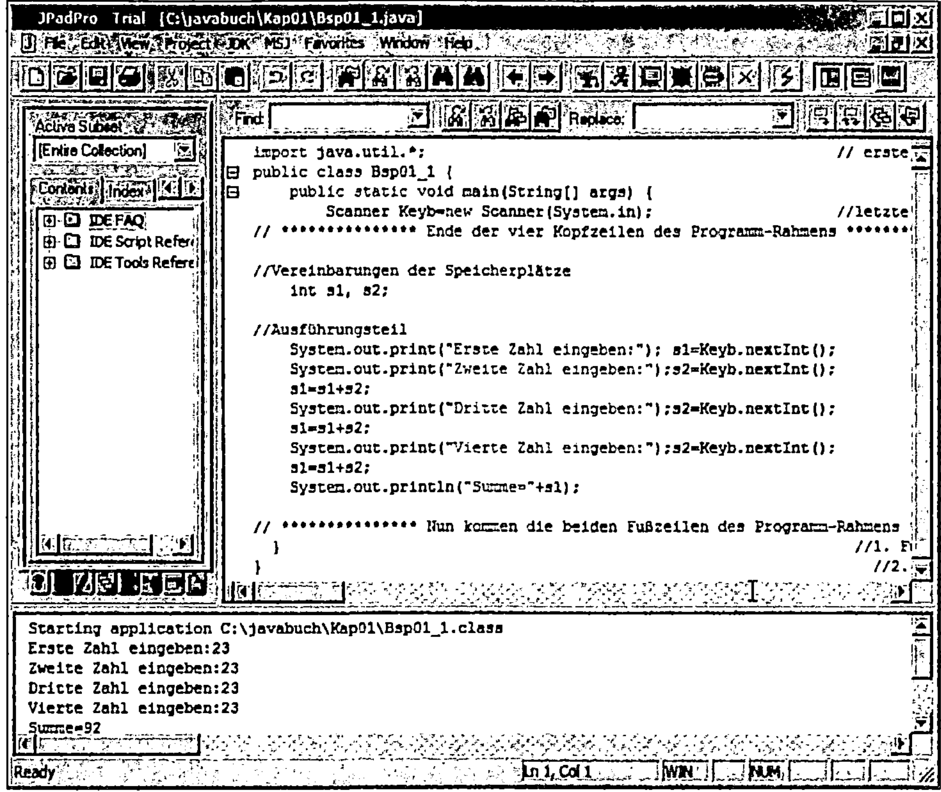

Bild 4.29: JPadPro *mit* Bsp01_1.java

Leider gibt es JPadPro nicht auf deutsch – das spricht neben der Kostenfrage doch für JOE.

4.4.2 JBuilder und Visual J++

Hinsichtlich der Beschaffung des hochgelobten, *für den Anfänger aber viel zu komplexen* Java-Entwicklungsinstrumentariums JBuilder aus dem Hause Borland gelten ähnliche Bedingungen wie für JPadPro. Zum Herunterladen findet man auf der Seite

```
http://www.borland.com/jbuilder/
```

Angebote für die verschiedensten Versionen des JBuilders, darunter auch 30-Tage-Testversionen mit und ohne Registrierung. Visual J++ von Microsoft ist ohnehin nicht kostenlos zu haben, und ebenfalls sehr komplex.

5 Online-Unterstützung

Zu diesem Buch gibt es eine umfangreiche *Online-Unterstützung*, die entweder direkt über

    http://www.w-g-m.de/java.htm

oder – ausgehend von der Homepage des Autors – unter

    http://www.w-g-m.de

durch Klick auf ⌷ **Leser-Service** ⌷ angefordert werden kann (Bild 5.1).

Bild 5.1: Schaltfläche für die Online-Hilfe

Diese *Online-Unterstützung* besteht darin, dass alle Beispiel-Programme aus dem Internet heruntergeladen werden können. Auch die *Quelltexte aller Übungsaufgaben* und der *zugehörigen Lösungen* stehen zum Download bereit. *Alle Dateien eines Kapitels* sind immer *in einem einzigen Ordner* zusammengefasst; dieser Ordner wird in *einer einzigen so genannten* zip-*Datei* komprimiert.

Je nach verwendetem Internet-Zugangs-Programm (Browser) gibt es geringfügige Unterschiede in der Vorgehensweise für das Herunterladen dieser zip-Datei. Deshalb wollen wir uns die Prinzipien kurz ansehen.

5.1 Herunterladen der Dateien eines bestimmten Kapitels

5.1.1 Ausgangspunkt

Die Dateien der Java-Quelltexte der Beispiele, Übungsaufgaben und Lösungen sind nach Kapiteln zusammengefasst. Wie Bild 5.2 zeigt, kann die Gesamtheit für ein bestimmtes Kapitel durch einfaches Anklicken der Kapitelnummer angefordert werden.

Bild 5.2: Anfordern aller Java-Quelltext-Dateien für Kapitel 5

5.1.2 Konkrete Angabe des Zielordners

Wird der Browser *Internet-Explorer* verwendet, dann wird durch ihn zuerst mitgeteilt, wie die gefundene ZIP-Datei für dieses Kapitel heißt. Bild 5.3 zeigt es – sie trägt den Namen WGMKap05.zip. Anschließend wird gefragt, ob diese Datei gespeichert werden soll.

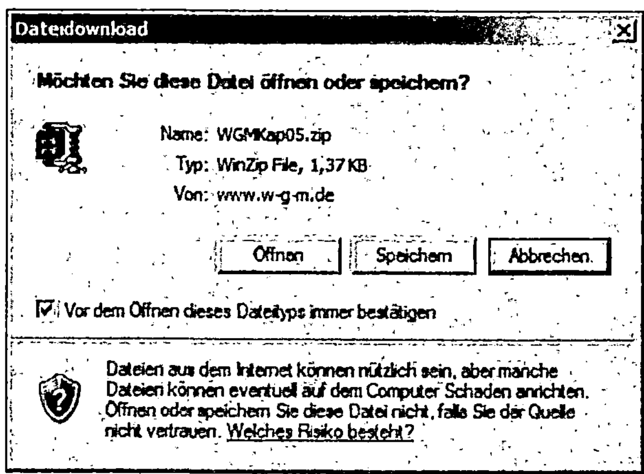

Bild 5.3: Dateidownload-Fenster vom Internet-Explorer

Nach dem Klick auf Speichern kommt die Frage nach dem *Ziel-Ordner* (Bild 5.4). Wie schon in Kapitel 3.1.1 auf Seite 21 empfohlen, ist es immer günstig, die heruntergeladene zip-Datei in den Ordner C:\javabuch zu bringen.

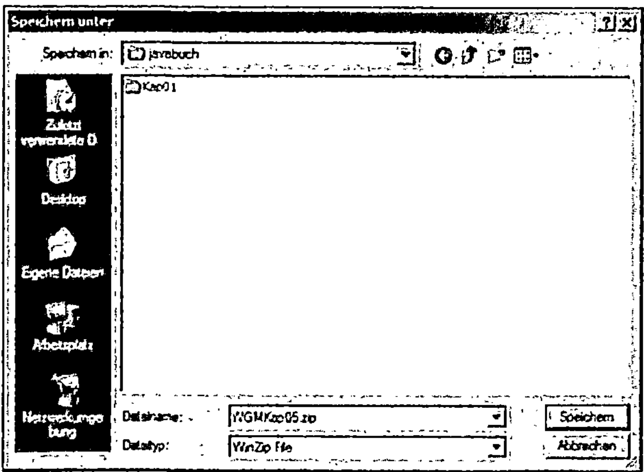

Bild 5.4: Angabe des Ziel-Ordners für die zip-Datei

In gleicher Weise arbeitet auch der Browser *Netscape*. Er informiert über den Namen der gefundenen zip-Datei und fragt, „was er mit dieser Datei machen" soll.

Auch hier führt die Antwort AUF FESTPLATTE SPEICHERN zur Aufforderung, einen Ziel-Ordner anzugeben (Bild 5.6).

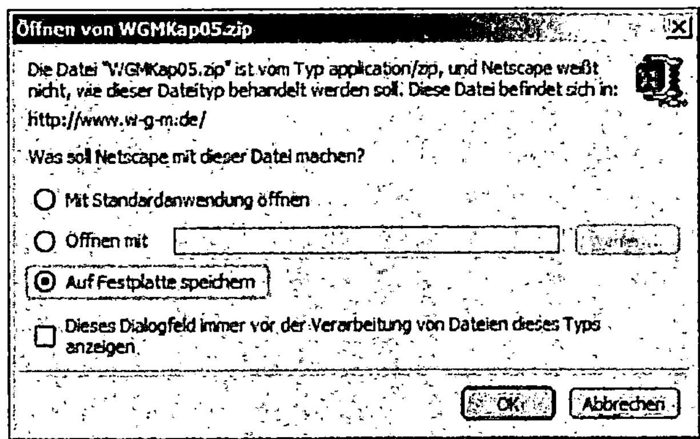

Bild 5.5: Dateidownload-Fenster von Netscape

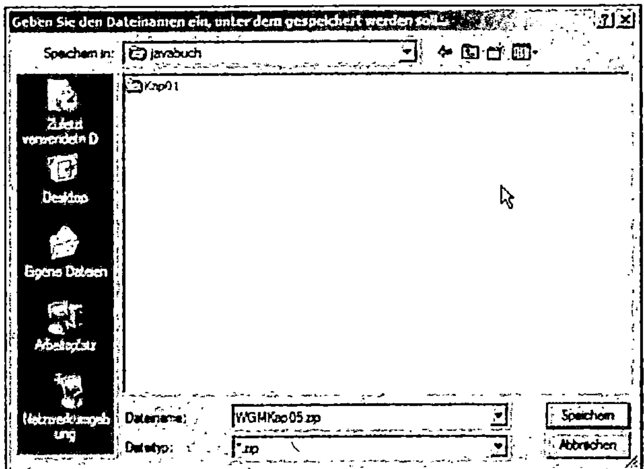

Bild 5.6: Frage nach dem Ziel-Ordner

In beiden Fällen finden wir nach entsprechender Kontrolle, dass sich die heruntergeladene ZIP-Datei WGMKap05.zip tatsächlich im Ordner C:\javabuch befindet (Bild 5.7).

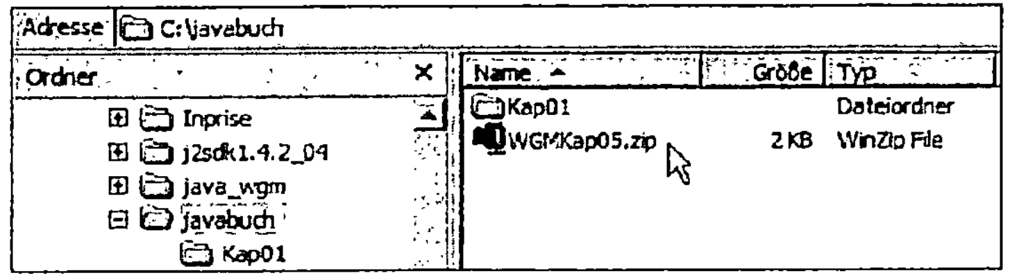

Bild 5.7: Kontrolle des Inhalts von C:\javabuch

5.1.3   Speichern auf Desktop

Der Browser *Mozilla Firefox* informiert anfangs zwar auch über den Namen der gefundenen zip-Datei und fragt, ob diese gespeichert werden soll (Bild 5.8). Doch bei Bestätigung erfolgt keine weitere Frage nach dem Ziel.

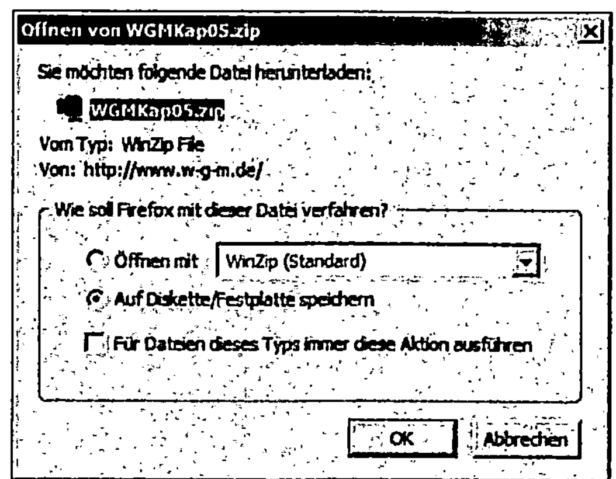

Bild 5.8: Download-Fenster von Firefox

Auch das kann also passieren – wohin aber bringt der Browser dann diese zip-Datei?

In diesen Fällen sollte die *Windows-Arbeitsfläche*, genannt Desktop, genau betrachtet werden. Dorthin wird nämlich im Regelfall eine heruntergeladene Datei gebracht, wenn *nicht* nach einem Ziel-Ordner gefragt wurde. Bild 5.9 zeigt das Sinnbild, das in solchen Fällen zu sehen ist.

Bild 5.9: Sinnbild der herunter geladenen zip-*Datei auf* Desktop

Mit Hilfe der Bedienhandlungen *rechte Maustaste*→AUSSCHNEIDEN→ Arbeitsplatz → C:→javabuch → EINFÜGEN wird diese Datei schließlich in den Ordner C:\javabuch gebracht. Wir haben dann denselben Stand wie am Ende von Abschnitt 5.1.2 erreicht. Nun muss nur noch entpackt werden.

5.1.4   Entpacken mit rechter Maustaste

Die geringsten Probleme beim Entpacken der heruntergeladenen ZIP-Datei erhält man, wenn beim Klick mit der *rechten Maustaste* auf den Dateinamen WGM-Kap05.zip sofort das Angebot HIER ENTPACKEN oder EXTRACT HERE erscheint.

Bestätigt man dieses Angebot, wird sofort unter dem Ordner C:\javabuch der Ordner WGMKap05 angelegt, in dem sich die Java-Quelltextdateien befinden (Bild 5.10). In unserem Fall sind es *fünf Dateien*: Eine Beispieldatei Bsp05_1.java, zwei Dateien Uebg05_1.java, Uebg05_2.java für die Übungen, und dazu die zwei Dateien Loesg05_1.java bzw. Loesg05_2.java mit den Lösungen.

Adresse C:\javabuch\WGMKap05		
Name ▲	Größe	Typ
Bsp05_1.java	1 KB	JAVA-Datei
Loesg05_1.java	2 KB	JAVA-Datei
Loesg05_2.java	2 KB	JAVA-Datei
Uebg05_1.java	2 KB	JAVA-Datei
Uebg05_2.java	2 KB	JAVA-Datei

Bild 5.10: Vorhandene Dateien nach dem Entpacken

Damit sind auch die Prinzipien der Namensgebung in diesem Buch dargelegt:

- Alle Dateien, die Java-Quelltexte von *Beispielen* enthalten, haben Dateinamen, die mit Bsp beginnen (erster Buchstabe stets *groß* geschrieben). Dann folgt die Nummer des Kapitels, anschließend die laufende Nummer.

- Alle Dateien, die Java-Quelltexte von *Übungen* enthalten, haben Dateinamen, die mit Uebg beginnen (erster Buchstabe stets *groß* geschrieben). Dann folgt die Nummer des Kapitels, anschließend die laufende Nummer.

- Alle Dateien, die Java-Quelltexte von *Lösungen* enthalten, haben Dateinamen, die mit Loesg beginnen (erster Buchstabe stets *groß* geschrieben). Dann folgt die Nummer des Kapitels, anschließend die laufende Nummer.

5.1.5   Entpacken mit einem Entpackprogramm

Wird die Leistung HIER ENTPACKEN auf der rechten Maustaste nicht angeboten, muss mit Doppelklick auf den Dateinamen der ZIP-Datei ein passendes *Entpack-Programm* angefordert werden. Derartige Entpack-Programme sind leicht zu bedienen. Allerdings sind sie meist so eingerichtet, dass sie stets anbieten, für die entpackte Datei *selbsttätig zusätzlich einen eigenen Unterordner* anzulegen. Und als Name für diesen Unterordner schlagen die Entpack-Programme gern die Zeichenfolge der ZIP-Datei vor dem Punkt vor.

Bild 5.11 zeigt es: Das Entpack-Programm schlägt vor, unterhalb von C:\javabuch den Ordner WGMKap05 anzulegen, und erst danach die Datei WGMKap05.zip zu entpacken.

Doch was wird passieren, wenn wir dieses Angebot unüberlegt annehmen? Die ZIP-Datei WGMKap05.zip erzeugt in dem vorher vom Entpack-Programm erzeugten Ordner WGMKap05 noch einen (Unter-)Ordner WGMKap05, und erst dort legt sie die fünf Java-Quelltext-Dateien ab.

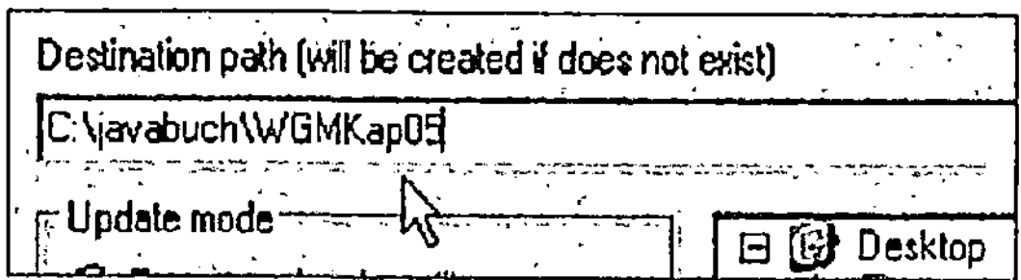

Bild 5.11: Ordner-Namens-Vorschlag des Entpack-Programms

Das heißt, wenn wir vergessen, wie in Bild 5.12 den vorgeschlagenen *Entpack-Pfad zu korrigieren*, würden wir ein unglückliches Ordner-Ordner-System erhalten:

```
C:\javabuch
      WGMKap05
            WGMKap05
                  Bsp05_1.java

            . . . . . . . . . . . . . .
```

Um das zu beseitigen, müsste der Inhalt des unteren WGMKap05-Ordners in den darüber liegenden Ordner gleichen Namens verschoben werden, anschließend könnte der untere Ordner gelöscht werden.

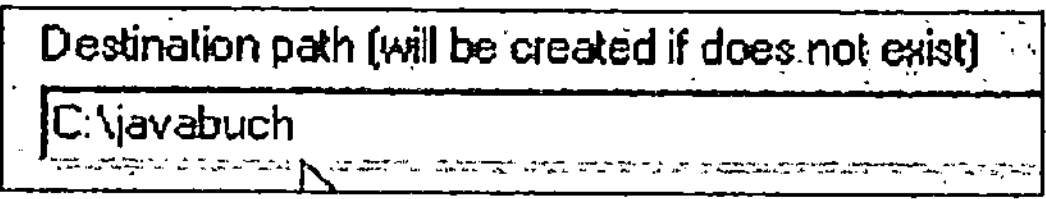

Bild 5.12: Verhinderung eines eingeschobenen Ordners

5.2 Arbeit mit den heruntergeladenen Dateien

5.2.1 Java elementar

```
MS-DOS
Microsoft(R) Windows DOS
(C)Copyright Microsoft Corp 1990-2001.

C:\WINDOWS\SYSTEM32>cd..

C:\WINDOWS>cd..

C:\>cd javabuch

C:\JAVABUCH>cd wgmkap05

C:\JAVABUCH\WGMKAP05>c:\programme\java\jdk1.5.0_02\bin\javac Bsp05_1.java

C:\JAVABUCH\WGMKAP05>c:\programme\java\jdk1.5.0_02\bin\java Bsp05_1
Erste Zahl eingeben:2
Zweite Zahl eingeben:3
Dritte Zahl eingeben:4
Vierte Zahl eingeben:5
Summe=14

C:\JAVABUCH\WGMKAP05>
```

Bild 5.13: Ordner finden, Compiler und Interpreter starten

Wie schon im Abschnitt 3.3 ab Seite 30 ausführlich beschrieben, kann mit Hilfe der *einfachen Windows-Eingabeaufforderung* bei *Kenntnis der Pfade zu den Dateien* mit den beiden Programmen javac und java bereits Java-Programmentwicklung betrieben werden. Bild 5.13 wiederholt die Schritte: Zuerst muss der Wechsel in den Ordner erfolgen, in dem sich die Java-Quelltextdatei befindet (hier ist es die Datei Bsp05_1.java im Ordner C:\javabuch).

Dann werden von dort aus mit langem, mühsam und konzentriert einzugebendem Pfad zuerst der *Java-Compiler* javac und dann der *Java-Interpreter* java gestartet.

Dabei ist unbedingt zu beachten:

Bei den reinen *Verwaltungskommandos* in der *Eingabeaufforderung* ist es noch gleichgültig, ob mit *Klein-* oder *Großbuchstaben* gearbeitet wird (cd javabuch hat dieselbe Wirkung wie CD JAVABUCH).

Beim *Java-Compileraufruf* und vor allem beim *Java-Interpreteraufruf* ist die *Klein- und Großschreibung* extrem wichtig:

C:\......\java\bsp05_1 liefert eine *Fehlermeldung*, aber C:\......\java\Bsp05_1 führt zur Abarbeitung der Befehle des Programms.

5.2.2   Arbeit mit JOE

Wie schon in Abschnitt 4.1.5 auf Seite 41 erwähnt, ist das Programm JOE diejenige Java-Entwicklungs-Hilfe, die für Anfänger sehr zu empfehlen ist. Zumal sie *kostenlos* zur Verfügung gestellt wird und keine technologischen Feinheiten vom Lernenden erfordert.

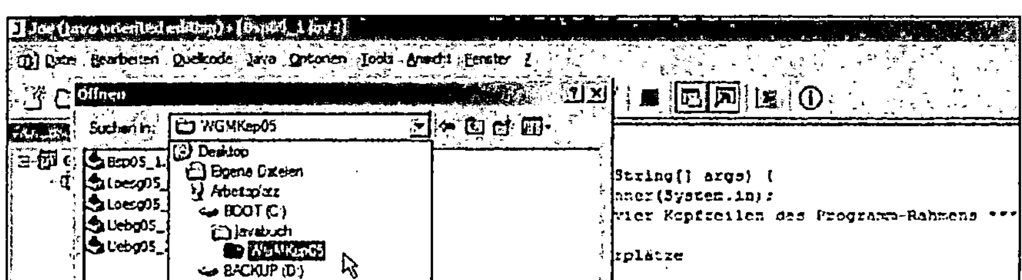

Bild 5.14: DATEI ÖFFNEN *in* JOE

Wenn JOE richtig vorbereitet ist (siehe Seite 39), muss nach dem Start von JOE nur die gewünschte Java-Quelltextdatei geöffnet werden (Bild 5.14).

Anschließend kann durch Anklicken der beiden Sinnbilder 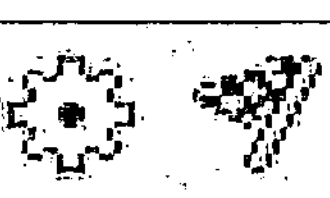

mit dem *Java-Compiler* bzw. dem *Java-Interpreter* gearbeitet werden.

5.2.3 Arbeit mit eclipse

Die im Abschnitt 4.2 ab Seite 43 ausführlich vorgestellte Java-Hilfe eclipse ist nicht mehr so leicht zu bedienen wie JOE. Das beginnt schon damit, dass nach dem Start von eclipse und dem Schließen des Willkommen-Fensters unbedingt zuerst mittels WINDOW→PREFERENCES→JAVA→INSTALLED JRES überprüft werden muss, ob eclipse tatsächlich noch auf die *aktuelle Version* von javac und java eingestellt ist; falls das nicht der Fall sein sollte, muss diese Einstellung so wiederholt werden, wie sie auf Seite 46 beschrieben wurde.

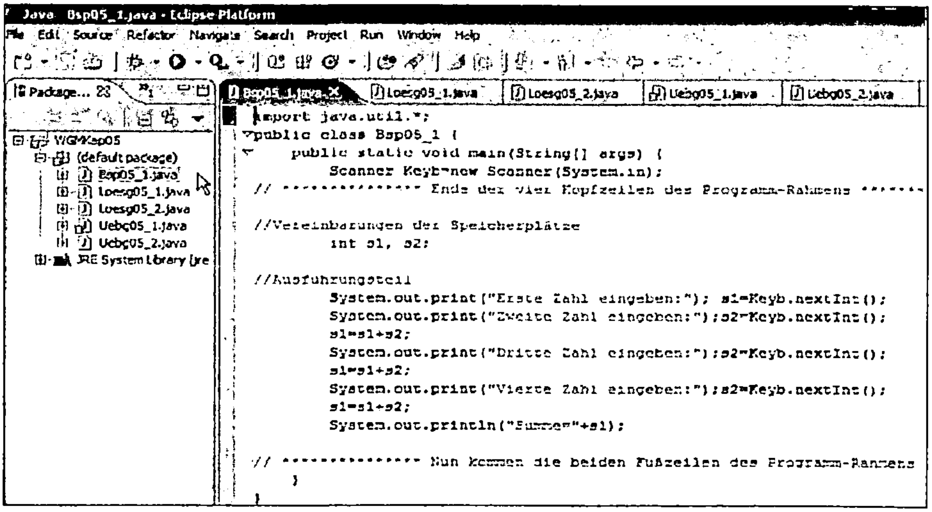

Bild 5.15: Projekt WGMKap05 *mit allen Java-Dateien in* eclipse

Wenn die neueste Version sicher ist, muss anschließend über FILE→NEW→ PROJECT→JAVA PROJECT der Ordner WGMKap05 mit den heruntergeladenen Dateien zum *Projektordner* erklärt werden. Damit stehen alle Java-Quelltext-Dateien aus dem Ordner WGMKap05 (Bild 5.15) zur Bearbeitung zur Verfügung.

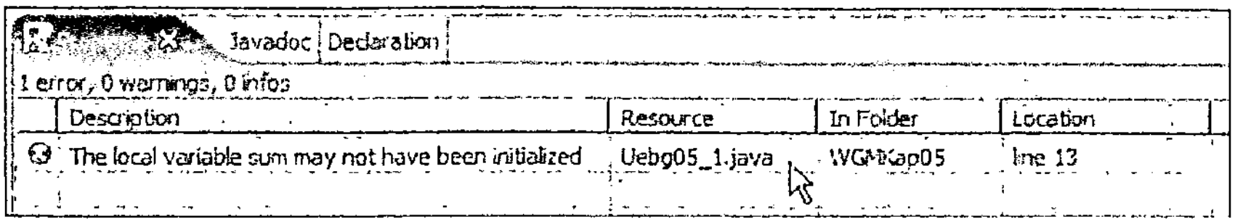

Bild 5.16: Meldung: Syntaxfehler bei anderer Datei

Alles sieht gut aus. Doch nun kommt ein Problem: Da *alle* im Ordner WGMKap05 vorhandenen Java-Dateien gemeinsam das *Projekt* WGMKap05 bilden, verwaltet und analysiert eclipse diese Dateien auch als *Gesamtheit*. Das bedeutet aber, dass bereits beim Erzeugen des Projekts ausnahmslos *alle Dateien* auf Syntaxfehler untersucht werden, auch wenn das noch nicht veranlasst wurde.

So ist es zu erklären, dass eclipse bereits bei der Beschäftigung mit der Datei Bsp05_1.java eine Fehlermeldung liefert, die auf einen Syntaxfehler bei der ganz anderen Datei Uebg05_1.java hinweist (Bild 5.16).

Man kann damit zwar leben – aber wenn über RUN→DEBUG→JAVA APPLICATION →Bsp01_1→DEBUG die Übersetzung und Interpretation des eigentlich *fehlerfreien Programms* aus Bsp05_1.java veranlasst wird, dann ist diese *Fehlermeldung zu einer völlig anderen Datei* doch recht lästig.

Natürlich, eclipse fragt, ob trotzdem weitergemacht werden soll. Nichts wird blockiert, es ist durchaus möglich, mit der fehlerfreien Datei zu arbeiten. Doch dann muss manuell vom Registerblatt Problems auf das Registerblatt Console am unteren Bildschirmrand umgeschaltet werden.

Welche Auswege gibt es? Zuerst einmal könnte der Autor grundsätzlich nur fehlerfreie Dateien zum download bereitstellen. Doch was gäbe es dann noch zu lernen?

Die andere Variante ist, diejenigen Dateien, die für die aktuell zu lösende Aufgabe *nicht benötigt werden,* zeitweilig aus dem Projekt *auszulagern.*

Weiter wäre es möglich, grundsätzlich *zuerst alle Fehler* zu beseitigen – doch das würde bedeuten, dass vielleicht Übungsaufgabe 7 vor der Übungsaufgabe 3 zu behandeln wäre. Auch nicht so gut.

Es könnten wenigstens alle Beispiele und Lösungen in eigene Ordner verbracht werden – sie sollten ja wohl fehlerfrei sein.

Oder – und damit sind wir wieder im vorigen Abschnitt – der Anfänger arbeitet mit JOE. Das wird nach wie vor empfohlen.

5.3   Erste Übungen

5.3.1   Grundsätzliches

Die Übungen werden in den folgenden Kapiteln an den Stellen eingefügt, an denen sie *zum Verständnis des Gelernten* am meisten beitragen. Anfang und Ende einer Übung werden durch Grafik-Elemente am Seitenrand gekennzeichnet.

Die *Lösungen* werden am Ende des Buches im *Anhang L* ab Seite 367 zusammengefasst.

Sowohl für die Übungen als auch für die Lösungen sind die *Java-Quelltextdateien* in den Ordnern WGMKap.. der jeweiligen Kapitel zum Download vorhanden.

Zur Bearbeitung der Java-Programme wird JOE empfohlen.

5.3.2   Übungen zu den Kapiteln 1 bis 5

ÜBUNG   *Übung 5.1:* Geben Sie den folgenden Java-Quelltext selbst in JOE oder einen *Editor* ein und speichern Sie ihn unter dem Namen Uebg05_1.java. Oder öffnen Sie die Datei gleichen Namens im Download-Ordner WGMKap05.

```
import java.util.*;                             // erste Kopfzeile
public class Uebg05_1 {
    public static void main(String[] args) {
        Scanner Keyb=new Scanner(System.in);          //letzte Kopfzeile
// ********* Ende der vier Kopfzeilen des Programmrahmens ***************


//Vereinbarungen der Speicherplätze
    int sum, eingabe;


//Ausführungsteil
        //<------------ Ihre Aufgabe: Was fehlt hier?
        System.out.print("Erste Zahl eingeben:"); eingabe=Keyb.nextInt();
        sum=sum+eingabe;
        System.out.print("Zweite Zahl eingeben:");eingabe=Keyb.nextInt();
         sum=sum+eingabe;
        System.out.print("Dritte Zahl eingeben:");eingabe=Keyb.nextInt();
        sum=sum+eingabe;
        System.out.print("Vierte Zahl eingeben:");eingabe=Keyb.nextInt();
        sum=sum+eingabe;
        System.out.println("Summe="+sum);


// **** Nun kommen die beiden Fußzeilen des Programmrahmens *************
    }                                             //1. Fußzeile
}                                                 //2. Fußzeile
```

Betrachten Sie im Java-Quelltext besonders den *Vereinbarungsteil* und den *Ausführungsteil.*

Wie heißen die *beiden Speicherplätze,* mit denen das Programm arbeiten soll? Welche Bedeutung haben sie, wofür sind sie vorgesehen?

Wenn Sie den Java-Compiler javac starten, erscheint eine sehr oft auftretende, wichtige *Fehlermeldung.*

Diese Fehlermeldung hat in JOE die folgende Form:

```
variable sum might not have been initialized
     sum=sum+eingabe;
        ^
```

Wenn Sie das Programm elementar gemäß Kapitel 3 verarbeiten lassen, erhalten Sie nach dem Aufruf des Java-Compilers im *Fenster der Eingabeaufforderung* die gleichlautende Fehlerinformation:

```
Microsoft(R) Windows DOS
(C)Copyright Microsoft Corp 1990-2001.

C:\WINDOWS\SYSTEM32>cd..

C:\WINDOWS>cd..

C:\>cd javabuch

C:\JAVABUCH>cd wgmkap05

C:\JAVABUCH\WGMKAP05>c:\programme\java\jdk1.5.0_02\bin\javac Uebg05_1.java
Uebg05_1.java:13: variable sum might not have been initialized
              sum=sum+eingabe;
                 ^
1 error

C:\JAVABUCH\WGMKAP05>
```

Bild 5.17: Syntax-Fehlermeldung durch javac

Aufgabe: Schlagen Sie Seite 34 auf und erinnern Sie sich an die Übersetzung dieser wichtigen Fehlermeldung.

Ergänzen Sie dann den *fehlenden Befehl.* Testen Sie.

Die Lösung finden Sie auf Seite 367.   

Übung 5.2: Geben Sie den folgenden Java-Quelltext selbst in JOE oder einen *Editor* ein und speichern Sie ihn unter dem Namen Uebg05_2.java. Oder – öffnen Sie die Datei gleichen Namens im Download-Ordner WGMKap05.

```
import java.util.*;                               // erste Kopfzeile
public class Uebg05_2 {
     public static void main(String[] args) {
          Scanner Keyb=new Scanner(System.in);    //letzte Kopfzeile
// ******** Ende der vier Kopfzeilen des Programmrahmens ***************
```

```
//Vereinbarungen der Speicherplätze
    int prod, eingabe;

//Ausführungsteil
    prod=0;
    System.out.print("Erste Zahl eingeben:"); eingabe=Keyb.nextInt();
    prod=prod*eingabe;
    System.out.print("Zweite Zahl eingeben:");eingabe=Keyb.nextInt();
     prod=prod*eingabe;
    System.out.print("Dritte Zahl eingeben:");eingabe=Keyb.nextInt();
    prod=prod*eingabe;
    System.out.print("Vierte Zahl eingeben:");eingabe=Keyb.nextInt();
    prod=prod*eingabe;
    System.out.println("Produkt="+prod);


// **** Nun kommen die beiden Fußzeilen des Programmrahmens ************
  }                                                      //1. Fußzeile
}                                                        //2. Fußzeile
```

Betrachten Sie im Java-Quelltext den *Vereinbarungsteil* und den *Ausführungsteil.*

Wie heißen die *beiden Speicherplätze*, mit denen das Programm arbeiten soll? Welche Bedeutung haben sie, wofür sind sie vorgesehen?

Warum erhält man stets die Null als falsches Ergebnis? Korrigieren Sie. Testen Sie.

Die Lösung finden Sie auf Seite 367.

ÜBUNG

Speicherplätze für ganze Zahlen

 Alle Java-Quelltexte der Beispiele, Übungsaufgaben und Lösungen dieses Kapitels können von http://www.w-g-m.de/java.htm durch Anklicken von | Dateien für Kapitel 6 | heruntergeladen werden. Das weitere Vorgehen ist auf Seite 55 geschildert.

6.1 Bit und Byte

Innerhalb jedes Rechners gibt es prinzipiell nur *zwei Zustände*: an oder aus, *Strom fließt* oder *Strom fließt nicht*, Stelle *ist magnetisiert* oder Stelle *ist nicht magnetisiert* und so weiter. Stellen wir es uns anschaulich so vor:

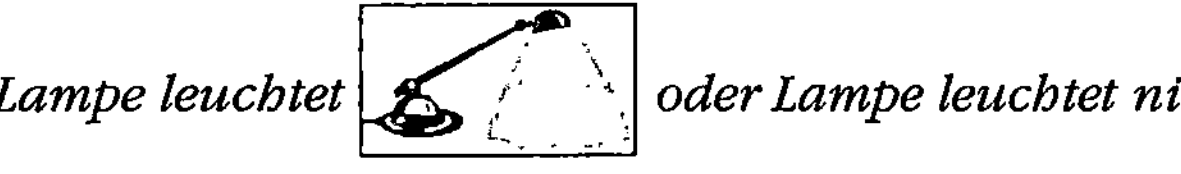

Lampe leuchtet oder *Lampe leuchtet nicht*

Nun unsere *Behauptung*: Es soll möglich sein, dass *jede ganze Zahl im Bereich von Null bis 31* mit Hilfe von *fünf Lampen* (ein bzw. aus) dargestellt wird. Wie kann das sein? Recht einfach: Wir beschriften unsere Lampen, von rechts beginnend, in der folgenden Weise mit 1, 2, 4, 8 und 16 (Bild 6.1).

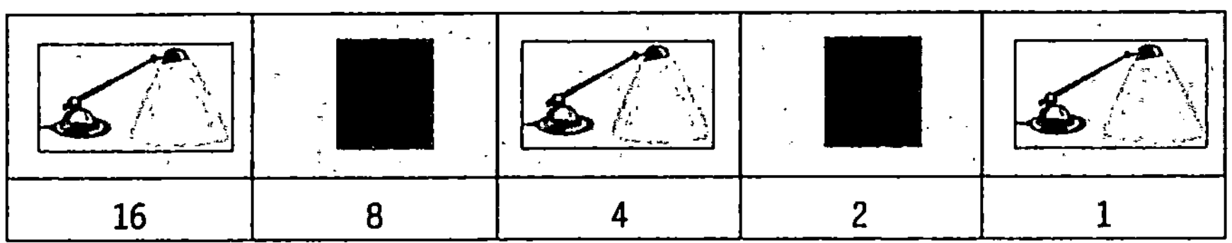

16	8	4	2	1

Bild 6.1: An- und Aus-Darstellung der Zahl 21

Dann zeigt Bild 6.1 also die Zahl 21 an. Aus Bild 6.2 ist die Zahl Null abzulesen, und aus Bild 6.3 die Zahl 31. Für jede andere ganze Zahl dazwischen findet sich ebenfalls *genau eine* An-Aus-Kombination.

Damit ist unsere Behauptung erklärt:

Jede ganze Zahl von Null bis 31 lässt sich unter Verwendung von fünf Lampen darstellen – bei entsprechender Beschriftung.

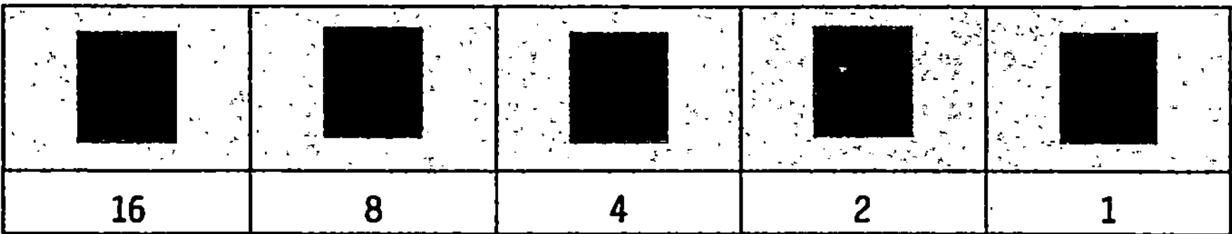

Bild 6.2: An- und Aus-Darstellung der Zahl 0

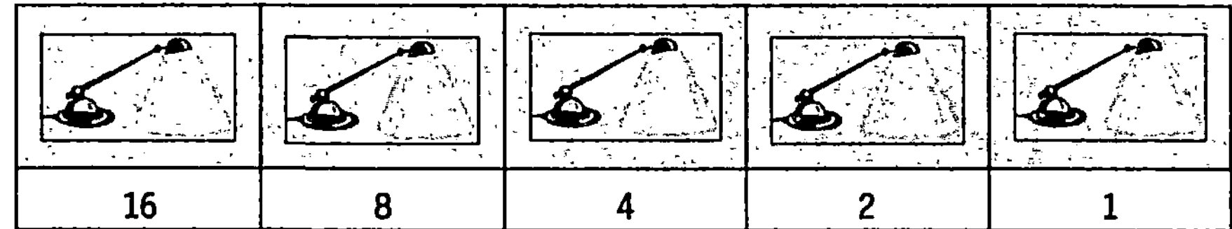

Bild 6.3: An- und Aus-Darstellung der Zahl 31

Erweitern wir unsere Tabelle um drei Lampen, so sehen wir in Bild 4.4, dass *mit acht Lampen alle ganzen Zahlen von Null bis 255* darstellbar wären; die Tabelle zeigt die Maximalbelegung.

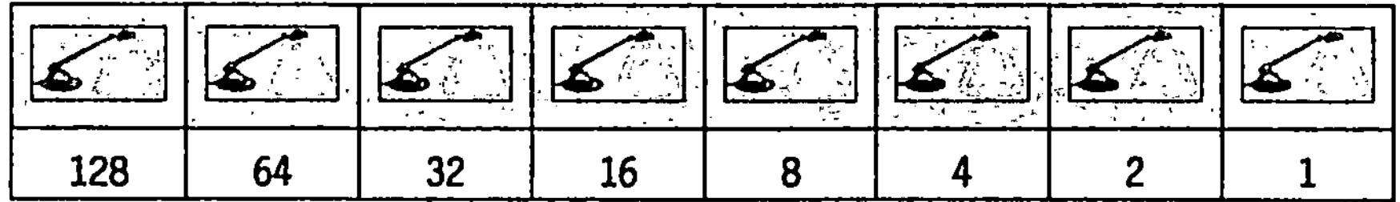

Bild 6.4: An- und Aus-Darstellung der Zahl 255

Eine kleine Fleißaufgabe ist es schon – aber nicht unlösbar: Mit *16 Lampen* und der weiteren Beschriftung ....,1024, 512, 256 usw. kann man in der Tat alle ganzen Zahlen von Null bis 65.535 darstellen. Mit *24 Lampen* geht es von Null bis 16.777.215, und schon mit *32 Lampen* könnten wir den riesigen Zahlenbereich der ganzen Zahlen von der Null bis 4.294.967.295 abdecken.

So, und nun ersetzen wir die Vokabel *Lampe* durch die Vokabel *Bit*. Dann sind wir nämlich im Inneren jedes Computers, wo die Zahlen eben in genau der Art gespeichert werden, wie es unsere Lampen vormachen.

> Ein *Bit* ist die *kleinste Speichereinheit im Rechner*. Ein Bit kann nur die Werte 0 (leer) und 1 (belegt) annehmen.

Wenn wir also wissen, dass in einem Speicherplatz mit Sicherheit *nur Zahlen zwischen* Null *und* 255 abzuspeichern sind, dann würde es ausreichen, dafür nur einen *8-Bit-(= 1 Byte)- Speicherplatz* anzufordern (sofern es in der jeweiligen Programmiersprache einen solchen gibt). Wissen wir, dass die abzuspeichernden Zahlen größer werden, also z. B. zwischen 0 und 65.535 liegen werden, dann müssten wir schon einen *16-Bit-Speicherplatz (2 Byte)* anfordern.

Wissen wir, dass die abzuspeichernden Zahlen nur zwischen Null *und* 15 liegen werden, würden wir theoretisch mit einem ganz kleinen *4-Bit-Speicherplatz (1/2 Byte)* auskommen. Den gibt es aber in Java nicht.

Für ganze Zahlen gibt es in Java 8-Bit-, 16-Bit-, 32-Bit- und 64-Bit-Speicherplätze.

Das wurde so festgelegt, daran können wir nichts ändern. Und weil *8 Bit gleich 1 Byte* ist, gilt also die gleichwertige Aussage in *Byte*:

Java besitzt für ganze Zahlen 1-Byte-, 2-Byte-, 4-Byte- und 8-Byte Speicherplätze.

Bevor wir uns in einer Übersicht die zugehörigen Zahlenbereiche ansehen, wollen wir uns zusätzlich klarmachen, dass ein 16-Bit-Speicherplatz (2 Byte)

- ♦   *entweder* alle nichtnegativen ganzen Zahlen von Null *bis* 65.535

- ♦   *oder* alle ganzen Zahlen von -32.768 bis 32.767 aufnehmen kann.

Im zweiten Fall, der meist zur Anwendung kommt, wird das *erste Bit* als so genanntes *Vorzeichen-Bit* betrachtet.

Die Java-Speicherplätze für ganze Zahlen sind so eingerichtet, dass sie *negative* und *positive ganze Zahlen* und die *Null* aufnehmen können.

Das ist auch sinnvoll, weil es häufiger vorkommt, dass ein Speicherplatz sowohl negative als auch positive Zahlen aufnehmen muss.

6.2   Java-Datentypen für ganze Zahlen

Wenn wir in einem Programm einen Speicherplatz zur Aufnahme ganzer Zahlen verwenden wollen, müssen wir ihn vereinbaren (deklarieren).

Die Vereinbarung besteht darin, dass man durch Angabe des *zutreffenden Java-Schlüsselwortes* mitteilt, welcher *Typ* angefordert wird.

Damit ist dann sicher, welchen *Zahlenbereich* der Inhalt überstreichen kann. Die *vier verschiedene Arten von Speicherplätzen* zur Aufnahme ganzer Zahlen in Java besitzen die Bezeichnungen byte, short, int und long:

Vereinba- rung	Byte-Zahl	Aufnahmefähigkeit
byte x	1 Byte	Der Speicherplatz x kann ganze Zahlen von -128 bis +127 aufnehmen
short x	2 Byte	Der Speicherplatz x kann ganze Zahlen von -32.768 bis +32.767 aufnehmen
int x	4 Byte	Der Speicherplatz x kann ganze Zahlen von -2.147.483.648 bis +2.147.483.647 aufnehmen

long x	8 Byte	Der Speicherplatz x kann ganze Zahlen von -9.223.372.036.854.775.808 bis +9.223.372.036.854.775.807 aufnehmen

6.3 Belegung ganzzahliger Speicherplätze

6.3.1 Belegung durch Nutzereingabe

Soll der Nutzer aufgefordert werden, eine Eingabe für einen byte-Speicherplatz vorzunehmen, muss die nextByte-*Methode* verwendet werden:

```
System.out.print("byte-Zahl eingeben :"); x1=Keyb.nextByte();
```

Soll der Nutzer aufgefordert werden, eine Eingabe für einen short-Speicherplatz vorzunehmen, muss die nextShort-*Methode* verwendet werden:

```
System.out.print("short-Zahl eingeben:"); x2=Keyb.nextShort();
```

Soll der Nutzer aufgefordert werden, eine Eingabe für einen int-Speicherplatz vorzunehmen, muss die nextInt-*Methode* verwendet werden:

```
System.out.print("int-Zahl eingeben :"); x3=Keyb.nextInt();
```

Soll der Nutzer aufgefordert werden, eine Eingabe für einen long-Speicherplatz vorzunehmen, muss die nextLong-*Methode* verwendet werden:

```
System.out.print("long-Zahl eingeben :"); x4=Keyb.nextLong();
```

Das folgende Programm (im Download in der Datei Bsp06_1.java) illustriert das Vorgehen:

```
import java.util.*;                              // erste Kopfzeile
public class Bsp06_1 {
    public static void main(String[] args) {
        Scanner Keyb=new Scanner(System.in);    //letzte Kopfzeile
// ********* Ende der vier Kopfzeilen des Programmrahmens ***************


//Vereinbarungen der Speicherplätze
        byte x1; short x2; int x3; long x4;


//Ausführungsteil
        System.out.print("byte-Zahl eingeben ·"); x1=Keyb.nextByte();
        System.out.print("short-Zahl eingeben:"); x2=Keyb.nextShort();
        System.out.print("int-Zahl eingeben :"); x3=Keyb.nextInt();
        System.out.print("long-Zahl eingeben :"); x4=Keyb.nextLong();
```

```
System.out.println("Inhalt von x1="+x1);
System.out.println("Inhalt von x2="+x2);
System.out.println("Inhalt von x3="+x3);
System.out.println("Inhalt von x4="+x4);


// ******** Nun kommen die beiden Fußzeilen des Programmrahmens ********
  }                                                        //1. Fußzeile
}                                                          //2. Fußzeile
```

Über die Frage, was passieren wird, wenn der Nutzer nicht aufmerksam ist und zu große Zahlen eingibt, werden wir im Abschnitt 6.5.2 auf Seite 74 nachdenken.

6.3.2   Belegung durch feste Werte

Alle vier Typen von Speicherplätzen für ganze Zahlen lassen sich auch durch *direkte Belegung mit einem festen Wert* füllen. Für byte-, short- und int-Speicherplätze dürfen dabei auf der rechten (Quell-)Seite der Zuweisungsbefehle alle Zahlen bis hin zu den erlaubten Maximalwerten stehen.

```
//Vereinbarungen der Speicherplätze
    byte x1; short x2; int x3; long x4;
//Ausführungsteil
    x1=127;
    x2=32767;
    x3=2147483647;
```

Für long-Speicherplätze gibt es eine Ausnahme, die auf Seite 77 im Abschnitt 6.5.3 erklärt wird: Bei der Zuweisung einer konkreten Zahl in einen long-Speicherplatz darf rechts nur die größte oder kleinste int-Zahl stehen:

```
    x4=2147483647;
```

Der Programm-Quelltext in der Download-Datei Bsp06_2.java enthält die Kontrollausgaben der Speicherplatzinhalte.

6.4   Zuweisungen verschiedener Typen

6.4.1   Zum größeren Zahlenbereich

In dieser Richtung sollte es keine Probleme geben – der Inhalt eines Speicherplatzes mit kleinerem Fassungsvermögen sollte sich problemlos in einen Speicherplatz größeren Fassungsvermögens transportieren lassen. Der folgende Auszug aus der Download-Datei Bsp06_3.java zeigt es:

```
    byte x1; short x2; int x3; long x4;
```

```
x1=127; x2=32767; x3=2147483647; x4=2147483647;

x4=x1; System.out.println("Inhalt von x4="+x4);
x4=x2; System.out.println("Inhalt von x4="+x4);
x4=x3; System.out.println("Inhalt von x4="+x4);
x3=x1; System.out.println("Inhalt von x3="+x3);
x3=x2; System.out.println("Inhalt von x3="+x3);
x2=x1; System.out.println("Inhalt von x2="+x2);
```

Bild 6.5 zeigt, dass tatsächlich ohne Probleme die kleineren Zahlen in die leistungsfähigeren Speicherplätze übernommen worden sind.

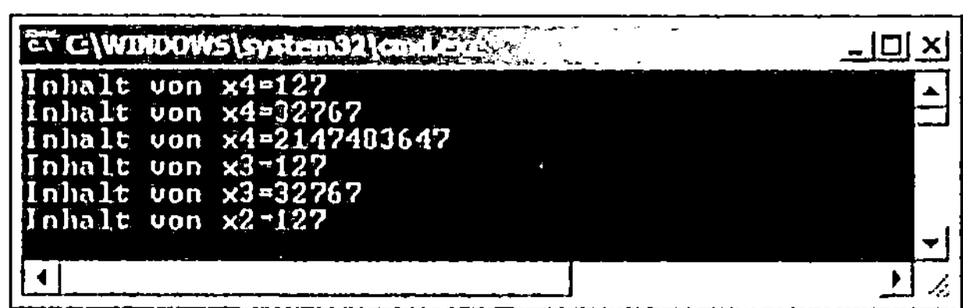

Bild 6.5: Transport in größere Speicherplätze

6.4.2 Zum kleineren Zahlenbereich

Das kann vorkommen: Ein Java-Programmierer weiß genau, dass sich in einem long-Speicherplatz nur ganze Zahlen befinden, die nicht kleiner als -128 und nicht größer als 127 werden. Also müsste eine Zuweisung in einen byte-Speicherplatz doch möglich sein?

```
byte x1; long x4;

x4=127; x1=x4; System.out.println("Inhalt von x1="+x1);
```

Was macht der Java-Compiler javac bei der Syntaxanalyse dieser Befehlsfolge? Er antwortet mit einer *Fehlermeldung* (Bild 6.6).

```
C:\java_wgm\WGMKap06\Bsp06_4.java:12: possible loss of precision
found   : long
required: byte
    x1=x4;  System.out.println("Inhalt von x1="+x1);
        ^
```

Bild 6.6: Fehlermeldung beim Versuch der Zuweisung

Warum? Nun, Java ist eine junge Programmiersprache, und ihre Entwickler haben die häufigsten Programmierfehler der Vergangenheit sorgfältig ausgewertet. Dabei stellten sie fest, dass die unkontrollierte *Zuweisung aus Speicherplätzen höheren Aufnahmevermögens in Speicherplätze geringeren Aufnahmevermögens* oft zu schweren logischen Programmierfehlern führten.

Nun standen sie vor der Entscheidung: Verbieten wir grundsätzlich derartige O-perationen? Oder fordern wir nur, dass der Programmierer sie immer *bewusst anfordern* muss?

Die Entscheidung fiel zugunsten der zweiten Möglichkeit, so dass wir nun die wichtige *Java-Regel* zur Kenntnis nehmen und berücksichtigen müssen:

> Soll der Inhalt eines Speicherplatzes mit größerem Fassungsvermögen aus-nahmsweise in einen Speicherplatz geringeren Fassungsvermögens transportiert werden, muss vor den Quellspeicherplatz in Klammern der Ziel-Typ angegeben werden.

Das bedeutet zum Beispiel: Soll der Inhalt eines long-Speicherplatzes aus-nahmsweise in einen byte-Speicherplatz transportiert werden, ist vor den Quell-speicherplatz in Klammern der Ziel-Typ zu schreiben:

```
x4=127; x1=(byte) x4;  System.out.println("Inhalt von x1="+x1);
```

Soll der Inhalt eines long-Speicherplatzes ausnahmsweise in einen short-Spei-cherplatz transportiert werden, ist vor den Quellspeicherplatz in Klammern der Ziel-Typ (short) zu schreiben:

```
x4=32767; x2=(short) x4; System.out.println("Inhalt von x2="+x2);
```

Soll der Inhalt eines long-Speicherplatzes ausnahmsweise in einen int-Speicher-platz transportiert werden, ist vor den Quellspeicherplatz in Klammern der Ziel-Typ (int) zu schreiben:

```
x4=2147483647; x3=(int) x4;  System.out.println("Inhalt von x3="+x3);
```

Der Java-Quelltext in der Download-Datei Bsp06_4.java stellt dazu alle Möglich-keiten, beginnend mit long→byte bis short→byte, zusammen. Dabei wurden die leistungsfähigeren Speicherplätze beispielhaft immer mit dem jeweiligen Maximalwert des schwächeren (Quell-)Speicherplatzes belegt.

Was jedoch passiert, wenn die Kapazität des aufnehmenden Speicherplatzes überschritten wird, wird in Abschnitt 6.5.2 auf Seite 74 berichtet.

6.5   Fehler

6.5.1   Rezept zur Fehlervermeidung

Grundsätzlich gilt: Jeder Java-Programmierer sollte im Vereinbarungsteil seines Programms nur solche *Speicherplätze für ganze Zahlen* anfordern, dass deren Fassungsvermögen dem vorher absehbaren Zahlenbereich entspricht.

Wer diese Regel beherzigt, zwingt sich selbst dazu, beim Programmieren über die Speicherplätze und ihre Inhalte gründlich *nachzudenken.* Damit reduziert er die Gefahr von Denkfehlern, also *logischen Fehlern.* Er programmiert gut.

Doch, so fragt der Anfänger zu Recht, gibt es nicht eine Art Faustregel, nach der ich mich richten könnte? Muss ich immer so aufwändig vorgehen?

Hier ist diese *goldene Regel*: Wenn ein Java-Programmier-Anfänger für alle ganzzahligen Speicherplätze grundsätzlich den Typ int wählt, macht er im Regelfall nichts falsch.

Denn int-Speicherplätze nehmen bekanntlich alle ganzen Zahlen zwischen minus 2.147.483.648 und plus 2.147.483.647 auf – überstreichen also den gesamten Millionenbereich. Also ergänzen wir für den Anfänger:

Nur dann, wenn der Inhalt eines ganzzahligen Speicherplatzes den (positiven oder negativen) *Zwei-Milliardenbereich* überschreiten wird, muss dafür ein long-Speicherplatz verwendet werden.

Wir empfehlen dem *Anfänger* damit gleichsam den Verzicht auf die Verwendung von byte- und short-Speicherplätzen.

Manchmal erscheint das unverständlich: Wenn wir beispielsweise analysieren lassen, wie viele deutsche Bundesländer mehr als fünf Millionen Einwohner haben, wird deren *Anzahl* sicher unter sechzehn liegen. Dafür einen int-Speicherplatz?

In diesem Buch wird – die Profis mögen verzeihen – trotzdem zumeist nach der *goldenen Regel für den Anfänger* gehandelt. Also: Im Normalfall wird int verwendet.

6.5.2 Überlauf

Bei dieser Fehlerart bekommen wir brauchbare *Fehlerinformationen*: Lassen wir einen Nutzer den Inhalt für einen ganzzahligen Speicherplatz über die Tastatur eingeben und hält der Nutzer sich doch nicht an das Fassungsvermögen des Ziels, erfolgt die verständliche Fehlermeldung Value out of Range – *der Wert ist außerhalb des Bereiches.*

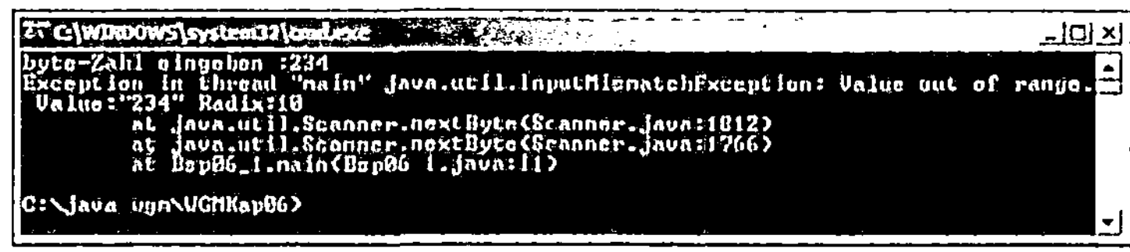

Bild 6.7: Fehlermeldung bei Überschreitung des Zahlenbereiches

ÜBUNG *Übung 6.1:* Geben Sie den Java-Quelltext von Beispiel 6.1 (Seite 70) selbst in JOE oder einen *Editor* ein und speichern Sie ihn unter dem Namen Uebg06_1.java. Oder – öffnen Sie die Datei gleichen Namens im Download-Ordner WGMKap06. Ergänzen Sie *vier Ausgabe-Befehle*, mit denen Sie den Nutzer über die *Zahlenbereiche* informieren. Testen Sie dann, ob die Fehlermeldung von Bild 6.7 auch erscheint, wenn Sie im *Negativen* das Fassungsvermögen des Speicherplatzes überschreiten.

Die Lösung finden Sie auf Seite 367.

ÜBUNG

6.5.3 Konvertierungsfehler

Es lässt sich leicht mit einem Taschenrechner nachprüfen: Der größte Wert, den ein int-Speicherplatz aufnehmen kann, also die Zwei-Milliarden-Grenze aus der *goldenen Regel* 2.147.483.647, lässt sich durch folgende Formel aus dem größten short-Wert berechnen:

```
größter int-Wert=2*(größter short-Wert+1)*(größter short-Wert+1)-1
```

Damit können wir also in Beispiel 6.5 (Download Bsp06_5.java) richtig programmieren:

```
short x2; int x3;
x2=32767; System.out.println("Inhalt von x2="+x2);
x3=2*(x2+1)*(x2+1)-1; System.out.println("Inhalt von x3="+x3);
```

Bild 6.8 zeigt das Ergebnis.

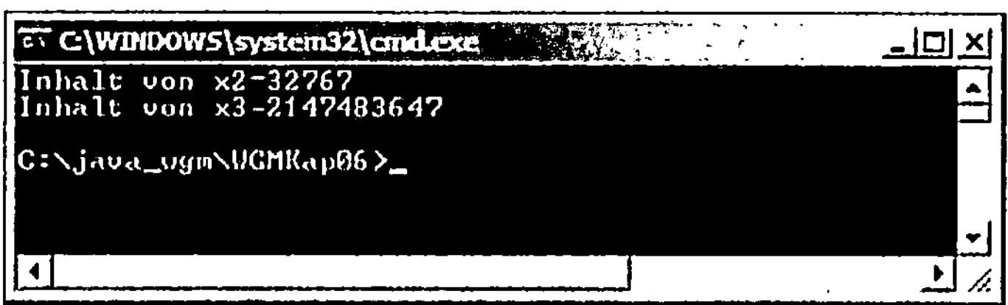

Bild 6.8: Größter int-Wert aus größtem short-Wert erzeugt

ÜBUNG *Übung 6.2:* Benutzen Sie den Programmrahmen früherer Beispiele und ergänzen Sie die Vereinbarung des short-Speicherplatzes x2 und des int-Speicherplatzes x3. Geben Sie selbst in JOE oder einen *Editor* ein und speichern Sie unter dem Namen Uebg06_2.java. Oder öffnen Sie die Datei gleichen Namens im Download-Ordner WGMKap06. Belegen Sie x2 mit dem kleinsten short-Wert -32768. Überlegen Sie die richtige Formel, mit der Sie aus dem kleinstmöglichen short-Wert den passenden int-Wert (d. h. -2147483648) berechnen lassen können. Testen Sie. **ÜBUNG**
Die Lösung finden Sie auf Seite 368.

Was liegt nun näher, als dasselbe Vorgehen für den Zusammenhang zwischen dem größtmöglichen Inhalt eines byte-Speicherplatzes und dem größtmöglichen Inhalt eines short-Speicherplatzes zu probieren? Schließlich gilt hier:

```
32767=2*(127+1)*(127+1)-1
```

Also programmieren wir die Befehle und erwarten die Zahl 32767:

```
byte x1; short x2; x1=127; System.out.println("Inhalt von x1="+x1);
x2=2*(x1+1)*(x1+1)-1; System.out.println("Inhalt von x2="+x2);
```

Doch nun überrascht uns der Java-Compiler javac bereits bei der Syntaxkontrolle mit einer eigenartigen Fehlermeldung (Bild 6.9)

```
C:\java_wgm\WGMKap06\Bsp06_6.java:15: possible loss of precision
found   : int
required: short
    x2=2*(x1+1)*(x1+1)-1;              //größte Zahl: 32.767
                     ^
```

Bild 6.9: Compiler-Fehlermeldung: Genauigkeitsverlust

Wir würden wieder einen Genauigkeitsverlust riskieren, besagt die Fehlermeldung, und völlig verwirrend ist, dass dort von int gesprochen wird, obwohl wir doch nur mit byte und short arbeiten. Wie kommen wir hier zu einer Erklärung? Erinnern wir uns an den Einstieg, an das *Rechenwerk*. Und ergänzen nun dazu, dass Java mindestens *vier Rechenwerke* besitzt:

Das byte-*Rechenwerk* wertet byte-Ausdrücke aus und liefert ein byte-Ergebnis.

Das short-*Rechenwerk* wertet short-Ausdrücke aus und liefert ein short-Ergebnis.

Das int-*Rechenwerk* wertet int-Ausdrücke aus und liefert ein int-Ergebnis.

Das long-*Rechenwerk* wertet long-Ausdrücke aus und liefert ein long-Ergebnis.

Der Compiler prüft bei der Analyse des Quelltextes, welches Rechenwerk zu benutzen ist und fordert es für die spätere Interpretation des Programms an. Dabei gilt die Regel:

Der in einem Ausdruck enthaltene Speicherplatz mit dem größten Fassungsvermögen bestimmt das verwendete Rechenwerk.

Beispiel: Werden in einem Ausdruck auf der rechten Seite eines Zuweisungsbefehls sowohl Inhalte von short- als auch von int-Speicherplätzen verarbeitet, wird das int-Rechenwerk angefordert. Das Ergebnis wird vom Typ int und kann folglich direkt nur in einen int- oder long-Speicherplatz transportiert werden.

Dabei gilt dann noch die wichtige *Zusatzregel*:

Enthält ein Ausdruck auf einer rechten Seite mindestens eine *konkrete ganze Zahl*, wird mindestens das int-*Rechenwerk* angefordert.

Wir haben drei ganze Zahlen in unserer Formel: vorne die Zwei, dann zweimal die Eins.

Also bestellt der Compiler das int-Rechenwerk für die Auswertung der rechten Seite 2*(x1+1)*(x1+1)-1. Das Ergebnis ist dann aber natürlich eine 4-Byte-int-Zahl. Und wo soll diese hingebracht werden? Sehen wir es uns an:

```
x2=2*(x1+1)*(x1+1)-1;
```

Aber der Speicherplatz x2 ist nur vom Typ short, hat nur 2 Byte. Da haben wir wieder dasselbe Problem wie in Abschnitt 6.4.2 auf Seite 73.

Wir müssen also mit vorgestelltem (short) ausdrücklich aufschreiben, dass der int-Wert ausnahmsweise in einen (kleineren) short-Speicherplatz gebracht werden soll:

```
x1=127; System.out.println("Inhalt von x1="+x1);
x2=(short)(2*(x1+1)*(x1+1)-1); System.out.println("Inhalt von x2="+x2);
```

Durch Einklammern der ganzen rechten Seite und Voranstellen von (short) wird also dafür gesorgt, dass das int-Ergebnis in den short-Speicherplatz kommt.

ÜBUNG *Übung 6.3:* Benutzen Sie den Programmrahmen früherer Beispiele und ergänzen Sie die Vereinbarung des byte-Speicherplatzes x1 und des short-Speicherplatzes x2. Geben Sie selbst in JOE oder einen *Editor* ein und speichern Sie unter dem Namen Uebg06_3.java. Oder öffnen Sie die Datei gleichen Namens im Download-Ordner WGMKap06. Belegen Sie x1 mit dem kleinsten byte-Wert -128. Überlegen Sie die richtige Formel, mit der Sie aus dem kleinstmöglichen byte-Wert den passenden short-Wert (d. h. -32768) berechnen lassen können. Testen Sie.
Die Lösung finden Sie auf Seite 368. **ÜBUNG**

Auch hier wieder der Hinweis auf die *goldene Regel für Anfänger.* Werden nur int-Speicherplätze verwendet, passiert dergleichen nicht, weil ohnehin stets das int-Rechenwerk angefordert wird.

Auf Seite 71 in Abschnitt 6.3.2 hieß es, dass der Versuch, einem long-Speicherplatz in der folgenden Form seinen Maximalinhalt

```
x4=9223372036854775807; System.out.println("Inhalt von x4="+x4);
```

zu geben, nicht möglich sei (Download: Bsp06_7.java). Nun können wir es erklären:

Jede konkrete ganze Zahl, die irgendwo im Programm-Quelltext erscheint, wird vom Compiler *immer* als int-Zahl angesehen.

Und für int-Zahlen ist eben nur der inzwischen bekannte Zwei-Milliarden-Bereich von -2147483648 bis 2147483647 erlaubt. Vollkommen verständlich ist damit, die Fehlermeldung aus Bild 6.10: *integer-Zahl zu groß.*

```
C:\java_wgm\WGMKap06\Bsp06_7.java:
                12:integer number too large: 9223372036854775807
    x4=9223372036854775807; System.out.println("Inhalt von x4="+x4);
       ^
```

Bild 6.10: Ganze Zahl zu groß

Da können wir nur versuchen, die größte long-Zahl wieder über unsere bekannte Formel aus der größten int-Zahl berechnen zu lassen:

```
int x3; long x4;
x3=2147483647; System.out.println("Inhalt von x3="+x3);
x4=2*(x3+1)*(x3+1)-1; System.out.println("Inhalt von x4="+x4);
```

Scheinbar ist wieder alles in Ordnung, doch im Ergebnisfenster (nachzuprüfen mit der Download-Datei Bsp06_8.java) wird uns für den Inhalt von x4 die Zahl -1 angezeigt. Diesmal liegt der Grund dafür darin, dass die gesamte Rechnung nur mit dem int-Rechenwerk startet; erst nach Fertigstellung des Ergebnisses wird dieses in den long-Speicherplatz x4 gebracht. Hier müssen wir nun durch Voranstellen von (long) die Rechnung mit dem long-Rechenwerk erzwingen:

```
x3=2147483647; System.out.println("Inhalt von x3="+x3);
x4=2*((long)x3+1)*((long)x3+1)-1; System.out.println("Inhalt von x4="+x4);
```

Bild 6.11 zeigt, dass damit tatsächlich der größtmögliche Inhalt des long-Speicherplatzes x4 erzeugt wird.

Bild 6.11: Größtmöglicher Inhalt eines long-*Speicherplatzes*

ÜBUNG *Übung 6.4:* Benutzen Sie den Programmrahmen früherer Beispiele und ergänzen Sie die Vereinbarung des int-Speicherplatzes x3 und des long-Speicherplatzes x4. Geben Sie selbst in JOE oder einen *Editor* ein und speichern Sie unter dem Namen Uebg06_4.java. Oder – öffnen Sie die Datei gleichen Namens im download-Ordner WGMKap06. Belegen Sie x3 mit dem kleinsten möglichen int-Wert -2147483648. Überlegen Sie die richtige Formel, mit der Sie aus dem kleinstmöglichen int-Wert den minimalen long-Wert -9223372036854775808 berechnen lassen können, testen Sie.
Die Lösung finden Sie auf Seite 368. **ÜBUNG**

6.6 Rechnen mit ganzzahligen Speicherplätzen

6.6.1 Addition bis Multiplikation

Die ersten drei Grundrechenarten sind problemlos in Java umsetzbar: Wir lassen den Nutzer zwei int-Speicherplätze mit den Namen zahl1 und zahl2 per Eingabe belegen, dann werden die drei int-Speicherplätze summe, differenz und produkt durch Rechnung belegt, ihre Inhalte werden ausgegeben:

```
//Vereinbarungen der Speicherplätze
    int zahl1, zahl2, summe,differenz,produkt;
//Ausführungsteil
    System.out.print("Erste ganze Zahl ="); zahl1=Keyb.nextInt();
    System.out.print("Zweite ganze Zahl="); zahl2=Keyb.nextInt();
    summe=zahl1+zahl2; differenz=zahl1-zahl2; produkt=zahl1*zahl2;
    System.out.println("Summe    ="+summe);
    System.out.println("Differenz="+differenz);
    System.out.println("Produkt  ="+produkt);
```

Das komplette Programm, für das noch der *Programmrahmen* mit den *vier Kopfzeilen* und den *beiden Fußzeilen* zu ergänzen ist, befindet sich in der Download-Datei Bsp06_9.java.

Mit ihm läßt sich natürlich auch prüfen, was passiert, wenn die Nutzereingaben sich zwar im int-Bereich bewegen, aber bei der Verarbeitung dieser Bereich verlassen wird. Sehr ärgerlich – hier gibt es (Bild 6.12) keinerlei Fehlermeldung, sondern für Summe und Produkt reine Phantasiewerte.

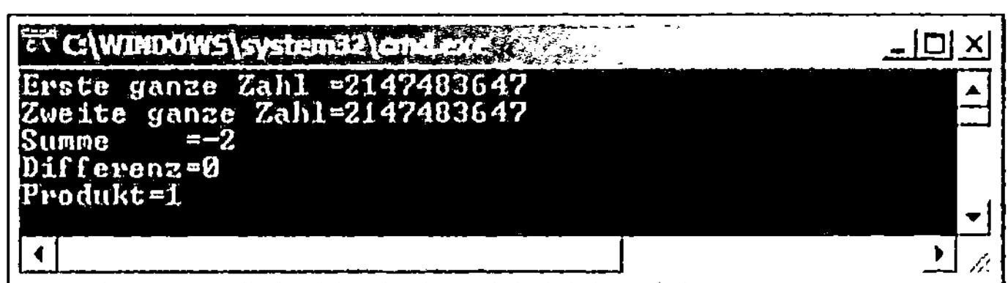

Bild 6.12: Phantasiewerte für Summe und Produkt

Das ist wieder ein Grund mehr, warum Anfänger stets *beide Teile der goldenen Regel* berücksichtigen sollen – mit int macht man wenig falsch, aber nur, sofern die *Zwei-Milliarden-Grenze* nicht überschritten wird.

ÜBUNG   *Übung 6.5:* Benutzen Sie den Programmrahmen früherer Beispiele oder arbeiten Sie mit der Download-Datei Uebg06_5.java im Download-Ordner WGMKap06. Lösen Sie folgendes Problem: Wenn Ihre Uhr *Mitternacht* zeigt, beginnt die *erste Tagesminute*. Zeigt sie *11 Uhr 59*, dann beginnt die *720ste Tagesminute*. Und steht der Uhrzeiger auf *23 Uhr 59*, beginnt die *letzte*, nämlich die 1440-te *Minute des Tages*.

Arbeiten Sie zuerst mit int-Speicherplätzen für Stunde, Minute und Tagesminute. Programmieren Sie die richtige Formel und testen Sie.
Überlegen Sie dann, was sich ändern muss, wenn Sie für Stunde und Minute mit byte-Speicherplätzen arbeiten. Von welchem Typ muss der Speicherplatz für die Tagesminute mindestens sein?
Die Lösung finden Sie auf Seite 368.   **ÜBUNG**

6.6.2 Division ganzer Zahlen

Ein *Quotient* ist das Ergebnis einer Division. Die *Division durch Null* ist verboten, aber sonst können wir in einem Java-Programm beliebige Inhalte von int-Speicherplätzen durcheinander dividieren lassen (Download: Bsp06_10.java):

```
int zaehler, nenner, quotient;

System.out.print("Zaehler="); zaehler=Keyb.nextInt();

System.out.print("Nenner="); nenner=Keyb.nextInt();

quotient=zaehler/nenner; System.out.println("Quotient="+quotient);
```

Die Ergebnisausgabe bringt wieder eine Überraschungen, sie ist in Bild 6.13 zu sehen:

Wir erhalten *stets nur ganzzahlige Ergebnisse*, auch wenn das tatsächliche (richtige) Divisionsergebnis eine *gebrochene Zahl* sein müsste:

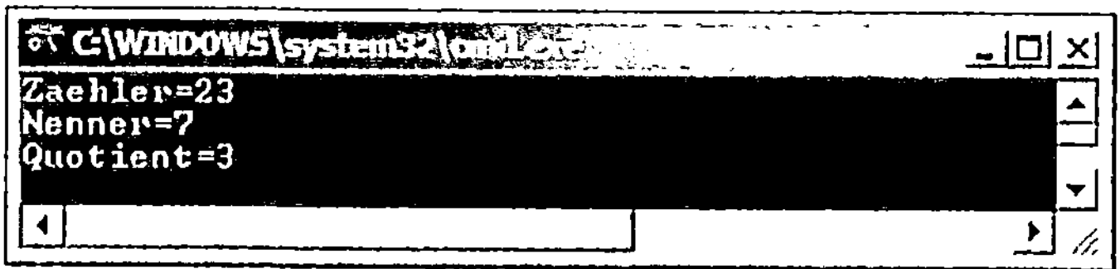

Bild 6.13: Ergebnisanzeige der Division: 23 durch 7

Die Erklärung dafür ist einfach: Im Ausdruck

```
quotient=zaehler/nenner;
```

stehen rechts nur int-Speicherplätze. Folglich fordert der Java-Compiler zu dessen Auswertung nur das int-Rechenwerk an, es *dividiert ganzzahlig*

```
23 durch 7 ist 3, Rest 2
```

ignoriert den Rest und gibt die Zahl 3, also den *ganzzahligen Anteil des Divisionsergebnisses*, aus.

Das müssen wir uns unbedingt merken: Bei der *Division ganzer Zahlen* liefert Java stets nur den *ganzen Anteil* des Divisionsergebnisses.

ÜBUNG *Übung 6.6:* Benutzen Sie den Programmrahmen früherer Beispiele oder arbeiten Sie mit der Download-Datei Uebg06_6.java im Download-Ordner WGMKap06. Lösen Sie das umgekehrte Problem zur vorigen Übung 6.5: Wenn die *Tagesminute* eingegeben wird, soll daraus die *Uhrzeit* ermittelt werden. Arbeiten Sie nur mit int-Speicherplätzen für Stunde, Minute und Tagesminute. Lassen Sie zuerst die Stunde durch *geeignete ganzzahlige Division* ermitteln, dann kann man damit die Minute berechnen. Überlegen Sie sich das Vorgehen, programmieren Sie die richtigen Befehle, und testen Sie.
Die Lösung finden Sie auf Seite 368.

ÜBUNG

6.7   Divisionsrest und Teilbarkeit

Es war schon die Rede davon, dass Java bei der Division der Inhalte zweier int-Speicherplätze so vorgeht, dass nur der *ganze Teil des Divisionsergebnisses* ermittelt und weitergegeben wird. Der Rest wird zwar berechnet, aber ignoriert.

Mit Hilfe des Prozentzeichens % anstelle des Divisions-Schrägstriches / kann dafür gesorgt werden, dass der *Divisionsrest* ausgegeben wird.

```
quotient=zaehler / nenner;

rest=zaehler % nenner;

System.out.println("Quotient="+quotient);

System.out.println("Rest="+rest);
```

```
C:\WINDOWS\system32\cmd.exe              _ □ ×
Zaehler=23
Nenner=7
Quotient=3
Rest=2
```

Bild 6.14: Ganzzahliger Teil des Quotienten und Rest

Nun können wir bereits eine wichtige Anwendung programmieren, nämlich die Untersuchung auf Teilbarkeit.

Wenn der Divisionsrest beim Teilen einer ersten Zahl durch eine zweite ganze Zahl gleich Null ist, dann sagt man, die zweite Zahl *teilt* die erste.

Wie sieht also ein Teilbarkeits-Prüfprogramm aus? Sehen wir uns die wesentlichen Zeilen an (komplett im Download-Quelltext Bsp0612.java)

```
int zahl1, zahl2, rest;

System.out.print("erste Zahl=");   zahl1=Keyb.nextInt();

System.out.print("zweite Zahl=");  zahl2=Keyb.nextInt();

rest=zahl1 % zahl2;

System.out.println("Rest="+rest+"-->Bei 0 also Teilbarkeit, sonst nicht");
```

ÜBUNG   *Übung 6.7:* Benutzen Sie den Programmrahmen früherer Beispiele oder arbeiten Sie mit der Download-Datei Uebg06_7.java im Download-Ordner WGMKap06. Lösen Sie das folgende Problem: Schreiben Sie ein Programm, das vom Nutzer eine Jahreszahl im Bereich von 1901 bis 2099 verlangt und ihm dann mitteilt, ob das eingegebene Jahr ein Schaltjahr war oder sein wird.

Überlegen Sie sich das Vorgehen, programmieren Sie die richtigen Befehle, und testen Sie.
Die Lösung finden Sie auf Seite 368.   **ÜBUNG**

6.8 Namensgebung für ganzzahlige Speicherplätze

Werden in einem Java-Programm Speicherplätze verwendet, kann sich allein durch *geschickte oder ungeschickte Namensgebung* für die Speicherplätze die Übersichtlichkeit und Verständlichkeit des Programms um ein Vielfaches erhöhen oder verringern.

> Ein Speicherplatz sollte stets einen *sprechenden Namen* haben. Das heißt, der Name eines Speicherplatzes sollte auf die Bedeutung des Inhalts hinweisen.

Für die Namensgebung gibt es im Regelwerk von Java strenge Vorschriften: Ein Name eines Speicherplatzes darf *nur mit einem Buchstaben* oder dem Unterstrich _ beginnen. Anschließend können beliebig viele Buchstaben und/oder Ziffern folgen.

Leerzeichen und Sonderzeichen, auch deutsche Umlaute und das „scharfe s", das ß, sind verboten. Und: Die Namen sollten nicht zu lang sein. Sonst tippt man sich zu Tode.

Ergänzen wollen wir noch, was zwar nicht vorgeschrieben, aber allgemein üblich ist, und auch in allen Beispielen und Übungen bisher praktiziert wurde:

> *Namen von Java-Speicherplätzen* beginnen immer mit einem *Kleinbuchstaben.*

7 Speicherplätze für Dezimalbrüche

7.1 Interne Darstellung von Dezimalbrüchen

7.1.1 `float` und `double`

Erinnern wir uns noch einmal an den Abschnitt 6.1 auf Seite 67, als wir uns mit Hilfe von Lampen veranschaulichten, wie *ganze Zahlen* in *8-Bit-Kombinationen*, die auf den Namen *Byte* hören, abgespeichert werden können.

Ein Byte fasst die ganzen Zahlen von 0 bis 255 (bzw. von -128 bis 127), zwei Byte von 0 bis 65535 (bzw. von -32768 bis 32767) und so weiter.

Je nach Größenordnung der in einem Java-Programm auftretenden und in einem Speicherplatz abzulegenden ganzen Zahl muss vom Programmierer dafür ein *passender Speicherplatz* mit ausreichender Byte-Zahl angefordert werden.

Die *goldene Regel für den Anfänger* schränkt das etwas ein: Sofern die Zwei-Milliarden-Grenze nicht überschritten wird, macht der Anfänger wenig falsch, wenn er grundsätzlich nur `int`-Speicherplätze verwendet.

Wie ist das aber nun bei Dezimalbrüchen? Wenn beispielsweise ein Programmierer möchte, dass z. B. die Zahl 314,12345678912345678912345678 exakt gespeichert werden soll? Geht das überhaupt? Was soll er dann anfordern?

Um diese Frage beantworten zu können, muss man das *Prinzip der internen Verarbeitung von Dezimalbrüchen* kennen.

Gibt ein Nutzer eine solche Zahl ein, wird sie *intern* in eine gleichwertige so genannte *halblogarithmische Darstellung* überführt, bei der die *erste gültige Ziffer unmittelbar rechts vom Dezimal-Trennzeichen* erscheint:

314,12345678912345678912345678

$= 0,31412345678912345678912345678 * 10^3$

Jeder Dezimalbruch lässt sich tatsächlich so darstellen.

Wenn rechts vom *Dezimal-Trennzeichen* aber mindestens eine Null steht, bekommt die 10 eben eine *negative Hochzahl* (Exponent):

$$0.00002345678 = 0.2345678*10^{-4}$$

Der Begriff *Exponent* ist eben schon gefallen – das ist die *Hochzahl* an der Zehn. Die gültigen Ziffern nennt man die *Mantisse.*

Für unser erstes Beispiel erhalten wir also für die Mantisse die vielstellige Ziffernfolge

3141234567891234567891123456789,

der zugehörige Exponent ist 3.

Im zweiten Beispiel haben wir die Mantisse 2345678 mit dem Exponenten -4.

▌ Durch Mantisse und Exponent ist jeder Dezimalbruch eindeutig bestimmt.

Zum Speichern von Dezimalbrüchen können wir in Java zuerst mittels

```
float x_normal;
```

Speicherplätze vom Typ float anfordern.

Derartige Speicherplätze belegen 32 Bit, also 4-Byte: Der *Exponent*, einschließlich seines Vorzeichens, wird im *ersten Byte* abgespeichert. Für die *Mantisse* bleiben also noch die restlichen *drei Byte* (24 Bit) übrig.

Entsprechend dieses geringen 3-Byte-Fassungsvermögens werden von der Mantisse, von links beginnend, nur diejenigen Ziffern abgespalten, die in diese wenigen drei Byte aufgenommen werden können, gegebenenfalls mit vorheriger Rundung:

3141235|*567891234567891123456789*.

Bei drei Byte-Mantissen sind das sechs, manchmal sieben Dezimal-Ziffern. Niemals mehr. Der Rest (kursiv gedruckt) wird nicht berücksichtigt, er wird weggelassen. Der Traum von der *genauen internen Speicherung* einer Zahl, die aus ganzem und gebrochenem Anteil besteht, ist somit bereits ausgeträumt, wenn der Transport in einen float-Speicherplatz erfolgt ist. Denn wir erfahren:

Dezimalbrüche können nur mit so vielen *gültigen Ziffern* gespeichert und intern verarbeitet werden, wie es *das Byte-Angebot für die Mantisse* erlaubt.

▌ Bei 3-Byte-Mantissen müssen wir uns demnach darauf einstellen, dass die Genauigkeit der internen Speicherung und Rechnung nicht mehr als *sechs gültige Dezimalziffern* beträgt.

Wollen wir genauere Rechnungen durchführen, dann müssen wir 8-Byte-Speicherplätze vom Typ double anfordern:

```
double x_genau;
```

Im gewöhnlichen Programmierer-Jargon wird dann davon gesprochen, dass ein *doppeltgenauer Speicherplatz* angefordert wird.

Doch das ist nicht korrekt: *Ein Byte* nimmt nämlich wieder den *Exponenten* auf, also verbleiben diesmal *sieben Byte* für die *Mantisse.*

Bei float stehen *drei Byte* für die gültigen Stellen bereit, bei double sind es folglich aber *sieben Byte.* Mehr als nur doppelt so viel.

Damit erklärt sich auch, dass wir uns darauf verlassen können, dass wegen der 7-Byte-Mantisse bei double-Speicherplätzen die Genauigkeit der internen Speicherung und Rechnung sogar *15 bis 16 gültige Dezimalziffern* beträgt.

Sehen wir uns im Beispiel (im Download in der Datei Bsp07_1.java) an, wie ein Programmierer versucht, einen Traum auszuleben und die Speicherplätze y1 und y2 mit einer sehr genauen Dezimalzahl zu füttern:

```
import java.util.*;                                 // erste Kopfzeile
public class Bsp07_1 {
    public static void main(String[] args) {
        Scanner Keyb=new Scanner(System.in);        //letzte Kopfzeile
// ********* Ende der vier Kopfzeilen des Programmrahmens *************
//Vereinbarungen der Speicherplätze
        float y1; double y2;
//Ausführungsteil
    y1 = 3.12345678912346;                  //im Java-Text immer Dezimalpunkt!
    System.out.println("y1=" + y1);
    y2 = 3.12345678912346;                  //im Java-Text immer Dezimalpunkt!
    System.out.println("y2=" + y2);
// ********* Nun kommen die beiden Fußzeilen des Programmrahmens ********
    }                                                   //1. Fußzeile
}                                                       //2. Fußzeile
```

Doch das Programm wird nicht übersetzt, obwohl es doch scheinbar korrekt ist – der Java-Compiler meldet sofort einen *Syntaxfehler* (Bild 7.1).

```
C:\java_wgm\WGMKap07\Bsp07_1.java:11: possible loss of precision
found   : double
required: float
  y1 = 3.12345678912346;
       ^
```

Bild 7.1: Syntaxfehler

Warum? Nun, Java ist konsequent: Erinnern wir uns an die Seite 76. Dort lernten wir, dass der Java-Compiler jede konkrete *ganze Zahl,* die irgendwo im Programmtext auftritt, stets als int-Zahl ansieht. Folglich wurde uns ein Fehler gemeldet, wenn eine konkrete ganze Zahl entweder direkt oder in verarbeiteter Form in einen short- oder sogar byte-Speicherplatz transportiert werden sollte. Nun ist es ähnlich:

> Der Java-Compiler sieht *jede konkrete Zahl mit einem Dezimalpunkt,* die irgendwo im Programmtext auftritt, als double-Zahl an.

Folglich wird uns ein Fehler gemeldet, wenn wir diese double-Zahl in einen float-Speicherplatz transportieren lassen wollen:

    y1 = 3.12345678912346;

Was müssen wir tun? Wir müssen eben hier durch Voranstellen von (float) auf der rechten (Quell-) Seite des Zuweisungsbefehls

    y1 = (float) 3.12345678912346;

unser deutliches Einverständnis als Programmierer erklären, dass wir mit möglichem Genauigkeitsverlust (engl.: *possible loss of precision*) einverstanden sind.

Dann gibt es auch keine Syntaxfehlermeldung mehr, und wir können uns in Bild 7.2 ansehen, was von den 15 Mantissen-Stellen unserer schönen Dezimalzahlen übrig bleibt:

Bild 7.2: Tatsächliche Inhalte von y1 *und* y2

Zusätzlich zu den Basis-Typen float und double gibt es in Java natürlich weitere Möglichkeiten, Dezimalzahlen genauer intern verarbeiten zu können. Eines bleibt aber trotzdem sicher:

> Eine absolute Genauigkeit wird es aufgrund der internen Rechner-Organisation nie geben.

7.1.2 Komma oder Punkt

> Wird in einem Java-Programm ein float- oder double-Speicherplatz mit einem Zahlenwert belegt, so muss *immer der Dezimalpunkt* verwendet werden:

    float y1; double y2;

Falsch ist y1 = (float) 3,123456; – aber richtig ist y1 = (float) 3.123456;

Falsch ist y2 = 3,12345678912345; – aber richtig ist y2 = 3.12345678912345;

7.1.3   Belegung durch Nutzereingabe

Für die Belegung eines float-Speicherplatzes in Java muss die Methode next-
Float verwendet werden:

```
System.out.print("Zahl mit Dezimalkomma eingeben :"); y1=Keyb.nextFloat();
```

Für die Belegung eines double-Speicherplatzes in Java muss die nextDouble-Methode verwendet werden:

```
System.out.print("Zahl mit Dezimalkomma eingeben:"); y2=Keyb.nextDouble();
```

Wie aus dem Informationstext an den Nutzer schon hervorgeht, haben diese
beiden Java-next-Methoden die Besonderheit, dass sie vom *deutschen Nutzer*
die Zahleneingabe in *deutscher Form*, also mit Dezimal*komma*, verlangen. Sehen wir uns die dafür wesentlichen Teile des Programms aus Bsp07_2.java an:

```
float y1; double y2;

System.out.print("Zahl mit Dezimalkomma eingeben:"); y1=Keyb.nextFloat();

System.out.print("Zahl mit Dezimalkomma eingeben:"); y2=Keyb.nextDouble();

System.out.println("y1=" + y1);

System.out.println("y2=" + y2);
```

Bild 7.3 zeigt, dass die Ausgabemethode print leider keine Rücksicht auf natio-
nale Besonderheiten nimmt – sie liefert uns das Ergebnis immer mit dem englischen Dezimal*punkt*.

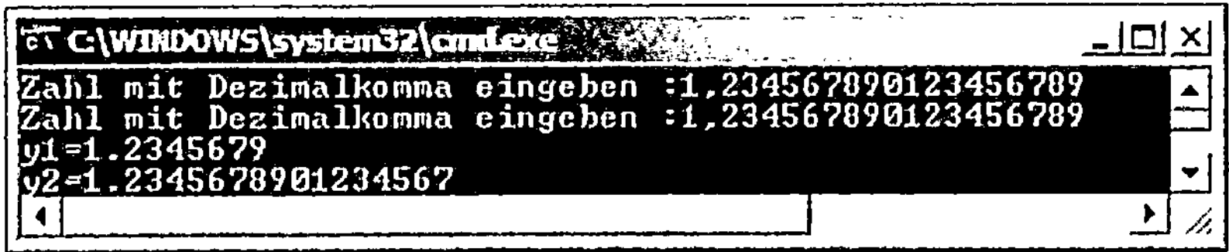

Bild 7.3: Erfassung mit Komma, Ausgabe mit Punkt

7.1.4   Goldene Regel: Speicherplätze für Dezimalbrüche

Diese Regel gilt nicht nur für Anfänger, sondern generell:

Aufgrund der rapiden Genauigkeitsverluste, die Dezimalzahlen erleiden, wenn
sie in einen float-Speicherplatz gebracht und dort verarbeitet werden, sollte in
Java-Programmen grundsätzlich mit double gearbeitet werden.

7.2   Beispiel: Division

Nun können wir endlich richtig *rechnen*, zum Beispiel vom Nutzer zwei Zahlen
(in Deutschland mit Dezimalkomma) verlangen und ihm dann den echten
Quotienten mitteilen – und nicht nur den ganzen Anteil des Divisionsergebnisses oder den Divisionsrest (wie auf Seite 81).

Das Beispiel in der Download-Datei Bsp07_3.java vereinbart dafür drei double-Speicherplätze. Der Ausführungsteil enthält dazu die passenden Java-Befehle.

```
System.out.print("Dividend mit Dezimalkomma eingeben :");
dividend=Keyb.nextDouble();
System.out.print("Divisor mit Dezimalkomma eingeben  :");
divisor=Keyb.nextDouble();
quotient=dividend/divisor;
System.out.println("Quotient=" + quotient);
```

Im Bild 7.4 sehen wir das Ergebnis der Division, wenn als erste Zahl 0,1 und als zweite Zahl 0,06 vom Nutzer eingegeben worden sind.

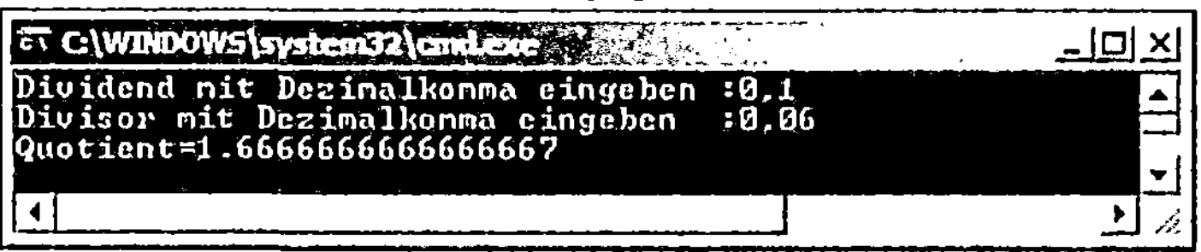

Bild 7.4: Double-Ergebnis von 0,1 / 0,06

Können wir damit zufrieden sein? Einerseits ja, denn wir erhalten ein durchaus brauchbares, genaues Ergebnis. Das wollten wir ja auch.

Andererseits wird es sicher auch Situationen geben, in denen uns die Menge der angezeigten Stellen nach dem Dezimalpunkt lästig ist, wenn es beispielsweise um Euro und Cent geht. Was sollen wir dann mit 16 angezeigten Stellen?

Dann sollte *gerundet* werden. Natürlich, es gibt in Java eine spezielle Methode zur Rundung auf die gewünschte Stellenzahl – mit ihr werden wir aber erst später, im Abschnitt 16.2.4 auf Seite 209 beschäftigen können. Hier erledigen wir erst einmal das, was wir schon können – den *Versuch der Rundung.*

7.3   Versuch der Rundung

Sehen wir uns im Beispiel an, wie der *Versuch der Rundung* aussehen kann:

```
qu=dividend/divisor;         // 1. Befehl
qu_100=qu*100;               // 2. Befehl
qu_100_int=qu_100;           // 3. Befehl
qu_rund=qu_100_int/100;      // 4. Befehl
```

Versuchen wir das Vorgehen am Beispiel zu verstehen, wenn der Nutzer den double-Speicherplatz dividend mit 0,1 und den double-Speicherplatz divisor mit 0,06 belegt hat:

Zuerst wird dann im 1. Befehl die Zahl 0,1 durch 0,06 dividiert, der double-Speicherplatz qu bekommt also den vielstelligen Inhalt 1,6666666666666667. Wir multiplizieren im zweiten Befehl diese Zahl mit 100, also bekommt der double-Speicherplatz qu_100 die Belegung 166,66666666666667.

Der dritte Befehl soll den *ganzen Anteil* des Inhalts von qu_100 in den int-Speicherplatz qu_100_int bringen. Wenn das funktioniert, steht danach in qu_100_int sicher die gerundete ganze Zahl 167. Anschließend wird der Inhalt 167 von qu_100_int durch 100 geteilt, so dass der double-Speicherplatz qu_rund schließlich den gewünschten Inhalt 1,67 bekommen wird. Wird das so funktionieren, wie wir uns das vorstellen?

Natürlich nicht. *Zwei Fehler* liegen vor, und den ersten meldet uns zum Glück sofort der Compiler javac, wenn er den Quelltext analysiert:

```
C:\java_wgm\WGMKap07\Bsp07_4.java:20: possible loss of precision
found   : double
required: int
    qu_100_int=qu_100;          // 3. Befehl
                     ^
```

Bild 7.5: Syntaxfehler

Inzwischen haben wir diesen Fehler mit dem englischen Text *possible loss of precision* schon so oft erlebt, dass wir wissen, was hier falsch gemacht wurde: Wir haben programmiert, dass der genaue Inhalt des double-Speicherplatzes qu_100 in den int-Speicherplatz qu_100_int gebracht werden soll. Java klärt uns mit dieser Fehlermeldung auf, dass wir damit natürlich die Stellen verlieren werden und den genauen Inhalt eines Speicherplatzes gewissermaßen verstümmeln.

Nein, so etwas ist nicht verboten, wir dürfen das verlangen – aber wir müssen es ausdrücklich aufschreiben:

```
qu_100_int=(int)qu_100;          // 3. Befehl
```

Mit der Zeichenfolge (int) haben wir Java explizit aufgefordert, nur den *ganzen Teil* des Inhalts vom double-Speicherplatz qu_100 als Quelle zu benutzen. Nun gibt es keine Syntax-Fehlermeldung mehr. Es gibt überhaupt keine Fehlermeldung mehr – aber dafür ein *falsches Ergebnis* (Bild 7.6).

```
C:\WINDOWS\system32\cmd.exe                                      _ □ ×
Dividend mit Dezimalkomma eingeben :0,1
Divisor mit Dezimalkomma eingeben  :0,06
Quotient=1.0
```

Bild 7.6: Falsches Ergebnis

Also haben wir es nun mit der schlimmeren Fehlersorte zu tun – irgendwo befindet sich ein *logischer Fehler*, ein Denkfehler. Aber wo?

Er befindet sich in der Zeile mit dem 4. Befehl:

```
qu_rund=qu_100_int/100;          // 4. Befehl
```

Was findet rechts statt? Eine Division. Was sollten wir aber gemäß der *Goldenen Division-Mißtrauens-Regel* aus Abschnitt 6.6.2 (Seite 80) immer prüfen?

Richtig, es sollte immer geprüft werden, von welchem Typ die *beiden Beteiligten an der Division* sind. Denn *sind sowohl Zähler als auch Nenner vom* int-*Typ*, wird *nur ganzzahlig* dividiert, man erhält nicht das komplette richtige Ergebnis, sondern nur dessen *ganzen Anteil.* Sehen wir unseren Divisions-Befehl genauer an:

```
qu_rund=qu_100_int/100;              // 4. Befehl
```

Offenbar ist der *erste Beteiligte der Division* der Speicherplatz qu_100_int – ein int-Speicherplatz. Und der *zweite Beteiligte* ist die ganze Zahl 100 – natürlich wird sie, das haben wir auf Seite 76 gelernt, als int betrachtet. Also findet int *durch* int statt – es wird folglich *ganzzahlig* dividiert, wir erhalten nur den *ganzen Teil* des Ergebnisses.

Was sollen wir tun? Es gibt zwei Auswege: Wir können Java überlisten, indem wir einfach in den Nenner die Zahl 100.0 mit dem Dezimalpunkt schreiben:

```
qu_rund=qu_100_int/100.0;            // 4. Befehl
```

Nun wird int durch double geteilt, Java muss das double-Rechenwerk nehmen, und Bild 7.7 zeigt uns, dass wir das gesuchte Ergebnis erhalten.

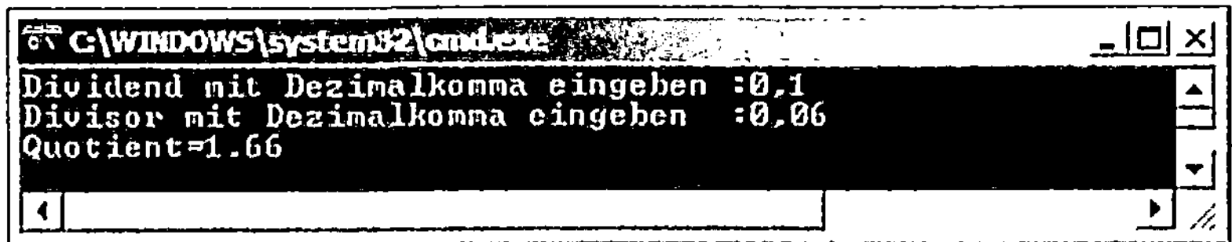

Bild 7.7: Ausgabe mit zwei Stellen nach dem Dezimalzeichen

Der andere Ausweg besteht darin, dass wir mittels

```
qu_rund=((double) qu_100_int)/100;   // 4. Befehl
```

den Zähler *vor* der Division in double umwandeln lassen. Dann wird double durch int geteilt, Java muss auch hierfür das double-Rechenwerk nehmen.

Übrigens läßt Bild 7.7 erkennen, dass mit unserem Vorgehen nicht *gerundet*, sondern nur *abgeschnitten* wird. Das hätten wir uns bereits bei der Diskussion des Konvertierungs-Befehls

```
qu_100_int=(int) qu_100;             // 3. Befehl
```

überlegen können. Denn die rechte (Quell-)Seite dieses Befehls liefert nur den *ganzen Anteil* des Inhalts von qu_100, und nicht die *gerundete ganze Zahl* (Beispiel: qu_100=7.89, ganzer Anteil 7, gerundete ganze Zahl aber 8). Für die Rundung fehlen uns im Moment noch einige Voraussetzungen; im Abschnitt 16.2.4 auf Seite 209 werden wir später vorführen, wie tatsächlich gerundet werden kann.

ÜBUNG *Übung 7.1:* Benutzen Sie den Programmrahmen früherer Beispiele oder arbeiten Sie mit der Download-Datei Uebg07_1.java im Download-Ordner WGMKap07. Betrachten Sie den letzten Befehl zum Abschneiden von Stellen:

```
qu_rund=(double) (qu_100_int/100);      // 4. Befehl
```

Analysieren Sie die Klammersetzung und erklären Sie, wie diese falsche Ergebnisanzeige von Bild 7.8 zustande kommt. Was wurde falsch gemacht? Wo liegt der Denkfehler?

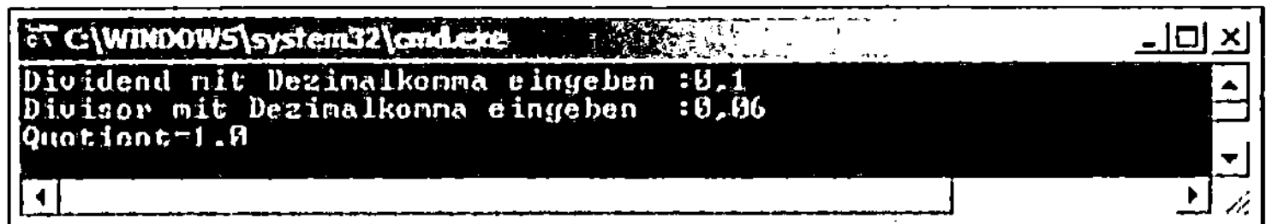

Bild 7.8: Trotz (double) *falsches Ergebnis*

Die Lösung finden Sie auf Seite 369.

Die folgende Übung verbindet die Erfassung von Nutzereingaben mit einfacher Rechnung und der Ausgabe weniger Stellen nach dem Dezimal-Trennzeichen.

ÜBUNG   *Übung 7.2:* Benutzen Sie den Programmrahmen früherer Beispiele oder arbeiten Sie mit der Download-Datei Uebg07_2.java im Download-Ordner WGMKap07. Lösen Sie das folgende Problem:

Schreiben Sie ein Programm, das vom Nutzer den *zurückgelegten Weg in Kilometern* sowie die *zurückgelegte Zeit in Stunden* verlangt, danach die *gefahrene Geschwindigkeit in km/h* ausrechnet und mit *drei Stellen nach dem Komma* (abgeschnitten) ausgibt.

Überlegen Sie sich das Vorgehen, programmieren Sie die richtigen Befehle, und testen Sie.

Die Lösung finden Sie auf Seite 369.

ÜBUNG

7.4   Beispiel: Mehrwertsteuer

Zur Finanzierung der Staatsausgaben wird jede Ware mit einer *Mehrwertsteuer* belegt. Aus dem *Nettopreis* wird durch Erhöhung um den jeweiligen *Mehrwertsteuerbetrag*, der sich aus dem *Mehrwertsteuersatz* ergibt, der *Bruttopreis*, der dann vom Käufer zu entrichten ist

(Beispiel: Nettopreis = 100 EUR, Mehrwertsteuersatz 16 % -> Mehrwertsteuerbetrag=16 EUR -> Bruttopreis =116 EUR).

Es soll ein Java-Programm geschrieben werden, so dass *Nettopreis* und *Mehrwertsteuersatz* (in Prozent) erfasst werden und anschließend der *Bruttopreis* berechnet und ausgegeben wird. Natürlich interessieren bei einem Preis nur zwei Stellen nach dem Dezimal-Trennzeichen, wir lassen dafür also drei Stellen ausgeben, weil wir noch nicht runden können.

Der Programmtext (auch in der Download-Datei Bsp07_5.java vorhanden) zeigt, wie man vorgehen kann:

```
import java.util.*;                                      // erste Kopfzeile
public class Bsp07_5 {
    public static void main(String[] args) {
        Scanner Keyb=new Scanner(System.in);            //letzte Kopfzeile
// ******* Ende der vier Kopfzeilen des Programmrahmens ***************
//Vereinbarungen der Speicherplätze
        double netto, mwsatz, mw, br, br_1000, br_rund;
        int br_1000_int;
//Ausführungsteil
        System.out.print("Nettopreis in EUR:   "); netto=Keyb.nextDouble();
        System.out.print("MW-Satz in Prozent: "); mwsatz=Keyb.nextDouble();
        mw=netto*mwsatz/100;
        br=netto+mw;
        br_1000=br*1000;
        br_1000_int=(int) br_1000;
        br_rund=br_1000_int/1000.0;
        System.out.println("Zu zahlen sind " + br_rund+" EUR");
// ********** Nun kommen die beiden Fußzeilen des Programmrahmens ******
    }                                                   //1. Fußzeile
}                                                       //2. Fußzeile
```

ÜBUNG   *Übung 7.3:* Benutzen Sie den Programmrahmen früherer Beispiele oder arbeiten Sie mit der Download-Datei Uebg07_3.java im Download-Ordner WGMKap06. Lösen Sie das folgende Problem: Überlegen Sie sich zuerst, wie man durch Umstellung der Formel

```
brutto=netto+netto*(mwsatz/100)=netto*(1+(mws/100))
```

zu *gegebenem Bruttopreis und gegebenem Mehrwertsteuersatz* den zugehörigen *Nettopreis* berechnen lassen kann. Die *Differenz zwischen Brutto- und Netto-preis* bildet den *Mehrwertsteuerbetrag*, der oft nur als *Mehrwertsteuer* bezeichnet wird.

Schreiben Sie zuerst ein Programm, das vom Nutzer Bruttopreis und Mehrwert-steuersatz verlangt und Nettopreis und Mehrwertsteuer mit voller Stellenzahl ausgibt. Testen Sie.

Reduzieren Sie danach die Ausgabe auf drei Stellen nach dem Dezimal-Trenn-zeichen. Testen Sie.
Die Lösung finden Sie auf Seite 369.

ÜBUNG

8 Strukturiertes Programmieren

8.1 Strukturierter Entwurf

8.1.1 Bedeutung

Erinnern wir uns: *Programmieren ist Denken.* Denkfehler sind aber *nie ausgeschlossen.* Und sie führen zu den schwerwiegendsten Fehlern, die ein Programm haben kann, nämlich zu den *logischen Fehlern.* Haben diese sich erst einmal in ein Programm eingeschlichen, sind sie nur sehr schwer zu finden und zu korrigieren. Insbesondere von Anfängern.

Aus den Erfahrungen von fünfzig Jahren Programmierung und der Analyse von Tausenden von logischen Programmfehlern haben Wissenschaftler in aller Welt seit Mitte der siebziger Jahre folgende *Erkenntnis und Empfehlung* abgeleitet:

> Wenn ein Programm *strukturiert* entworfen wird, dann ist die Wahrscheinlichkeit für logische Fehler *niedrig.*

Deshalb beginnen wir jetzt, uns mit den grundlegenden *Prinzipien des strukturierten Entwurfs von Java-Programmen* zu beschäftigen.

8.1.2 Strukturierter Entwurf

Wird ein Programm *strukturiert* entworfen, dann wird es aus *wenigen Grundbausteinen* zusammengesetzt. Für jeden Grundbaustein gibt es einen zugehörigen *Bildbaustein,* so dass das Ergebnis des Entwurfes als *Bild des Programms* vorliegt.

> Damit ist es möglich, die Programmlogik am Bild zu analysieren und zu diskutieren.

In dieses Bild – als *Struktogramm* bezeichnet – werden einige Details grundsätzlich nicht mit hineingenommen.

Das sind insbesondere die *Informationstexte an den Nutzer* bei Erfassung von Daten und bei der Ausgabe. Ebenso fehlt in jedem Struktogramm der *Vereinbarungsteil*. Auch über *Kommentare im Java-Quelltext* denkt man bei Erstellen des Struktogramms noch nicht nach.

Damit wird eine *Programmierung in zwei Stufen* möglich:

♦ Zuerst kommt das Wesentliche, der *strukturierte Entwurf*, mit dessen Hilfe die *Programmlogik* kontrolliert und diskutiert wird.

♦ Anschließend erfolgt die *Umsetzung in den Text der gewählten Programmie*rsprache; erst dann denkt man über den *Vereinbarungsteil*, die *Texte für den Nutzer* und notwendige *Kommentare* nach.

Kurz gefasst bedeutet die Methode des strukturierten Entwurfs, dass *zwei Stufen* bis zum fertigen Programm absolviert werden:

♦ Stufe 1: *Logik* (Diskussion am Bild des Programms)

♦ Stufe 2: *Syntax* (Umsetzung in die Programmiersprache)

Diese *Entkopplung der Schwierigkeiten* ist jedem Anfänger grundsätzlich zu empfehlen.

Hinzu kommt, dass für viele Standard-Aufgaben der Programmierung bereits fertige Bild-Bausteine vorliegen, die immer und immer wieder genutzt werden können.

8.2 Strukturelemente

8.2.1 Folge

Bereits der erste Grundbaustein *Folge* kann ausreichen, um einfache Programme zu entwerfen. Sehen wir uns Bild und Java-Umsetzung an:

```
|    Befehl_1          |
|______________________|
|    Befehl_2          |
|______________________|
|    . . . . . . . . . |
```

Die Befehle werden neben- oder untereinander geschrieben. Jeder Befehl muss mit einem Semikolon abgeschlossen werden.

Speziell für die *Erfassung des Inhalts eines Zahlen-Speicherplatzes* vom Nutzer gibt es ein besonderes Bildelement:

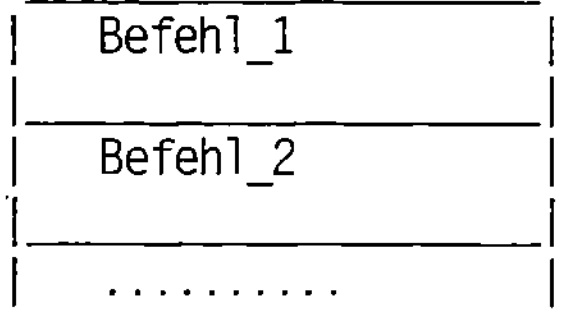

Umsetzung in Java 5:
sp_platz=Keyb.next...();
Anstelle der drei Punkte ist je nach
Typ von sp_platz einzusetzen: Byte,
Short, Int, Long, Float oder Double

Ebenso wird die *Mitteilung über den Inhalt eines Zahlen-Speicherplatzes* an den Nutzer nur symbolisch dargestellt:

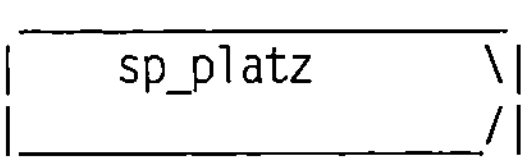


```
Umsetzung in Java:
System.out.println("..."+sp_platz);
Anstelle der drei Punkte ist erklärender
Text für den Nutzer einzusetzen
```

Einfache Programme, die lediglich unter Verwendung des Strukturelements *Folge* entworfen werden können, werden als *lineare Programme* bezeichnet.

Alle Programme, die wir bisher in den Beispielen und Übungen behandelt haben, sind lineare Programme.

Sehen wir uns an einem weiteren Beispiel (dessen fertiger Quelltext im Download in der Datei Bsp08_1.java verfügbar ist) die erwähnte *Zweischritt-Entwurfs-Strategie* an. So kann die *Trennung von Logik und Syntax* auf dem schwierigen Wege von der Programmieraufgabe bis zum Java-Text erfolgreich funktionieren.

Ein Nutzer soll aufgefordert werden, die voraussichtliche *Wegstrecke bis zum Ziel* in Kilometern und die *beabsichtigte Durchschnittsgeschwindigkeit* in Stundenkilometern einzugeben. Dann soll er mit Hilfe eines Programms erfahren, welche Zeit (in Stunden) er für die geplante Strecke benötigen wird.

Zuerst wird die *reine Programmlogik* mit dem Struktogramm entworfen und dargestellt.

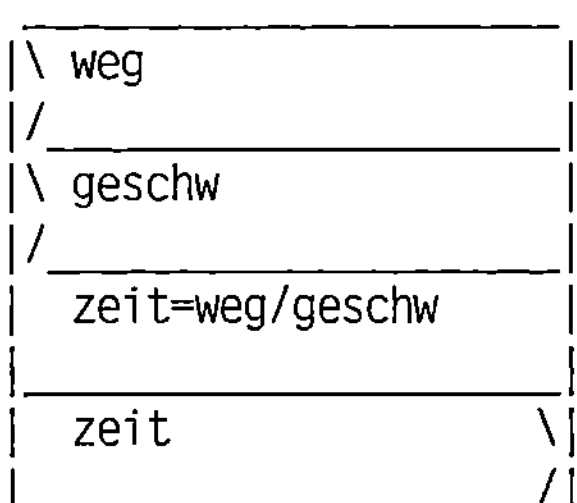

Schmucklos und nüchtern ist dieses Struktogramm, *nur das Wesentliche* darstellend. Wir können *sehen*, wie der Ablauf der Befehle geplant ist. Logische Mängel, zum Beispiel die Verarbeitung eines Speicherplatzes, bevor er überhaupt einen Inhalt erhalten hat, fallen sofort auf.

Optische Problemdiskussion sei das, sagen Manche zu dieser Vorgehensweise. Wir werden diese Vokabel nicht weiter verwenden, obwohl sie treffend ist.

Die *Logik des Programms* ist offensichtlich treffend beschrieben, nun können wir an die Umsetzung gehen.

Erst jetzt interessiert uns überhaupt die *gewählte Programmiersprache* und ihre Syntax, d. h. ihr *Regelwerk*. Erst jetzt machen wir uns Gedanken über die Mitteilungen an den Nutzer.

Starten wir, wie im Abschnitt 5.2.2 auf Seite 61 beschrieben, unser Entwicklungssystem JOE und tragen wir zuerst den Programmrahmen ein:

```
import java.util.*;                                      // erste Kopfzeile
public class Bsp08_1 {
    public static void main(String[] args) {
        Scanner Keyb=new Scanner(System.in);           //letzte Kopfzeile
// ********* Ende der vier Kopfzeilen des Programmrahmens **************


// ****** Nun kommen die beiden Fußzeilen des Programmrahmens *********
    }                                                    //1. Fußzeile
}                                                        //2. Fußzeile
```

Bereits hier sollte – es ist ja ganz einfach mit JOE – schnell auf die Schaltfläche mit dem Zahnrad geklickt werden, um durch den Java-Compiler javac prüfen zu lassen, ob sich nicht schon ein Tippfehler eingeschlichen hat.

Ein häufiger Fehler tritt hier vor allem dann auf, wenn der *Programmnamen* Bsp08_1 (hinter public class) nicht mit der *Zeichenfolge vor dem Punkt im Dateinamen* (bei Bsp08_1.java) übereinstimmt. Dabei ist auch *Groß- und Kleinschreibung* wichtig: Wird der Programmname z. B. falsch mit kleinem Anfangsbuchstaben bsp08_1 geschrieben, dann tritt eine Syntaxfehler-Meldung wie in Bild 8.1 auf.

```
C:\java_wgm\WGMKap08\Bsp08_1.java:2: class bsp08_1 is public, should be
declared in a file named bsp08_1.java
public class bsp08_1 {
       ^
```

Bild 8.1: Datei- und Programmnamen nicht zeichengenau gleich

Sind wir schließlich sicher, dass der Programmrahmen syntaktisch korrekt ist, erklären wir zunächst im *Vereinbarungsteil* die durch das Struktogramm vorgegebenen *Namen* mit ihrem *Typ*; bei uns sind offenbar alle Speicherplätze als double anzusetzen:

```
// Vereinbarungsteil
    double weg, geschw, zeit;
```

Zum Schluss kommt der Ausführungsteil, in dem nacheinander die Befehle des Struktogramms umgesetzt werden:

```
//Ausführungsteil
    System.out.print("geplanter Weg in km (mit Dezimalkomma):   ");
    weg=Keyb.nextDouble();
    System.out.print("geplante Geschw. in km/h (mit Dezimalkomma): ");
    geschw=Keyb.nextDouble();
```

```
zeit=weg/geschw;

System.out.println("Voraussichtliche Dauer: "+zeit+" Stunden");
```

8.2.2   Abweisende Schleife (kopfgesteuerte Schleife)

Das erste Strukturelement, das uns zu Programmen führt, die anspruchsvollere Aufgaben lösen, trägt den Namen *kopfgesteuerte Schleife* (oder *Abweisschleife*).

```
| SOLANGE lauf_bedingung gilt|      while (lauf_bedingung){
|                            |          Befehle des Schleifeninneren,
|  |...........\         |             abgeschlossen jeweils mit
|  |___________  | auszu- |             einem Semikolon
|  |...........  | füh-   |          }
|  |___________  | rende  |
|  |...........  | Befehle|
|__|___________/_________|
```

Die *kopfgesteuerte Schleife* wird als Strukturelement benötigt, wenn Programmieraufgaben zu lösen sind, bei denen *ein- und dieselbe Befehlsfolge mehrfach zu wiederholen* ist und ein Ende erst dann eintritt, wenn eine *Wiederholungsbedingung* nicht mehr erfüllt ist.

Die *Wiederholungsbedingung* wurde im Struktogramm als *Laufbedingung* bezeichnet.

Eine typische Programmieraufgabe, zu deren Realisierung wir diese Schleife benötigen, tritt immer dann auf, wenn mit einem Nutzer vereinbart wird, dass er das Ende seiner Dateneingabe durch eine ganz bestimmte, vorher vereinbarte *Sonderbelegung* mitteilen wird.

Nehmen wir an, ein Lehrer möchte Zensuren eingeben und den Notendurchschnitt erfahren, will aber vorher nicht abzählen, um wie viele Zensuren es sich handelt. „Ich werde", so sagt er, „einfach nach der letzten Zensur eine Null eintippen. Damit weiß das Programm dann, dass ich fertig bin."

Seine Aufgabe können wir mit der berühmten *Fenstertechnik* lösen. Sehen wir uns den ersten Entwurf an.

```
|\  fenster                    |
|/____________________________|
| SOLANGE fenster ungleich 0  |
|    ________________________  |
|   |sum = sum + fenster      |
|__|_______________________|
| durch = sum / anz           |
|_____________________________|
```

Optisch sofort klar – hier kann vieles nicht stimmen.

Der *Summenspeicherplatz* sum bekommt keine Anfangsbelegung, der *Anzahl-Speicherplatz* anz bekommt niemals einen Wert, es gibt überhaupt keine Ausgabe. Und der Lehrer kann überhaupt nur *eine einzige Eingabe* vornehmen. Dieser Entwurf ist logisch völlig falsch – das *sieht* man sofort.

Nur so kann es richtig werden: Im *Schleifeninneren* muss auf jeden Fall die Neubelegung des Fensters programmiert werden, damit die Prüfung der Wiederholungsbedingung einen Sinn machen soll:

```
| sum = 0                     |
|_____________________________|
| anz =0                      |
|_____________________________|
|\ fenster                    |
|/____________________________|
| SOLANGE fenster ungleich 0  |
|    _________________________|
|   | anz = anz +1            |
|   |_____________________|   |
|   | sum = sum + fenster     |
|   |_____________________|   |
|   |\ fenster                |
|___|/________________________|
| durch = sum / anz           |
|_____________________________|
| durch                     \ |
|___________________________/ |
```

Jetzt lässt sich der Programmablauf sehr schön mit Worten beschreiben: Die erste Eingabe wird in das *Fenster* gelegt. Ist sie brauchbar, wird sie *gezählt* (indem der Inhalt des Speicherplatzes anz um 1 erhöht wird), und sie wird *verarbeitet* (zur Summe hinzugenommen). Anschließend wird der Nutzer aufgefordert, die nächste Zahl in das *Fenster* zu legen, sie wird geprüft usw.

Alles endet, wenn eine *Null* im Fenster liegt. Dann wird gerechnet und – hoffentlich richtig – ausgegeben.

An diese *Fenstertechnik* werden wir uns noch oft erinnern müssen, sie wird oft gebraucht und gern genutzt. Sehen wir uns nun zuerst den Quelltext an; das gesamte Programm ist im Download in der Datei Bsp08_2.java verfügbar; deshalb wird hier der Programmrahmen weggelassen:

```
sum=0;

anz=0;
```

```
System.out.print("Zensur -->: ");fenster=Keyb.nextInt();
while (fenster !=0){
    anz=anz+1;
    sum=sum+fenster;
    System.out.print("Zensur -->: ");fenster=Keyb.nextInt();
}
durch=sum/anz;
System.out.println("Durchschnitt="+durch);
```

Auch hier gilt: Mit den Fragen der *Syntax*, des Regelwerkes der Programmiersprache, hatten wir uns vorhin überhaupt nicht beschäftigt, es war nicht nötig. Nein, da ging es nur um die Logik.

Jetzt allerdings mussten wir etwas Neues lernen:

ungleich wird in Java mit != geschrieben.

Die Schreibweise mit den Einrück-Positionen sowie den allein auf einer Zeile stehenden schließenden geschweiften Klammern ist allgemein üblich, sie sollte übernommen werden. Nur so haben wir eine Chance, logische Fehler überhaupt finden zu können.

Das Programm ist *syntaktisch korrekt*, denn der Java-Compiler javac hat uns keine Fehler gemeldet. Doch ist es auch logisch korrekt, arbeitet es richtig?

Bild 8.2: Der richtige Durchschnitt wäre 2,66667

Bild 8.2 klärt uns auf – das Programm arbeitet *falsch*. Warum? Überprüfen wir noch einmal die grundsätzliche Programmlogik am Struktogramm. Sie ist richtig. Haben wir vielleicht sachlich falsche Speicherplätze vereinbart?

```
// Vereinbarungsteil
    int fenster, anz, sum;
    double durch;
```

Nein, denn wir haben ja schon berücksichtigt, dass der Durchschnitt keine ganze Zahl sein wird.

Wo kann sonst der (logische) Fehler stecken? Gibt es irgendwo eine *Division?*

Ja, und in diesem Zuweisungs-Befehl steckt auch der Fehler:

```
durch=sum/anz;
```

sum ist ein int-Speicherplatz, anz ist ebenfalls vom Typ int – da benutzt Java folglich doch das int-Rechenwerk, und wir erhalten *anstelle des gesuchten vollen Divisionsergebnisses* nur dessen *ganzen Teil.*

Was ist zu tun? Wir müssen *vor* der Division eine *Konvertierung zu* double veranlassen, zum Beispiel durch

```
durch=((double)sum)/anz;
```

Das Programm arbeitet nun korrekt, wir könnten zufrieden sein. Zumal die eingerückte Schreibweise den Zusammenhang zwischen Struktogramm und Java-Programm deutlich macht.

Einen Mangel hat das Programm aber doch noch. Der Nutzer erfährt am Bildschirm nicht, wie er die Erfassung beenden kann. Kein Problem, ändern wir den Dialogtext entsprechend ab:

```
System.out.print("Zensur (Ende mit 0)-->:");fenster=Keyb.nextInt();
```

Und dann setzt das Programm noch voraus, dass *mindestens eine* echte Zensur eingegeben wird. Beginnt der Nutzer gleich mit der Null, gibt es eine geharnischte Fehlermeldung. Warum, das kann man sich anhand des Struktogramms schnell überlegen.

8.2.3   Bedingungen

Bevor wir zum nächsten Strukturelement kommen, wollen wir als Einschub kennen lernen, welche Formen für die *Laufbedingung* (Wiederholungsbedingung) möglich sind und wie sie in Java geschrieben werden müssen.

Wir lernten bereits die *Ungleichheit* kennen, sehen wir uns die anderen Formen in einer Tabelle an:

Formulierung im Struktogramm	Umsetzung in Java
SOLANGE a ungleich b	while(a != b){
SOLANGE a gleich b	while(a == b){
SOLANGE a größer als b	while(a > b){
SOLANGE a kleiner als b	while(a < b){
SOLANGE a größer oder gleich b	while(a >= b){
SOLANGE a kleiner oder gleich b	while(a <= b){
SOLANGE a > b UND a < c	while((a > b) && (a < c))
SOLANGE a < b ODER a > c	while((a > b) || (a < c))

Was fällt dabei besonders auf?

Die Gleichheits-Bedingung muss mit *zwei* nebeneinander stehenden *Gleichheitszeichen* == beschrieben werden.

> Die *UND-Verknüpfung* wird durch die *beiden Zeichen* && ausgedrückt (über der 6 auf der Tastatur).

> Die *ODER-Verknüpfung* wird durch die *beiden senkrechten Striche* || beschrieben (meist mit AltGr und < erreichbar).

ÜBUNG *Übung 8.1:* Benutzen Sie den Programmrahmen früherer Beispiele oder arbeiten Sie mit der Download-Datei Uebg08_1.java im Download-Ordner WGMKap08. Entwickeln Sie Struktogramm und Java-Quelltext für ein anders arbeitendes Zensuren-Durchschnitts-Programm: Dieses Programm soll solange ganze Zahlen vom Nutzer entgegennehmen, bis er *irgendeine Zahl eingibt, die außerhalb des Zensuren-Bereiches* von 1 bis 6 liegt (also auch: Ende mit -567 oder 12 oder -9 usw.).

Überlegen Sie sich das Vorgehen, zeichnen Sie das *Struktogramm,* programmieren Sie die richtigen Befehle, und testen Sie.
Die Lösung finden Sie auf Seite 369.   **ÜBUNG**

8.2.4   Nichtabweisende Schleife (fußgesteuerte Schleife)

Während die *kopfgesteuerte Schleife* die Eigenschaft hat, dass erst *nach bestandenem Eingangstest* die Befehlsfolge des Schleifeninneren *erstmalig* abgearbeitet wird, ist dies bei der *fußgesteuerten Schleife* nicht der Fall.

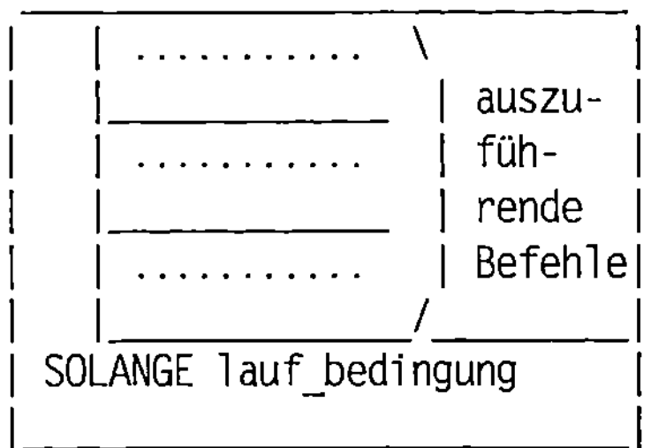

```
do{
    Befehle des Schleifeninneren,
    abgeschlossen durch Semikolon
}
while(lauf_bedingung);
```

> Bei der fußgesteuerten Schleife erfolgt *in jedem Falle ein erster Durchlauf,* bevor erstmalig gefragt wird, ob es zu einer Wiederholung kommen soll.

Mit Hilfe der fußgesteuerten Schleife kann man einen Nutzer zum Beispiel zwingen, korrekte Werte einzugeben.

Zum Beispiel prüft das folgende Struktogramm (im Download: Bsp08_3.java) nach der Nutzereingabe, ob es sich tatsächlich um eine Zensur handelt. Wenn die Nutzereingabe nicht brauchbar war, ist die *Wiederholungsbedingung* erfüllt, und der Nutzer muss erneut eingeben. Und so weiter – solange, bis er endlich korrekt handelt – und sei es nach hundert Fehlversuchen.

Zum Lohn wird ihm dann seine richtige Eingabe gezeigt.

```
|  |\ zensur                        |
|  |/________________              |
|   SOLANGE zensur nicht korrekt    |
|________________________________  |
| zensur                        \ |
|______________________________/ |
```

Über die Frage, *wie* dieser Wiederholungstest in Java zu formulieren ist, brauchten wir uns bei der *Logik-Diskussion* wieder keine Gedanken zu machen. Dort mussten wir nur prüfen, ob damit wirklich die Fehleingabe treffend beschrieben ist. Sehen wir uns nun die Syntax bei der Umsetzung in den Java-Quelltext an.

```
do{
    System.out.print("Zensur -->: ");zensur=Keyb.nextInt();
    }
    while ((zensur < 1) || (zensur > 6));
System.out.println("Bravo! "+zensur+" ist brauchbar");
```

Wir sehen wieder: Einzelne Bestandteile von Tests, die mit ODER verbunden werden, müssen im Java-Quelltext mit den zwei senkrechten Strichen || zusammengefügt werden. Beide Tests müssen *immer vollständig aufgeschrieben* sein, so etwas Lässiges wie

```
zensur < 1 Or > 6
```

ist *streng verboten*, obwohl der Mensch manchmal so spricht. Der Java-Compiler javac kann das aber nicht verstehen.

8.2.5 Einfacher Test (unvollständige Alternative)

Ist eine Befehlsfolge *nur dann* auszuführen, wenn eine bestimmte *Bedingung* (ein Test) erfüllt ist, benötigt man das Strukturelement *einfacher Test*:

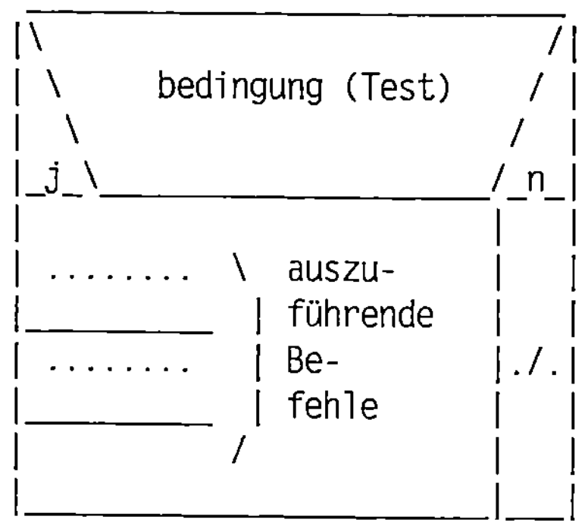

```
|\                     /|          if ( bedingung ){
| \   bedingung (Test) / |             bei erfüllter Bedingung,
|  \                  /  |             d.h. erfülltem Test,
|_j_\________________/_n_|             auszuführende Befehle,
|                  |  |                abgeschlossen mit
| ........ \ auszu- |  |               Semikolon
|__________| führende |  |           }
| ........ | Be-    |./.|
|__________| fehle  |  |
|        /         |  |
|_________________|__|
```

Die erste Anwendung des einfachen Tests ergibt sich unmittelbar aus einer kritischen Wertung des *Struktogramms zum Erzwingen korrekter Eingaben* aus dem vorigen Abschnitt.

Denn – woher erfährt der Nutzer am Bildschirm, dass seine Eingabe als Fehleingabe nicht akzeptiert und somit zurückgewiesen wurde. Dass er nicht die *nächste Zensur* eingeben soll, sondern seine letzte *Eingabe korrigieren* soll?

Hier hilft ein *einfacher Test* im Innern der fußgesteuerten Schleife:

```
|    |\ zensur                                  |
|    |/_________________________________________|
|    |\                                        /|
|    | \ zensur < 1 ODER zensur > 6 ? /  |
|    |  \                              /   |
|    |_j_\__________________________/_n_|
|    |      Fehler-Info an Nutzer        \|./.|
|    |_________________________________/|___|
|    SOLANGE zensur < 1 ODER zensur > 6    |
|_________________________________________|
|  zensur                                \|
|________________________________________/|
```

Die Umsetzung des Struktogramms in den Java-Text enthält wieder zusätzlich den *Vereinbarungsteil*; dann müssen auch die *Dialogtexte* für den Nutzer ausgearbeitet werden.

Das folgende Programm ist niemals falsch (im Download: Bsp08_4.java), sondern nur ein wenig lang:

```java
// Vereinbarungsteil
    int zensur;
//Ausführungsteil
    do{
        System.out.print("Zensur -->: ");zensur=Keyb.nextInt();
        if ((zensur < 1) || (zensur > 6)){
            System.out.println("Die Eingabe muss wiederholt werden!");
        }
    }
    while ((zensur < 1) || (zensur > 6));
    System.out.println("Bravo! "+zensur+" ist brauchbar");
```

Wir dürfen hier Schreib- und Tipparbeit einsparen und kürzer schreiben:

Wenn bei erfülltem Test nur *ein einziger Befehl* auszuführen ist, darf die *Ausnahmeregel* zur Anwendung kommen.

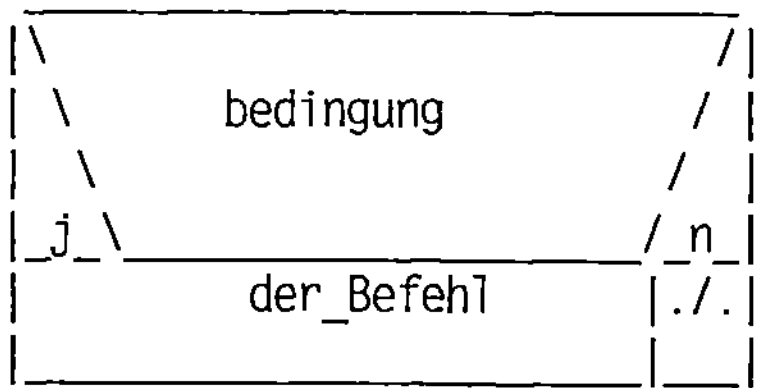

> *Ausnahmeregel:* Ist bei erfülltem Test *nur ein einziger Befehl* auszuführen, darf dieser sofort hinter die schließende Klammer geschrieben werden; das Paar geschweifter Klammern entfällt, dafür muss der Befehl mit Semikolon abgeschlossen werden.

Das heißt, wir dürfen hier in unserem Programm auch kürzer schreiben

```
if ((zensur < 1) || (zensur > 6)) System.out.println("Falsch!");
```

Eine zweite kombinierte *Anwendung von fußgesteuerter Schleife und einfachem Test* findet sich bei den berühmten *Menü-Programmen*:

Dem Nutzer wird anfangs ein *Leistungsangebot* (ein *Menü*) vorgelegt. Er wählt eine bestimmte Leistung aus, diese findet statt. Anschließend kommt das Leistungsangebot automatisch wieder. Das erfolgt solange, bis der Nutzer durch eine bestimmte Eingabe (meist ist es die Null) das Ende veranlasst.

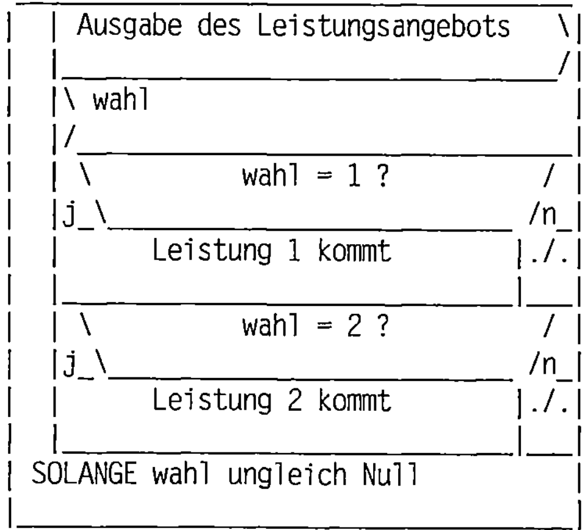

Stellen wir ein Beispiel für solch ein *Menü-Programm* zusammen:

Wählt der Nutzer die 1, soll *Weg und Zeit* erfasst und die *Geschwindigkeit* ausgegeben werden.

Wählt er die 2, dann sollen *Weg und Geschwindigkeit* erfasst und die *Zeit* berechnet werden.

Schließlich kommt bei der Wahl von 3 die Erfassung von *Zeit und Geschwindigkeit,* der *Weg* wird ausgegeben. Alles in km, Stunden und km/h.

Gibt der Nutzer eine *Null* ein, soll das Programm enden. Zur Diskussion der Logik müsste das allgemeine Menütechnik-Struktogramm lediglich konkretisiert werden. Sehen wir uns den fertigen Java-Text an (im Download verfügbar in der Datei Bsp08_5.java):

```java
// Vereinbarungsteil
    int wahl;
    double weg, zeit, geschw;
//Ausführungsteil
    do{
        System.out.println("1-> Geschw., 2-> Zeit, 3-> Weg, 0-> Ende");
        System.out.print("Ihre Wahl bitte-->");wahl=Keyb.nextInt();
        if (wahl == 1){
            System.out.print("Weg: ");weg=Keyb.nextDouble();
            System.out.print("Zeit: ");zeit=Keyb.nextDouble();
            geschw = weg / zeit;
            System.out.println("Geschwindigkeit=" + geschw);
        }
        if (wahl == 2){
            System.out.print("Weg: ");weg=Keyb.nextDouble();
            System.out.print("Geschw.: ");geschw=Keyb.nextDouble();
            zeit = weg / geschw;
            System.out.println("Zeit=" + zeit);
        }
        if (wahl == 3){
            System.out.print("Zeit: ");zeit=Keyb.nextDouble();
            System.out.print("Geschw.: ");geschw=Keyb.nextDouble();
            weg = zeit * geschw;
            System.out.println("Weg=" + weg);
        }
    }
    while (wahl !=0);
```

8.2.6   Vollständiger Test (Alternative)

Tritt bei der Umsetzung einer Programmieraufgabe die Situation auf, dass bei der *Erfüllung* einer Bedingung (eines Tests) eine *bestimmte Befehlsfolge*, aber bei der *Nichterfüllung* eine *andere Befehlsfolge* auszuführen ist, benötigt man das Strukturelement *vollständiger Test* (Alternative, Entweder-oder).

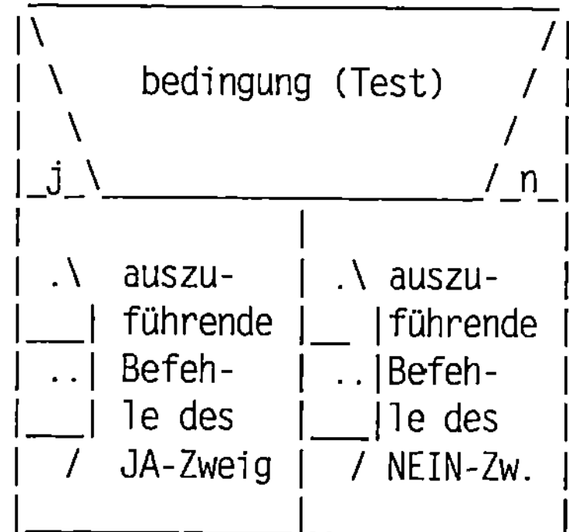

```
 __________________________      if ( bedingung ){
|\                      /|           Befehle des JA-Zweiges,
| \    bedingung (Test) / |          abgeschlossen mit
|  \                   /  |          Semikolon
|_j_\_______________/_n_|         }
|        |        |              else{
| .\ auszu-  | .\ auszu-  |          Befehle des NEIN-Zweiges,
|___| führende |__ |führende |       abgeschlossen mit
| ..| Befeh-   | ..|Befeh-   |       Semikolon
|___| le des   |___|le des   |     }
| /  JA-Zweig | /  NEIN-Zw. |
|__________|__________|
```

Beispiel: Das *Schaltjahr*. Bekanntlich sind alle Jahre, deren *Jahreszahlen durch vier teilbar* sind, Schaltjahre.

Falsch: Denn 1900, 2100, 2200 und 2300 sind *keine Schaltjahre*. Bei den vollen Hundertern haben *nur die durch 400 teilbaren Jahre* einen neunundzwanzigsten Februar.

Wie muss also ein Programm entworfen werden, das zu einer eingegebenen Jahreszahl mitteilt, ob es sich um ein Schaltjahr handelt oder nicht?

Sehen wir uns das Struktogramm dazu an:

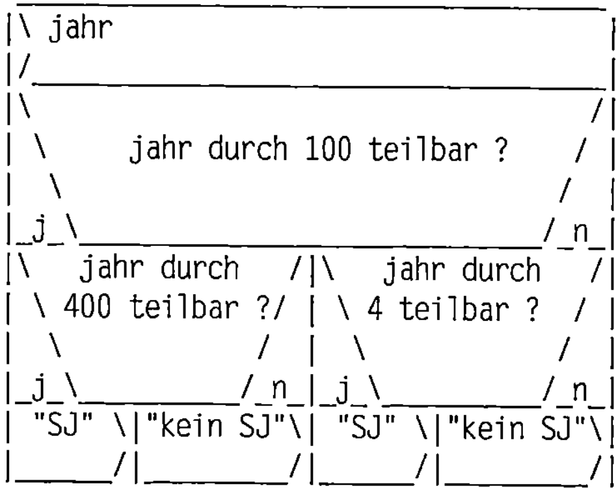

```
|\ jahr                              |
|/_________________________________|
|\                                /|
| \      jahr durch 100 teilbar ?  / |
|  \                              /  |
|_j_\_________________________/_n_|
|\  jahr durch  /|\   jahr durch  /|
| \ 400 teilbar ?/ | \ 4 teilbar ?  / |
|  \           /  |  \           /  |
|_j_\_______/_n_|_j_\_______/_n_|
| "SJ" \|"kein SJ"\| "SJ" \|"kein SJ"\|
|_____/|_____/|_____/|_____/|
```

Die anfangs zu treffende Entscheidung betrifft die Jahrhunderte. Handelt es sich um eine Jahrhunderts-Jahreszahl, folgt die Prüfung auf Teilbarkeit durch 400.

Handelt es sich um keine Jahrhunderts-Jahreszahl, wird der Nein-Zweig der großen Alternative abgearbeitet; der Test prüft dann die Teilbarkeit durch 4.

Die Frage, wie in Java die Prüfung der Teilbarkeit umzusetzen ist, spielt erst jetzt eine Rolle. Sie war für die Logik-Diskussion unerheblich.

Aber nun müssen wir uns damit beschäftigen, indem wir uns an Abschnitt 6.7 auf Seite 81 erinnern:

Wie findet man heraus, ob 22 durch 7 teilbar ist? Nun, man lässt rechnen:

22 durch 7 ist 3, Rest 1. Der Rest ist *nicht Null*, also liegt *keine Teilbarkeit* vor.

22 durch 11 dagegen liefert 2, Rest *Null*. Also ist 22 durch 11 teilbar.

Nun brauchen wir nur noch zu wiederholen, dass der *Rest bei ganzzahliger Division* in Java mit dem Symbol·% angefordert wird.

Damit können wir das Struktogramm in den Java-Text umsetzen (verfügbar im Download in der Datei Bsp08_6.java), der übersichtlich und unter Verwendung vieler Einrückpositionen aufgeschrieben ist.

Auf diese Weise ist auch im Java-Quelltext die *Struktur des Programms* deutlich erkennbar.

Der Autor dieser Zeilen richtet an alle Anfänger den eindringlichen Appell, keinesfalls auf die hier verwendete Schreibweise mit vielfältigen Einrückpositionen zu verzichten.

Denn würde zur Abschreckung dasselbe Programm einmal ohne jegliche Einrückposition aufgeschrieben, so dass alle Zeilen am linken Bildschirmrand beginnen – nur ausgewählte Könner hätten dann eine Chance, die Logik des Programms, den Zusammenhang mit dem Struktogramm erkennen zu können.

```
System.out.print("Jahreszahl-->");jahr=Keyb.nextInt();
if(jahr%100==0){
    if(jahr%400==0){
        System.out.println("Schaltjahr");
        }
        else{
        System.out.println("kein Schaltjahr");
        }
    }
    else{
    if(jahr%4==0){
        System.out.println("Schaltjahr");
        }
        else{
        System.out.println("kein Schaltjahr");
        }
    }
```

ÜBUNG *Übung 8.2:* Benutzen Sie den Programmrahmen früherer Beispiele oder arbeiten Sie mit der Download-Datei Uebg08_2.java im Download-Ordner WGMKap08. Lösen Sie das folgende Problem:

Betrachten Sie das folgende Struktogramm: Es enthält die Vorgehensweise zum *Kürzen eines gemeinen Bruches*, wobei in Zähler und Nenner ganze Zahlen stehen. Beim *Kürzen* werden *Zähler und Nenner durch dieselbe ganze Zahl* geteilt. Vorher muss dafür der *größte gemeinsame Teiler* gefunden werden. Wie wird das hier gemacht?

Welche der bisher vorgestellten fünf Strukturelemente werden verwendet?

Setzen Sie das Struktogramm in Java-Text um. Testen Sie: Kontrollieren Sie, ob das Programm für alle interessanten Fälle (9/6 , 6/9 , 9/7 , 7/9 12/6 , 6/12 , 12/12) die richtigen Werte liefert.

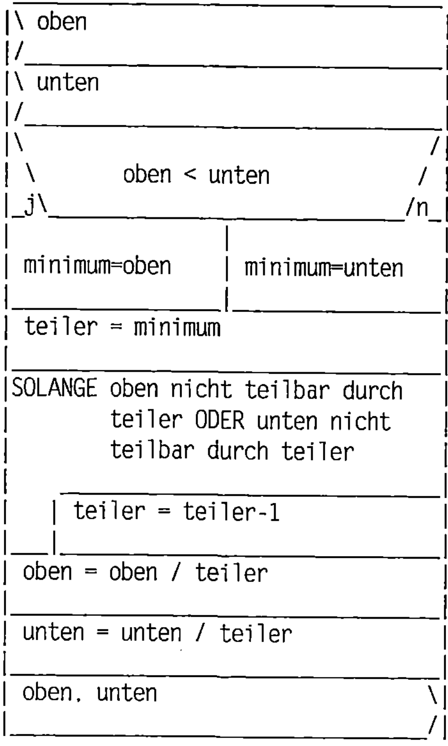

```
|\ oben                                    |
|/_________________________________________|
|\ unten                                   |
|/_________________________________________|
|\                                       / |
| \           oben < unten             /   |
|_j\_________________________________/n____|
|                 |                        |
| minimum=oben    | minimum=unten          |
|_________________|________________________|
| teiler = minimum                         |
|                                          |
|__________________________________________|
|SOLANGE oben nicht teilbar durch          |
|        teiler ODER unten nicht           |
|        teilbar durch teiler              |
|                                          |
|    ________________________________      |
|   | teiler = teiler-1                     |
|__ |______________________________________|
| oben = oben / teiler                     |
|                                          |
|__________________________________________|
| unten = unten / teiler                   |
|                                          |
|__________________________________________|
| oben. unten                            \ |
|_______________________________________/__|
```

Die Lösung der Aufgabe finden Sie auf Seite 369.

E1 Einschub: Verkürzte Schreibweisen in Java

Dieser Teil des Buches, hier zwischen den Kapiteln 8 und 9 platziert, trägt deshalb *anstelle einer laufenden Kapitelnummer* die Überschrift *Einschub*, weil es spätestens hier notwendig ist, alle Interessenten darüber zu informieren, welche *Möglichkeiten* es gibt, die Programmtexte von Java-Programmen *rationell und kompakter* schreiben zu können.

Andererseits birgt aber, nach den Erfahrungen des Autors, der *vorschnelle Übergang zu den Kurzschreibweisen* die große Gefahr, dass der ohnehin für Anfänger schwierige Prozess „Programmieren lernen" zusätzlich mit Problemen überlastet wird.

Deshalb wird in diesem Kapitel zwar über die Möglichkeiten *informiert*, aber sie werden – mit einer Ausnahme – in den restlichen Kapiteln des Buches ganz bewusst nicht verwendet.

Der Autor hofft, dass die *Lernenden, für die er schreibt*, ihm danken, und dass die *Profis, für die er nicht schreibt*, Verständnis zeigen.

Kurz gesagt – dieses Kapitel könnte vom Anfänger (nach dem einleitenden Abschnitt E1.2) erst einmal überschlagen werden. Es hat informativen Charakter.

E1.1 Inkrementieren und Dekrementieren

E1.1.1 Postfix-Notation

Sehr oft treten in Java-Programmen im Zusammenhang mit `int`- oder `long`-Speicherplätzen Befehle der Art

```
i=i+1;
```

auf, die veranlassen sollen, dass *der Inhalt des Speicherplatzes um Eins erhöht* wird. Dafür darf abkürzend in so genannter *Postfix-Notation* geschrieben werden:

```
i++;
```

Ebenso darf für den ausführlichen Java-Befehl `i=i-1;` *abkürzend* geschrieben werden: `i--;`

Wir werden nur diese abkürzenden Schreibweisen in Zukunft vor allem in den *Zählschleifen* (siehe Abschnitt 9.2.2 auf Seite 121) verwenden.

E1.1.2 Präfix-Notation

Für einen allein stehenden Befehl i=i+1; darf auch ++i; geschrieben werden, dann spricht man von der so genannten *Präfix-Notation*.

Für einen allein stehenden Befehl i=i-1; darf auch --i; geschrieben werden.

E1.1.3 Wirkungen und Unterschiede

Stehen die beiden Befehle i=i+1; und j=j+1; für sich allein, ist es gleichgültig, ob sie in *Postfix-* oder *Präfix*-Notation abkürzend geschrieben werden:

```
//Vereinbarungen
  int i,j;
//Ausführungsteil
  i=3;
  i++;                            //steht für i=i+1;
  System.out.println("Neuer Inhalt von i="+i);
  j=4;
  ++j;                            //steht für j=j+1;
  System.out.println("Neuer Inhalt von j="+j);
```


Bild E1.1: Neue Belegungen von i und j

Anders verhält es sich, wenn *Zuweisung* und *Inkrementierung* (d. h. Erhöhung um 1) oder *Dekrementierung* (d. h. Verringerung um 1) *zusammengelegt* werden:

```
  i=3;
  j=i++;                  //erst Zuweisung nach j, dann Erhöhung von i
  System.out.println("Neuer Inhalt von i="+i);
  System.out.println("Neuer Inhalt von j="+j);
  i=3;
  j=++i;                  //erst Erhöhung von i, dann Zuweisung nach j
  System.out.println("Neuer Inhalt von i="+i);
  System.out.println("Neuer Inhalt von j="+j);
```

Die Kommentare erklären die Ausgabe in Bild E1.2: Stehen die beiden Pluszeichen (d.h. der *Inkrementoperator*) *rechts*, wird die Erhöhung *nach* der Zuweisung ausgeführt. Stehen sie dagegen *links*, dann wird *erst* in i erhöht, *dann* nach j zugewiesen.

Bild E1.2: Die Stellung des Inkrementoperators entscheidet

Ein gern von Anfängern begangener *Fehler* besteht darin, dass sie nicht i++; als vollständigen *Ersatz* für den *kompletten Befehl* i=i+1; schreiben, sondern oberflächlich und vorschnell *nur rechts* ersetzen:

```
i=3;
i=i++;
System.out.println("Neuer Wert von i="+i);
```

Bild E1.3 zeigt das überraschende Ergebnis – durch diese falsche Schreibweise wird der Inhalt von i eben *nicht* erhöht.

Bild E1.3: Inhalt ist nicht erhöht worden

Es ist leicht einzusehen, dass dagegen die Schreibweise

```
i=3;
i=++i;
System.out.println("Neuer Wert von i="+i);
```

tatsächlich zur Erhöhung des Inhalts von i führt.

Wer sich hier *unsicher* fühlt, dem sei noch einmal gesagt: Die Verknüpfung von Zuweisung und Inkrementierung/Dekrementierung *kann* gemacht werden, *muss* aber nicht.

E1.2   Kurzschreibweise einfacher Alternativen

Betrachten wir zuerst die drei Schreibweisen einer einfachen *Alternative* (s. Seite 106), d.h. einer *Entweder-oder-Entscheidung*, bei der unterschiedliche Befehle bei *erfülltem* bzw. *nicht erfülltem Test* auszuführen sind.

Etwas umständlich, schreibintensiv, aber *niemals falsch*, ist die *übersichtliche Darstellung* mit *allein stehenden schließenden geschweiften Klammern*:

```
//Vereinbarungen
  int i,j,min;
//Ausführungsteil
  i=3;j=4;
  if(i<j){
    min=i;
    }
  else{
  min=j;
    }
  System.out.println("Minimum="+min);
```

Selbstverständlich kann alles auch auf eine Zeile geschrieben werden:

```
//Ausführungsteil
  i=3;j=4;
  if(i<j){min=i;} else{min=j;}
  System.out.println("Minimum="+min);
```

In den geschweiften Klammern steht *nur jeweils ein Befehl* – also darf die *Ausnahmeregelung* (siehe Seite 104) zur Anwendung kommen; die Klammern dürfen weggelassen werden:

```
//Ausführungsteil
  i=3;j=4;
  if(i<j)min=i; else min=j;
  System.out.println("Minimum="+min);
```

Nun kommt die Besonderheit: Da die Belegung des Ziel-Speicherplatzes min von einem *Test* abhängt, darf alles auch stark verkürzt in ganz anderer Syntax geschrieben werden.

```
  i=3;j=4;
  min= (i<j) ? i : j;
  System.out.println("Minimum="+min);
```

Es läßt sich leicht erklären:

Ist der Test *erfüllt*, wird der Inhalt oder das Ergebnis dessen, was *links vom Doppelpunkt* steht, dem Zielspeicherplatz min zugewiesen.

Ist der Test dagegen *nicht erfüllt,* wird der Inhalt oder das Ergebnis dessen, was *rechts vom Doppelpunkt* steht, dem Zielspeicherplatz min zugewiesen.

Wiederum für Unsichere: *Alle vier Schreibweisen* sind korrekt – man *kann,* aber man *muss nicht* diese Verkürzung verwenden.

E1.3 Kombinierte Zuweisungsoperatoren

Auch für die vier häufig in Java-Programmen auftretenden Zuweisungsbefehle

```
speicherplatz=speicherplatz+zahl;
speicherplatz=speicherplatz-zahl;
speicherplatz=speicherplatz*zahl;
speicherplatz=speicherplatz/zahl;
```

kann ein Programmierer *abkürzende Schreibweisen* verwenden (muss aber nicht):

```
//Vereinbarungen
  int i,summand,subtrahend,faktor,divisor;
//Ausführungsteil
  i=3; summand=4;
  i+=summand;                 //abkürzende Schreibweise von i=i+summand;
  System.out.println("Neuer Wert von i="+i);
  i=3; subtrahend=2;
  i-=subtrahend;              //abkürzende Schreibweise von i=i-subtrahend;
  System.out.println("Neuer Wert von i="+i);
  i=3; faktor=2;
  i*=faktor;                  //abkürzende Schreibweise von i=i*faktor;
  System.out.println("Neuer Wert von i="+i);
  i=6; divisor=2;
  i/=divisor;                 //abkürzende Schreibweise von i=i/divisor;
  System.out.println("Neuer Wert von i="+i);
```

Bild E1.4 zeigt die jeweiligen Neubelegungen des Speicherplatzes i.

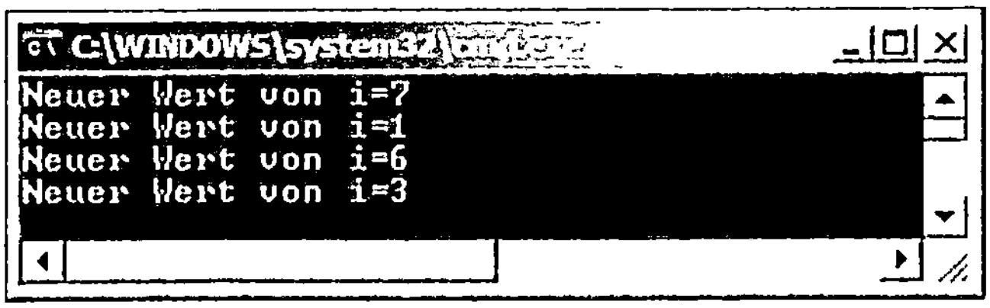

Bild E1.4: Richtige Ergebnisse trotz abkürzender Schreibweisen

E1.4 Die Vielfalt von Java

DOWNLOAD Alle Java-Quelltexte der Beispiele, Übungsaufgaben und Lösungen dieses Kapitels können von http://www.w-g-m.de/java.htm durch Anklicken von `Dateien für Kapitel E1` heruntergeladen werden. Das weitere Vorgehen erfolgt so, wie auf Seite 55 geschildert. Die Bildschirm-Abzüge basieren auf JOE – auch in diesem Kapitel werden alle Beispiele damit behandelt.

Java ist ein Kind der berühmt-berüchtigten Programmiersprachen-Familie C/C++, das merkt jeder C-Kundige beim ersten Hinsehen.

Wenn auch einige gefährliche Sprachelemente von C++, wie die Pointer, nicht nach Java übernommen wurden, bleibt doch oft die Praxis alter C-Programmierer erhalten: Sie lieben es sehr, von ausführlichem Quelltext durch geschicktes Ausnutzen der *vielfältigen Abkürzungs-Möglichkeiten* aus den vorigen Abschnitten zu kurzem und *sehr kompaktem* Programmtext zu kommen.

Allerdings besteht dabei die riesengroße Gefahr, besonders *für den Anfänger,* dass lesbarer und nachvollziehbarer Quelltext durch diese C-typische Komprimierung zu *schwer lesbarem* oder sogar *absolut unverständlichem* Programmtext wird.

Der Kompromiss zwischen *ausführlicher Schreibweise eines Java-Programmtextes* und *hoch komprimierter Schreibweise desselben Textes* liegt wohl wie immer in der Mitte und richtet sich unbedingt nach den Fähigkeiten und Erfahrungen des Programmierers.

Das soll an einem kleinen Beispiel demonstriert werden.

Nehmen wir an, in den beiden int-Speicherplätzen z und n befinden sich zwei ganze Zahlen. Sie sollen *Zähler* und *Nenner* eines gemeinen Bruches sein.

Zu diskutieren ist nun ein Programmstück, das diesen Bruch *teilt,* das heißt, zuerst den *größten gemeinsamen Teiler* von z und n zu suchen, anschließend sowohl z als auch n durch diesen Teiler dividieren und die Ergebnisse in zneu bzw. nneu abspeichern.

Sehen wir uns zuerst das gesamte Programm in klassischer und sehr ausführlicher Form an:

```
import java.util.*;                        // erste Kopfzeile
public class BspE1_01 {                    //zweite Kopfzeile
public static void main(String[] args) {   //dritte Kopfzeile
  Scanner Keyb=new Scanner(System.in);     //vierte Kopfzeile
//Vereinbarungen
  int z,n,zneu,nneu, min, teiler;
```

```
//Ausführungsteil
//Erfassung des Bruches
  System.out.print("Zaehler=");z=Keyb.nextInt();
  System.out.print("Nenner =");n=Keyb.nextInt();
//*********** Programmteil Kuerzen. Variante 0 ************************
    if (z < n){
     min = z;
     }
     else{
     min = n;
     }
     teiler=1;
     for (int i=1 ; i<=min ; i++){
        if (z % i == 0 && n % i == 0){
           teiler = i;
           }
        }
    zneu = z / teiler;
    nneu = n / teiler;
//*********Ende des Programmteils Kuerzen. Variante 0 *****************
// Ausgabe von altem und neuem Bruch
  System.out.println(z+"          "+zneu);
  System.out.println("-------- = --------");
  System.out.println(n+"          "+nneu);
// ****** Nun kommen die beiden Fußzeilen des Programmrahmens **********
  }                                              //1. Fußzeile
  }                                              //2. Fußzeile
```

Hier haben wir für den Programmteil Kuerzen zuerst die Variante 0 gewählt —
sehr gut lesbar, sehr übersichtlich, leicht nachvollziehbar: Von der Zahl 1, der
Startbelegung des Speicherplatzes teiler, wird nach oben bis zum *maximal
möglichen Teiler* gesucht, dann wird dividiert. Das Prozentzeichen % steht für
die Feststellung des Modalwertes (das ist der *Divisionsrest bei ganzzahliger Division*), das Zeichen && steht für das logische „und" (siehe auch Seite 108).

Die for-Konstruktion in der Mitte ist eine so genannte *Zählschleife*, die ausführlich ab Seite 117 erklärt wird. Sie enthält in ihrem Kopf zuerst die Anfangsbelegung von i, dann die Laufbedingung und den Ende-Test.

Eine Vielzahl geschweifter Klammern können wir weglassen, denn sowohl im
Ja- als auch im Nein-Zweig der Alternative steht nur je ein Befehl, also ist die
Ausnahmeregelung (siehe Seite 104) anwendbar.

Gleiches gilt für den Inhalt der Zählschleife und vom Test.

Damit kommen wir zur (immer noch gut lesbaren) Variante 1, die sich auch in der Download-Datei BspE1_01.java befindet:

```
//*********** Programmteil Kuerzen. Variante 1 *************************
    if (z < n)min = z; else min = n;
     teiler=1;
    for (int i=1 ; i<=min ; i++)
        if (z % i == 0 && n % i == 0)
            teiler = i;
    zneu = z / teiler;
    nneu = n / teiler;
//**********Ende des Programmteils Kuerzen. Variante 1 ******************
```

Variante 2 (im Download: BspE01_02.java) enthält die C-typischen Verkürzungen in der *Alternative* bei der Bestimmung des Minimums sowie beim Inkrement i++ (nachträgliche Erhöhung des Wertes von i um 1):

```
//*********** Programmteil Kuerzen. Variante 2 *************************
    min = (z < n) ? z : n;
    teiler=1;
    for (int i=1 ; i <= min ; i++)
      teiler = (z % i == 0 && n % i == 0) ? i : teiler;
    zneu = z / teiler;
    nneu = n / teiler;
//**********Ende des Programmteils Kuerzen. Variante 2 ******************
```

In der Variante 3 (im Download: BspE1_03.java) werden die beiden Speicherplätze min und i eingespart, und der *größte gemeinsame Teiler* wird *von oben her* gesucht – dazu wird eine *abweisende (kopfgesteuerte) Schleife* benutzt:

```
//*********** Programmteil Kuerzen. Variante 3 *************************
    teiler = (z < n) ? z : n;
     while (teiler > 1) {
        if (z % teiler == 0 && n % teiler == 0) break;
        teiler--;
     }
    zneu = z / teiler;
    nneu = n / teiler;
//**********Ende des Programmteils Kuerzen. Variante 3 ******************
```

Sehen wir uns dasselbe in der Variante 4 (im Download: BspE1_04.java) noch einmal unter Verwendung einer *nichtabweisenden (fußgesteuerten) Schleife* an:

Hier muss der Teiler anfangs natürlich um 1 zu groß eingestuft werden, damit die Logik stimmt.

Man beachte, dass am Ende nicht die *Abbruchbedingung* steht, sondern die *Bedingung zur Wiederholung des Schleifendurchlaufes*. Das Zeichen || steht für das logische „oder":

```
//*********** Programmteil Kuerzen, Variante 4 ***********************
      teiler = ((z < n) ? z : n) + 1;
      do
        teiler--;
        while (z % teiler != 0 || n % teiler != 0);
      zneu = z / teiler;
      nneu = n / teiler;
//*********Ende des Programmteils Kuerzen, Variante 4 ******************
```

Was fehlt noch? Eine ganz wichtige Sache, ohne die kein wahrhafter C-Programmierer leben kann – die *Verknüpfung von Test und Operation*. Hier enthält das Innere der nichtabweisenden Schleife lediglich die *leere Anweisung* – alles Notwendige wird ja bereits im Zusammenhang mit dem Test vorgenommen (im Download: BspE1_05.java):

```
//*********** Programmteil Kuerzen, Variante 5 ***********************
      teiler = ((z < n) ? z : n) + 1;
      do
        ;
        while (z % --teiler != 0 || n % teiler != 0);
      zneu = z / teiler;
      nneu = n / teiler;
//*********Ende des Programmteils Kuerzen, Variante 5 ******************
```

Das folgende Programmstück unterscheidet sich vom vorigen nur durch eine scheinbare Kleinigkeit – und schon schleicht sich ein Fehler in die Logik ein! Denn der Ausdruck --teiler hat zur Folge, dass *erst* um 1 verringert wird, *dann* kommt der Test. Bei teiler-- ist es dagegen umgekehrt, weshalb die Variante 6 nicht richtig arbeiten kann (im Download: BspE1_06.java):

```
//******** Programmteil Kuerzen, Variante 6 (logisch falsch !!) **********
      teiler = ((z < n) ? z : n);
      do
        ;
        while (z % teiler-- != 0 || n % teiler != 0);
      zneu = z / teiler;
      nneu = n / teiler;
//*********Ende des Programmteils Kuerzen, Variante 6 ******************
```

Auch in einer *Zählschleife* darf man *Test und Arithmetik* vermischen (im Download: BspE1_07.java):

```
//*********** Programmteil Kuerzen, Variante 7 ************************
        for (teiler = (z < n) ? z : n ;   ; teiler--)
         if (z%teiler == 0 && n%teiler == 0 || teiler==1)
            break;
        zneu = z / teiler;
        nneu = n / teiler;
//**********Ende des Programmteils Kuerzen, Variante 7 ******************
```

Zum Abschluss der Höhepunkt: Die geneigte Leserin oder der geneigte Leser darf sich selbst ein Bild davon machen, wie aussagekräftig dieses *maximal komprimierte Programmstück* noch ist – obwohl es, unbestritten, *logisch absolut richtig* arbeitet (im Download: BspE1_08.java):

```
//*********** Programmteil Kuerzen, Variante 8 ************************
        for (teiler = (z < n) ? z : n + 1                    ;
            --teiler > 1 && (z%teiler != 0 || n%teiler !=0);
          )
          ;
        zneu = z / teiler;
        nneu = n / teiler;
//**********Ende des Programmteils Kuerzen, Variante 8 ******************
```

Und die Schlussfolgerung?

Man *kann* Java-Programme so schreiben, dass man sie nach wenigen Tagen selbst nicht mehr versteht.

Man *muss* es aber nicht.

Felder

9.1 Begriff und Vereinbarung

Ein einfaches Feld ist eine Menge nummerierter Speicherplätze gleichen Typs.

Mit der Anforderung einer solchen Menge an nummerierten Speicherplätzen wird es möglich, *umfangreiche gleichartige Datenmengen* speichern und effektiv verarbeiten zu können.

Eine Feldvereinbarung erfolgt in Java zum Beispiel in folgender Weise:

```
// Vereinbarungsteil
    int[] x;
    x=new int[10];
```

Dabei dient die Symbolik der ersten Zeile

```
    int[] x;
```

ausschließlich der Compiler-Information:

Der Java-Compiler javac erfährt dadurch, dass der Name x in dem Programm nun nicht für *einen einzelnen Speicherplatz* steht, sondern für eine *Menge nummerierter Speicherplätze*. Diese Compiler-Information ist notwendig, damit javac die Syntaxanalyse durchführen und Fehler, beispielsweise durch unsinnigen Umgang mit x, erkennen kann.

Erst mit der Vereinbarung der zweiten Zeile

```
    x=new int[10];
```

werden dann tatsächlich zehn nummerierte Speicherplätze hergestellt. Sie bekommen die Namen

```
    x[0], x[1], x[2], x[3], x[4], x[5], x[6], x[7], x[8], x[9]
```

weil Java mit der Nummerierung stets bei Null beginnt. Nun müssen wir *drei Begriffe* klar unterscheiden:

x[0], x[1], ... , x[9] werden als *Elemente des Feldes* x bezeichnet.

Der Bezeichner x, der offensichtlich nun nicht für irgendeinen einzelnen Speicherplatz, sondern für die *Gesamtheit all dieser Speicherplätze* steht, heißt *Feldname*.

Die Zahl in den eckigen Klammern heißt *Feldindex*. Mit ihrer Hilfe ist jedes Feldelement eindeutig bestimmt.

Der Name eines bestimmten nummerierten Speicherplatzes wird zusammengesetzt aus dem Feldnamen und dem in Klammern angegebenen Feldindex.

Index	0	1	...	9
Speicherplatz	x[0]	x[1]	...	x[9]
Feldname	<-------- x -------->			

Obwohl es so einfach zu sein scheint, diese drei Begriffe auseinander zu halten, haben doch viele Anfänger große Schwierigkeiten damit.

Dabei ist es doch nicht schwer, sich vorzustellen, dass der Befehl

```
x = 23
```

jetzt *absolut sinnlos* wäre: x ist doch kein Speicherplatz, x ist der *gemeinsame Name von einer Menge nummerierter Speicherplätze*. Was sollte so eine Zuweisung also bewirken?

9.2 Grundaufgaben mit Feldern

9.2.1 Summieren über Feldern

Gegeben ist das Zahlen-Feld x mit den Feldelementen x[0], x[1], ... vom Typ int oder double. Es müssen durchaus nicht alle vereinbarten Feldelemente einen Inhalt haben. Deshalb nehmen wir an, dass es zusätzlich einen int-Speicherplatz mit dem Namen n geben soll, aus dessen Inhalt entnommen werden kann, wie viele Feldelemente ab x[0] lückenlos belegt sind.

```
// Vereinbarungsteil
    int[] x; x=new int[100];
    int n;
//Ausführungsteil
    x[0]=3; x[1]=-3; x[2]=5; x[3]=12; x[4]=-5;
    x[5]=-1;x[6]=-2; x[7]=8; x[8]=15; x[9]=-1;
    n=10;
```

Gesucht ist nur die *Summe aller Inhalte aller belegten Feldelemente*.

Wie sollten wir vorgehen? Sollten wir so programmieren?

```
sum=x[0]+x[1]+x[2]+x[3]+x[4]+x[5]+x[6]+x[7]+x[8]+x[9];
```

Offensichtlich ist diese Vorgehensweise von Vornherein zum Scheitern verurteilt – wie sollten wir denn arbeiten, wenn alle 100 Feldelemente einen Inhalt hätten? Oder wenn die Inhalte von tausend oder zehntausend nummerierten Speicherplätzen zu addieren wären?

Nein, hier muss die Methode des *aufeinander folgenden Aufsummierens in einen Summenspeicher* benutzt werden:

```
sum=0;

sum=sum+x[0];

sum=sum+x[1];

    • • •

sum=sum+x[9];
```

Für den *denkenden Menschen* wäre damit alles klar. Er kann die drei Punkte richtig interpretieren. Aber für den Java-Compiler?

> Leider dürfen wir bei der *Programmierung* die drei Punkte in ihrer Bedeutung *... und so weiter bis ...* nicht verwenden. Schade.

Stattdessen gibt es das *sechste Strukturelement*, die *Zählschleife*, das hier zur Anwendung kommen kann.

9.2.2   Zählschleife

Wie gehen wir vor? *Acht Schritte* sind es, bis die Zählschleife als abkürzende Schreibweise fertig ist.

> Eine Zählschleife ist eine abkürzende Schreibweise für eine Menge von gleichartigen Befehlen, die sich voneinander nur in einem Zahlenwert unterscheiden.

- ◆ *1. Schritt:* Zuerst stellen wir fest, *mit welchem Befehl* die Menge gleichartiger Befehle *beginnt*, die wir programmieren müssten:

  ```
  sum=sum+x[0];
  ```

- ◆ *2. Schritt:* Wir überlegen uns danach, was zu *kopieren* ist, um den zweiten Befehl zu erhalten. Und was müsste dort nach dem Kopieren *geändert werden?*

  ```
  sum=sum+x[0];
  sum=sum+x[1];            //Denkhilfe
  ```

- ◆ *3. Schritt:* In den *ersten Befehl* wird genau an die Stelle, an der wir *die Änderung erkannt* haben, ein i geschrieben; der Speicherplatz i heißt dann *Laufvariable.* Der zeitweilig kopierte *zweite Befehl* diente nur als *Denkhilfe* und sollte jetzt wieder gelöscht werden:

  ```
  sum=sum+x[i];
  ```

Mit dieser i-Zeile

```
sum=sum+x[i];
```

haben wir den wichtigen *Repräsentanten* für unsere Menge gleichartiger Befehle gefunden.

♦ *4. Schritt:* Unmittelbar *unter* den Repräsentanten wird eine einsame *schließende geschweifte Klammer* geschrieben:

```
sum=sum+x[i];
}
```

♦ *5. Schritt: Über* den Repräsentanten wird die for-Zeile mit einem runden Klammernpaar, einer öffnenden geschweiften Klammer, zwei Semikolons und drei leeren Positionen geschrieben:

```
for (     ;     ) {
    sum=sum+x[i];
}
```

♦ *6. Schritt:* Zwischen öffnender runder Klammer und das erste Semikolon kommt int i= mit dem Startwert:

```
for (int i=0;     ){
    sum=sum+x[i];
}
```

♦ *7. Schritt:* In die mittlere Position zwischen ; und ; kommt die *Laufbedingung für* i. Dort wird angegeben, bis zu welchem Wert sich der Inhalt von i verändern soll:

```
for(int i=0; i<=9 ;     ){
    sum=sum+x[i];
}
```

♦ *8. Schritt:* Schließlich muss in der letzten freie Position zwischen dem zweiten Semikolon und der schließenden runden Klammer angegeben werden, *wie* sich der Inhalt von i *ändern* soll – in Einerschritten aufwärts oder abwärts, in anderen Schritten usw. Bei uns sind es Einerschritte aufwärts, also tragen wir ein i=i+1 (oder abgekürzt i++):

```
for(int i=0; i<=9 ; i++){
    sum=sum+x[i];
}
```

Damit haben wir die *Zählschleife* programmiert, die nichts anderes ist als eine *Rechner-verständliche abkürzende Schreibweise* für die zehn gleichartigen Befehle

```
sum=sum+x[0]; sum=sum+x[1];    • • •    sum=sum+x[9];
```

Für den Endwert von i haben wir die *Zahl* 9 eingetragen – ebenso wäre es auch möglich gewesen, den Speicherplatz n zu verwenden, denn in ihm ist auch die Anzahl der belegten Feldelemente enthalten:

```
for(int i=0; i <= n-1 ; i++){
      sum=sum+x[i];
      }
```

Gleichwertig wäre auch das reine Kleinerzeichen und n:

```
for(int i=0; i < n ; i++){
      sum=sum+x[i];
      }
```

Sehen wir uns nun das komplette Programm an (im Download Bsp09_1.java):

```
import java.util.*;                                      // erste Kopfzeile
public class Bsp09_1 {
      public static void main(String[] args) {
            Scanner Keyb=new Scanner(System.in);         //letzte Kopfzeile
// ********** Ende der vier Kopfzeilen des Programmrahmens **************
// Vereinbarungsteil
      int[] x; x=new int[100];
      int n, sum;
//Ausführungsteil
      x[0]=3; x[1]=-3; x[2]=5; x[3]=12; x[4]=-5;
      x[5]=-1;x[6]=-2; x[7]=8; x[8]=15; x[9]=-1;
      n=10;
      sum=0;
      for(int i=0; i <= n-1 ; i++){
            sum=sum+x[i];
            }
      System.out.println("Summe="+sum);
// ****** Nun kommen die beiden Fußzeilen des Programmrahmens **********
      }                                                  //1. Fußzeile
}                                                        //2. Fußzeile
```

Mit der *Zählschleife* haben wir nach der *Folge*, der *kopf-* und *fußgesteuerten Schleife*, dem *einfachen Test* sowie der *Alternative* das sechste Element für den *strukturierten Entwurf* gefunden.

> Die Zählschleife kommt immer dann zum Einsatz, wenn genau bekannt ist, wie oft eine Menge gleichartiger Befehle zu wiederholen ist. Dabei ist es unerheblich, ob man den *Endwert für die Laufvariable* i *konkret* kennt oder ob man einen *Speicherplatz* kennt, dessen Inhalt man diese Angabe entnehmen kann.

Kopf- und fußgesteuerte Schleife müssen verwendet werden, wenn die *Anzahl der Schleifendurchläufe nicht vorhersehbar* ist: Wir wissen eben nicht, wann der Nutzer das Ende der Erfassung mitteilen wird, wir wissen nicht, wann der Nutzer nach Fehleingaben endlich korrekt eingibt, wir wissen auch nicht, wann der Nutzer das Menü nicht mehr sehen will.

Es sei hier nicht verschwiegen, dass es noch ein siebtes, bisher nicht vorgestelltes Strukturelement gibt. Das ist die *Mehrfachfallunterscheidung.* Sie kann verwendet werden, wenn in Abhängigkeit von der Belegung eines Speicherplatzes mehr als zwei verschiedene Befehle oder Befehlsfolgen auszuführen sind. Insofern wäre es eine „Alternative mit mehr als zwei Möglichkeiten" (obwohl das Fremdwort „Alternative" mit seiner lateinischen Wurzel eigentlich nur benutzt werden darf, wenn es sich um genau zwei Möglichkeiten handelt: *entweder – oder*). Deshalb also die entschuldigenden Anführungszeichen bei der falschen Formulierung „Alternative mit mehr als zwei Möglichkeiten". Im journalistischen Tagesgeschäft wird sie leider oft benutzt.

Die genannte Mehrfachfallunterscheidung wird aus Platzgründen, und weil sich mit Hilfe einfacher Tests dieselbe Wirkung erzielen lässt, hier nicht vorgestellt.

Lernen wir nun das *Bild einer Zählschleife* kennen, um es in weiteren Struktogrammen einsetzen zu können:

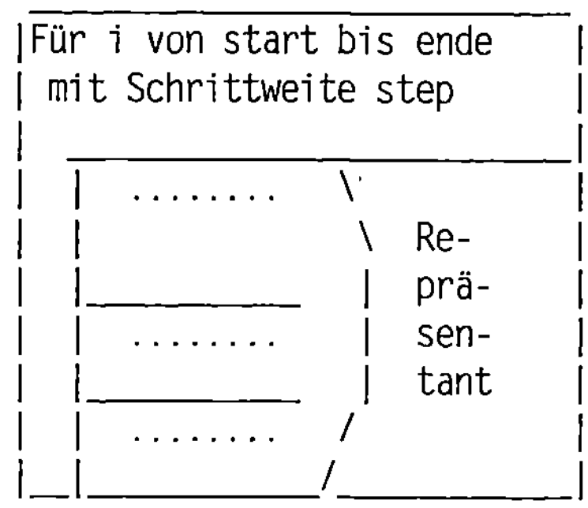


```
for (int i=start; i<=ende; i=i+step){
   Repräsentant mit i;
}
```

Es ist üblich, als *Laufvariable in einer Zählschleife* den int-Speicherplatz mit dem Namen i zu verwenden. Nur in dem Fall so genannter *verschachtelter Schleifen* muss man zusätzlich weitere Namen verwenden, dann wählt man oft j und k.

Die Logik unseres Programms aus dem Beispiel 9.1 läßt sich in folgendem Struktogramm übersichtlich präsentieren:

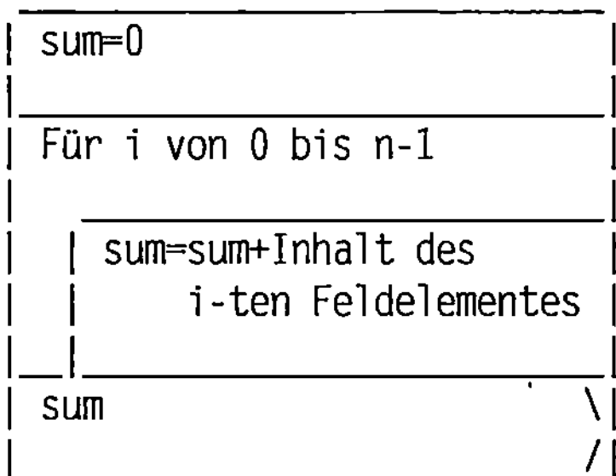

```
 ___________________________
| sum=0                     |
|___________________________|
| Für i von 0 bis n-1       |
|    ___________________     |
|   | sum=sum+Inhalt des    |
|   |     i-ten Feldelementes |
|___|___________________     |
| sum                    \ |
|_______________________/  |
```

Wenn keine Schrittweite angegeben ist, gilt die *Standard-Schrittweite* 1.

Das Struktogramm beschreibt zuerst die Anfangsbelegung des Summenspeicherplatzes sum. Anschließend wird in ihm die Summe nacheinander durch die Inhalte aller belegten Feldelemente ergänzt.

9.2.3   Abzählen in Feldern

Nicht selten treten *Abzählaufgaben in Feldern* in der folgenden Art auf: Wie viele der belegten Feldelemente haben einen Inhalt, der größer (oder kleiner) als ein bestimmter, vorgegebener Wert ist?

Sehen wir uns das Struktogramm für den Abzähl-Teil an: Es beginnt mit der Erfassung des Wertes, der zu zählen ist, in einen Speicherplatz wert, und mit der *Initialisierung des Zählwerk-Speicherplatzes* anz:

```
 ___________________________
|\ wert                     |
|/__________________________|
| anz=0                     |
|___________________________|
```

Dann folgt das *Absuchen aller belegten Feldelemente*:

```
 ___________________________
| Für i von 0 bis n-1       |
|    ___________________     |
|   |\ i-tes Feldelement  / |
|   | \ größer als wert  /  |
|   |_j\_______________/n_  |
|   |    anz=anz+1     |./. |
|___|_________________|___  |
| anz                    \ |
|_______________________/  |
```

Dabei sind wir wieder davon ausgegangen, dass die Elemente des betrachteten Feldes lückenlos von Anfang an belegt sind, und dass sich die Anzahl der Belegungen im Speicherplatz n befindet.

Der Rest des Struktogramms spricht für sich – wegen der *bekannten Anzahl* bietet sich natürlich die *Zählschleife* zur schrittweisen Untersuchung jedes einzelnen Feldelements an.

Im Programmtext (vollständig in der Datei Bsp09_2.java enthalten) wird die Logik des Struktogramms umgesetzt; hinzu kommen der Vereinbarungsteil und die Informationstexte an den Nutzer. Wir gehen wieder von unseren zehn belegten Elementen x[0] bis x[9] des Feldes x aus:

```
// Vereinbarungsteil ·
     int[] x; x=new int[100];
     int n, anz, wert;
//Ausführungsteil
     x[0]=3; x[1]=-3; x[2]=5; x[3]=12; x[4]=-5;
     x[5]=-1;x[6]=-2; x[7]=8; x[8]=15; x[9]=-1;
     n=10;

     System.out.print("Wert=");wert=Keyb.nextInt();
     anz=0;
     for(int i=0; i <= n-1 ; i++){
        if (x[i]>wert) anz=anz+1;
        }
     System.out.println(anz+"-mal groesser als "+wert);
```

Den *Repräsentanten* konnten wir hier finden, indem wir uns zuerst überlegten, wie die Untersuchung des *ersten Feldelements* erfolgt:

```
     if (x[0]>wert){
        anz=anz+1;
        }
```

Da sich nur *ein einziger Befehl* im JA-Zweig befindet, kann die Ausnahmeregel (Seite 104) in Anspruch genommen werden, um Schreibarbeit zu sparen:

```
     if (x[0]>wert)anz=anz+1;
```

Die Überlegung, was nach dem Kopieren für die Untersuchung des zweiten Feldelementes zu ändern wäre, führt dann sofort zum Repräsentanten:

```
     if (x[i]>wert)anz=anz+1;
```

9.2.4   Finden in Feldern

Wenn z. B. nur die Frage zu beantworten ist, ob es mindestens ein positiv belegtes Feldelement gibt – dann wird eben *abgezählt*, und bei Anzahl gleich Null ist die Antwort *Nein*, bei positiver Anzahl lautet die Antwort *Ja*.

ÜBUNG *Übung 9.1:* Benutzen Sie den Programmrahmen früherer Beispiele oder arbeiten Sie mit der Download-Datei Uebg09_1.java im Download-Ordner WGMKap09. Entwickeln Sie Struktogramm und Java-Quelltext für ein Programm, mit dessen Hilfe Sie prüfen können, ob unter den zehn belegten Feldelementen (Belegung wie in den bisherigen Beispielen) ein bestimmter Wert überhaupt vorhanden ist.

Die Lösung finden Sie auf Seite 370.   **ÜBUNG**

ÜBUNG *Übung 9.2:* Benutzen Sie den Programmrahmen früherer Beispiele oder arbeiten Sie mit der Download-Datei Uebg09_2.java im Download-Ordner WGMKap09. Ergänzen Sie im Vereinbarungsteil die Zeile

```
int[] y; y=new int[100];
```

Entwickeln Sie Struktogramm und Java-Quelltext für ein Programm, mit dessen Hilfe die ersten Feldelemente eines zweiten int-Feldes y genauso belegt werden wie die belegten Feldelemente von x (Erzeugen Sie also eine Kopie des Feldes x).

Die Lösung finden Sie auf Seite 370.   **ÜBUNG**

ÜBUNG *Übung 9.3:* Benutzen Sie den Programmrahmen früherer Beispiele oder arbeiten Sie mit der Download-Datei Uebg09_3.java im Download-Ordner WGMKap09. Belegen Sie die ersten zehn Feldelemente von x nun mit Zensuren, also mit ganzen Zahlen von 1 bis 6.

Entwickeln Sie Struktogramm und Java-Quelltext für ein Programm, das ermittelt und ausgibt, wie viele Zensuren über dem Durchschnitt und wie viele Zensuren unter dem Durchschnitt liegen.

Die Lösung finden Sie auf Seite 371.   **ÜBUNG**

9.2.5   Extremwertsuche in Zahlen-Feldern

Ein int-Feld mit vier Feldelementen soll vier ganze Zahlen enthalten, so, wie sie in der Tabelle dargestellt sind. Es ist die scheinbar einfache Frage zu beantworten: Welches ist der *größte Wert* unter allen Inhalten? Natürlich, wir *sehen* es ja sofort, es ist die Sieben. Auch wenn sie zweimal auftritt, sie stellt das *Maximum* dar. Das *Minimum*, d. h. der *kleinste Wert* unter allen Inhalten, beträgt offensichtlich Zwei.

Index	0	1	2	3
Speicherplatz	x[0]	x[1]	x[2]	x[3]
Inhalt	3	7	7	2

Doch in dem Wort *sehen* liegt das Problem: *Ein Computer kann nicht sehen.* Wie können wir trotzdem ein Programm entwerfen, das uns Minimum und Maximum findet und ausgibt?

Wir müssen die folgende Strategie umsetzen: Wir beginnen mit einem *Kandidaten.* Das ist die Belegung des ersten Feldelements.

Anschließend wird der Kandidat mit dem Inhalt des zweiten Feldelements verglichen. Ist dieser Inhalt besser, haben wir einen neuen Kandidaten. Ist er nicht besser, bleibt der Kandidat unverändert. Das ist es:

> Durch schrittweisen Vergleich des Kandidaten mit allen weiteren Feldelementen befindet sich zum Schluss der beste Wert im Kandidaten-Speicherplatz.

Sehen wir uns dazu das Struktogramm an, wobei wir wieder davon ausgehen, dass mit dem int-Speicherplatz n die *Anzahl der belegten Feldelemente* verfügbar ist:

```
| kand=erstes Feldelement      |
|______________________________|
| Für i von 1 bis n-1          |
|   ________________________   |
|  |\ ist i-tes Feldelement /| |
|  | \  besser als kand ?  / | |
|  |_j\___________________/n_| |
|  |  kand = i-tes Feld-  |  | |
|  |       element     |./.| |
|__|___________________|___| |
| kand                      \ |
|___________________________/ |
```

Am Struktogramm können wir auch anschaulich die Frage klären, ob wir einen logischen Fehler begehen, wenn wir die Laufvariable i in der Zählschleife von 0 bis n-1 laufen lassen würden:

```
| Für i von 0 bis n-1          |
|   ________________________   |
```

Was passiert, wenn in i die Zahl 0 steht? Der *Wert des Kandidaten* wird mit dem *Inhalt des ersten Feldelements* verglichen.

Doch diese beiden Inhalte sind gleich; denn so wurde der Kandidat gerade erst belegt. Der Vergleich „besser" kann nie erfüllt sein, sofort geht die Zählschleife zum nächsten i=1 über. Die 0 anstelle der 1 führt also nicht zu einem logischen Fehler, sondern nur zu einem *überflüssigen Befehl.*

Für die Maximumsuche erhalten wir aus dem Struktogramm folgenden Java-Text (im Download: Bsp09_3.java):

```
// Vereinbarungsteil
    int[] x; x=new int[100];
    int n, kand;
//Ausführungsteil
    x[0] = 3; x[1] = 7; x[2] = 7; x[3] = 2;
    n=4;
    kand=x[0];
    for(int i=1; i <= n-1 ; i++){
        if (x[i]>kand) kand=x[i];
    }
    System.out.println("Maximum="+kand);
```

ÜBUNG   *Übung 9.4:* Benutzen Sie den Programmrahmen früherer Beispiele oder arbeiten Sie mit der Download-Datei Uebg09_4.java im Download-Ordner WGMKap09. Belegen Sie die ersten vier Feldelemente von x wie in der Tabelle auf Seite 123. Entwickeln Sie Struktogramm und Java-Quelltext für ein Programm, das das *Minimum* ermittelt und ausgibt.
Die Lösung finden Sie auf Seite 371.

ÜBUNG

9.2.6   Extremwertsuche mit Positionsangabe

Nehmen wir jetzt folgende Belegung an:

Index	0	1	2	3
Speicherplatz	x[0]	x[1]	x[2]	x[3]
Inhalt	3	7	9	2

Nun interessiert uns nicht das Maximum selbst, sondern die *Maximum-Stelle*, also der *Index desjenigen Feldelements, das das Maximum* besitzt:

Was müssen wir tun? Können wir uns die Maximumsuche sparen und uns ganz auf die *Positionsbestimmung* konzentrieren? Nein, das geht nicht.

Ist auch logisch: Wenn wir nicht wissen, welches der größte Wert ist, können wir die Positionsfrage niemals beantworten. Wir müssen einen *zweiten Kanndidatenspeicherplatz* für die *Maximum-Position* mitführen.

Dieser bekommt am Anfang die 0 (falls nämlich der Inhalt von x[0] bereits gleich dem Maximalwert sein sollte).

```
| kand=x[0] ; pos=0        |
|_________________________|
```

```
| Für i von 1 bis n-1        |
|                            |
|  _________________________ |
| |\ ist i-tes Feldelement /|
| | \  besser als kand ?  / |
| |_j\___________________/n_|
| | kand = i-tes Feld-  |  |
| |         element     |./.|
| |                  .  |  |
| |                     |  |
| | pos=i               |  |
|_|_____________________|__|
| pos                      \|
|_________________________/ |
```

Der Übergang zum Basic-Programmtext wird als Übungsaufgabe in der Übung
9.5 empfohlen, in der zugehörigen Lösung auf Seite 371 kann er verglichen
werden. Wichtig ist, dass bei erfülltem Test nun *zwei* Befehle auszuführen sind
– die Ausnahmeregelung des einfachen Tests (s. Seite 104) darf nicht mehr in
Anspruch genommen werden.

ÜBUNG *Übung 9.5:* Benutzen Sie den Programmrahmen früherer Beispiele
oder arbeiten Sie mit der Download-Datei Uebg09_5.java im Download-Ordner
WGMKap09. Belegen Sie die ersten vier Feldelemente von x wie in der Tabelle auf
Seite 125. Setzen Sie dann das Struktogramm zur Bestimmung der Position des
Maximums in Java-Quelltext um. Geben Sie den Index des Feldelementes mit
der größten Belegung aus, lassen Sie aber auch ausgeben, welches Feldelement
(erstes, zweites usw.) maximalen Inhalt hat.
Die Lösung finden Sie auf Seite 371.

ÜBUNG

Was passiert aber, wenn wir die folgende Situation eingeben und wir unser Ma-
ximums-Positions-Bestimmungs-Programm (Download: Loesg09_5.java) starten?

Index	0	1	2	3
Speicherplatz	x[0]	x[1]	x[2]	x[3]
Inhalt	3	7	7	2

Testen Sie sich vorher selbst, überlegen Sie, liebe Leserin, lieber Leser. Was
wird passieren?

(a) Es gibt eine Fehlermeldung, weil die Position nicht eindeutig bestimmbar ist.

(b) Es werden sowohl die 1 als auch die 2 ausgegeben.

(c) Es wird die 1 ausgegeben.

(d) Es wird die 2 ausgegeben.

Die *Antwort (c)* ist richtig. Warum? Die Lösung finden wir im Struktogramm:

```
|   |\ ist i-tes Feldelement /|
|   | \  besser als kand ?  / |
|   |_j\___________________/n_|
```

Wann ist der Test erfüllt? Wenn ein *besserer* Inhalt gefunden wird. Aber der Inhalt von x[2] ist nicht *besser* als der Inhalt von x[1], sondern nur *gleich*. Gleich ist nicht besser. Deswegen erfolgt also in solchen Fällen die Ausgabe der ersten aller Maximum-Positionen.

ÜBUNG *Übung 9.6:* Benutzen Sie den Programmrahmen früherer Beispiele oder arbeiten Sie mit der Download-Datei Uebg09_6.java im Download-Ordner WGMKap09. Belegen Sie die ersten vier Feldelemente von x wie in der Tabelle auf Seite 126. Überlegen Sie, was zu ändern ist, um die Position des letzten Maximums angezeigt zu bekommen. Es ist nur eine kleine Änderung. Die Lösung finden Sie auf Seite 372. **ÜBUNG**

9.3 Belegung von Feldern

9.3.1 Differenzierte Zuweisung oder Nutzereingabe

Unter dieser Überschrift verstehen wir ein Vorgehen, bei dem der *Programmierer* im Java-Quelltext konkret festlegt, welchen Inhalt ein bestimmtes Feldelement bekommen soll.

Oder der *Nutzer* wird im Dialog *zuerst nach dem Index* und dann nach dem *Inhalt* gefragt. Im Beispiel 9.4 wird diese Vorgehensweise gezeigt (im Download verfügbar in der Datei Bsp09_4.java).

```
x[3] = 11; x[27] = 123;
System.out.println("x[3]="+x[3]+" x[27]="+x[27]);

System.out.print("Welcher Index:");index=Keyb.nextInt();
System.out.print("Welcher Inhalt:");x[index]=Keyb.nextInt();

System.out.println("x["+index+"]="+x[index]);
```

Natürlich wird dieser oder jener Nutzer stark überfordert sein, wenn er nach einem *Index* gefragt wird. Schließlich können wir von einem einfachen Nutzer nicht erwarten, dass er Fach-Vokabeln kennt, die mit den internen Vorgängen im Computer zu tun haben. In den späteren Anwendungen werden wir deshalb *verständliche Dialogtexte* für die Nutzer finden.

Übrigens, zur Selbstkontrolle: Wie viele und welche Speicherplätze bleiben nach Ablauf des obigen Programms leer? Antwort: Es bleiben genau 97 Feldelemente unbelegt, wobei wir nicht genau sagen können, welche das sind. Das hängt davon ab, welchen Index der Nutzer auswählte.

Halten wir also fest: Die *differenzierte Belegung* eines Feldes birgt immer das Risiko, dass *Lücken in der Belegung* entstehen. Und es gibt keine Möglichkeit, einen Speicherplatz daraufhin zu testen, ob er leer oder nicht leer ist.

9.3.2   Lückenlose Belegung mit bekannter Anzahl

Angenommen, wir haben einen Nutzer, der genau weiß, *wie oft* er eingeben möchte. Er hat zum Beispiel eine Zensurenliste vor sich liegen und kennt die Anzahl der Zensuren genau.

Da können wir so vorgehen, dass wir den Nutzer zuerst fragen, wie viele Namen er eingeben möchte, und dann nacheinander die eingegebenen Namen in aufeinander folgende Feldelemente bringen.

Im Beispiel 9.5 (Download: Bsp09_5.java) ist dazu eine *Zählschleife* umgesetzt – denn wir kennen die Anzahl der Wiederholungen der Nutzereingabe diesmal ganz genau.

```
|\ n                           |
|/_____________________________|
| Für i von 0 bis n-1          |
|        ______________________|
|       |                      |
|    |\ x[i]                    |
|__ |/_________________________|
```

Wie immer, wird erst bei der Umsetzung in den konkreten Java-Text die *Dialoggestaltung* festgelegt:

```java
// Vereinbarungsteil
    int[] x; x=new int[100];
    int n;
//Ausführungsteil
    System.out.print("Wieviele Zahlen? "); n=Keyb.nextInt();

    for(int i=0; i<=n-1; i++){
        System.out.print("Welcher Inhalt:");x[i]=Keyb.nextInt();
    }

    System.out.println(n+" Zahlen wurden erfasst");
```

Der Nutzer wird zuerst gefragt, wie viele Zahlen er eingeben will, er gibt die *Anzahl* ein. Dann aber liest er immer und immer wieder nur *Namen eingeben, Namen eingeben*, und so weiter, und das womöglich hundert Mal. Hoffen wir, dass er sofort in seiner Liste abstreicht, was er schon eingetippt hat.

Sonst endet das Programm, bevor er mit der Eingabe fertig ist. Oder der Nutzer ist fertig, das Programm verlangt aber noch einen weiteren Namen. Beides wäre sehr unangenehm.

Verbessern wir die *Nutzerführung* des Programms, indem wir den Nutzer durch eine kleine Erweiterung im Inhalt der Nutzerinformation darüber *informieren*, der wievielte Name gerade an der Reihe ist:

```
for(int i=0; i<=n-1; i++){
    System.out.print((i+1)+"-te Zahl:");x[i]=Keyb.nextInt();
    }
```

Hier müssen wir daran denken, dass die *erste* Zahl in das Feldelement mit dem Index *Null* kommt, die *zweite* Zahl des Nutzers in das Feldelement mit dem Index *Eins* und so weiter – der Nutzer sollte aber natürlich eine sinnvolle Information erhalten. Deshalb diese Ausgabe: `(i+1)+"-te Zahl:"` .

9.3.3   Initialisierung von Feldern

Unter *Initialisierung eines Feldes* versteht man die lückenlose Belegung *aller vereinbarten Feldelemente* mit einem Anfangswert. Bei Zahlenfeldern initialisiert man meist mit der Null.

Es handelt sich stets um viele gleichartige Befehle, wobei man die *Anzahl der Durchläufe* kennt. Wieder kommt die *Zählschleife* zum Einsatz (Download: `Bsp09_6.java`):

```
// Vereinbarungsteil
    int[] x; x=new int[100];


//Ausführungsteil
    for(int i=0; i<=99; i++){
      x[i]=0;
    }


    System.out.println("Initialisierung erfolgreich abgeschlossen.");
```

Es macht kaum Mühe, immer derartige *Initialisierungen* vorzunehmen. Damit vermeiden wir, später vielleicht versehentlich mit *leeren Speicherplätzen* zu arbeiten.

9.3.4   Lückenlose Belegung bei unbekannter Anzahl

Nur selten können wir voraussetzen, dass ein Nutzer genau weiß, wie viele Daten er einzugeben hat. Was können wir tun, wenn wir ein Erfassungsprogramm für einen Nutzer schreiben sollen, der nicht bereit ist, vorher mühsam seine Daten (z. B. Zensuren) abzuzählen?

Ganz einfach: Wir vereinbaren mit dem Nutzer, dass er nach der Eingabe des letzten Namens seiner Liste einen bestimmten, charakteristischen Wert hinterherschickt. Zum Beispiel die Null (bei Zensuren).

Daraus ergibt sich unsere *aktuelle Programmieraufgabe*: Es sind solange Zahlen zu erfassen und lückenlos nacheinander in die Elemente eines int-Feldes zu bringen, bis der Nutzer die Null eingibt. Dann sollte er aber auch erfahren, wie viel Eingaben er getätigt hat.

Kommt hier eine *Zählschleife* infrage? Nein – denn es ist nicht klar, *wann* der Nutzer das Ende mitteilen wird. Also müssen wir eine *kopf- oder fußgesteuerte Schleife* verwenden. Hier bietet sich erneut die *Fenstertechnik* an, die im Abschnitt 8.2.2 auf Seite 98 vorgestellt wurde:

> Die Eingabe wird ins Fenster gelegt. Ist sie brauchbar, wird sie passend abgespeichert, die nächste Eingabe kommt ins Fenster und so weiter.

```
| n=0                         |
|_____________________________|
|\ fenster                    |
|/____________________________|
|SOLANGE fenster ungleich 0   |
|    ________________________ |
|   | n=n+1                  | |
|   |________________________| |
|   | x[n-1]=fenster         | |
|   |________________________| |
|   |\ fenster               | |
|__ |/_______________________| |
| n                         \ |
|____________________________/ |
```

Die Umsetzung dieses Struktogramms in Java-Text kann entweder im Download unter Bsp09_6.java angesehen werden; es wird aber empfohlen, sie zur Übung selbst vorzunehmen.

Im Struktogramm ist es deutlich zu erkennen: Der Speicherplatz n hat jetzt eine Doppelbedeutung. Einerseits zählt er jede brauchbare Eingabe des Nutzers mit. Andererseits schaltet er sich selber weiter und liefert damit den *Feldindex* für das Ziel der nächsten Eingabe – die erste Eingabe geht also nach x[0], die zweite nach x[1] und so weiter.

10 Logische Speicherplätze (boolean)

 Alle Java-Quelltexte der Beispiele, Übungsaufgaben und Lösungen dieses Kapitels können von `http://www.w-g-m.de/java.htm` durch Anklicken von `Dateien für Kapitel 10` heruntergeladen werden. Das weitere Vorgehen erfolgt so, wie auf Seite 55 geschildert. Die Bildschirm-Abzüge basieren auf JOE – in diesem Kapitel werden alle Beispiele nur damit behandelt.

Dieses Kapitel führt eine weitere Art von Speicherplätzen ein: Es sind die Speicherplätze zur Aufnahme der logische Werte „wahr" bzw. „falsch".

10.1 Vereinbarung

Mit dem Eintrag im Vereinbarungsteil

```
// Vereinbarungsteil
    boolean p1, p2;
```

werden p1 und p2 als 1-Byte(8 Bit)-Speicherplätze festgelegt, die nur die *Wahrheitswerte* `true` (für *wahr*) und `false` (für *falsch*) annehmen können. p1 und p2 werden dann als *logische Speicherplätze* bezeichnet. Für p1 und p2 würde eigentlich nur jeweils ein einziges Bit gebraucht; aber wir wissen aus Abschnitt 6.1 (Seite 68), dass die kleinste interne Verwaltungseinheit im Computer das *Byte* in seiner Gesamtheit von *8 Bit* ist.

10.2 Belegung

Logische Speicherplätze werden nicht per Nutzerdialog belegt – wozu in aller Welt sollten denn auch (durchaus mögliche) Befehle in der Art

```
System.out.print("log. Wert="); p1=Keyb.nextBoolean();
```

```
System.out.println("Eingegeben wurde:"+p1);
```

gebraucht werden? Unser Java 5 lässt solche Befehle zwar zu – aber wozu? Nein, logische Speicherplätze werden durch *Zuweisung* belegt.

Das folgende Beispiel (in der Download-Datei `Bsp10_01.java`) zeigt die einfachste Art der Zuweisung: Auf der rechten (Quell-)Seite der Zuweisungsbefehle stehen die englischen Wahrheitswerte `true` bzw. `false`, auf der linken (Ziel-)Seite die logischen Speicherplätze.

```
p1=true; p2=false;
```

```
System.out.println("Inhalt von p1="+p1+("Inhalt von p2="+p2);
```

Eine zweite, gern benutzte Form der Belegung logischer Speicherplätze besteht darin, dass man ihnen ein *Testergebnis* zuweist:

```
p1=(3<5); p2=(4>6);
System.out.println("Inhalt von p1="+p1);
System.out.println("Inhalt von p2="+p2);
```

Die beiden Quellen auf der rechten Seite sind jetzt die beiden Tests (3<5) und (4>6). Diese Tests sind entweder *erfüllt* oder *nicht erfüllt*, es gibt nur diese beiden Möglichkeiten – und entsprechend wird der links stehende logische Zielspeicherplatz mit true oder false belegt.

Bild 10.1: 3<5 *ist richtig,* 4>6 *ist falsch.*

10.3 Ausgabe

Logische Speicherplätze werden in der Regel nur intern in Programmen benutzt, dort leisten sie dann gute Dienste. Die Ausgabe wird im Regelfall aufgrund der doch weit verbreiteten Unkenntnis der englischen Sprache mit Hilfe deutscher Texte organisiert (im Download: Bsp10_2.java)

```
p1=(3<5); p2=(4>6);
if(p1==true){
        System.out.println("3<5 richtig");
        }
        else{
        System.out.println("3<5 falsch");
        }
if(p2==true){
        System.out.println("4>6 richtig");
        }
        else{
        System.out.println("4>6 falsch");
        }
```

Nur selten wird ein Programmierer den Nutzer direkt mit dem Inhalt eines logischen Speicherplatzes konfrontieren.

10.4 Vergleiche und Rechnungen

Inhalte von logischen Speicherplätzen können miteinander oder auch mit den logischen Werten true bzw. false verglichen werden. Hier gibt es natürlich nur die beiden Situationen *gleich* oder *ungleich*, was sollte auch das Größer- oder Kleiner-Zeichen zwischen Inhalten von boolean-Speicherplätzen?

Rechnungen im Sinne von Addition, Subtraktion, Multiplikation oder Division sind bei Inhalten logischer Speicherplätze ebenfalls sinnlos.

Wohl können aber *logische Operationen* mit Hilfe der beiden *Verkettungs-Symbole* && (für UND) und || (für ODER) durchgeführt werden. Setzt man das Ausrufezeichen! auf der Quellseite vor einen logischen Speicherplatz oder einen logischen Ausdruck, wird dessen Wert verneint – aus true wird false, aus false wird true:

Das Beispiel 10.3 (in der Datei Bsp10_3.java) zeigt eine kleine Anwendung:

```
p1=true; p2=false;
p3 = p1 && p2;        //und-Verkettung
p4 = p1 || p2;        //oder-Verkettung
p5 = !p1;             //Verneinung
```

Wie die Ergebnisse der Verknüpfungen mit &&, || bzw. ! zustande kommen, ist in *Wahrheitstafeln* genau festgelegt und entspricht genau dem, was ein denkender Mensch annehmen würde.

p1	p2	p1 && p2	p1 || p2	!p1
true	true	true	true	false
true	false	false	true	false
false	true	false	true	true
false	false	false	false	true

Unter Verwendung von Klammern lassen sich, falls nötig, ganze *Wahrheitsformeln* aufbauen. Die folgende Formel liefert, wenn p1 mit true und p2 mit false belegt ist, als Ergebnis den Wahrheitswert true (im Download verfügbar in der Datei Bsp10_4.java):

```
p3 = (p1 && p2) || ((p1 || p2) && (! p2));
```

Werden die *Klammern* in solchen Wahrheitsformeln weggelassen, gibt es *Vorrangregeln*, aber auf diese sollte man sich nicht verlassen. Denn um sich dieser Vorrangregeln bedienen zu können, müsste man zusätzlich noch wissen, *wie* derartige Wahrheitsformeln ausgewertet werden: Von links nach rechts? Von rechts nach links? Von innen nach außen? Zuerst das ODER? Zuerst das UND?

Solch ein Missverständnis tritt zum Beispiel schon bei der einfachen *Wahrheits-formel* auf:

    p1 && p2 || p3 && p4

Wie wird diese Formel ausgewertet? Wird zuerst p2 || p3 verarbeitet?

    p1 && (p2 || p3) && p4

Oder werden zuerst die &&-Verknüpfungen in folgender Weise ausgewertet?

    (p1 && p2) || (p3 && p4)

Ein kleines Experiment mit der Belegung p1 = false, p2 = false, p3 = true und p4 = true zeigt, dass die letzte Version stimmt: Zuerst werden die &&-Verknüpfungen ausgewertet, danach erst werden mit deren Ergebnissen die ||-Verknüpfungen behandelt (Bsp10_5.java).

In Anlehnung an die allseits bekannte, klassische Rechenregel *Punktrechnung vor Strichrechnung* können wir hier formulieren: UND-*Rechnung* geht vor ODER-*Rechnung*. Wer das sicher weiß, könnte in der Tat auf Klammern verzichten.

Aber: Das Setzen von Klammern mag manchmal überflüssig sein, aber damit kann man mögliche Missverständnisse vermeiden. Dann gilt nämlich immer:

> **▌** Zuerst werden die Klammerinhalte ausgewertet. Dann kommt der Rest.

10.5 Anwendungen, Methode der Unschuldsvermutung

10.5.1 Felder vergleichen

Ein wichtiges Anwendungsgebiet für logische Speicherplätze ergibt sich immer dann, wenn *viele* und *unterschiedliche* Bedingungen zu überprüfen sind.

Betrachten wir zum Beispiel zwei belegte int-Felder x und y. Die beiden int-Speicherplätze nx und ny sollen jeweils die Anzahl der von Anfang an lückenlos belegten Feldinhalte in den beiden Feldern enthalten.

Es ist ein Programm zu schreiben, das untersucht, ob beide Felder identisch sind oder nicht.

Was ist zu prüfen: Zuerst einmal kann der Inhalt von nx nicht mit dem Inhalt von ny über einstimmen. Dann können beide Felder nicht gleich sein.

Sind aber die Inhalte von nx und ny gleich, müssen alle entsprechenden Feldinhalte miteinander verglichen werden, also x[0] mit y[0], x[1] mit y[1] und so wieter. Es können Hunderte von Vergleichen anstehen. Wie sollen diese rationell programmiert werden?

Hier hilft ein *logischer Speicherplatz*, der gern mit einem sprechenden Namen, zum Beispiel ist_gleich versehen wird.

Dieser logische Speicherplatz bekommt am Anfang des Programms die Belegung true:

```
ist_gleich=true;                              //Unschuldsvermutung
```

Damit wird eine *Unschuldsvermutung* ausgesprochen, wir nehmen erst einmal *die Gleichheit beider Felder* an, sowohl was die Anzahl der belegten Feldelemente als auch die einzelnen Elemente selbst angehen.

Falls die Inhalte von nx und ny nicht gleich sind, kann die Unschuldsvermutung nicht mehr aufrechterhalten werden:

```
if (nx != ny){                               //Vergleich von nx und ny
     ist_gleich=false;
     }
```

Falls sie aber doch gleich sind, werden anschließend in einer Zählschleife alle Feldelementen-Paare einzeln untersucht. Bereits die erste Nicht-Übereinstimmung führt ebenfalls zur Löschung der Unschuldsvermutung, weitere Fehler ändern daran natürlich nichts mehr:

```
for(int i=0; i<=nx-1; i++){
     if( x[i] != y[i] ) ist_gleich=false;
     }
```

Sehen wir uns das ganze Programm (im Download verfügbar in der Datei Bsp10_6.java) im Zusammenhang an:

```
// Vereinbarungsteil
     int[] x, y;
     x=new int[200];
     y=new int[200];
     int nx, ny;
     boolean ist_gleich;


//Ausführungsteil
     x[0]=3; x[1]=-3; x[2]=5; x[3]=12; x[4]=-5;
     x[5]=-1;x[6]=-2; x[7]=8; x[8]=15; x[9]=-1;
     nx=10;
     y[0]=3; y[1]=-3; y[2]=5; y[3]=12; y[4]=-5;
     y[5]=1;y[6]=-2; y[7]=8; y[8]=15; y[9]=-1;
     ny=10;


     ist_gleich=true;                         //Unschuldsvermutung
```

```
        if (nx !=ny){                      //Vergleich von nx und ny
            ist_gleich=false:
        }
        else{                              //Vergleich der Feldelemente
        for(int i=0: i<=nx-1: i++){
            if(x[i]!=y[i])ist_gleich=false:
            }
        }


        if(ist_gleich==true){
        System.out.println("Felder sind identisch"):
        }
        else{
        System.out.println("Felder sind nicht identisch"):
        }
```

10.5.2 Suchen in Feldern

Gegeben sind ein int-Feld x, ein Speicherplatz n, der die Anzahl der belegten Feldelemente enthält, und eine einzelne int-Zahl im Speicherplatz wert. Gesucht ist die Antwort auf die Frage, ob es mindestens ein Feldelement gibt, dessen Inhalt mit dem Inhalt von wert übereinstimmt.

Diese Aufgabe wurde im Abschnitt 9.2.4 auf Seite 126 bereits besprochen; dort wurde vorgeschlagen abzuzählen und das Zählergebnis auszuwerten. Muss dieser Aufwand sein?

ÜBUNG *Übung 10.1:* Benutzen Sie den Programmrahmen früherer Beispiele oder arbeiten Sie mit der Download-Datei Uebg10_1.java im Download-Ordner WGMKap10. Vereinbaren Sie ein int-Feld x, belegen Sie dessen erste zehn Elemente mit ganzen Zahlen und den Speicherplatz n mit 10. Lassen Sie einen int-Speicherplatz wert vom Nutzer im Dialog füllen.

Entwickeln Sie dann Struktogramm und Java-Quelltext für ein Programm, mit dessen Hilfe geprüft werden soll, ob *mindestens ein Feldelement* denselben Inhalt wie wert hat. Benutzen Sie dafür einen logischen Speicherplatz ist_drin und beginnen Sie mit der Unschuldsvermutung ist_drin=false. **ÜBUNG**
Die Lösung finden Sie auf Seite 372.

11 Speicherplätze für einzelne Zeichen (char)

 Alle Java-Quelltexte der Beispiele, Übungsaufgaben und Lösungen dieses Kapitels können von http://www.w-g-m.de/java.htm durch Anklicken von | Dateien für Kapitel 11 | heruntergeladen werden. Das weitere Vorgehen erfolgt so, wie auf Seite 55 geschildert. Die Bildschirm-Abzüge basieren auf JOE – in diesem Kapitel werden alle Beispiele damit behandelt.

11.1 Vereinbarung und Belegung

11.1.1 Speicherplätze für einzelne Zeichen

Tritt in einem Java-Programm im Vereinbarungsteil eine char-Vereinbarung auf:

```
// Vereinbarungsteil
    char c;
```

dann ist damit ein Speicherplatz angefordert, der *genau ein einzelnes Zeichen* aufnehmen kann – einen Groß- oder Kleinbuchstaben, eine Ziffer, ein Sonderzeichen von Plus bis Schrägstrich, von Punkt über Komma bis zu Doppelpunkt und Semikolon, dazu auch alle Zeichen über den Zifferntasten oben am Tastaturrand.

Soll ein solcher char-Speicherplatz mit einem ganz konkreten Zeichen belegt werden, muss es *in einfache Apostrophe ' '* (Hochkommas) eingeschlossen werden, die sich meist über dem Zeichen | # | befinden:

```
    c='$';
System.out.println("Inhalt von c="+c);
```

11.1.2 char-Felder

Mengen nummerierter Zeichen-Speicherplätze können in gleicher Weise wie Zahlen-Felder in den bekannten zwei Stufen vereinbart werden:

Zuerst erfolgt die Compiler-Information

```
    char[] wort;
```

mit der der Bezeichner wort dem Java-Compiler javac als übergreifender Feldname für eine (noch unbekannte) Anzahl nummerierter Einzelzeichen-Speicherplätze mitgeteilt wird.

Mit der zweiten Vereinbarungsaktivität

```
wort=new char[100];
```

werden dann die einhundert char-Speicherplätze mit den Namen wort[0] bis wort[99] angefordert. Sie sind *alle anfangs als leer* zu betrachten.

Mit einem char-Feld ist es in diesem Buch erstmalig möglich, auch einen *Text*, d. h. eine ganze *Zeichenfolge*, zu speichern. Das Beispiel 11.1 (im Download verfügbar in der Datei Bspl1_1.java) zeigt den Weg dazu:

```
// Vereinbarungsteil
      char[] wort; wort=new char[100];
      int n;
//Ausführungsteil
      wort[0]='V'; wort[1]='i'; wort[2]='e'; wort[3]='w'; wort[4]='e';
      wort[5]='g'; wort[6]='-'; wort[7]='V'; wort[8]='e'; wort[9]='r';
      wort[10]='l'; wort[11]='a'; wort[12]='g';
      n=13;
      for(int i=0; i<=n-1; i++){
         System.out.print(wort[i]);
      }
      System.out.println();
      for(int i=n-1; i>=0; i--){
         System.out.print(wort[i]);
      }
```

Mit den beiden Zählschleifen wird beispielhaft vorgeführt, wie aus einzeln abgespeicherten Zeichen eine *Zeichenfolge*, ein *Wort*, sogar vorwärts und rückwärts gelesen, auf dem Bildschirm erzeugt werden kann. Der Ausgabe-Befehl System.out.println(); mit dem leeren Klammernpaar dazwischen sorgt für den Zeilenwechsel – Bild 11.1 zeigt die Ausgabe.

Bild 11.1: Texte aus Einzelzeichen zusammengesetzt

Es ist seltsam – die Methode Keyb.nextChar() gibt es in Java 5 nicht. Also kann kein Nutzerdialog programmiert werden, um einen char-Speicherplatz mit einem einzelnen Zeichen zu belegen. Warum?

Der Grund liegt darin, dass es ohnehin nicht üblich ist, nach jedem Buchstaben des eigenen Namens die [Enter] -Taste zu drücken.

Mit der komfortablen *Zeichenkettenarbeit* werden wir uns bald, im Abschnitt 12 ab Seite 149, beschäftigen.

11.2 char **und** int

11.2.1 Zusammenhänge

Es ist selbstverständlich, dass in einem Quelle-Ziel-Befehl ein char-Speicherplatz den Inhalt eines anderen char-Speicherplatzes zugewiesen bekommen kann:

```
// Vereinbarungsteil
    char c1, c2;
//Ausführungsteil
    c1='#'; c2=c1;
    System.out.println("c2="+c2);
```

Selbstverständlich ist auch, dass der Inhalt eines char-Speicherplatzes mit einem in Hochkommas eingeschlossenen Einzelzeichen oder mit dem Inhalt eines anderen char-Speicherplatzes verglichen werden kann (Bspl1_2.java):

```
    if(c2 != 'A') System.out.println("c2 hat nicht das grosse A");
```

Sehr erstaunlich jedoch ist, dass ein char-Speicherplatz *ohne Fehlermeldung* mit einer *ganzen Zahl* belegt werden darf

```
// Vereinbarungsteil
    char c;
    int x;
//Ausführungsteil
    c=65;                                        //ganze Zahl in char!
```

und dass auch umgekehrt ein char-Speicherplatz die Quelle für einen int-Speicherplatz bilden darf:

```
    x=c;                                         //char nach int!
```

In beiden Fällen gibt es, wie man durch Ausprobieren oder mit Hilfe der Download-Datei Bspl1_3.java überzeugen kann, *keine Fehlermeldung*, obwohl Java doch sonst so penibel die Verhältnisse zwischen Quelle und Ziel prüft.

Ganz im Gegenteil, es gibt eine *scheinbar sehr überraschende Ausgabe,* wie Bild 11.2 zeigt.

Im char-Speicherplatz c entstand aus der Zahl 65 das Zeichen A, und im int-Speicherplatz x entstand rückwirkend aus dem Zeichen A wieder die Zahl 65.

Bild 11.2: Seltsames Wechselspiel zwischen char *und* int

Des Rätsels Lösung liegt in der so genannten *ASCII-Tabelle*:

32			58	:		84	T		110	n
33	!		59	;		85	U		111	o
34	"		60	<		86	V		112	p
35	#		61	=		87	W		113	q
36	$		62	>		88	X		114	r
37	%		63	?		89	Y		115	s
38	&		64	@		90	Z		116	t
39	'		65	A		91	[		117	u
40	(		66	B		92	\		118	v
41	)		67	C		93	]		119	w
42	*		68	D		94	^		120	x
43	+		69	E		95	_		121	y
44	,		70	F		96	`		122	z
45	-		71	G		97	a		123	{
46	.		72	H		98	b		124	|
47	/		73	I		99	c		125	}
48	0		74	J		100	d		126	~
49	1		75	K		101	e		127	
50	2		76	L		102	f			
51	3		77	M		103	g			
52	4		78	N		104	h			
53	5		79	O		105	i			
54	6		80	P		106	j			
55	7		81	Q		107	k			
56	8		82	R		108	l			
57	9		83	S		109	m			

Denn anders als bei den Zahlen, wo durch die *Binärdarstellung* (an-aus in unserem Lampenmodell von Seite 67) eine *natürliche Form der internen Verarbeitung* gegeben ist, gibt es für die einzelnen *Zeichen* keine naturgegebene Form der internen Verarbeitung. Es sind *willkürliche Tabellen*, die sich inzwischen durchgesetzt haben und heute einen Standard darstellen. Die obige *ASCII-Tabelle* enthält die weltweit meistgenutzte Codierung.

Beim *Codewert 32* beginnen die *darstellbaren Zeichen* mit dem *Leerzeichen*.

Die Codewerte davor werden abgespeichert, wenn ein Nutzer andere Tasten drückt. Zum Beispiel entspricht der ASCII-Wert 27 der Taste $\boxed{\text{Esc}}$. Der ASCII-Wert 13 entspricht der $\boxed{\text{Enter}}$ -Taste usw.

Die Codewerte 48 *bis* 57 sind den Zeichen *Null bis Neun* vorbehalten. Von 65 *bis* 90 finden sich die *Großbuchstaben*, im Bereich von 97 *bis* 122 finden sich die *Kleinbuchstaben* des englischen Alphabets.

Die Belegung der ASCII-Werte 0 bis 127 ist auf jedem Computer der Welt *einheitlich*. Für die weiteren Belegungen kann es große Unterschiede geben, hier können entsprechend dem spezifischen Zeichensatz der jeweiligen Landessprache *Sonderregelungen* getroffen werden.

Die türkische Sprache beispielsweise benutzt ein i ohne Punkt – dieses Zeichen ist aber links nicht enthalten. Dafür braucht die deutsche Sprache ihre Umlaute und das so genannte *scharfe S*, das ß.

Folglich werden auf Computern in der Türkei die ASCII-Werte von 128 bis 255 anders belegt sein, den Gegebenheiten der Sprache entsprechend. So ist es in allen Ländern, die mit den Standard-ASCII-Zeichen nicht auskommen.

Mit Blick auf die ASCII-Tabelle lässt sich nun auch erklären, wie die *Kleiner-größer-Beziehungen zwischen Zeichen* zustande kommen: *Ein Zeichen wird kleiner als ein anderes angesehen, wenn der zugehörige ASCII-Wert kleiner ist.* Aus der ASCII-Tabelle können wir ablesen:

$$\text{'\#'} < \text{'('} < \text{'0'} < \ldots < \text{'9'} < \ldots < \text{'A'} < \ldots < \text{'Z'} < \text{'\textbackslash'} < \ldots < \text{'a'} < \ldots < \text{'z'} < \text{'\textasciitilde'}$$

Soll ein bestimmtes Zeichen in einen char-Speicherplatz gebracht werden, ist es in einfache Hochkommas `' '` zu setzen. Der Zuweisungsbefehl z=`'0'` belegt den char-Speicherplatz z mit dem *Zeichen Null*. Die *Zahl Null* dagegen kann nur in einen der int-Speicherplätze gebracht werden, z=0 mit char z; wäre also grundfalsch!

Nach diesen Überlegungen und dem Kennenlernen der ASCII-Tabelle können wir uns die vorhin geschilderten, scheinbar eigenartigen Vorgänge in den Speicherplätzen c und x erklären:

```
char c;
int x;
c=65;                                    //ganze Zahl in char!
x=c;                                     //char nach int!
```

Durch die Zuweisung c=65; wurde der Befehl formuliert, dass der char-Speicherplatz c das zum ASCII-Wert 65 gehörende Zeichen bekommen soll. Also wurde es mit dem großen A belegt.

Umgekehrt bewirkte der Befehl x=c; dass der int-Speicherplatz x den ASCII-Wert des Inhalts von c bekommen sollte – dort kam also die Zahl 65 an.

11.2.2 Anwendungen

Im Beispiel 11.1 hatten wir erlebt, wie die Zeichenfolge *Vieweg-Verlag* mit Hilfe eines char-Feldes gespeichert und auch schon bearbeitet werden kann.

Nun wollen wir lernen, wie mit Hilfe der bekannten ASCII-Codewerte genau analysiert werden kann, aus welcher Art von Zeichen sich diese Zeichenfolge zusammensetzt (Download: Bsp11_4.java).

```
anz_gross=0; anz_klein=0; anz_ziffer=0; anz_sonst=0;
for(int i=0; i<=n-1; i++){
    if((wort[i]>=48)&&(wort[i]<=57))anz_ziffer++;
    if((wort[i]>=65)&&(wort[i]<=90))anz_gross++;
    if((wort[i]>=97)&&(wort[i]<=122))anz_klein++;
}
anz_sonst=n - (anz_gross + anz_klein + anz_ziffer);
System.out.println("Anzahl der Ziffern="+anz_ziffer);
System.out.println("Anzahl der Grossbuchstaben="+anz_gross);
System.out.println("Anzahl der KLeinbuchstaben="+anz_klein);
System.out.println("Anzahl sonstiger Zeichen="+anz_sonst);
```

Drei *Zählwerksspeicherplätze* werden genutzt, um die Groß- und Kleinbuchstaben und die Ziffern zu zählen. Ihre Summe und deren Differenz zur Gesamtzeichenzahl ergibt die Anzahl der Sonderzeichen.

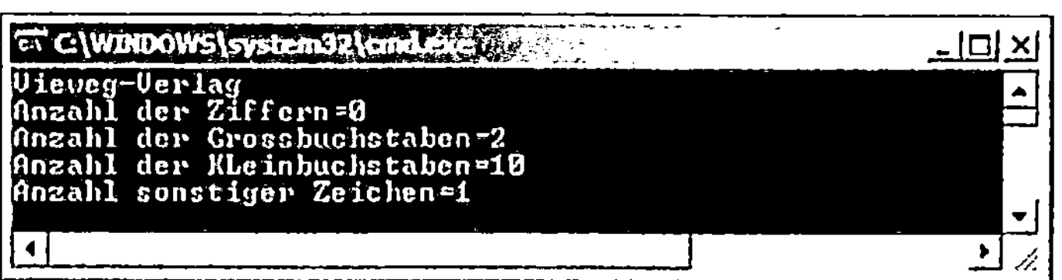

Bild 11.3: Textanalyse

ÜBUNG *Übung 11.1:* Benutzen Sie den Programmrahmen früherer Beispiele oder arbeiten Sie mit der Download-Datei Uebg11_1.java im Download-Ordner WGMKap11. Vereinbaren Sie ein char-Feld x mit 100 Elementen. Belegen Sie dessen erste 26 Elemente mit der folgenden Zählschleife:

```
for(int i=0; i<=25; i++){
    wort[i]=(char)(65+i);
}
```

Überlegen Sie, welche Zeichen damit in wort[0] bis wort[25] erzeugt werden. Die Lösung finden Sie auf Seite 372.

11.2.3   Rechnen mit char-Speicherplätzen

Es scheint alles klar zu sein: Offensichtlich ist die *Addition der Inhalte zweier char-Speicherplätze* unsinnig – schließlich fasst so ein Speicherplatz nur ein einziges Zeichen. Zwei passen eben nicht hinein:

```
c1='5'; c2='A';
c3=c1+c2;
```

Folgerichtig kommt auch eine Fehlermeldung.

Schreibt man aber den zweiten Befehl in der Form

```
c1='5'; c2='A';
c3=(char)(c1+c2);
```

dann gibt es keine Fehlermeldung mehr, stattdessen entsteht in c3 das Zeichen *kleines v* (im Download: Bsp11_5.java).

Die Erklärung: Zuerst werden die ASCII-Werte der Inhalte von c1 und c2 addiert (53 und 65). Es entsteht die ganze Zahl 118. Diese Zahl stellt aber gerade den ASCII-Wert von v dar, also entsteht in c3 dieses Zeichen.

Erfahrene Java-Programmierer, die dieses Wechselspiel zwischen int- und char-Speicherplätzen souverän beherrschen, nutzen es gern aus, um Tests zu formulieren oder Nachfolge- oder Vorgängerzeichen zu erzeugen.

Es ist auch einfach: Mit dem folgenden kleinen Programm kann man sich sofort zu einem bestimmten *Großbuchstaben* des Alphabets den *nächsten Großbuchstaben* anzeigen lassen (Bsp11_6.java). Diesmal ist zur Wiederholung auch das Erzwingen einer sinnvollen Nutzereingabe einbezogen; und falls der ASCII-Wert von Z eingegeben wurde, dann wird als Nachfolger nur Z ausgegeben:

```
import java.util.*;                                   // erste Kopfzeile
public class Bsp11_6 {
    public static void main(String[] args) {
        Scanner Keyb=new Scanner(System.in);          //letzte Kopfzeile
// ********* Ende der vier Kopfzeilen des Programmrahmens **************
// Vereinbarungsteil
    char c1. c2;
//Ausführungsteil
    do{
        System.out.print("Geben Sie Grossbuchstaben-ASCII-Wert ein:");
        c1=(char) Keyb.nextInt();
    }
    while((c1<65) || (c1>90));
```

```
        System.out.println("Sie erzeugten damit:"+c1);
        if(c1<90){
            c2=(char)(c1+1);
        }
        else{
            c2='Z';
        }
        System.out.println("Nachfolger="+c2);
// ****** Nun kommen die beiden Fußzeilen des Programmrahmens **********
    }                                                          //1. Fußzeile
}                                                              //2. Fußzeile
```

ÜBUNG *Übung 11.2:* Benutzen Sie den Programmrahmen früherer Beispiele oder arbeiten Sie mit der Download-Datei Uebg11_2.java im Download-Ordner WGMKap11.

Vereinbaren Sie ein char-Feld wort mit 100 Elementen. Belegen Sie dessen erste 13 Elemente mit den Zeichen der Zeichenfolge Vieweg-Verlag.

Entwerfen und schreiben Sie dann ein Programm, das alle in der Zeichenfolge enthaltenen *Kleinbuchstaben* in *Großbuchstaben* umwandelt, so dass schließlich mit der Zählschleife die Ausgabe VIEWEG-VERLAG erfolgt.

Verwenden Sie dabei die Erkenntnis aus der ASCII-Tabelle, dass sich *die ASCII-Werte von Klein- und zugehörigem Großbuchstabens immer genau um 32* unterscheiden (z. B.: A: 65 → a: 97, ... Z: 90 → z: 122). **ÜBUNG**
Die Lösung finden Sie auf Seite 373.

12 Zeichenketten in Java

12.1 Das Ende der klassischen Programmierung

Nun beginnen wir einen neuen Abschnitt des Buches. Warum? Bisher arbeiteten wir ausschließlich mit *Speicherplätzen*. Mit *Speicherplätzen für ganze Zahlen* der Typen byte, short, int und long. Mit *Speicherplätzen für Dezimalzahlen* der Typen float und double. Mit char-*Speicherplätzen für einzelne Zeichen*.

Auch die *Felder*, mit denen wir in den Abschnitten 9 und 11 umzugehen lernten, änderten grundsätzlich daran nichts – Felder sind ja nur *Mengen von Speicherplätzen*, wobei die Speicherplätze eben dann *nummeriert* sind.

Wir *belegten* Speicherplätze durch *direkte Zuweisung*, durch *Rechnung*, oder ließen eine *Nutzereingabe* von der Tastatur mit Hilfe einer passenden next-Methode in Speicherplätze lenken. Wir *veränderten* die Inhalte von Speicherplätzen, und schließlich ließen wir die Speicherplatz-Inhalte auf dem Bildschirm mit Hilfe von System.out.println(...) *ausgeben*.

Was wir bisher taten, das war *klassische Programmierung*. So, wie sie in den sechziger und siebziger Jahren des vergangenen Jahrhundert üblich war.

Nun müssen wir etwas Neues beginnen, *neue Denkweisen* kennen lernen. Denn für eine *Zeichenfolge*, für einen *Text*, zum Beispiel für den einfachen Dreizehn-Buchstaben-Text *Vieweg-Verlag*, gibt es in Java *keinen Speicherplatz.*

Java kennt keine Speicherplätze, die ganze *Zeichenfolgen* auf einmal aufnehmen können.

Das bedeutet natürlich nicht, dass wir darauf verzichten müssen, mit Hilfe von Java die reizvolle *Zeichenkettenarbeit* vornehmen zu können: Zeichenfolgen erfassen, speichern, Zeichen finden, zählen, löschen, ersetzen, Mengen von Zeichenfolgen alphabetisch sortieren – all das wird natürlich möglich sein.

Wir müssen uns dabei nur an *neue Denkweisen* gewöhnen. Denn:

In Java werden Zeichenfolgen in Datenkernen von String-Objekten verwaltet.

Wir müssen deshalb lernen, was Objekte sind, woher sie kommen, wie man mit ihnen umgeht. Es ist nicht schwer.

Wir steigen damit jetzt ein in die *OOP* – die Objekt-Orientierte *Programmierung*.

12.2 String – **Objekte**

Objekte bestehen zuerst einmal aus einem *gekapselten Datenkern* (Bild 12.1).

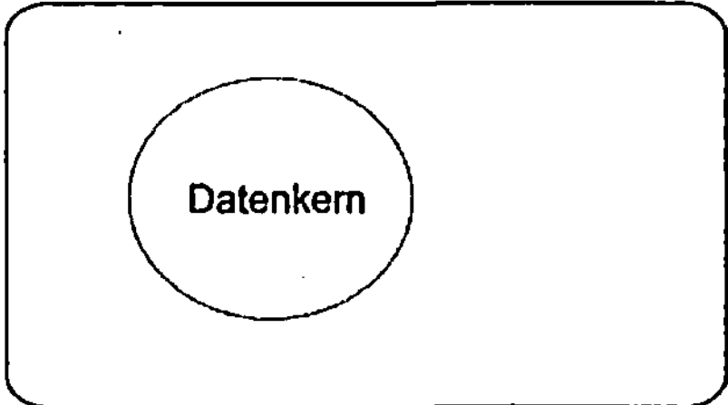

Bild 12.1: Objekt mit gekapseltem Datenkern

12.2.1 Erzeugung von String - **Objekten**

Objekte werden in *Klassen* vorbereitet. Ist der *Klassen-Name* bekannt, können mit Hilfe des Klassen-Namens im Vereinbarungsteil eines Java-Programms beliebig viele *Objekte dieser Klasse* erzeugt werden.

Da wir bereits wissen, dass Zeichenketten in Java in String-Objekten verwaltet werden, entnehmen wir dieser Aussage den Klassen-Namen String.

In ähnlicher Weise, wie wir es schon bei den Feldern erlebten, müssen wir zuerst den Java-Compiler javac mit der Zeile

```
// Vereinbarungsteil
    String Tx1, Tx2;
```

informieren, dass die Bezeichner Tx1 und Tx2 jetzt für String-Objekte stehen – damit kann der Compiler bei der Analyse des Java-Quelltextes feststellen, ob Tx1 und Tx2 stets im richtigen Zusammenhang und korrekt verwendet werden.

> *Zur Namensgebung*: Es ist in Java üblich, dass *Namen von Speicherplätzen* mit einem *Kleinbuchstaben* beginnen, *Namen von Objekten* dagegen mit einem *Großbuchstaben*.

Wir werden uns streng an diese Vorgabe halten. Deshalb also Tx1 und Tx2.

Die *Erzeugung der Objekte* erfolgt durch die zwei new-*Anweisungen*, wobei an den *Namen der Klasse* stets ein *Klammernpaar* ( ) oder (...) angefügt werden muss.

Ist das Klammernpaar ( ) leer, dann wird ein Objekt erzeugt, das im *Datenkern* anfangs keinen (konkreten) Inhalt hat.

```
// Vereinbarungsteil
    String Tx1, Tx2;
    Tx1=new String();
    Tx2=new String();
```

Nun existieren bereits die beiden String-Objekte Tx1 und Tx2 (Bild 12.2), jeweils mit *leeren Datenkernen.*

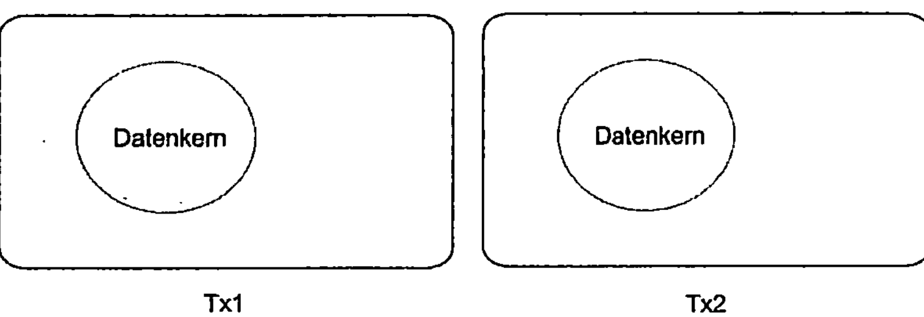

Bild 12.2: Zwei String-*Objekte existieren*

12.2.2 Belegung der Datenkerne

Wir wollen jetzt dafür sorgen, dass der Datenkern des Objekts Tx1 die Zeichenfolge ABCDEF erhalten soll, der Datenkern von Tx2 soll die Zeichenfolge abcdef bekommen. Dafür gibt es mindestens drei Möglichkeiten:

Möglichkeit 1 – Belegung durch Zuweisung: Nach der Erzeugung der Objekte werden mit zwei *Quelle-Ziel-Zuweisungsbefehlen*

```
    Tx1="ABCDEF"; Tx2="abcdef";
```

die beiden Datenkerne belegt, wobei jeweils links auf der Ziel-Seite die *Namen der* String-*Objekte* und rechts die *Quell-Zeichenfolgen* stehen, die in *doppelten Anführungszeichen* " " (auf der Tastatur über der 2) eingeschlossen sein müssen.

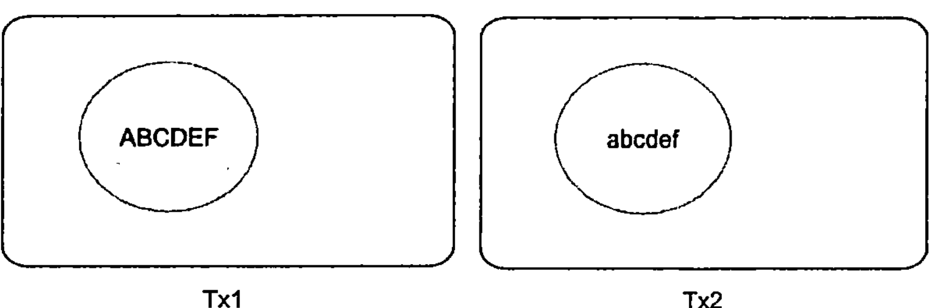

Bild 12.3: Belegte Datenkerne

Möglichkeit 2 – Belegung schon bei der Objekt-Erzeugung: Die Start-Belegung der Datenkerne der beiden String-Objekte Tx1 und Tx2 kann im Vereinbarungsteil gleich *in die Klammern hinter dem Klassen-Namen* String eingetragen werden.

Auch dabei müssen die *Anführungsstriche* verwendet werden:

```
// Vereinbarungsteil
    String Tx1, Tx2;
    Tx1=new String("ABCDEF");
    Tx2=new String("abcdef");
```

Möglichkeit 3 – Belegung durch Nutzereingabe: Mit Hilfe von zwei nextLine-Methoden kann der Nutzer aufgefordert werden, die *Belegung der Datenkerne über die Tastatur* vorzunehmen:

```
System.out.print("Was soll in Tx1 gespeichert werden? ");
Tx1=Keyb.nextLine();
System.out.print("Was soll in Tx2 gespeichert werden? ");
Tx2=Keyb.nextLine();
```

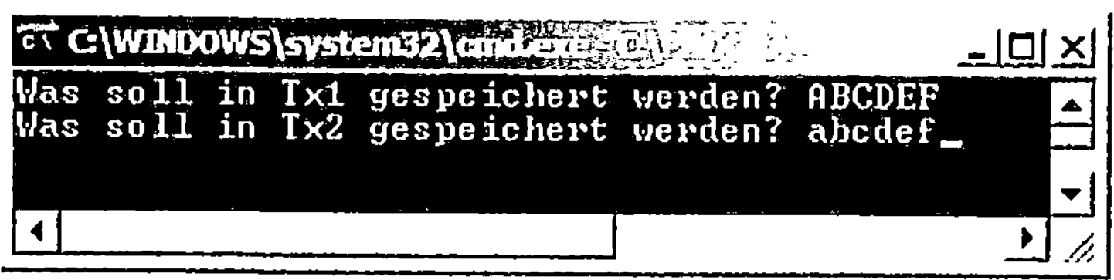

Bild 12.4: Nutzeraufforderung zur Eingabe von Zeichenfolgen

In allen drei Fällen sind anschließend die Datenkerne mit den beabsichtigten Inhalten belegt, so wie es Bild 12.3 zeigt.

12.2.3 Information über Datenkern-Inhalte

Hierfür können wir wieder die bekannten *Ausgabebefehle* benutzen:

```
System.out.println("Im Datenkern von Tx1 steht:"+Tx1);
System.out.println("Im Datenkern von Tx2 steht:"+Tx2);
```

Die Erklärungstexte (stets in doppelte Hochkomma "" eingeschlossen) und die *Objektnamen* müssen mit dem *Plus-Zeichen* + verkettet werden.

Das folgende Java-Programm (im Download verfügbar in Bsp12_1.java) demonstriert die Erzeugung von drei String-Objekten, dazu alle drei Belegungs-Möglichkeiten für die Datenkerne sowie die Ausgaben:

```
import java.util.*;                              // erste Kopfzeile
public class Bsp12_1 {
    public static void main(String[] args) {
        Scanner Keyb=new Scanner(System.in);     //letzte Kopfzeile
// ********* Ende der vier Kopfzeilen des Programmrahmens **************
```

```
// Vereinbarungsteil

      String Tx1, Tx2, Tx3;

      Tx1=new String();

      Tx2=new String("abcdef");

      Tx3=new String();

//Ausführungsteil

      Tx1="ABCDEF";

      System.out.print("Inhalt von Tx3 -->"); Tx3=Keyb.nextLine();

      System.out.println("Im Datenkern von Tx1 steht:"+Tx1);

      System.out.println("Im Datenkern von Tx2 steht:"+Tx2);

      System.out.println("Im Datenkern von Tx3 steht:"+Tx3);

// ******* Nun kommen die beiden Fußzeilen des Programmrahmens **********
   }                                                      //1. Fußzeile
 }                                                        //2. Fußzeile
```

12.3 Methoden

Bisher haben wir gelernt, wie String-Objekte *erzeugt* werden, wie *Zeichenfolgen in Datenkerne hineingebracht* werden und wie wir uns über die *Inhalte von Datenkernen informieren*. Viel ist das noch nicht.

Doch wenn wir nun beispielsweise erfahren wollen, aus wie vielen Zeichen die Zeichenfolge besteht, die in einem Datenkern eines String-Objektes verwaltet wird – müssen wir dafür den kompletten Inhalt ausgeben lassen und mit spitzem Bleistift mühsam abzählen? Das kann doch nicht sein.

Aber anders scheint es nicht zu gehen, denn ganz am Anfang dieses Abschnitts stand die Aussage, dass die *Datenkerne von Objekten stets gekapselt* sind. Das heißt, die *Daten sind dort geschützt*:

Kein Java-Anwendungs-Programmierer kann einen Befehl programmieren, der unmittelbar in den Datenkern hineingreift. Nein, an den Datenkern kommen wir direkt niemals heran.

Das ist eines der *Prinzipien der objektorientierten Programmierung (OOP)*:

Kein Anwender darf *direkt auf Datenkerne von Objekten zugreifen.* Die Daten sind dort geschützt.

Doch wie können wir dann überhaupt irgendetwas aus dem Datenkern unserer Objekte erfahren? Wir kommen doch, das wissen wir jetzt, nie an diese Datenkerne heran, wissen nicht einmal, wie sie aufgebaut sind.

Die Lösung liegt in der Vokabel *Klasse.* Es war die Rede davon, dass Objekte *durch Klassen vorbereitet* werden. Und Klassen werden programmiert – von einem *Klassen-Programmierer.*

Damit kommt die Lösung des *scheinbaren Konflikts der OOP:*

> Jeder Klassenprogrammierer bereitet vielfältige *Methoden* vor, mit denen er den Anwendern die Möglichkeit gibt, Detail-Informationen *aus dem Datenkern zu erfahren* – oder *im Datenkern Änderungen* vorzunehmen.

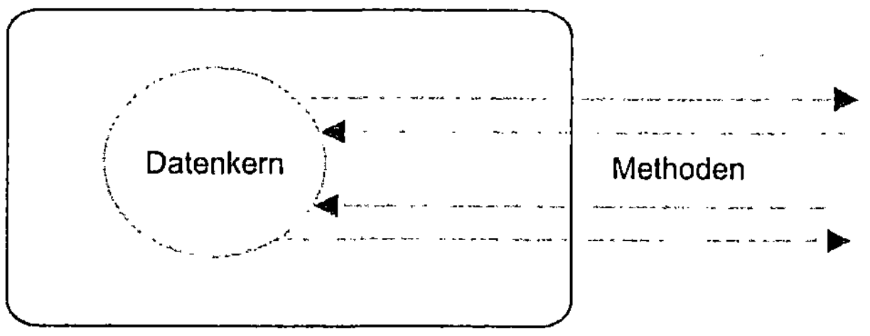

Bild 12.5: Methoden für den Umgang mit dem Datenkern

Das bedeutet, dass wir uns nur noch kundig machen müssen, *welche Methoden* der Klassenprogrammierer unserer String-Klasse vorbereitet hat. Sicher wird es unter ihnen auch eine Methode geben, die uns über die Zeichenzahl im Datenkern informieren wird. Ganz sicher.

Um uns über vorhandene Methoden von Java-Klassen informieren zu können, benötigen wir die *Java-Dokumentation.*

Wie wir sie erhalten, beschreibt der folgende Abschnitt.

12.4 Java-Dokumentation herunterladen

Am schnellsten kommt man zur Java-5_Dokumentation, wenn in irgendeine Suchmaschine der Begriff *Java 5 Dokumentation* eingegeben wird:

> **JDK 5 Documentation** - [Diese Seite übersetzen]
> ... This document covers the JavaTM 2 Platform Standard Edition 5.0 ...
> An example-filled guide to the Java programming language and core APIs. website ...
> java.sun.com/j2se/1.5.0/docs/ - 42k - Im Cache - Ähnliche Seiten

Bild 12.6: Treffer bei Suche nach Java 5 Dokumentation

Sofort wird man zur Sun-Seite http://java.sun.com/j2se/1.5.0/docs/ gelenkt, von dort aus geht es (im Stand vom September 2005) schnell weiter:

JDK Download Page → J2SE 5.0 Documentation Download → Lizenz-Accept → Continue → English → J2SE(TM) Development Kit Documentation 5.0, English (jdk-1_5_0-doc.zip, 43.52 MB) → Download Now

Das Ergebnis des Herunterladens ist eine 43,5 Megabyte große zip-Datei mit dem Namen jdk-1_5_0-doc.zip, die an eine passende Stelle (zum Beispiel in den Ordner C:\Programme\java) verschoben und auch dorthin entpackt (extrahiert) werden sollte (siehe Seite 58).

Unterhalb des beim Entpacken neu angelegten Ordners docs entsteht ein System von weiteren Ordnern (Bild 12.7), von denen uns vorerst nur der Ordner api interessiert.

Adresse	C:\Programme\Java\jdk1.5.0_02\docs	
Name ▲	Größe	Typ
api		Dateiordner
guide		Dateiordner
images		Dateiordner
relnotes		Dateiordner
tooldocs		Dateiordner
index.html	40 KB	HTML Document

Bild 12.7: Ordner-System der Java-5-Dokumentation

Unterhalb von api finden wir den für uns weiter wichtigen Ordner java (Bild 12.8) und darunter den Ordner lang (Bild 12.9).

Adresse	C:\Programme\Java\jdk1.5.0_02\docs\api	
Name ▲		Größe
index-files		
java		
javax		
org		
resources		

Bild 12.8: Ordner java

Adresse	C:\Programme\Java\jdk1.5.0_02\docs\api\java	
Name ▲	G...	Typ
applet		Dateiordner
awt		Dateiordner
beans		Dateiordner
io		Dateiordner
lang		Dateiordner
math		Dateiordner
net		Dateiordner
nio		Dateiordner
rmi		Dateiordner
security		Dateiordner
sql		Dateiordner
text		Dateiordner
util		Dateiordner

Bild 12.9: Ordner lang

Die vier Buchstaben lang kürzen das englische Wort *language* (Sprache) ab; das heißt, die *grundlegenden Klassen* sind in diesem Ordner dokumentiert.

Für jede Klasse gibt es dort eine einzelne HTML-Datei: Also finden wir unsere gesuchte Dokumentation der Klasse String in der Datei String.html.

Stellen wir kurz noch einmal den Weg zusammen, den wir durchklicken müssen, um bis zur String-Dokumentation zu kommen:

... → DOCS → API → JAVA → LANG → STRING.HTML

Wird die Seite String.html durch *Doppelklick auf den Dateinamen* geöffnet, erhält man zuerst eine Fülle von grundlegenden Informationen zur Klasse String; der schnellste Weg zur *Methodenübersicht* führt über den Klick auf METHOD (Bild 12.10).

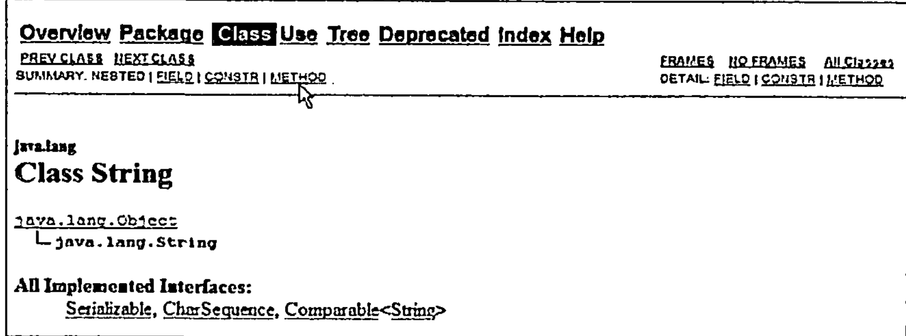

Bild 12.10: Beginn der String-*Dokumentation*

Method Summary	
char	charAt(int index) Returns the char value at the specified index.
int	codePointAt(int index) Returns the character (Unicode code point) at the specified index.
int	codePointBefore(int index) Returns the character (Unicode code point) before the specified index.
int	codePointCount(int beginIndex, int endIndex) Returns the number of Unicode code points in the specified text range of this String.
int	compareTo(String anotherString) Compares two strings lexicographically.
int	compareToIgnoreCase(String str) Compares two strings lexicographically, ignoring case differences.
String	concat(String str) Concatenates the specified string to the end of this string.

Bild 12.11: Dokumentation der String-*Methoden (Auszug)*

Die einzelnen Methoden sind nicht thematisch, sondern nach ihren Methoden-Namen *alphabetisch* geordnet (Bild 12.11). Und wir sehen es mit Staunen:

Mehr als ein *fünfzig Methoden* hat der *Klassenprogrammierer der Klasse* String vorbereitet, mit denen wir, wenn wir sie nur richtig einsetzen, einfach alle Zeichenketten-Aufgaben lösen können.

Dass die Erklärungstexte nur englisch vorliegen, ist für das Verständnis der Dokumentation kein unüberwindliches Hindernis.

Obwohl natürlich für jeden, der programmieren möchte, Grundkenntnisse der englischen Sprache von Vorteil sind. Aber wie gesagt, auch Englisch-Anfänger haben ihre Chancen und keine wirklichen Nachteile. Wir werden es sehen.

12.5 Die ersten String - Methoden

12.5.1 Vier Arten von Methoden

Es gibt in Java genau *vier Arten von Methoden*:

- Methoden, die *etwas liefern* und *nichts benötigen*
- Methoden, die *etwas liefern* und *etwas benötigen*
- Methoden, die *nichts liefern* und *nichts benötigen*
- Methoden, die *nichts liefern* und *etwas benötigen*

Die beiden letztgenannten Nicht-Liefer-Methoden sind offensichtlich reine *Wirkungsmethoden* – wenn sie nichts liefern, dann kann ihr Sinn nur darin bestehen, eine *Wirkung* (zum Beispiel eine Veränderung im Datenkern des Objekts) zu erzeugen. Erste Methoden dieser Art werden wir später, im Abschnitt 16.7.3 auf Seite 236 kennen lernen.

Die Klasse String besitzt fast ausschließlich *Liefer-Methoden*, die *etwas benötigen*; dazu besitzt aber auch sie einige wenige Methoden, die zwar *etwas liefern*, aber dafür *nichts benötigen*. Mit ihnen wollen wir beginnen.

12.5.2 String - Methoden, die liefern, aber nichts benötigen

Dass eine Methode nichts benötigt, erkennt man an dem leeren Paar runder Klammern hinter dem Methoden-Namen.

Es ist gar nicht so leicht, derartige Methoden mit leerem Klammernpaar unter den String-Methoden zu finden.

Hier aber sind einige von ihnen:

Fünf String-Methoden wurden gefunden, die offensichtlich nichts benötigen, da das runde Klammernpaar ( ) nach den Methoden-Namen *leer ist*:

int	`length()` `Returns the length of this string.`

String	`toLowerCase()`
	`Converts all of the characters in this String to lower`
	`case using the rules of the default locale.`

String	`toUpperCase()` Converts all of the characters in this String to upper case using the rules of the default locale.
String	`trim()` Returns a copy of the string, with leading and trailing whitespace omitted.
char[]	`toCharArray()` Converts this string to a new character array.

Woran erkennt man aber, dass diese fünf Methoden auch alle die Eigenschaft haben, trotzdem etwas zu *liefern?*

> Eine Methode liefert nichts, wenn in dem links abgesetzten Fenster void steht.

Das kennt man von Flugtickets – fliegt man nur einfach hin und zurück, werden die restlichen Zeilen des Tickets mit void beschrieben – void heißt wörtlich leer, ungültig, nichtig:

void	`methodenname()`

> Steht dagegen in dem links abgesetzten Fenster *etwas anderes als* void, handelt es sich stets um eine Methode, die *etwas liefert:*

nicht void	`methodenname()`

Sehen wir uns noch einmal unsere fünf Methoden an und stellen wir gleich fest, *was* die jeweilige Methode aus dem Datenkern des *String*-Objekts liefert:

int	`length()`
String	`toLowerCase()`
String	`toUpperCase()`
String	`trim()`
char[]	`toCharArray()`

Die erste Methode mit dem Namen length liefert, das ist ablesbar, einen int-Wert.

Das heißt, wenn wir einen int-Speicherplatz vereinbart haben, können wir in diesen den *Ergebniswert der* length-*Methode* des String-Objektes Tx1 lenken (Bsp12_2.java):

```
// Vereinbarungsteil
      String Tx1; Tx1=new String();
      int x;
//Ausführungsteil
      Tx1="ABC abc 123 +-* $/%";
      x=Tx1.length();
```

```
System.out.println("Im Datenkern von Tx1 steht:"+Tx1);

System.out.println("Die Methode length liefert die Zahl:"+x);
```

Sehen wir ans den *Ausführungsteil* dieses Programms im Einzelnen an:

Zuerst wird auf der rechten (Ziel-)Seite eines Zuweisungsbefehls der *Name desjenigen Objekts* angegeben, aus dessen Datenkern wir mit der Liefermethode length etwas erfahren möchten. *Dann* folgt der *Punkt*, und *dann* der *Methoden-Name*. Anschließend kommt ein rundes Klammernpaar () ohne Inhalt, weil die Methode ja nichts benötigt.

Bild 12.12 zeigt das Ausgabefenster, und auch ohne Englisch-Kenntnisse verstehen wir, dass die length-Methode uns mitteilt, wie viele Zeichen im Datenkern des String-Objekts Tx1 verwaltet werden (denn die vier nicht sichtbaren Leer-Zeichen für die Räume zwischen den Dreiergruppen werden mitgezählt):

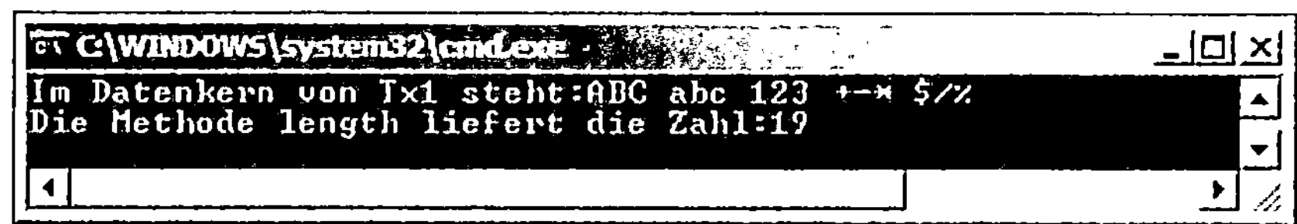

Bild 12.12: length-Methode liefert Anzahl der Zeichen

ÜBUNG *Übung 12.1:* Vervollständigen Sie den Java-Quelltext von Beispiel 12.2 mit Programmrahmen und dem passenden Vereinbarungsteil und geben Sie ihn dann selbst in JOE oder einen *Editor* ein und speichern Sie ihn unter dem Namen Uebg12_1.java. Oder – öffnen Sie die Datei gleichen Namens im Download-Ordner WGMKap12. Ersetzen Sie die Direktzuweisung Tx1="ABC abc 123 +-* $/%"; durch einen Nutzerdialog, so dass der Nutzer seine Zeichenfolge selbst über die Tastatur eingeben kann. Testen Sie dann mit verschieden langen Zeichenfolgen – und was passiert eigentlich, wenn gar nichts eingegeben wi **ÜBUNG** Die Lösung finden Sie auf Seite 373.

Die nächstgenannten drei Methoden, die ebenfalls *nichts benötigen*, können wir nun gemeinsam behandeln, denn sie liefern alle jeweils einen String:

String	toLowerCase()
String	toUpperCase()
String	trim()

Doch nein, wir sollten *korrekt* sprechen:

Die Methoden toLowerCase, toUpperCase und trim liefern jeweils ein komplettes String-Objekt.

Also müssen wir, wenn wir die drei Methoden testen wollen, drei Ziel-String-Objekte bereitstellen (im Download: Bsp12_3.java). Wir wollen die drei Zielobjekte Z1, Z2 und Z3 nennen (Objektnamen sollen mit *großen Anfangsbuchstaben* beginnen) :

```
// Vereinbarungsteil
        String Tx1; Tx1=new String();
        String Z1, Z2, Z3;
        Z1=new String();Z2=new String();Z3=new String();
//Ausführungsteil
        Tx1=" ABC abc 123 +-* §$%";                //Belegung von Tx1
        Z1=Tx1.toLowerCase();                      //Methode toLowerCase holt
        Z2=Tx1.toUpperCase();                      //Methode toUpperCase holt
        Z3=Tx1.trim();                             //Methode trim holt aus Datenkern

        System.out.println("Im Datenkern von Tx1 steht:"+Tx1);
        System.out.println("toLowerCase liefert: "+Z1);
        System.out.println("toUpperCase liefert: "+Z2);
        System.out.println("trim liefert: "+Z3);
```

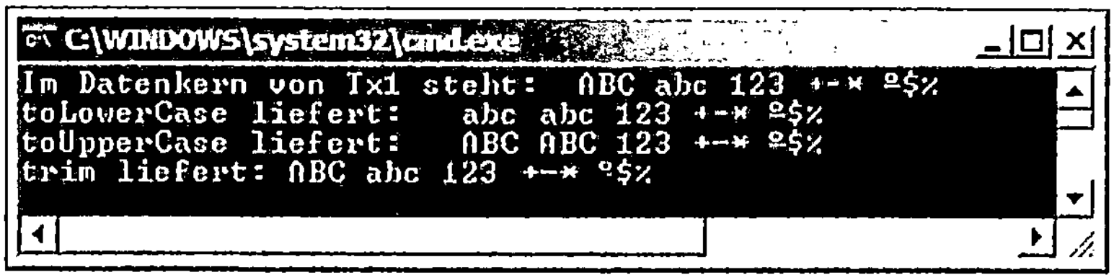

Bild 12.13: Wirkung der Methoden toLowerCase, toUpperCase, trim

Bild 12.13 zeigt die Belegungen der Datenkerne unserer vier String-Objekte Tx1, Z1, Z2 und Z3. Auch ohne Englisch-Kenntnisse können wir feststellen, dass

- ◆ die Methode toLowerCase für den *Datenkern des Zielobjekts* die im dem Datenkern des Quell-Objekts enthaltenen *Großbuchstaben* in *Kleinbuchstaben* umwandelt, alle anderen Zeichen dabei nicht verändert,

- ◆ umgekehrt toUpperCase alle *Kleinbuchstaben in Großbuchstaben umgewandelt* weitergibt.

Und trim? Die String-Methode trim beseitigt – es ist deutlich zu sehen – die *führenden Leerzeichen in der Zeichenfolge.*

Wohlgemerkt – im *Datenkern des Quell-Objekts* Tx1 wird *nichts verändert.* Alle Veränderungen erfolgen nur auf dem Wege in die Datenkerne der Ziel-Objekte.

ÜBUNG *Übung 12.2:* Vervollständigen Sie den Java-Quelltext von Beispiel 12.3 mit Programmrahmen und dem passenden Vereinbarungsteil. Geben Sie ihn in JOE ein und speichern Sie ihn unter dem Namen Uebg12_2.java. Oder öffnen Sie mit JOE die Datei gleichen Namens im Download-Ordner WGMKap12. Ersetzen Sie die Zuweisung Tx1=" ABC abc 123 +-* $/%": durch einen Nutzerdialog, so dass der Nutzer seine Zeichenfolge selbst über die Tastatur eingeben kann. Testen Sie mit verschieden langen Zeichenfolgen und mit und ohne anfängliche Leerzeichen. **ÜBUNG**
Die Lösung finden Sie auf Seite 373.

Sehr interessant ist die fünfte Methode, die der Klassenprogrammierer der Klasse String für uns bereitgestellt hat:

```
char[] | toCharArray()
```

Auch diese Methode mit dem Namen toCharArray benötigt *nichts* – wir erkennen es an dem *leeren runden Klammernpaar* nach dem Methodennamen. Und weil in dem links abgesetzten Fenster *nicht* void steht, liefert die Methode etwas. Doch was? Wenn nur

```
char | toCharArray()
```

stehen würde, wäre die Diagnose klar – die Methode würde dann *ein einzelnes Zeichen* liefern, und wir müssten als Ziel einen char-Speicherplatz angeben. Was aber soll das leere eckige Klammernpaar hinter char?

Erinnern wir uns an den Abschnitt 11.1.2 über Zeichenfelder auf Seite 141. Wie war das damals, als wir dem Compiler javac mitteilen mussten, dass sich hinter der Vokabel wort beileibe kein Speicherplatz für ein einzelnes Zeichen verbirgt, sondern dass dies ein *Sammelbegriff für die Menge nummerierter Speicherplätze* wort[0], wort[1], ... usw. ist?

Wir mussten auf Seite 141 schreiben

```
char[] wort;
```

Damit haben wir die *Erklärung für die linke Seite der Dokumentation der* String-*Methode* toCharArray gefunden:

```
char[] | toCharArray()
```

Diese Methode liefert also ein ganzes char-Feld. Folglich muss als *Ziel für diese Methode* der *Feldname eines* char-*Feldes* angegeben werden.

Probieren wir es mit unserem Beispiel (im Download: Bsp12_4.java) aus:

```
// Vereinbarungsteil
    String Tx1; Tx1=new String();
    char[] wort;
```

```
//Ausführungsteil
        Tx1="ABC abc 123 +-* §$%";                    //Belegung von Tx1
        wort=Tx1.toCharArray();                        //Methode toCharArray
        System.out.println("Im Datenkern von Tx1 steht:"+Tx1);
        System.out.println("in wort[0] steht nun: "+wort[0]);
        System.out.println("in wort[1] steht nun: "+wort[1]);
        System.out.println("in wort[2] steht nun: "+wort[2]);
```

Wir haben uns noch gar nicht mit dem originalen englischen Erklärungstext beschäftigt. Doch ist das noch nötig?

Unser kleines Testprogramm und Bild 12.14 zeigen, dass die Methode toCharArray offenbar *die einzelnen Zeichen aus dem Datenkern* des String-Objekts Tx1 nacheinander in den Elementen des char-Feldes wort ablegt.

Und wie viele Zeichen das sind – das wissen wir doch auch: Dafür gibt es die Methode length.

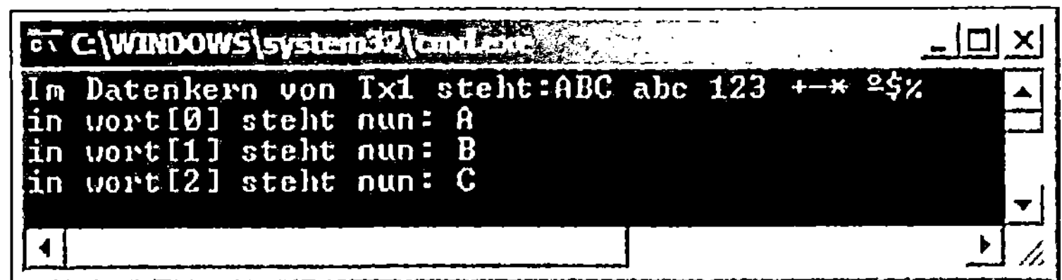

Bild 12.14: toCharArray *verteilt die Zeichen auf die* char *-Feldelemente*

Wenn also, wie in unserem Beispiel, der Datenkern von Tx1 genau 19 Zeichen enthält, dann werden die char-Speicherplätze wort[0] bis wort[18] gefüllt.

Der *Index des letzten belegten* char-*Feldelements* ist folglich um 1 niedriger als die String-Länge, d. h. die Anzahl der Zeichen im Datenkern des String-Objekts.

ÜBUNG *Übung 12.3:* Vervollständigen Sie den Java-Quelltext von Beispiel 12.4 mit Programmrahmen und dem passenden Vereinbarungsteil. Geben Sie ihn in JOE oder einen *Editor* ein und speichern Sie ihn unter Uebg12_3.java. Oder öffnen Sie die Datei gleichen Namens im Download-Ordner WGMKap12. Ersetzen Sie die Zuweisung Tx1=......; durch einen Nutzerdialog, so dass der Nutzer seine Zeichenfolge über die Tastatur eingeben kann. Sorgen Sie mit einer geeigneten Zählschleife dafür, dass die eingegebene Zeichenfolge rückwärts ausgegeben wird.
Die Lösung finden Sie auf Seite 373.   **ÜBUNG**

12.5.3 String - **Methoden, die liefern und dafür etwas benötigen**

> Dass eine Methoden *etwas benötigt*, erkennt man daran, dass *das Paar runder Klammern* hinter dem Methoden-Namen *nicht leer* ist.

Sehen wir uns ein paar solcher Methoden an, die wir in der Dokumentation der Klasse String finden:

Beginnen wir mit der Methode charAt:

char	`charAt(int index)` `Returns the char value at the specified index.`

Diese Methode liefert offensichtlich *ein einzelnes Zeichen*, für das wir als Ziel einen char-Speicherplatz bereitstellen müssen.

Doch was *benötigt* die Methode? Was bedeuten die beiden Vokabeln int index innerhalb der runden Klammern?

Hier handelt es sich um einen *Platzhalter*.

> Ein Java-*Platzhalter* besteht aus zwei Teilen – der *Typ-Angabe des Platzhalters* und dem *Namen des Platzhalters*.

Mit solch einem zweiteiligen Platzhalter teilt der Java-Klassenprogrammierer mit, *was für eine Angabe in die runden Klammern* einzutragen ist. Dabei ist der *Platzhalter-Name* mehr für das Verständnis da, entscheidend ist stets der *Platzhalter-Typ*.

Wir erkennen also, dass die String-Methode charAt nur arbeiten kann, wenn sich in den Klammern entweder eine *konkrete* int-*Zahl* oder *ein belegter* int-*Speicherplatz* befindet. Probieren wir es aus (im Download: Bsp12_5.java):

```
// Vereinbarungsteil
     String Tx1; Tx1=new String();
     int pos; char z;
//Ausführungsteil
     Tx1="ABC abc 123 +-* §$%";              //Belegung von Tx1
     pos=1;                            //int-Speicherplatz wird belegt
      z=Tx1.charAt(pos);                      //Methode charAt holt
     System.out.println("Im Datenkern von Tx1 steht:"+Tx1);
     System.out.println("in pos steht: "+pos);
     System.out.println("in z steht: "+z);
```

Bild 12.15 zeigt uns, dass die Methode charAt den char-Speicherplatz z mit dem zweiten Zeichen aus dem Datenkern von Tx1 belegt, falls ihr Platzhalter durch einen int-Speicherplatz mit dem Inhalt 1 ersetzt wird.

Bild 12.15 Zweites Zeichen aus dem Datenkern – mit Position Eins

Bild 12.16 zeigt, dass die Vermutung tatsächlich stimmt: Wird der int-Speicherplatz pos mit *Null* belegt, liefert die Methode das *erste Zeichen*.

Bild 12.16: Erstes Zeichen aus dem Datenkern – mit Position Null

Also müsste die Methode charAt das letzte Zeichen aus dem Datenkern liefern, wenn der int-Speicherplatz die *Zeichenzahl minus eins* bekommt. Die Überprüfung dieser Vermutung wird als Übung 12.4 empfohlen.

ÜBUNG *Übung 12.4:* Vervollständigen Sie den Java-Quelltext von Beispiel 12.5 mit Programmrahmen und dem passenden Vereinbarungsteil. Geben Sie ihn in JOE ein und speichern Sie ihn unter Uebg12_4.java. Oder öffnen Sie die Datei gleichen Namens im Download-Ordner WGMKap12. Ersetzen Sie die Zuweisung Tx1=......; durch einen Nutzerdialog, so dass der Nutzer seine Zeichenfolge über die Tastatur eingeben kann. Sorgen Sie dafür, dass das letzte Zeichen der eingegebenen Zeichenfolge ausgegeben wird.
Die Lösung finden Sie auf Seite 373. **ÜBUNG**

Betrachten wir weitere zwei Dokumentationen von String-Methoden, die *etwas liefern* und dazu *etwas benötigen*:

boolean	startsWith(String prefix)
	Tests if this string starts with the specified prefix.
boolean	endsWith(String suffix)
	Tests if this string ends with the specified suffix.

Beide Methoden liefern offensichtlich einen *logischen Wert* – als *Ziel* muss also in beiden Fällen ein boolean-Speicherplatz bereitstehen.

Beide Methoden benötigen, um arbeiten zu können, jeweils *entweder eine konkrete feste Zeichenfolge* (z.B. "Vieweg") *oder ein* String-*Objekt* mit gefülltem Datenkern.

Versuchen wir, mit einem kleinen Dialogprogramm die Funktionsweise beider Methoden zu erforschen (im Download: Bsp12_6.java):

```
// Vereinbarungsteil
        String Tx1; Tx1=new String();
        String P1,P2;
        P1=new String(); P1=new String();
        boolean erg1,erg2;
//Ausführungsteil
        Tx1="ABC abc 123 +-* §$%";                        //Belegung von Tx1
        System.out.print("Anfang= ");P1=Keyb.nextLine();
        System.out.print("Ende= ");P2=Keyb.nextLine();
        erg1=Tx1.startsWith(P1);              //Methode startsWith holt
        erg2=Tx1.endsWith(P2);               //Methode endssWith holt
        System.out.println("Im Datenkern von Tx1 steht:"+Tx1);
        System.out.println("in erg1 steht: "+erg1);
        System.out.println("in erg2 steht: "+erg2);
```

Dem Dialogtext in den beiden Befehlskombinationen, mit denen der Nutzer aufgefordert wird, die beiden Strings zu belegen, kann entnommen werden, was schon aus den *Namen der beiden Methoden* hervorgeht:

> Die Methode startsWith liefert den logischen Wert true, falls der *Anfang der Zeichenfolge* im Datenkern von Tx1 mit der Zeichenfolge im Datenkern des String-Objekts P1 übereinstimmt.

> Genauso liefert die Methode endsWith den logischen Wert true nur dann, wenn das *Ende der Zeichenfolge* im Datenkern von Tx1 mit der Zeichenfolge im Datenkern von P2 übereinstimmt.

Bild 12.17 zeigt das Ausgabefenster.

Bild 12.17: Methoden startsWith *und* endsWith

Sehen wir uns eine weitere Dokumentation an:

String	substring(int beginIndex, int endIndex)
	Returns a new string that is a substring of this string.

Bei dieser String-Methode mit dem Namen substring haben wir es mit einer Methode zu tun, die ein String-Objekt liefert, aber *zwei Platzhalter* besitzt.

Es müssen also *zwei belegte* int-*Speicherplätze* (oder auch zwei ganze Zahlen) anstelle der Platzhalter eingetragen sein, damit die Methode arbeiten kann.

Probieren wir es, und setzen dabei unsere Vermutung um, dass der englische Methoden-Name substring zum Ausdruck bringen soll, dass wir mit dieser Methode wohl einen *Teil der Zeichenfolge* aus dem Datenkern von Tx1 erhalten werden (im Download: Bsp12_7.java):

```
// Vereinbarungsteil
      String Tx1; Tx1=new String();
      String Tx2; Tx2=new String();
//Ausführungsteil
      Tx1="ABC abc 123 +-* §$%";              //Belegung von Tx1
      Tx2=Tx1.substring(5,8);                  //Methode substring holt
      System.out.println("Im Datenkern von Tx1 steht:"+Tx1);
      System.out.println("In Tx2 steht nun: "+Tx2);
```

Bild 12.18 zeigt, dass unsere Vermutung richtig war: Mit Hilfe der Methode substring kann in der Tat ein bestimmter Teil aus der Zeichenfolge, die sich im Datenkern eines String-Objekts befindet, herauskopiert werden.

Bild 12.18: Teilstring wird herauskopiert

ÜBUNG *Übung 12.5:* Vervollständigen Sie den Java-Quelltext von Beispiel 12.6 mit Programmrahmen und dem passenden Vereinbarungsteil. Geben Sie ihn in JOE oder einen *Editor* ein und speichern Sie ihn unter Uebg12_5.java. Oder öffnen Sie die Datei gleichen Namens im Download-Ordner WGMKap12. Analysieren Sie die folgende Dokumentation der beiden String-Methoden indexOf und lastIndexOf – was benötigen sie, was liefern sie?

int	`indexOf(String str)` Returns the index within this string of the first occurrence of the specified substring.
int	`lastIndexOf(String str)` Returns the index within this string of the rightmost occurrence of the specified substring.

Entwickeln Sie ein Testprogramm für diese beiden Methoden, das zuerst vom Nutzer die Belegung des Datenkerns eines String-Objekts Tx1 erfragt und danach vom Nutzer zwei weitere Inhalte von String-Objekten S1 und S2 verlangt. Anschließend sind die Ergebniswerte der beiden Methoden auszugeben.

Die Lösung finden Sie auf Seite 374.

Gehen wir nun zu den vorerst letzten beiden Methoden der Klasse String über. Beginnen wir mit der Methode concat:

String	`concat(String str)`
	`Concatenates the specified string to the end of this string.`

Die Methode concat benötigt einen String und liefert auch einen String. Sehen wir uns ihre Wirkung mit dem folgenden Testprogramm (im Download: Bsp12_8 .java) und dessen Ergebnisbildschirm in Bild 12.19 an:

```
// Vereinbarungsteil
    String Tx1; Tx1=new String();
    String Tx2; Tx2=new String();
    String Tx3; Tx3=new String();
//Ausführungsteil
    Tx1="ABC abc 123 +-* §$%";          //Belegung von Tx1
    Tx2="XXX yyy 987 ###";              //Belegung von Tx2
    Tx3=Tx1.concat(Tx2);               //Methode concat
    System.out.println("Im Datenkern von Tx1 steht:"+Tx1);
    System.out.println("Im Datenkern von Tx2 steht:"+Tx2);
    System.out.println("Im Datenkern von Tx3 steht:"+Tx3);
```

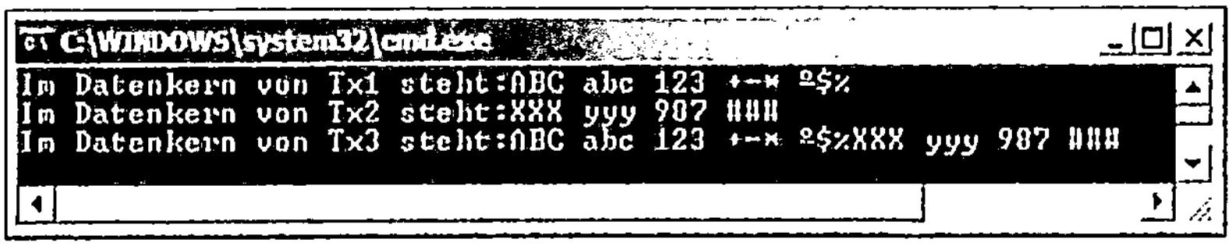

Bild 12.19: Anketten des Inhalts von Tx2 an den Inhalt von Tx1

Übung 12.6: Vervollständigen Sie den Java-Quelltext von Beispiel 12.8. Geben Sie ihn in JOE oder einen *Editor* ein und speichern Sie ihn unter dem Namen Uebg12_6.java. Oder öffnen Sie die Datei gleichen Namens im Download-Ordner WGMKap12. Verwenden Sie die concat-Methode zweimal mit zwei Ziel-Strings, programmieren Sie Tx3=Tx1.concat(Tx2) und Tx4 =Tx2.concat(Tx1). Was stellen Sie fest? Begründen Sie den Effekt.

Die Lösung finden Sie auf Seite 374.

Der Methoden-Name concat bedeutet nichts anderes als *Verketten* – schließlich kann man *Objekte nicht addieren*. Also sollte diese Methode immer dann benutzt werden, wenn zwei Zeichenfolgen aus den Datenkernen zweier String-Objekte zusammengefügt werden sollen.

Es sei hier aber nicht verschwiegen, dass das beliebte Plus-Zeichen + auch in Java die *Verkettung* ermöglicht (im Download: Bsp12_9.java):

```
// Vereinbarungsteil
        String Tx1; Tx1=new String();
        String Tx2; Tx2=new String();
        String Tx3; Tx3=new String();
//Ausführungsteil
        Tx1="ABC abc 123 +-* §$%";                //Belegung von Tx1
        Tx2="XXX yyy 987 ###";                     //Belegung von Tx2
        Tx3=Tx1+Tx2;                               //Verketten
        System.out.println("Im Datenkern von Tx1 steht:"+Tx1);
        System.out.println("Im Datenkern von Tx2 steht:"+Tx2);
        System.out.println("Im Datenkern von Tx3 steht:"+Tx3);
```

Kommen wir nun zur letzten String-Methode, die in diesem Kapitel vorgestellt wird:

int	compareTo(String anotherString)
	Compares two strings lexicographically.

Compare heißt *vergleichen* – also haben wir es hier mit einer *Vergleichsmethode* zu tun. Offensichtlich wird der Inhalt des Datenkerns von demjenigen String-Objekt, dessen compareTo-Methode benutzt wird, mit dem Inhalt des Datenkerns von dem String-Objekt verglichen, dessen Name anstelle des Platzhalters eingetragen wird.

Doch warum liefert die Methode einen int-Wert, den wir in einen int-Speicherplatz lenken müssen?

Ein Vergleich hat doch eigentlich nur *zwei Ergebnisse*: Gleich oder ungleich.

Programmieren wir einfach drei Fälle (im Download: Bsp12_10.java):

```
// Vereinbarungsteil
        String Tx1, Tx2; Tx1=new String(); Tx2=new String(); int x;
//Ausführungsteil
        Tx1="Vieweg";                             //Belegung von Tx1
        Tx2="Teubner";                            //Belegung von Tx2
        x=Tx1.compareTo(Tx2);
```

```
System.out.println("Im Datenkern von Tx1 steht:"+Tx1);
System.out.println("Im Datenkern von Tx2 steht:"+Tx2);
System.out.println("Im Speicherplatz x steht:"+x);

Tx1="Teubner";                          //Belegung von Tx1
Tx2="Vieweg";                           //Belegung von Tx2
x=Tx1.compareTo(Tx2);
System.out.println("Im Datenkern von Tx1 steht:"+Tx1);
System.out.println("Im Datenkern von Tx2 steht:"+Tx2);
System.out.println("Im Speicherplatz x steht:"+x);

Tx1="Vieweg";                           //Belegung von Tx1
Tx2="Vieweg";                           //Belegung von Tx2
x=Tx1.compareTo(Tx2);
System.out.println("Im Datenkern von Tx1 steht:"+Tx1);
System.out.println("Im Datenkern von Tx2 steht:"+Tx2);
System.out.println("Im Speicherplatz x steht:"+x);
```

```
C:\WINDOWS\system32\cmd.exe
Im Datenkern von Tx1 steht:Vieweg
Im Datenkern von Tx2 steht:Teubner
Im Speicherplatz x steht:2
Im Datenkern von Tx1 steht:Teubner
Im Datenkern von Tx2 steht:Vieweg
Im Speicherplatz x steht:-2
Im Datenkern von Tx1 steht:Vieweg
Im Datenkern von Tx2 steht:Vieweg
Im Speicherplatz x steht:0
```

Bild 12.20: Vergleiche der Datenkerne von zwei String-Objekten

Die compare-Methode liefert einen *positiven Wert*, falls der (anstelle des Platzhalters eingetragene) Vergleichs-String *im Telefonbuch weiter hinten* steht; sie liefert dagegen einen *negativen Wert*, falls der Vergleichs-String *im Telefonbuch wieter vorn* steht, und sie liefert *Null*, wenn *beide Strings identisch* sind.

ÜBUNG *Übung 12.7:* Vervollständigen Sie den Java-Quelltext von Beispiel 12.10.

Geben Sie ihn dann selbst in JOE oder einen *Editor* ein und speichern Sie ihn unter Uebg12_7.java. Oder öffnen Sie die Datei gleichen Namens im Download-Ordner WGMKap12. Programmieren Sie zwei Nutzerdialoge zur Belegung der Datenkerne von Tx1 und Tx2. Wenden Sie dann die compare-Methode an und sorgen Sie dafür, dass die eben genannten „Telefonbuch-Situation" mit Worten ausgegeben wird (drei Tests nötig).
Die Lösung finden Sie auf Seite 374.

ÜBUNG

Fassen wir zum Schluss noch einmal zusammen, was wir bisher gelernt haben:

> Steht in dem links abgesetzten Kästchen der Methoden-Dokumentation die Vokabel *void*, dann liefert die Methode nichts.

> Steht in dem links abgesetzten Kästchen der Methoden-Dokumentation der Typ eines einfachen Speicherplatzes (z. B. int, char oder boolean, stets beginnend mit einem Kleinbuchstaben), *liefert* die Methode einen entsprechenden Wert. Dann muss als Ziel für den Ergebniswert ein *passender Speicherplatz* angegeben werden.

> Steht in dem links abgesetzten Kästchen der Methoden-Dokumentation wiederum der Typ eines einfachen Speicherplatzes, beginnend mit einem Kleinbuchstaben, aber gefolgt von einem *leeren Paar eckiger Klammern* (z. B. int[], char[]), *liefert* die Methode eine *Menge* von entsprechenden Werten. Als Ziel für derartige Mengen von Ergebniswerten muss ein passender *Feldname* angegeben werden.

> Steht String in dem links abgesetzten Kästchen der Methoden-Dokumentation, *liefert* die Methode ein String-Objekt. Dann muss als Ziel für das Ergebnis der Methode ein String-Objekt angegeben werden.

> Steht in der Methoden-Dokumentation nach dem Methoden-Namen ein Paar *leerer runder Klammern, benötigt die Methode nichts.*

> Ist das Paar runder Klammern nach dem Methoden-Namen *nicht leer*, befinden sich dort ein oder mehrere *Platzhalter*, durch Komma getrennt.

> Ist als *Typ eines Platzhalters* der Typ eines *einfachen Speicherplatzes* angegeben (erkennbar an dem kleinen Anfangsbuchstaben), *benötigt* die Methode *belegte passende Speicherplätze* oder *passende Angaben* (Zahlen, Zeichen, Wahrheitswerte).

> Ist als *Typ eines Platzhalters* String angegeben, *benötigt* die Methode ein *nicht leeres* String-*Objekt oder eine konkrete,* in Anführungsstriche " " eingeschlossene *Zeichenfolge,* um arbeiten zu können.

13 Die erste eigene Klasse

 Alle Java-Quelltexte der Beispiele, Übungsaufgaben und Lösungen dieses Kapitels können von http://www.w-g-m.de/java.htm durch Anklicken von | Dateien für Kapitel 13 | heruntergeladen werden. Das weitere Vorgehen erfolgt so, wie auf Seite 55 geschildert. Die Bildschirm-Abzüge basieren alle auf JOE – auch in diesem Kapitel werden alle Beispiele damit behandelt.

Im vorigen Kapitel lernten wir die ersten *Objekte* kennen – es waren String-Objekte, die wir benötigten, um *Zeichenfolgen*, also komplette Texte, im Rechner erfassen, speichern und verarbeiten zu können.

Wie lernten zuerst, wie ein String-Objekt erzeugt werden kann, wie eine Zeichenfolge in den Datenkern eines String-Objektes gebracht werden kann, wie der Inhalt eines Datenkerns eines String-Objekts angezeigt werden kann.

Doch dann war erst einmal Schluss. Zeichenfolgen in den Datenkern hineinbringen, den Zeichenfolgen-Inhalt eines String-Datenkerns ansehen – das war alles, was wir konnten. Mehr schien nicht möglich, weil wir als gewöhnliche Programmierer an den Datenkern eines String-Objektes niemals herankommen.

Datenkerne von Objekten sind *gekapselt*, also geschützt.

An dieser Stelle erfuhren wir aber, dass String-Objekte aus der String-*Klasse* entstehen, und diese String-*Klasse* ist irgendwann einmal von einem klugen *Klassenprogrammierer* geschrieben worden. Und – nun kommt die Neuigkeit – dieser Klassenprogrammierer hatte die Möglichkeit, die Klasse mit *öffentlichen Methoden* auszustatten, mit deren Hilfe jeder Nutzer der Klasse, also auch wir, dann doch vielfältige Informationen aus dem Datenkern jedes String-Objekts erhalten können.

Wir müssen nur wissen, welche Methoden es in der jeweiligen Klasse gibt und wie sie angewendet werden.

Dazu lernten wir den Umgang mit der *Dokumentation der Klasse* String kennen, fanden dort zuerst einige Methoden, die *nichts benötigten* und trotzdem etwas *lieferten* und danach andere Methoden, die gewisse Angaben für ihre Arbeit *benötigten*, um etwas zu *liefern*.

Nun wollen wir uns kurzzeitig selbst zu *Klassenprogrammierern* ernennen, eine *Klasse herstellen* und damit *Objekte vorbereiten*. Dabei werden wir erleben, wie ein Klassenprogrammierer den Umgang mit dem Datenkern großzügig gestalten oder stark einschränken kann.

13.1 Die Klasse Auto

13.1.1 Datenkern festlegen

Wir wollen gleich damit beginnen, eine Klasse mit dem Namen Auto zu programmieren, mit der dann weltweit Tausende von *Nutzprogrammierern* Auto-Objekte herstellen und mit ihnen arbeiten könnten.

Eine Klasse wird programmiert, indem zwischen die erste und zweite Kopfzeile des Programmrahmens ein Teil

```
class Klassenname{

}
```

eingeschoben wird. Der *Klassenname* sollte stets mit einem *Großbuchstaben* beginnen, das ist in Java fast wie ein Gesetz.

Wenn wir berücksichtigen, dass wir natürlich auch selbst in unserem Hauptprogramm main die neue Klasse testen und verwenden wollen, ergibt sich folgender Aufbau für den Java-Quelltext:

```
import java.util.*;                            // erste Kopfzeile

class Auto{                                    //Beginn der Klasse

             //Inhalt der Klasse

}                                              //Ende der Klasse
public class Bsp13_1 {                         //zweite Kopfzeile

public static void main(String[] args) {       //dritte Kopfzeile

  Scanner Keyb=new Scanner(System.in);         //vierte Kopfzeile

            //Vereinbarungs- und Ausführungsteil

}                                              //1. Fußzeile

}                                              //2. Fußzeile
```

Legen wir zuerst den *Datenkern* fest: Welche Angaben zu einem Auto sollen in den künftigen Auto-Objekten verwaltet werden? Nehmen wir nur vier Angaben: den *Hersteller*, den *Typ*, den *Preis* und die *PS-Zahl*. Diese Überlegung führt zu dem *ersten Entwurf* der Klasse Auto:

```
class Auto{                                    //Beginn der Klasse

  String Hersteller;

  String Typ;

  double preis;

  int ps;

}                                              //Ende der Klasse
```

Bild 13.1 zeigt den gegenwärtigen Entwurfsstand – wir haben jetzt den *Aufbau des Datenkerns aller später erzeugten* Auto-*Objekte* vorgegeben.

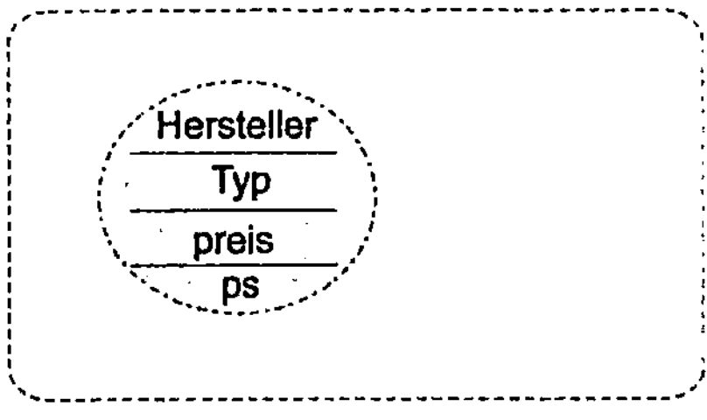

Bild 13.1: Entwicklungsstand der Klasse: Festlegungen für den Datenkern

Die Klasse Auto gibt es also nun, der *Datenkern aller künftigen Objekte dieser Klasse* ist vorbereitet – nun müssten wir in unserem Hauptprogramm schon zwei Auto-Objekte vereinbaren können (im Download: Bsp13_1.java):

```
import java.util.*;                              // erste Kopfzeile
class Auto{                                      //Beginn der Klasse
   String Hersteller;
   String Typ;
   double preis;
   int ps;
   }                                             //Ende der Klasse
public class Bsp13_1 {                           //zweite Kopfzeile
public static void main(String[] args) {         //dritte Kopfzeile
   Scanner Keyb=new Scanner(System.in);          //vierte Kopfzeile
//Vereinbarungen
   Auto Pkw1, Pkw2;                              //Compiler-Info
   Pkw1=new Auto(); Pkw2=new Auto();             //Objekt-Erzeugung


// ******* Nun kommen die beiden Fußzeilen des Programmrahmens *********
   }                                             //1. Fußzeile
}                                                //2. Fußzeile
```

Tatsächlich, beim Übersetzen und Interpretieren dieses Textes kommt keine Fehlermeldung – beim Start des Programms wurden offensichtlich *zwei Objekte der Klasse* Auto erzeugt (Bild 13.2).

Allerdings sind diese Objekte noch *völlig wertlos;* wir können nämlich nichts in die Datenkerne hineinbringen; wir können uns auch den Inhalt der Datenkerne nicht ansehen. Was fehlt noch? Die *Methoden* fehlen.

Diesmal aber sind *wir* ausnahmsweise die *Klassenprogrammierer*, also stellen wir rasch eine erste Methode zur Verfügung.

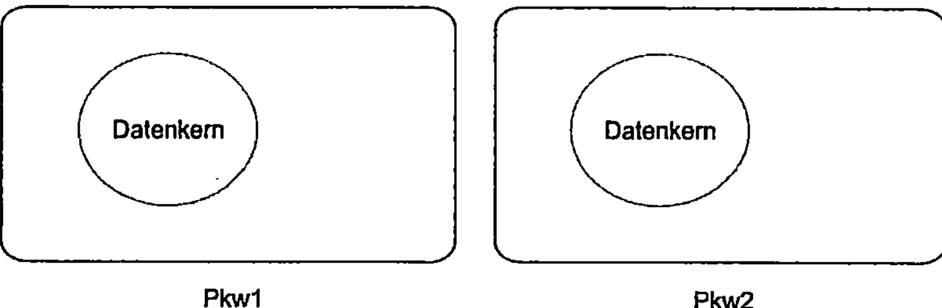

Bild 13.2: Zwei Auto-Objekte existieren

13.1.2   Methode holeHersteller

Ergänzen wir unsere Klasse zuerst durch eine Methode mit dem Namen holeHersteller, mit deren Hilfe der Hersteller aus dem Datenkern ausgelesen werden kann:

```
class Auto{                                    //Beginn der Klasse
    String Hersteller;
    String Typ;
    double preis;
    int ps;
//Methoden der Klasse
    public String holeHersteller(){            //Kopfzeile der Methode
            return Hersteller;
        }                                      //Fußzeile der Methode
}                                              //Ende der Klasse
```

Bild 13.3 zeigt den gegenwärtigen Bearbeitungsstand der Klasse.

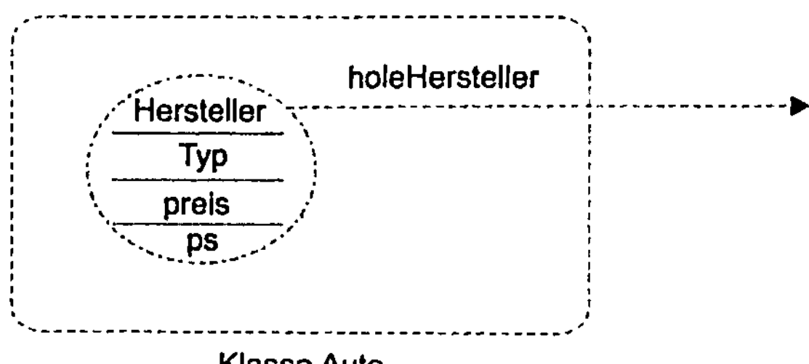

Bild13.3: Datenkern und erste öffentliche Methode sind vorbereitet

Der Java-Text der Methode spricht für sich:

In der *Kopfzeile der Methode* lesen wir von links nach rechts:

- `public`: die Methode wird *öffentlich* erklärt, jeder Programmierer kann sie nutzen

- `String`: die Methode *liefert* ein String-Objekt

- `holeHersteller`: das ist der *Name der Methode*

- das leere Klammernpaar `()`: die Methode *benötigt nichts*

Der einzige Befehl im *Innern der Methode*

- `return Hersteller`

veranlasst genau, was wir wollen – der Inhalt des Hersteller-Teils vom Datenkern wird ausgegeben.

Nun können wir sofort die *Dokumentation der Methode* im üblichen Stil verfassen:

String	holeHersteller()
	gibt den Hersteller zurück

Außerdem sollten wir testen, ob die Methode tatsächlich *nutzbar* ist – dafür erweitern wir die Methode `main` (im Download: `Bsp13_2.java`):

```
public static void main(String[] args) {          //dritte Kopfzeile
    Scanner Keyb=new Scanner(System.in);           //vierte Kopfzeile
//Vereinbarungen
    Auto Pkw1, Pkw2;                               //Compiler-Info
    Pkw1=new Auto(); Pkw2=new Auto();             //Objekt-Erzeugung
    String Tx1; Tx1=new String();
//Ausführungsteil
    Tx1=Pkw1.holeHersteller();
    System.out.println("Im Datenkern von Tx1 steht:"+Tx1);
// ****** Nun kommen die beiden Fußzeilen des Programmrahmens **********
    }                                              //1. Fußzeile
}                                                  //2. Fußzeile
```

Tatsächlich – es gibt keine Fehlermeldung, und auch der Transport aus dem Datenkern scheint zu funktionieren (Bild 13.4) – wir erhalten ein erklärbares Ergebnis.

Bild 13.4: Der Teil `Hersteller` *des Datenkerns ist leer*

Dass nichts ausgegeben wird, ist logisch – es hat ja noch niemand in den Datenkern des Objekts PkW1 etwas hineinbringen können. Dafür brauchen wir noch eine *zweite Methode*, nennen wir sie setzeHersteller.

13.1.3 Methode setzeHersteller

Diese Methode wird auch für uns neu sein – denn sie wird *nichts liefern*. Sie wird *nur eine Wirkung* haben, nämlich diejenige, dass sie das, was ihr der Nutzer übergibt, in den Datenkern hinein bringt.

Also *benötigt* diese Methode etwas, das Klammernpaar ( ) nach dem Methodennamen darf diesmal nicht leer sein.

Doch wer weiß schon, wie das konkrete String-Objekt heißen wird, das irgendein Nutzer (also ein Anwendungsprogrammierer) später an die Methode setzeHersteller übergeben wird? Was sollen wir also tun?

Der Ausweg – wir arbeiten *statt mit einem bekannten* String mit dem *Platzhalter* String Produzent:

```
public void setzeHersteller(String Produzent){   //Kopfzeile der Methode
        Hersteller=Produzent;

}                                                  //Fußzeile der Methode
```

Nun hat unsere Klasse schon zwei öffentliche Methoden – Bild 13.5 zeigt den Bearbeitungsstand.

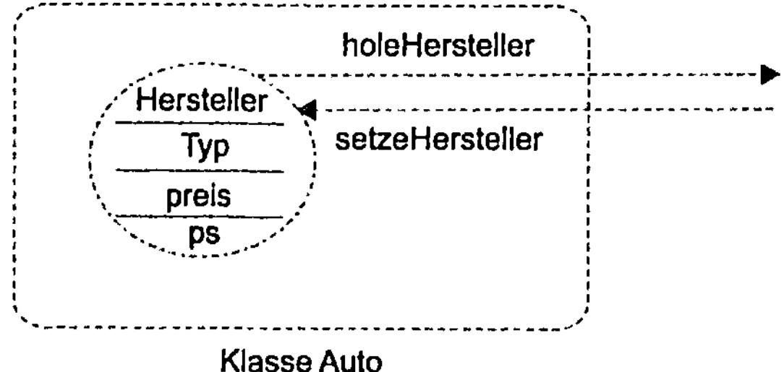

Bild 13.5: Klasse Auto, jetzt mit zwei Methoden

Gleich sollte auch die Dokumentation der neuen Methode angefertigt werden, wobei wir in dem linken Kästchen jetzt die Vokabel void eintragen müssen – unserer Methode setzeHersteller liefert tatsächlich nichts. Es ist eben eine Wirkungsmethode, ihre Wirkung besteht im Transport in den Datenkern *hinein*:

void	setzeHersteller(String Produzent)
	setzt den Hersteller im Objekt aus gegebenem String

Nun könnten wir mit den beiden Methoden der Klasse arbeiten. Doch vorher müssen wir uns erst noch überlegen, wie mit einer Methode gearbeitet wird, die *nichts liefert*. Wenn eine Methode nichts liefert, kann sie keine Quelle sein, es gibt kein Ziel - folglich ist ein *Zuweisungsbefehl* nun sicher falsch.

Methoden, die nichts liefern, werden nur *aufgerufen*.

Sehen wir uns den kompletten Java-Quelltext an, beginnend mit der ersten Kopfzeile, der Klassenbeschreibung, dem Hauptprogramm mit dem Vereinbarungsteil und schließlich mit dem Ausführungsteil des Hauptprogramms main, in dem die beiden Methoden genutzt werden (im Download Bsp13_3.java):

```java
import java.util.*;                                      // erste Kopfzeile
class Auto{                                              //Beginn der Klasse
   String Hersteller;
   String Typ;
   double preis;
   int ps;
//Methoden der Klasse
   public String holeHersteller(){                      //Kopfzeile der Methode
        return Hersteller;
        }                                               //Fußzeile der Methode
   public void setzeHersteller(String Produzent){       //Kopfzeile der Methode
        Hersteller=Produzent;
        }                                               //Fußzeile der Methode
   }                                                    //Ende der Klasse


public class Bsp13_3 {                                   //zweite Kopfzeile
public static void main(String[] args) {                 //dritte Kopfzeile
   Scanner Keyb=new Scanner(System.in);                  //vierte Kopfzeile
//Vereinbarungen
   Auto Pkw1, Pkw2;                                      //Compiler-Info
   Pkw1=new Auto(); Pkw2=new Auto();                     //Objekt-Erzeugung
   String Tx1, Tx2; Tx1=new String();Tx2=new String();
//Ausführungsteil
   System.out.print("Hersteller:"); Tx1=Keyb.nextLine();
   Pkw1.setzeHersteller(Tx1);           //Aufruf der Methode setzeHersteller
   Tx2= Pkw1.holeHersteller();          //Ergebnis der Methode holeHersteller
   System.out.println("Im Datenkern von Tx2 steht:"+Tx2);


// ******* Nun kommen die beiden Fußzeilen des Programmrahmens *********
   }                                                     //1. Fußzeile
}                                                        //2. Fußzeile
```

Im Programm wurde ein Nutzerdialog vorgesehen, so dass der Nutzer seine Belegung für die Hersteller-Komponente des Auto-Objekts Pkw1 selbst eingeben kann. Bild 13.6 zeigt ein Ergebnisfenster.

Bild 13.6: Datenkern konnte im Dialog belegt werden.

ÜBUNG *Übung 13.1:* Vervollständigen Sie den Java-Quelltext von Beispiel 13_3. Geben Sie ihn in JOE ein und speichern Sie ihn unter Uebg13_1. java. Oder öffnen Sie die Datei gleichen Namens im Download-Ordner WGMKap13.

Erweitern Sie die Klasse Auto mit zwei weiteren öffentlichen Methoden holeTyp und setzeTyp und verwenden Sie im Ausführungsteil anschließend diese beiden Methoden, um die Komponente Typ im Datenkern des Auto-Objekts zu belegen und zu erfahren.

Die Lösung finden Sie auf Seite 375.

ÜBUNG

13.2 Konstruktor

Was erlebten wir auf Seite 175, als wir unsere erste Methode holeHersteller testeten? Sie konnte nichts liefern, da der Datenkern von beiden gerade neu erzeugten Auto-Objekten Pkw1 und Pkw2 *anfangs* natürlich leer war.

Muss das so sein? Oder können wir dafür sorgen, dass *unmittelbar bei Objekterzeugung* sofort der Datenkern jedes Objekts eine bestimmte *Startbelegung* erhält?

Für die automatische Startbelegung von Objekten kann man einen *Konstruktor* schreiben.

Ein Konstruktor ist eine *spezielle Methode*, die automatisch *bei jeder Objekterzeugung* abgearbeitet wird.

Für die *Namensgebung des Konstruktors* gibt es eine feste Vorgabe – *der Konstruktor muss genau so heißen wie die Klasse.*

Der Konstruktor ist niemals öffentlich, und er liefert auch niemals etwas, da er nur für die *Startsituation im Datenkern* des neuen Objekts der Klasse zuständig ist.

Der folgende, vollständige Quelltext (im Download: Bsp13_4. java) enthält zuerst den Konstruktor als dritte Methode der Klasse (zuerst angegeben).

Es ist üblich, den Konstruktor als erste Methode der Klasse aufzulisten:

```
import java.util.*;                                    // erste Kopfzeile
```

```
class Auto{                                             //Beginn der Klasse
  String Hersteller;
  String Typ;
  double preis;
  int ps;
                                                        //Konstruktor
  Auto(){
        Hersteller="Borgward";
        Typ="Isabella";
        preis=9876.54;
        ps=90;
        }                                               //Ende des Konstruktors
//Methoden der Klasse
  public String holeHersteller(){                       //Kopfzeile der Methode
        return Hersteller;
        }                                               //Fußzeile der Methode
  public void setzeHersteller(String Produzent){        //Kopfzeile der Methode
        Hersteller=Produzent;
            }                                           //Fußzeile der Methode
  }                                                     //Ende der Klasse


public class Bsp13_3 {                                  //zweite Kopfzeile
public static void main(String[] args) {               //dritte Kopfzeile
  Scanner Keyb=new Scanner(System.in);                 //vierte Kopfzeile
//Vereinbarungen
  Auto Pkw1, Pkw2;                                      //Compiler-Info
  Pkw1=new Auto(); Pkw2=new Auto();                    //Objekt-Erzeugung
  String Tx1; Tx1=new String();
//Ausführungsteil
  Tx1= Pkw1.holeHersteller();
  System.out.println("Hersteller von Pkw1:"+Tx1);

// ****** Nun kommen die beiden Fußzeilen des Programmrahmens *********
  }                                                     //1. Fußzeile
}                                                       //2. Fußzeile
```

Wie mit dem Programm ausgetestet werden kann, wird mit diesem Konstruktor tatsächlich dafür gesorgt, dass *alle*, aber auch *alle jemals erzeugten* Auto-*Objekte* bei ihrer Erzeugung zunächst den Hersteller Borgward im Datenkern tragen (Bild 13.7):

Bild 13.7: Alle Objekte haben anfangs die gleiche Startbelegung

Das Schema von Bild 13.8 verdeutlicht das Verhältnis des Konstruktors zu den anderen Methoden der Klasse: Während diese *öffentlich* sind und von jedem Anwendungsprogrammierer genutzt (oder auch nicht genutzt) werden können, ist der Konstruktor eine *Zwangsmaßnahme des Klassenprogrammierers*. So kann dieser erfolgreich verhindern, dass Datenkerne leer bleiben oder Objekte mit unsinnigen Anfangsbelegungen entstehen.

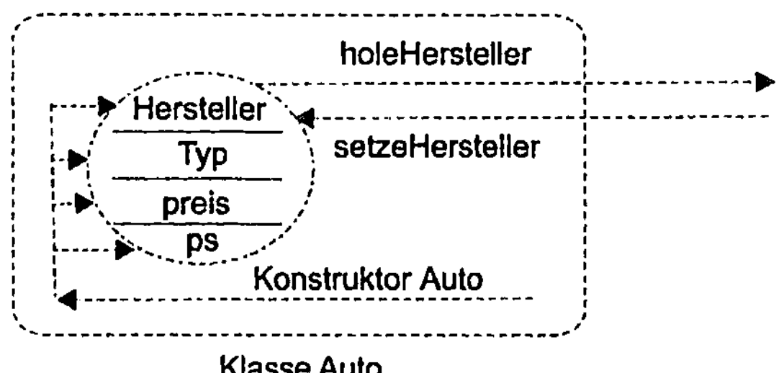

Bild 13.8: Konstruktor und öffentliche Methoden

ÜBUNG *Übung 13.2:* Übernehmen Sie den Java-Quelltext von Beispiel 13_4. Geben Sie ihn in ein und speichern Sie ihn unter dem Namen Uebg13_2. java. Oder öffnen Sie die Datei gleichen Namens im Download-Ordner WGMKap13.

Erweitern Sie die Klasse Auto mit vier weiteren öffentlichen Methoden holePreis und setzePreis und holePs und setzePs. Testen Sie.

Ändern Sie anschließend den Konstruktor so, dass die Startbelegung jedes Auto-Objekts in den Komponenten Hersteller und Typ den leere String "" (also eine Zeichenfolge ohne Zeichen) und in den Komponenten preis und ps die Zahl Null hat. Testen Sie.

Die Lösung finden Sie auf Seite 375. **ÜBUNG**

14 Statische Methoden

Was lernten wir bisher? *Eine Klasse bereitet Objekte vor.* Da die Datenkerne aller Objekte dieser Klasse gekapselt und damit unzugänglich für jeden Nutzprogrammierer sind, *ergänzt* der Klassenprogrammierer die Klasse mit geeigneten *öffentlichen Methoden,* mit deren Hilfe der Umgang mit dem Datenkern möglich wird.

Wird die Klasse durch einen *Konstruktor* ergänzt, erzwingt der Klassenprogrammierer zusätzlich, dass *jedes Objekt der Klasse* bei seiner Erzeugung eine bestimmte, von ihm gewollte *Start-Belegung* im Datenkern bekommt.

14.1 Klassen als Methodensammlungen

DOWNLOAD Alle Java-Quelltexte der Beispiele, Übungsaufgaben und Lösungen dieses Kapitels können von `http://www.w-g-m.de/java.htm` durch Anklicken von `Dateien für Kapitel 14` heruntergeladen werden. Das weitere Vorgehen erfolgt so, wie auf Seite 55 geschildert. Die Bildschirm-Abzüge basieren alle auf JOE – auch in diesem Kapitel werden alle Beispiele damit behandelt.

14.1.1 Zwei Fragen

Sind Klassen eigentlich sinnvoll, die *Objekte mit einem Datenkern,* aber *ohne öffentliche Methoden* vorbereiten?

Sind andererseits Klassen sinnvoll, die *Objekte ohne Datenkern,* aber *mit öffentlichen Methoden* vorbereiten?

Die erste Frage kann guten Gewissens mit „Nein" beantwortet werden: Was sollten wir mit Objekten anfangen, die keine Methoden besitzen. Sie sind wertlos, solche Klassen wären *sinnlos.*

Die zweite Frage dagegen verdient kein solches „Nein" – warum sollen wir nicht eine Klasse als *reine Methodensammlung* vorbereiten dürfen? Was spricht dagegen?

Dagegen spricht nur, dass von einer Klasse, die *keinen Datenkern* vorbereitet, offenbar *keine Objekte* gebildet werden können. Und bisher lernten wir, dass wir zur Nutzung einer Methode zuerst das *Objekt* benennen mussten, aus dessen Datenkern wir etwas erfahren wollten.

Nach dem Punkt kam dann der Methoden-Name, gefolgt vom leeren oder nicht-leeren Klammernpaar.

Und nun wird es keine Objekte, also auch keine Datenkerne geben?

Eine *Methodensammlungs-Klasse* wird nur solche Methoden enthalten können, die *nicht* auf irgendwelche Datenkerne zugreifen, sondern ganz eigenständige Wirkungen haben. Derartige Methoden heißen *statisch*:

> ■ Methoden, die nicht auf Datenkerne von Objekten zugreifen, heißen statisch.

14.1.2 Beispiel: Klasse mit Quadratmethoden

Sehen wir uns beispielhaft an, wie in einer Klasse mit dem Namen Quadrate eine solche *Methodensammlung* entstehen kann:

```
class Quadrate{
    public static int intQuad(int x){
        return x*x;
    }
    public static long longQuad(long x){
        return x*x;
    }
    public static float floatQuad(float x){
        return x*x;
    }
    public static double doubleQuad(double x){
        return x*x;
    }
}                                              //Ende der Klasse
```

Bild 14.1 zeigt die Situation: Die Klasse Quadrate bereitet in der Tat *keine Objekte* vor, denn sie legt nichts für einen Datenkern fest.

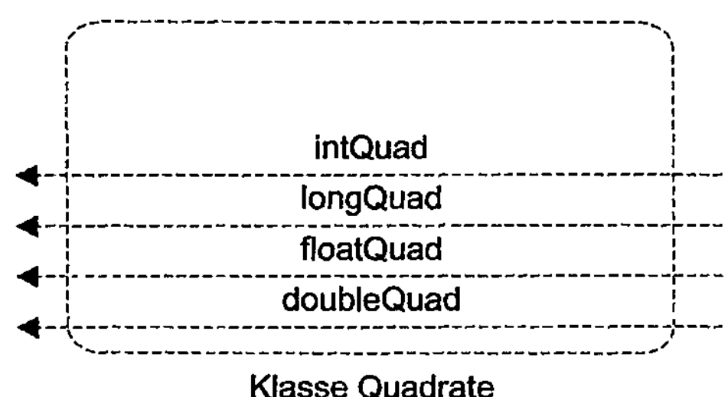

Bild 14.1: Klasse als Methodensammlung

Alle Methoden sind *öffentlich*, also beginnt die Kopfzeile jeder Methode wieder mit `public`.

Alle Methoden *liefern etwas* – also steht nirgends links `void`, sondern der *Typ des Ergebniswertes.*

Alle Methoden *benötigen etwas* – also ist kein Klammernpaar nach dem Methoden-Namen *leer*, sondern enthält (als Ersatz für den unbekannten Eintrag der späteren Nutzer) jeweils passende *Platzhalter.*

Keine Methode greift auf irgendeinen Datenkern zu – also sind alle Methoden *statisch*, das wird durch das neu hinzugekommen Wort `static` ausgedrückt.

Bevor sie vergessen werden – hier sind die vier *Dokumentationen* der neu geschriebenen Methoden der Klasse Quadrate. Sie unterscheiden sich von den bisherigen Dokumentationen nur dadurch, dass in dem links abgesetzten Fenster *vor* den Typ des Ergebniswertes das Wort `static` gesetzt ist:

`static int`	`intQuad(int x)`
	
	`gibt den Quadratwert einer int-Zahl zurück`

`static long`	`longQuad(long x)`
	
	`gibt den Quadratwert einer long-Zahl zurück`

`static float`	`floatQuad(float x)`
	
	`gibt den Quadratwert einer float-Zahl zurück`

`static double`	`doubleQuad(double x)`
	
	`gibt den Quadratwert einer double-Zahl zurück`

14.1.3 Nutzung statischer Methoden

Offensichtlich kann von der Klasse Quadrate niemals irgendein Objekt abgeleitet werden, weil sie keinen Datenkern vorbereitet.

Deshalb müssen wir uns an *zwei verschiedene Regeln für die Arbeit mit Methoden* gewöhnen – eine Regel für *nicht-statische Methoden* (ohne `static` in der Dokumentation) und eine zweite Regel für *statische Methoden*:

Nicht-statische Methoden werden benutzt, indem *zuerst das Objekt* benannt wird, auf dessen Datenkern die Methode zugreifen soll. Nach dem *Punkt* folgt der *Methodenname*, gefolgt vom leeren oder passend belegten *Klammernpaar.*

Statische Methoden werden benutzt, indem zuerst der Name derjenigen *Klasse* angegeben wird, in der die Methode programmiert wurde. Nach dem *Punkt* folgt der *Methodenname*, gefolgt vom leeren oder passend belegten *Klammernpaar.*

Sehen wir uns im kompletten Java-Quelltext (im Download `Bsp14_1.java`) an, wie diese neue Regel in einem *testenden Hauptprogramm* umgesetzt wird:

```
       import java.util.*;                              // erste Kopfzeile
       class Quadrate{
              public static int intQuad(int x){
                 return x*x;
                 }
              public static long longQuad(long x){
                 return x*x;
                 }
              public static float floatQuad(float x){
                 return x*x;
                 }
              public static double doubleQuad(double x){
                 return x*x;
                 }
              }                                         //Ende der Klasse
       public class Bsp14_1 {                           //zweite Kopfzeile
       public static void main(String[] args) {         //dritte Kopfzeile
         Scanner Keyb=new Scanner(System.in);           //vierte Kopfzeile
       //Vereinbarungen
         int x_int; long x_long; float x_float; double x_double;

         System.out.print("int-Zahl:");x_int=Keyb.nextInt();
         System.out.println("Quadrat="+Quadrate.intQuad(x_int));

         System.out.print("long-Zahl:");x_long=Keyb.nextLong();
         System.out.println("Quadrat="+Quadrate.longQuad(x_long));

         System.out.print("float-Zahl:");x_float=Keyb.nextFloat();
         System.out.println("Quadrat="+Quadrate.floatQuad(x_float));

         System.out.print("double-Zahl:");x_double=Keyb.nextDouble();
         System.out.println("Quadrat="+Quadrate.doubleQuad(x_double));
         }                                              //1. Fußzeile
       }                                                //2. Fußzeile
```

Alle vier Methoden *liefern etwas*, nämlich die jeweiligen Quadratzahlen. Sie könnten, wie wir es bisher taten, erst in *passende Zielspeicherplätze* gelenkt werden, deren Inhalte danach ausgegeben werden.

In dem vorliegenden Programm werden diesmal die Ergebniswerte unmittelbar in die Ausgabe-Befehle gelenkt. Auch das ist möglich. Bild 14.2 zeigt das Ergebnis.

 ***Übung 14.1:*** Verwenden Sie den Java-Quelltext von Beispiel 14_1.
Geben Sie ihn ein und speichern Sie ihn unter dem Namen Uebg14_1. java.
Oder öffnen Sie die Datei gleichen Namens im Download-Ordner WGMKap14.

Betrachten Sie zuerst den fachlichen Hintergrund: Entsprechend gesetzlicher
Festlegungen wird auf den Nettopreis jeder Ware und Dienstleistung eine Steu-
er aufgeschlagen, die so genannte Mehrwertsteuer. Der zu zahlenden Bruttopreis ergibt sich dann nach der bekannten Formel

```
Bruttopreis=Nettopreis+Nettopreis*(Mehrwertsteuersatz in %)/100
```

Ihre Aufgabe: Programmieren Sie eine Klasse mit dem Namen Mehrwertsteuer
als *Methodensammlung für die drei statischen Methoden* bruttoPreis, netto-
Preis und mwSteuersatz.

Ersetzen Sie zuerst die vorhandenen Klasse Quadrate durch die folgende Klasse,
die bereits die erste der gesuchten Methoden enthält:

```
class Mehrwertsteuer{
    public static double bruttoPreis(double netto, double mws){
        return netto+netto*mws/100;
    }
}                                            //Ende der Klasse
```

Löschen Sie dann die Tests der Methoden aus der Quadrate-Klasse und schreiben Sie dafür den Test für die erste, bereits vorhandene Methode der Klasse
Mehrwertsteuer in folgender Weise:

```
//Vereinbarungen
double brutto, netto, mws;
//Ausführungsteil
System.out.print("Netto-Preis: ");netto=Keyb.nextDouble();
System.out.print("MW-Steuersatz in %: ");mws=Keyb.nextDouble();
System.out.println("Bruttopreis="+Mehrwertsteuer.bruttoPreis(netto, mws));
```

Überlegen Sie anschließend, wie aus dem *Bruttopreis* und dem *Mehrwertsteuersatz* der *Nettopreis* ermittelt werden kann, ergänzen Sie dann die Klasse Mehrwertsteuer durch die Methode nettoPreis, und ergänzen Sie im Ausführungsteil
den Test für diese Methode.

Schließlich fehlt in der Klasse Mehrwertsteuer noch die Methode mwSteuersatz;
gehen Sie in gleicher Weise vor.

Schreiben Sie abschließend die *Dokumentationen* für die drei
Methoden. Die ausführliche Lösung finden Sie auf Seite 376. 

14.1.4 Statische Methoden in beliebigen Klassen

Es gibt ein ganz wichtiges, unumstößliches *Grundprinzip in Java*:

> Jede, aber auch jede *Methode muss eine Heimat* haben. Es gibt keine heimatlosen Methoden, jede Methode muss *in einer Klasse* programmiert werden.

Bedeutet das nun, dass eine *statische Methode*, die nichts mit einem Datenkern zu tun hat, *immer* in einer Klasse programmiert werden muss, die *keinen Datenkern* vorbereitet, die nur als *Methodensammlung* anzusehen ist?

Heißt das andererseits, dass Klassen, die *Objekte vorbereiten*, nur *nicht-statische Methoden* enthalten dürfen?

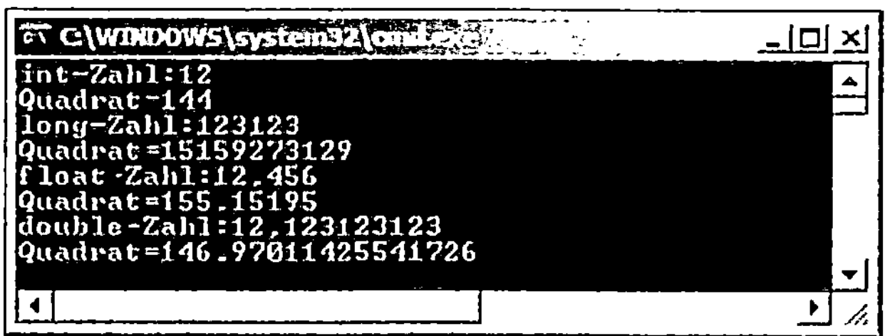

Bild 14.2: Wirkung der vier statischen Methoden

Veranschaulichen wir uns die Situation, indem wir uns den Hof eines Autohändlers vorstellen. Der eine Händler hat in einem separaten Raum die kleinen Geschenke platziert, die er den guten Kunden geben wird: Einen Taschenrechner, eine Uhr, ein Maniküre-Set. Wenn er seinen Gehilfen losschickt, ein Geschenk zu holen, nennt er dabei Raum.

Ein anderer Autohändler hat seine Geschenke in die Handschuhfächer verschiedener Autos gelegt. Sie haben mit dem konkreten Auto nichts zu tun, das konkrete Auto muss nur benannt werden, um das Geschenk zu finden.

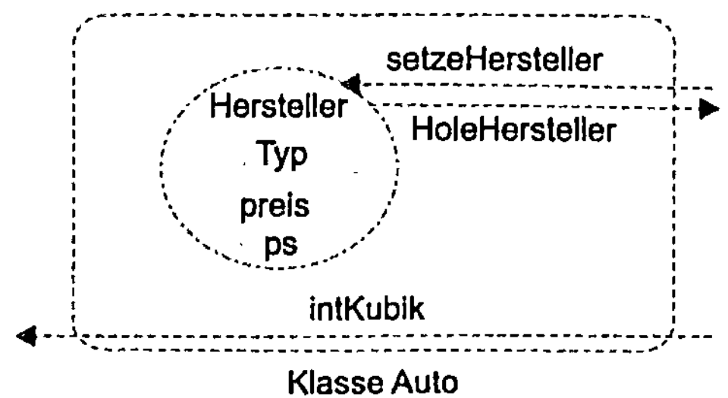

Bild 14.3: Klasse Auto mit einer ergänzenden statischen Methode

Assoziieren wir Auto mit *Objekt*, dann können wir, so sehr der Vergleich hinken mag, uns doch vorstellen, dass es denkbar ist, auch in eine *Klasse*, die Datenkerne und nicht-statische Methoden zum Zugriff vorbereitet, statische Methoden mit aufzunehmen. Als *Zugabe*, als Geschenk.

Betrachten wir dazu unser Beispiel aus dem vorigen Kapitel und versuchen, ob es Proteste vom Java-Compiler javac gibt, wenn wir in unsere Klasse Auto eine *statische Methode* zur Berechnung der Kubikzahl zu einer ganzen Zahl hinzunehmen – als Zugabe, zur Erhöhung der Attraktivität der Klasse:

```java
import java.util.*;                                          // erste Kopfzeile
  class Auto{
      String Hersteller;     ·
      String Typ;
      double preis;
      int ps;
                                        //Nichtstatische Methoden der Klasse
      public String holeHersteller(){
          return Hersteller;
      }
      public void setzeHersteller(String Produzent){
          Hersteller=Produzent;
          }
                                        //Statische Methode der Klasse
      public static int intKubik(int x){
          return x*x*x;
      }
      }                                                     //Ende der Klasse


  public class Bsp14_2 {                                    //zweite Kopfzeile
  public static void main(String[] args) {                 //dritte Kopfzeile
      Scanner Keyb=new Scanner(System.in);                 //vierte Kopfzeile
          int x_int;
          System.out.print("int-Zahl: ");x_int=Keyb.nextInt();
          System.out.println("Kubikzahl="+Auto.intKubik(x_int));
  }                                                        //1. Fußzeile
  }                                                        //2. Fußzeile
```

Bild 14.3 schildert die Situation: Unsere Klasse Auto besitzt nun drei Methoden – die beiden *nicht-statischen Methoden* setzeHersteller und holeHersteller und die *statische Methode* intKubik. Die Methode inKubik kann dabei ruhig als Zugabe angesehen werden, sie könnte ebenso gut auch in einer anderen Klasse programmiert werden.

Sehen wir uns *Vereinbarungs-* und *Ausführungsteil* des Hauptprogramms `main` an, dann erkennen wir, dass diesmal dort *überhaupt kein Objekt* der Klasse `Auto` *erzeugt* wird. Ohne Objekt aber sind weder die `setzeHersteller`- noch die `holeHersteller`-Methode sinnvoll, denn sie sollen ja aktiv und passiv auf einen oder mehrere *Datenkerne* zugreifen.

Die Zugabe-Methode `intKubik` der Klasse `Auto` dagegen ist immer nutzbar, unabhängig davon, ob es Objekte der Klasse gibt oder nicht. Denn bei ihr wird kein *Objektname*, sondern der *Klassenname* vor den Methodennamen gesetzt.

> Statische Methoden können in beliebigen Klassen programmiert werden.

Sehr viele Java-Klassen, die grundsätzlich dafür geschaffen werden, Objekte vorzubereiten und Methoden für den Umgang mit ihren Datenkernen bereitzustellen, enthalten derartige Zugabe-Methoden.

Auch die Klasse `String` enthält neben den Methoden zum Umgang mit den Datenkernen von `String`-Objekten einige statische Methoden. Wir werden uns damit näher in Abschnitt 15.1.2 (Seite 193) beschäftigen.

14.2   Klassen und Pakete

> Java ist eigentlich eine riesengroße Klassensammlung.

Es gibt Klassen, die *Objekte vorbereiten* und Methoden zum Umgang mit den Datenkernen dieser Objekte vorbereiten. Sie können zusätzlich statische Methoden enthalten. Dazu gehört die Klasse `String` aus dem Paket `java.lang`.

Dann gibt es Klassen, die *nur statische Methoden* bereitstellen. Das sind die so genannten *Methodensammlungen*.

Zu solchen Methodensammlungen gehören die Klasse `Math` aus dem Paket `java.lang` und die Klasse `Arrays` aus dem Paket `java.util`, mit denen wir uns im Abschnitt 16 ab Seite 203 näher beschäftigen werden.

> Die riesige Menge der Java-Klassen ist in *Pakete* aufgeteilt. Diese Pakete *fassen thematisch verwandte Klassen zusammen*. Das Paket `java.lang` enthält die meistgebrauchten Klassen.

Grundsätzlich gilt: Will ein *Java-Anwendungsprogrammierer* (bisher auch manchmal als *Nutzprogrammierer* bezeichnet) in seinem Programm Objekte einer bestimmten Klasse erzeugen und deren Methoden nutzen, muss er sie aus dem Paket, in dem sie sich befinden, *importieren*.

> Die Import-Befehle stehen im Regelfall am Anfang des Java-Quelltextes und beginnen mit dem Schlüsselwort `import`.

Will ein Programmierer zum Beispiel eine Methode der Klasse `Arrays` aus dem Paket `java.util` nutzen, muss er den Import-Befehl `import java.util.Arrays;` schreiben.

Schreibt er allgemeiner `import java.util.*`; dann fordert er gleich *alle Klassen dieses Paketes* an, denn der Stern steht als Abkürzung für „alle Klassen". Es ist durchaus üblich, mit diesem Stern zu arbeiten – besser ein paar mehr Klassen importieren als zu wenig.

> Ein einziges Paket muss nicht angefordert werden: Es ist das schon erwähnte Paket `java.lang` mit den Basis-Klassen von Java, unter denen sich auch die Klasse `String` befindet.

Das Paket `java.lang` steht mit allen seine Klassen auch ohne einen `import`-Befehl sofort zur Verfügung. Damit erklärt sich nachträglich, dass wir keine Compiler-Beschwerde bekamen, als wir `String`-Objekte erzeugten und `String`-Methoden benutzten.

14.3 Der Programmrahmen

Seit Abschnitt 3.1.3 auf Seite 22 leben wir mit der unglücklichen und unbefriedigenden Situation, dass wir hinnehmen und *lernen* mussten, dass der Programmrahmen aus *vier Kopfzeilen* und *zwei Fußzeilen* besteht. So sei es, und mehr konnte dazu bisher nicht erklärt werden.

Jetzt endlich können wir den Aufbau des Programmrahmens erklären:

Jedes Java-Programm ist nichts anderes als eine einzige *öffentliche Methode* (`public`), die *nichts liefert* (`void`) und auf *keinen Datenkern zugreift* (`static`) und die *den vorgegebenen Namen* `main` besitzt:

Daraus ergibt sich die *Kopfzeile der Methode* `main` (wir müssen nur noch den Platzhalter `String[] args` in den runden Klammern als gegeben hinnehmen):

```java
public static void main(String[] args){
        // Inhalt der Methode

}
```

Eigentlich würde es ausreichen, uns *nur mit dem Inhalt der Methode* `main` zu beschäftigen. Doch da ist dieses unumstößliche *Java-Grundprinzip*, das keine Ausnahmen duldet:

> Jede, aber auch jede Methode muss eine Heimat haben. Es gibt keine heimatlosen Methoden, jede Methode muss in einer Klasse programmiert werden.

Was also tun? Es muss, allein für die Methode `main`, damit auch sie eine *Heimat* hat, eine *eigene Klasse* programmiert werden:

```java
public class Bsp14_2{
    public static void main(String[] args){
        }
    }
```

Bild 14.4 schildert diese Situation: Unsere Klasse Bsp14_2 ist nichts anderes als eine *Methodensammlung mit der einzigen öffentlichen Methode* main, nur zu dem Zweck programmiert, damit main eine Heimat hat.

Ja, die Sprache Java ist sehr streng, da gibt es keine Ausnahmen. Nicht einmal für main.

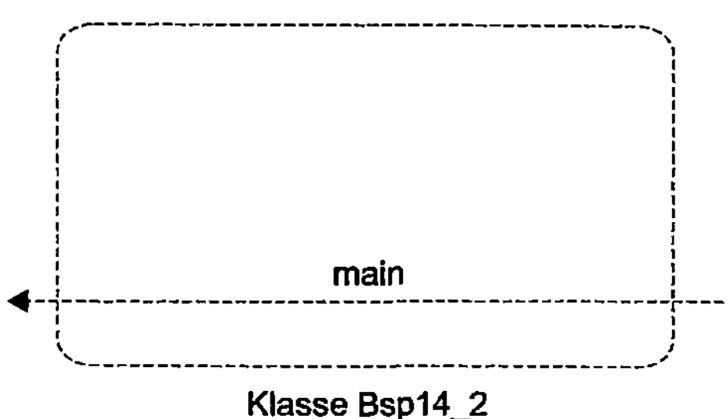

Bild 14.4 Klasse Bsp14_2 *als Heimat für die statische Methode* main

Gut, damit sind vier der sechs Zeilen des Programmrahmens erklärt. Doch wieter – es gab doch sechs Zeilen?

Für die next-Methoden zum Einlesen von der Tastatur (siehe Seiten 70 und 152) wird ein *Objekt der Klasse* Scanner gebraucht. Dieses Objekt bekommt *bei uns* immer den Namen Keyb (für *Tastatur*):

```
Scanner Keyb; Keyb=new Scanner(System.in);
```

Links steht die *Compiler-Information*, rechts erfolgt die *Objekterzeugung*. Nach den Java-Abkürzungsregeln, die wir noch nicht benutzten und die später auf Seite 299 zusammengestellt werden, darf beides abkürzend zusammen geschrieben werden:

```
Scanner Keyb=new Scanner(System.in);
```

Da die Klasse Scanner sich aber nicht im Paket java.lang, sondern im Paket java.util befindet, muss sie eingangs *importiert* werden:

```
import java.util.* ;
```

So erklären sich die vier Kopf- und zwei Fußzeilen, die wir bisher als „Programmrahmen" lernen mussten:

```
import java.util.*;                         // erste Kopfzeile
public class Bsp14_2 {                       //zweite Kopfzeile
  public static void main(String[] args) {   //dritte Kopfzeile
    Scanner Keyb=new Scanner(System.in);     //vierte Kopfzeile


  }                                          //1. Fußzeile
}                                            //2. Fußzeile
```

15 Überladen

15.1   Überladen von Methoden

Java ist eine *riesige Klassensammlung*. Und jede Klasse enthält eine Vielzahl von Methoden – auf Seite 156 wurde beispielsweise berichtet, dass allein die Klasse String von ihrem Klassenprogrammierer mit *mehr als fünfzig Methoden* ausgestattet wurde.

Sie alle sind dokumentiert in `docs/api/java/ lang/ String.html`.

Bei derartigen Dimensionen tritt manchmal die Situation auf, dass *Namen knapp werden*. Schließlich sollen die Namen, die den Methoden gegeben werden, sinnvoll sein und in deutsch oder englisch deutlich auf die *Wirkung der Methoden* hinweisen – denken wir nur an toUpperCase oder toCharArray aus der Klasse String oder holeHersteller oder setzeHersteller unserer Klasse Auto aus dem Abschnitt 13.1.2 (Seite 174).

Hier bietet Java die Möglichkeit des so genannten *Überladens* an:

> Zwei oder mehrere Methoden einer Klasse dürfen denselben Namen bekommen, wenn sich ihre Platzhalter unterscheiden.

15.1.1   Beispiel

Erinnern wir uns an unserer Klasse Quadrate aus dem Abschnitt 14.1.2 von Seite 182: Dort hatten wir unseren *vier statischen Methoden* zur Berechnung von Quadratzahlen die Namen intQuad, longQuad, floatQuad, und doubleQuad gegeben, um damit deutlich auf den Typ des Ergebniswertes hinzuweisen.

Betrachten wir die Situation innerhalb der runden Klammern (...) hinter dem jeweiligen Methodennamen, können wir feststellen, dass dort *vier verschiedene Platzhalter* auftreten:

    intQuad(int x), longQuad(long x), floatQuad(float x), doubleQuad(double x)

Denn ein Platzhalter besteht aus *zwei Teilen*, dem *Typ* und dem *Namen*.

Und der *Platzhalter-Name* x ist zwar viermal derselbe, aber der *Platzhalter-Typ* ist unterschiedlich. Also haben wir hier die Situation, dass die *Platzhalter sich unterscheiden* – also dürfen wir überladen und allen vier Methoden denselben kurzen Namen quad geben:

```java
class Quadrate{
    public static int quad(int x){
        return x*x;
    }
    public static long quad(long x){
        return x*x;
    }
    public static float quad(float x){
        return x*x;
    }
    public static double quad(double x){
        return x*x;
    }
}                                              //Ende der Klasse
```

Damit erhalten wir *vier Versionen der Methode* quad. Es wird aber *keine Konflikte* geben, weil der Java-Compiler javac den *Typ des Speicherplatzes*, der vom Anwendungsprogrammierer in die runden Klammern eingetragen wird, sofort mit dem *Typ des Platzhalters* vergleicht und damit problemlos in der Lage ist, die richtige Methode auszuwählen und anzuwenden:

```java
int x_int;
System.out.print("int-Zahl:");x_int=Keyb.nextInt();
System.out.println("Quadrat="+Quadrate.quad(x_int));
```

Hier erkennt der Compiler, dass ein int-Speicherplatz anstelle des Platzhalters eingetragen ist – folglich wählt er aus der Liste der vier quad-Methoden die erste aus.

```java
double x_double;
System.out.print("double-Zahl:"); x_double=Keyb.nextDouble();
System.out.println("Quadrat="+Quadrate.quad(x_double));
```

In diesem Falle erkennt der Java-Compiler javac, dass ein double-Speicherplatz anstelle des Platzhalters eingetragen ist – folglich wählt er aus der Liste der vier quad-Methoden die letzte aus.

Es gibt trotz der *scheinbaren Namensgleichheit* tatsächlich keine Konflikte.

ÜBUNG *Übung 15.1:* Vervollständigen Sie den Java-Quelltext dieses Beispiels.
Geben Sie ihn in JOE oder einen *Editor* ein und speichern Sie ihn unter dem
Namen Uebg15_1. java. Oder öffnen Sie die Datei gleichen Namens im Ordner
WGMKap15.

Programmieren Sie im Ausführungsteil der Methode main den Test aller vier
quad-Methoden und überzeugen Sie sich, dass trotz der Namensgleichheit tatsächlich vom Java-Compiler die jeweils richtige Methode verwendet wird.

Die Lösung finden Sie auf Seite 376.   **ÜBUNG**

15.1.2 Überladene Methoden der Klasse String

Von der Möglichkeit des Überladens machten und machen die Java-Klassenprogrammierer regen Gebrauch. So hat der Klassenprogrammierer der Klasse String
zum Beispiel sieben statischen Methoden seiner Klasse den gemeinsamen Namen
valueOf gegeben:

`static String`	`valueOf(boolean b)` Returns the string representation of the boolean argument.
`static String`	`valueOf(char c)` Returns the string representation of the char argument.
`static String`	`valueOf(char[] data)` Returns the string representation of the char array argument.
`static String`	`valueOf(double d)` Returns the string representation of the double argument.
`static String`	`valueOf(float f)` Returns the string representation of the float argument.
`static String`	`valueOf(int i)` Returns the string representation of the int argument.
`static String`	`valueOf(long l)` Returns the string representation of the long argument.

Der gemeinsame Name valueOf bedeutet auf deutsch wertVon. Alle sieben Methoden liefern gleichermaßen, links ist es abzulesen, ein String-Objekt.

Dessen Datenkern bekommt durch die vier letztgenannten valueOf-Methoden
die an die jeweilige Methode übergebene *Zahl*, aber *umgewandelt in eine Zeichenfolge:*

Aus der Zahl *Einhundertdreiundzwanzig* in einem int-Speicherplatz erzeugt
die vorletzte valueOf-Methode die *Ziffernfolge* Eins→Zwei→Drei im Datenkern
des Ziel-String-Objekts.

Oder betrachten wir weiter die *erste* der sieben dokumentierten statischen valueOf-Methoden: der Datenkern des String-Objekts müsste dann den Wahrheitswert true oder false bekommen, aber umgewandelt in eine *Zeichenfolge*.

Schreiben wir dazu ein kleines kontrollierendes Programm (im Download: Bsp15_1.java) und lassen uns nicht nur die angekommene Zeichenfolge im Datenkern von Tx1 anzeigen, sondern auch deren Zeichenzahl:

```
import java.util.*;                                    // erste Kopfzeile
public class Bsp15_1 {                                 //zweite Kopfzeile
public static void main(String[] args) {               //dritte Kopfzeile
   Scanner Keyb=new Scanner(System.in);                //vierte Kopfzeile
//Vereinbarungen
   boolean p;
   String Tx1; Tx1=new String();
//Ausführungsteil
   p=true;
   Tx1= String.valueOf(p);
   System.out.println("Inhalt vom Datenkern von Tx1="+Tx1);
   System.out.println("Anzahl der Zeichen="+Tx1.length());
   p=false;
   Tx1= String.valueOf(p);
   System.out.println("Inhalt vom Datenkern von Tx1="+Tx1);
   System.out.println("Anzahl der Zeichen="+Tx1.length());
// ******* Nun kommen die beiden Fußzeilen des Programmrahmens *********
   }                                                   //1. Fußzeile
}                                                      //2. Fußzeile
```

Bild 15.1 zeigt, dass tatsächlich aus den *Wahrheitswerten* true und false die Zeichenfolgen t→r→u→e und f→a→l→s→e geworden sind.

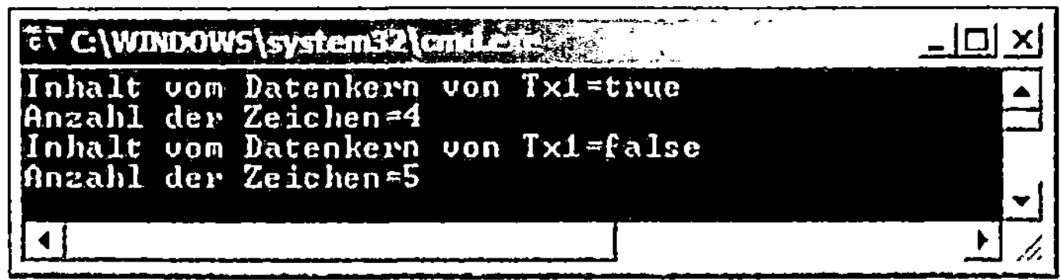

Bild 15.1: Ergebnis der ersten valueOf-*Methode*

Der Test derjenigen valueOf-Methoden, die zu Zeichenfolgen im Datenkern eines String-Objektes führen, die aus einem einzelnen Zeichen (zweite Methode) oder aus ursprünglichen Zahlen (vierte bis siebente Methode) entstehen, wird als Übung empfohlen.

ÜBUNG *Übung 15.2:* Übernehmen Sie den Java-Quelltext von Beispiel 15_1. Geben Sie ihn ein und speichern Sie ihn unter dem Namen Uebg15_2.java. Oder öffnen Sie die Datei gleichen Namens im Download-Ordner WGMKap15.

Programmieren Sie im Ausführungsteil der Methode main zuerst die Belegung eines einzelnen char-Speicherplatzes mit einem Zeichen und dessen Übernahme in den Datenkern des String-Objektes Tx1.

Programmieren Sie weiter *vier Nutzerdialoge* zur Erfassung von je einer int-, long-, float- und double-Zahl, die danach als Zeichenfolge in den Datenkern von Tx1 gebracht werden soll. Was stellen Sie hinsichtlich der Länge fest – wird 123 zur Zeichenfolge Eins→Zwei→Drei mit der Länge 3 oder ergibt sich eine andere Zeichenzahl? Wird vielleicht das (fehlende) Vorzeichen mit berücksichtigt?

Welchen Zeichen-Inhalt bekommt der Datenkern, wenn eine float- oder doub-le-*Zahl* zu einer *Zeichenfolge* konvertiert wird? Was wird aus dem deutschen Dezimalkomma?
Die Lösung finden Sie auf Seite 376. **ÜBUNG**

Alle Methoden sind, wie links abzulesen ist, *statisch*, das heißt, sie sind solche „Zugaben" zu den nicht-statischen, eigentlichen String-Methoden, die wir in Abschnitt 12.5 kennen lernten.

Sehen wir uns an zwei Beispielen an, wie wertvoll diese „Zugaben" aber sind – und erleben gleichzeitig, dass die *Namensgleichheit* für die Programmierung überhaupt keinerlei Hindernis darstellt.

Erste Aufgabe: Der Nutzer gibt in einen long-Speicherplatz eine sehr große Zahl ein, zählt nicht mit, wie viele Ziffern er eingetippt hat. Also möchte er danach sofort erfahren, *wieviele Dezimal-Stellen* er eingetippt hat.

Schreiben wir dafür unser Programm und vergessen dabei wieder nicht, dass *vor den Namen einer statische Methode der Klassen-Name* zu schreiben ist (im Download: Bsp15_2.java):

```
import java.util.*;                          // erste Kopfzeile
public class Bsp15_2 {                       //zweite Kopfzeile
public static void main(String[] args) {     //dritte Kopfzeile
   Scanner Keyb=new Scanner(System.in);      //vierte Kopfzeile
//Vereinbarungen
   long x;
   String Tx;
   Tx=new String();
```

```
//Ausführungsteil
    System.out.print("long-Zahl:");x =Keyb.nextLong();
    Tx=String.valueOf(x);
    System.out.println("Stellenzahl="+Tx.length());
    // ******* Nun kommen die beiden Fußzeilen des Programmrahmens **********
    }                                                        //1. Fußzeile
}                              .                             //2. Fußzeile
```

Wir haben hier wieder den Ergebniswert der String-Methode length, die aus dem Datenkern die Zeichenzahl liefert, sofort in die Ausgabe gelenkt. Sehen wir uns in Bild 15.2 das Ergebnis an.

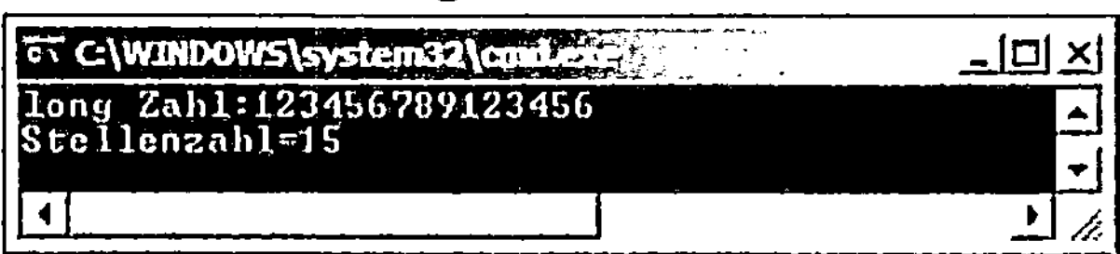

Bild 15.2: Stellenzahl einer long-*Zahl*

Unser zweites Programmbeispiel soll die Aufgabe lösen, eine vom Nutzer eingegebene Zeichenfolge *umgekehrt* wieder auszugeben (z. B. aus der Zeichenfolge Potsdam die Zeichenfolge madstoP zu machen).

Dazu benötigen wir je einen String für Erfassung und Ausgabe, ein char-Feld für die einzelnen Zeichen in richtiger Reihenfolge, und ein anderes char-Feld für die Umkehrung (im Download: Bsp15_3.java):

```
public class Bsp15_3 {                                  //zweite Kopfzeile
public static void main(String[] args) {               //dritte Kopfzeile
    Scanner Keyb=new Scanner(System.in);               //vierte Kopfzeile
//Vereinbarungen
    char[] z1,z2; z1=new char[100];z2=new char[100];
    String Tx1, Tx2; Tx1=new String(); Tx2=new String();
    int laenge;
//Ausführungsteil
    System.out.print("Zeichenfolge:");Tx1 =Keyb.nextLine();  //(1)
    laenge=Tx1.length();                                     //(2)
    z1=Tx1.toCharArray();                                    //(3)
    for(int i=0;i<=laenge-1;i++){                            //(4)
        z2[laenge-1-i]=z1[i];                               //(5)
        }
    Tx2=String.valueOf(z2);                                 //(6)
    System.out.println("umgekehrt="+Tx2); .                 //(7)
```

```
// ******* Nun kommen die beiden Fußzeilen des Programmrahmens **********
    }                                                            //1. Fußzeile
  }                                                              //2. Fußzeile
```

An diesem Beispiel können wir die Unterschiede der beiden verwendeten String-Methoden sehen: Im Befehl //(3) wird mit Hilfe der *nicht-statischen Methode* toCharArray der Inhalt des Datenkerns von Tx1 in die nummerierten Speicherplätze des char-Feldes z1 verteilt. Im Befehl //(6) dagegen werden mit Hilfe der passenden *statischen Methode* aus der valueOf-Methoden-Menge die Inhalte der belegten Feldelemente des char-Feldes z2 im Datenkern des String-Objekts Tx2 zu einer Zeichenfolge zusammengefügt.

Die Zählschleife //(4) und //(5) sorgt schließlich dafür, dass die Zeichen aus dem Feld z1 in umgekehrter Reihenfolge in das Feld z2 kommen.

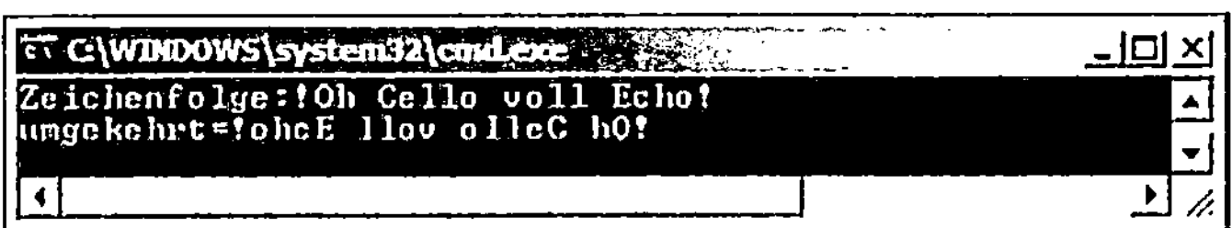

Bild 15.3: Zeichenfolge vorwärts und rückwärts

ÜBUNG *Übung 15.3:* Übernehmen Sie den Java-Quelltext von Beispiel 15_2. Geben Sie ihn ein und speichern Sie ihn unter dem Namen Uebg15_3.java. Oder öffnen Sie die Datei gleichen Namens im Download-Ordner WGMKap15.

Verändern Sie den Vereinbarungs- und Ausführungsteil: Vereinbaren und erzeugen Sie zwei String-Objekte Tx1 und Tx2 sowie einen char-Speicherplatz z.

Überlegen Sie dann, welches Ergebnis die Befehlsfolge erbringen müsste.

```
Tx1= "1+3=";
z= '4';
Tx2=Tx1.concat(String.valueOf(z));
```

Testen Sie, ob Ihre Vermutung stimmt.

Was halten Sie von der folgenden „alternativen Kurzfassung", kann sie korrekt und sinnvoll sein?

```
Tx1= "1+3=";
z= '4';
Tx2=Tx1+z;
```

Testen Sie und lassen Sie sich überraschen – Java ist leider in seiner Version 5 doch nicht mehr so konsequent wie früher. Schade. **ÜBUNG**

Die Lösung finden Sie auf Seite 376.

15.2 Überladen von Konstruktoren

15.2.1 Beispiel

> Ein *Konstruktor* ist eine spezielle *Methode*, die *denselben Namen trägt wie die Klasse*, die niemals öffentlich oder statisch ist, niemals einen Wert liefert.

> Eine wichtige Aufgabe eines Konstruktors besteht darin, für eine *Startbelegung des Datenkerns* bei der Erzeugung eines Objektes zu sorgen.

Dafür wird der Konstruktor automatisch aufgerufen, jedes Mal, wenn ein Objekt der Klasse erzeugt wird.

Erinnern wir uns an unsere Klasse Auto aus Abschnitt 13.2 (Seite 178) und unseren dortigen Konstruktor, der dafür sorgte, dass im Datenkern jedes neuen Auto-Objekts immer dieselben vier Angaben eingetragen werden:

```
import java.util.*;                        // erste Kopfzeile
class Auto{                                //Beginn der Klasse
    String Hersteller;
    String Typ;
    double preis;
    int ps;
//Konstruktor
    Auto(){
        Hersteller="Borgward";
        Typ="Isabella";
        preis=9876.54;
        ps=90;
        }                                  //Ende des Konstruktors
//Methoden der Klasse
    ................................
    ................................
    ................................
    }                                      //Ende der Klasse
```

Wem diese *Startbelegung* nicht gefällt, der kann anschließend, wenn das Objekt vorhanden ist, mit Hilfe von setze...-Methoden für andere Belegungen im Datenkern sorgen.

Aber warum wollen wir nicht die *zusätzliche Möglichkeit* schaffen, dass ein Programmierer gleich bei der Objekterzeugung mit Hilfe von zwei String-Objekten und zwei Speicherplätzen *seine eigene Startbelegung* festlegen kann?

Wo liegt das Problem? Es liegt darin, dass wir nicht wissen können, wie die späteren String-Objekte und Speicherplätze des Programmierers heißen werden, mit deren Hilfe er seine individuelle Startbelegung erreichen möchte. Die Lösung: Wir verwenden vier passende *Platzhalter* und programmieren damit einen *zweiten Konstruktor.*

```
                                                  //zweiter Konstruktor
Auto(String H, String T, double pr, int psz){
        Hersteller=H;
        Typ=T;
        preis=pr;
        ps=psz;
        }                           //Ende des zweiten Konstruktors
```

Nun gibt es für den Nutzer der Klasse Auto zwei Möglichkeiten zur Objekterzeugung (im Download: Bsp15_4.java):

```
Auto Pkw1, Pkw2;                              //Compiler-Info
Pkw1=new Auto();
Pkw2=new Auto("VW","Golf",22222.22,123);
```

Auch hier können wir vom *Überladen* sprechen: Für jedes Objekt vergleicht der Compiler javac beim Umsetzen des new-Befehls zur Objekterzeugung den Inhalt des runden Klammernpaares mit den Platzhalterlisten der verschiedenen, gleichnamigen Konstruktoren Auto:

Beim Objekt Pkw1 wird folglich der erste Konstruktor benutzt, denn das Klammernpaar ist leer: Pkw1=new Auto(); Beim Objekt Pkw2 finden sich an den ersten beiden Positionen String-Objekte (an der Einschließung in Paare "" zu erkennen), dann ein double-Wert und schließlich ein int-Wert. Da diese Anordnung genau mit der *Platzhalter-Reihenfolge im zweiten Konstruktor* übereinstimmt, wird dieser verwendet.

Übrigens – würde die *Reihenfolge der Eintragungen* in folgender Weise vertauscht

```
Pkw2=new Auto(123,"VW","Golf",22222.22);
```

gäbe es sofort eine entsprechende Fehlermeldung (Bild 15.4), da es keinen Konstruktor gibt, dessen Platzhalter in der *Reihenfolge* int→String→String→ double angeordnet sind.

```
C:\java_wgm\WGMKap15\Bsp15_4.java:41: cannot find symbol
symbol    : constructor Auto(int,java.lang.String,java.lang.String,double)
location: class Auto
  Pkw2=new Auto(123,"VW","Golf",22222.22);
                    ^
```

Bild15.4 Fehlermeldung bei fehlendem Konstruktor

ÜBUNG *Übung 15.4:* Vervollständigen Sie den Java-Quelltext dieses Beispiels und geben Sie ihn ein. Speichern Sie ihn unter dem Namen Uebg15_4.java. Oder öffnen Sie die Datei gleichen Namens im Download-Ordner WGMKap15. Testen Sie die beiden Konstruktoren.

Programmieren Sie dann *zwei weitere Konstruktoren dieser Klasse:*

Der *dritte Konstruktor* soll lediglich zwei Strings entgegennehmen – er ist für Anwendungsprogrammierer gedacht, die nur den Wunsch haben, *Hersteller und Typ* bei der Objekterzeugung differenziert belegen zu können. Die beiden Zahlen-Komponenten des Datenkerns sollen anfangs bei jedem erzeugten Objekt einheitlich mit Null belegt werden. Testen Sie.

Schließlich soll der *vierte Konstruktor* für Anwendungsprogrammierer geschrieben werden, die bei der Objekterzeugung eines Auto-Objekts nur den *Hersteller* variabel festlegen möchten. Die Komponente Typ soll im Datenkern jedes neuen Objekts anfangs mit dem leeren String "" belegt sein, die beiden Zahlenkomponenten mit Null. Testen Sie.

Die Lösung finden Sie auf Seite 377.

ÜBUNG

15.2.2 Überladene Konstruktoren der Klasse String

Die Java-Klassenprogrammierer haben auch bei der *Bereitstellung von Konstruktoren* umfangreich von der Möglichkeit des Überladens Gebrauch gemacht, damit die späteren Nutzer der Klasse bereits *bei der Objekterzeugung variabel* vorgehen können.

So finden sich in der Dokumentation der Klasse String unter der Überschrift Constructor Summary fast ein Dutzend verschiedene Konstruktoren.

Wir wollen uns mit den folgenden drei Konstruktoren der Klasse String beschäftigen und der Dokumentation entnehmen, welche Möglichkeiten sich für die Startbelegungen im Datenkern neu erzeugter String-Objekte ergeben:

```
String()
Initializes a newly created String object so that it represents an
empty character sequence.
```
```
String(String original)
Initializes a newly created String object so that it represents the
same sequence of characters as the argument; in other words, the
newly created string is a copy of the argument string.
```
```
String(char[] value)
Allocates a new String so that it represents the sequence of charac-
ters currently contained in the character array argument.
```

Betrachten wir die verschiedenen *Inhalte der runden Klammern* nach dem Konstruktor-Namen String, dann ergeben sich daraus die folgenden *drei Möglichkeiten* zum Formulieren der new-Anweisung zur Erzeugung eines neuen String:

Möglichkeit 1: Das Klammernpaar darf leer bleiben:

```
String Tx1; Tx1=new String();
```

Dann wird der Datenkern des erzeugten String-Objekts mit dem *leeren String* "" belegt.

Der leere String ist eine Zeichenfolge ohne Zeichen.

Möglichkeit 2: Das Paar der runden Klammern darf *einen* String enthalten.

Das heißt, es darf in den Klammern *entweder eine konkrete Zeichenfolge* stehen

```
String Tx2a; Tx2a=new String("Gabler");
```

oder es darf dort der *Name eines anderen* String-*Objekts* eingetragen sein:

```
String Tx2b_start; Tx2b_start=new String("Teubner");
String Tx2b; Tx2b=new String(Tx2b_start);
```

Möglichkeit 3: Das Paar der runden Klammern darf *den Feldnamen eines* char-*Feldes* enthalten:

```
char[] z;z=new char[6];
z[0]='V'; z[1]='i'; z[2]='e'; z[3]='w'; z[4]='e'; z[5]='g';
String Tx3; Tx3=new String(z);
```

Sehen wir uns einen Java-Quelltext an (im Download: Bsp15_5.java), in dem alle drei Varianten mit den vier Möglichkeiten demonstriert sind:

```
import java.util.*;                                 // erste Kopfzeile
public class Bsp15_5 {                              //zweite Kopfzeile
public static void main(String[] args) {            //dritte Kopfzeile
   Scanner Keyb=new Scanner(System.in);             //vierte Kopfzeile
//Vereinbarungen
   String Tx1; Tx1=new String();
   String Tx2a; Tx2a=new String("Gabler");
   String Tx2b_start; Tx2b_start=new String("Teubner");
   String Tx2b; Tx2b=new String(Tx2b_start);
   char[] z;z=new char[6];
   z[0]='V'; z[1]='i'; z[2]='e'; z[3]='w'; z[4]='e'; z[5]='g';
   String Tx3; Tx3=new String(z);
```

```java
//Ausführungsteil
    System.out.println("Inhalt des Datenkerns von Tx1="+Tx1);
    System.out.println("Inhalt des Datenkerns von Tx2a="+Tx2a);
    System.out.println("Inhalt des Datenkerns von Tx2a="+Tx2b);
    System.out.println("Inhalt des Datenkerns von Tx3="+Tx3);
// ******* Nun kommen die beiden Fußzeilen des Programmrahmens **********
    }                                                       //1. Fußzeile
}                                                           //2. Fußzeile
```


Bild 15.5: Wirkung der drei String-*Konstruktoren*

16 Noch einmal: Methoden

16.1 Methodensammlungen in Java

Schade, dass noch so viel über Java zu sagen ist und nur noch recht wenige Seiten für dieses Buch zur Verfügung stehen. Warum? Weil Java, wie schon mehrfach betont, eine *ungeheuer leistungsfähige Methodensammlung* darstellt:

Es gibt nahezu keine Aufgabenstellung in der Programmierung, für die sich nicht in einer bestimmten *Java-Klasse* eines bestimmten *Java-Pakets* eine passende *Methode* finden ließe, um die Aufgabe zu lösen:

> Problemlösung mit Java, das heißt vor allem *Suchen, Finden und Nutzen geeigneter Methoden.*

Vor allem die *statischen Methoden*, diese Inhalte von *Methodensammlungen*, die aber auch angeboten werden als *Zugaben* in den *verschiedensten objekt-vorbereitenden Klassen*, machen die *gewaltige Leistungsfähigkeit von Java* aus.

Denn Java ist erst in den 90er Jahren des vergangenen Jahrhunderts entstanden, die Schöpfer von Java konnten auf einen *Fundus von vierzig Jahren Programmier-Erfahrung*, von *vierzig Jahren Problemlösung mit Computern* zurückgreifen:

> Java enthält die *Summe des bisherigen menschlichen Wissens in der Informatik.*

Was tun? Wir müssen uns also sehr einschränken, uns auf *wichtige Klassen* und *wichtige statische Methoden* aus diesen Klassen konzentrieren.

> Das Ziel dieses Kapitels kann also nicht heißen, einen umfassenden Überblick über *alle Klassen und alle Methoden* zu bekommen. Das Ziel dieses Kapitels kann nur darin bestehen, exemplarisch eine Reihe *interessanter statischer Methoden* vorzustellen und damit die Fähigkeit zu vermitteln, später selbständig weiter *zielgerichtet suchen und anwenden* zu können.

Deshalb stellen wir vor allem die statischen Methoden aus den *Klassen* Math, Character, Double, Float, Integer und Long des *Basis-Paketes* java.lang vor.

Ergänzen werden wir sie durch die Vorstellung der leistungsfähigen Methoden-sammlung in der Klasse Arrays aus dem Paket java.util.

16.2 Die Klasse Math des Paketes java.lang

16.2.1 Die Gruppe der abs-Methoden

Die Klasse Math im Paket java.lang bereitet keinen Datenkern vor. Sie ist als *reine Methodensammlung* konzipiert, enthält mehr als vierzig einzelne Methoden, die folglich alle *statisch* sein müssen (siehe Abschnitt 14.1.1 ab Seite 181).

Die Methoden der Klasse Math sind durch *Mehrfachverwendung gleicher Namen* in Gruppen eingeteilt. Das erkennen wir gleich an der ersten Gruppe der vier abs-Methoden, die zu einer gegebenen Zahl oder zu dem Inhalt eines gegebenen Zahlenspeicherplatzes den zugehörigen *Absolutbetrag* zurückgeben:

static double	abs(double a) Returns the absolute value of a double value.
static float	abs(float a) Returns the absolute value of a float value.
static int	abs(int a) Returns the absolute value of an int value.
static long	abs(long a) Returns the absolute value of a long value.

Da die *Platzhalter* alle verschieden sind (zwar besitzen sie den gleichen Namen a, aber unterschiedliche Typ-Bezeichnungen double, float, int bzw. long), kann der Java-Compiler javac aus der Analyse der vom Anwendungsprogrammierer in den Klammern eingetragenen *Zahl* oder des *eingetragenen Speicherplatzes* zweifelsfrei entscheiden, welche Methode anzuwenden ist.

Für das folgende Beispiel wird der Java-Compiler javac die erste der vier abs-Methoden auswählen.

```
//Vereinbarungen
  double x_double;
//Ausführungsteil
  System.out.print("double-Zahl eingeben:");x_double=Keyb.nextDouble();
  System.out.println("Absolutbetrag="+Math.abs(x_double));
```

Wir haben es hoffentlich nicht vergessen – da die vier abs-Methoden alle *statisch* sind, muss dem *Methoden-Namen* der *Name der Klasse* vorangestellt werden.

Bild 16.1 verdeutlicht die Situation: Die Klasse Math bereitet überhaupt keinen Datenkern vor, sie enthält als *reine Methodensammlung* (neben vielen anderen) die eben vorgestellten vier statischen abs-Methoden.

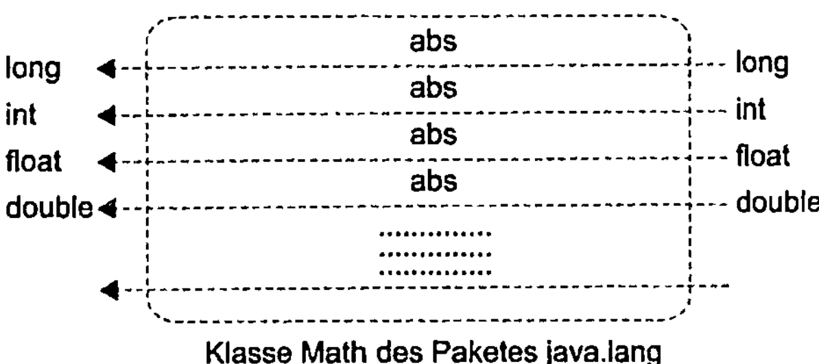

Bild 16.1: Vier abs *-Methoden in der Klasse* Math

ÜBUNG *Übung 16.1:* Vervollständigen Sie den Java-Quelltext dieses Beispiels.

Geben Sie ihn ein und speichern Sie ihn unter dem Namen Uebg16_1.java. Oder öffnen Sie die Datei gleichen Namens im Download-Ordner WGMKap16.

Testen Sie mit positiven und negativen double-Zahlen. Vergessen Sie dabei nicht, dass die nextDouble-Methode das deutsche Dezimal*komma* verlangt.

Vereinbaren Sie weitere drei Speicherplätze x_float, x_int und x_long, programmieren Sie auch dafür den Nutzerdialog zur Belegung, lassen Sie deren Absolutbeträge ausgeben.

Die Lösung finden Sie auf Seite 377.

ÜBUNG

16.2.2   Die Gruppe der max- und min-Methoden

Die Punktreihen in Bild 16.1 deuteten es an – die Methodensammlung der Klasse Math des Paketes java.lang enthält viele weitere statische Methoden.

Wir wollen uns nun zwei weitere Gruppen von *überladenen statischen Methoden*, also von mehreren Methoden mit *jeweils gleichem Namen, aber verschiedenen Platzhaltern,* ansehen:

Da sind zuerst vier max-*Methoden*, die zu jeweils zwei eingegebenen Zahlen oder passend eingetragenen Namen von Speicherplätzen den *größten Wert* ermitteln und ausgeben.

static double	max(double a, double b)
	Returns the greater of two double values.

static float	max(float a, float b) Returns the greater of two float values.
static int	max(int a, int b) Returns the greater of two int values.
static long	max(long a, long b) Returns the greater of two long values.

Als Gegenstück dazu gibt es die vier min-*Methoden*, die zu jeweils zwei eingegebenen Zahlen oder passend eingetragenen Namen von Speicherplätzen den *kleinsten Wert* ermitteln und ausgeben.

static double	min(double a, double b) Returns the smaller of two double values.
static float	min(float a, float b) Returns the smaller of two float values.
static int	min(int a, int b) Returns the smaller of two int values.
static long	min(long a, long b) Returns the smaller of two long values.

Die Anwendung dieser Methoden ist nicht schwer; sie sei dem Anfänger trotzdem als Übung empfohlen.

Eine interessante Frage allerdings ist noch zu klären: Alle Methoden scheinen nur für den klaren Fall programmiert worden zu sein, dass *gleichartige Speicherplätze* untersucht werden und das jeweilige Maximum (Minimum) wieder in einen *Ergebnis-Speicherplatz desselben Typs* gelenkt wird (d. h. double-double→double, float-float→float, int-int→int bzw. long-long→long).

Was passiert aber, wenn wir versuchen, die Inhalte eines long- und eines double-Speicherplatzes vergleichen zu lassen?

```
//Vereinbarungen
  double x_double;long x_long;
```

```
//Ausführungsteil
  System.out.print("double-Zahl eingeben:");x_double=Keyb.nextDouble();
  System.out.print("long-Zahl eingeben:");x_long=Keyb.nextLong();
  System.out.println("Maximum="+Math.max(x_long, x_double));
```

Eigentlich müsste es hier eine *Fehlermeldung* geben, denn unter den vier max-Methoden der Klasse Math gibt es offensichtlich keine mit einer passenden Dokumentation:

`static ?????`	`max(long a, double b)` `Returns the greater of double and long values.`

Doch die Fehlermeldung bleibt aus – stattdessen gibt es, wie Bild 16.2 zeigt, eine korrekte Ergebnisausgabe:

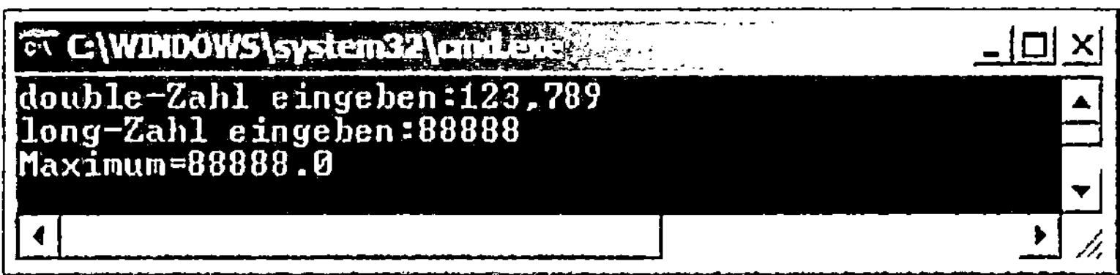

Bild 16.2: Vergleich von `double` *und* `long`

Offensichtlich hat der Java-Compiler `javac` doch eine der vier `max`-Methoden erfolgreich zur Anwendung gebracht. Versuchen wir herauszufinden, welche er verwendete und weshalb.

Wir können das erfahren, indem wir den Ergebniswert nicht sofort in die Ausgabe lenken, sondern *vier verschiedene Ergebnis-Speicherplätze* probieren (im Download: `Bsp16_1.java`):

```
import java.util.*;                                    // erste Kopfzeile
public class Bsp16_1 {                                 //zweite Kopfzeile
public static void main(String[] args) {               //dritte Kopfzeile
  Scanner Keyb=new Scanner(System.in);                 //vierte Kopfzeile
//Vereinbarungen
  double x_double;long x_long;
   int erg_int; float erg_float; double erg_double; long erg_long;
//Ausführungsteil
   System.out.print("double-Zahl eingeben:"); x_double=Keyb.nextDouble();
   System.out.print("long-Zahl eingeben:"); x_long=Keyb.nextLong();
//   System.out.println("Maximum="+Math.max(x_long, x_double));
   erg_int=Math.max(x_long, x_double);
   erg_float=Math.max(x_long, x_double);
   erg_double=Math.max(x_long, x_double);
   erg_long=Math.max(x_long, x_double);
   System.out.println("Maximum="+erg_double);
// ******* Nun kommen die beiden Fußzeilen des Programmrahmens *********
   }                                                   //1. Fußzeile
}                                                      //2. Fußzeile
```

Wie zu erwarten, erhalten wir *drei Fehlermeldungen* von Java-Compiler `javac`:

```
C:\java_wgm\WGMKap16\Bsp16_1.java:13: possible loss of precision
found   : double
required: int
  erg_int=Math.max(x_long, x_double);
                   ^
C:\java_wgm\WGMKap16\Bsp16_1.java:14: possible loss of precision
found   : double
required: float
  erg_float=Math.max(x_long, x_double);
                     ^
C:\java_wgm\WGMKap16\Bsp16_1.java:16: possible loss of precision
found   : double
required: long
  erg_long=Math.max(x_long, x_double);
                    ^
```

Bild 16.3: Fehlermeldungen des Java-Compilers

Der Compiler teilt in der Fehlermeldung zuerst mit, dass er das Ergebnis nicht in den int-Speicherplatz erg_int lenken kann.

Außerdem sieht er sich außerstande, das Ergebnis in den float-Speicherplatz erg_float oder in den long-Speicherplatz erg_long lenken zu können.

Weil, so steht es in der Fehlermeldung, das Ergebnis den Typ double hat: (found: double, d. h. double *wurde gefunden*).

Damit können wir die Situation erklären: Werden an die Gruppe der max-Methoden *zwei verschiedenartige Speicherplätze* übergeben, wird durch den Java-Compiler javac diejenige max-Methode ausgewählt, die die leistungsfähigsten Speicherplätze verarbeitet: Bei uns standen double und long zur Debatte, folglich kam die double-double→double Methode zur Anwendung.

ÜBUNG *Übung 16.2:* Übernehmen Sie den Java-Quelltext des Beispiels 16_1 und geben Sie ihn dann selbst in JOE oder einen *Editor* ein und speichern Sie ihn unter dem Namen Uebg16_2.java. Oder – öffnen Sie die Datei gleichen Namens im Download-Ordner WGMKap16. Ändern Sie: Lassen Sie jetzt die Inhalte eines int- und eines long-Speicherplatzes vergleichen.

Finden Sie durch Analyse der Fehlermeldung heraus, welche max-Methode der Klasse Math hier nicht nutzbar ist. Welche drei max-Methoden kann der Compiler zur Anwendung bringen? Erklären Sie, was passiert.

Die Lösung finden Sie auf Seite 377.   **ÜBUNG**

Bleiben wir noch ein wenig bei der Klasse Math, dieser interessanten Methodensammlung aus dem Paket java.lang.

16.2.3   Methoden für die mathematischen Funktionen

Nun ist es auch erklärbar, warum für die gebräuchlichsten *mathematischen Funktionen* Quadratwurzel, Kubikwurzel, Exponentialfunktion (e^x), natürlicher Logarithmus (ln x), Sinus, Cosinus und Tangens nur *jeweils eine Methode* durch den Klassenprogrammierer der Klasse Math vorbereitet wurde:

`static double`	`sqrt(double a)` `Returns the correctly rounded positive square root of a double value.`
`static double`	`cbrt(double a)` `Returns the cube root of a double value.`
`static double`	`exp(double a)` `Returns Euler's number e raised to the power of a double value.`
`static double`	`log(double a)` `Returns the natural logarithm (base e) of a double value.`
`static double`	`sin(double a)` `Returns the trigonometric sine of an angle.`
`static double`	`cos(double a)` `Returns the trigonometric cosine of an angle.`
`static double`	`tan(double a)` `Returns the trigonometric tangent of an angle.`

Wird an eine solche Methode ein int-, long- oder float-Speicherplatz übergeben, dann wird der Inhalt dieses Speicherplatzes *zuerst* nach double *konvertiert*, erst danach wird *gerechnet*. Falls das Rechen-Ergebnis anschließend nicht sofort auf den Bildschirm, sondern in einen *Speicherplatz* gelenkt werden sollte – dann *muss* dieser *Zielspeicherplatz* vom Typ double sein.

Ist eigentlich auch verständlich – warum sollten wir Genauigkeit verschenken?

16.2.4   Die Gruppe der round-Methoden und die Rundung

Betrachten wir nun zwei weitere Methoden der Methodensammlung Math aus dem Paket java.lang:

`static long`	`round(double a)` `Returns the closest long to the argument.`
`static int`	`round(float a)` `Returns the closest int to the argument.`

Mit Hilfe dieser Methoden, die beide *auf die nächstliegende ganze Zahl* runden, kann jeder Dezimalbruch, der sich in einem float- oder double-Speicherplatz befindet, auf eine *gewünschte Stellenzahl* gerundet werden.

Beispiel: Die Zahl 123,6789 soll auf zwei Stellen nach dem Komma gerundet werden. Wie gehen wir vor?

Schritt 1: Die Zahl wird mit 100 multipliziert: 12367,89

Schritt 2: Das Ergebnis wird auf die nächstliegende ganze Zahl gerundet: 12368

Schritt 3: Das Rundungsergebnis wird durch 100 dividiert: 123,68

Im folgenden Java-Quelltext wird diese Vorgehensweise für eine vom Nutzer eingegebene double-Zahl umgesetzt (im Download: Bsp16_2.java):

```
import java.util.*;                                  // erste Kopfzeile
public class Bsp16_2 {                               //zweite Kopfzeile
public static void main(String[] args) {            //dritte Kopfzeile
  Scanner Keyb=new Scanner(System.in);              //vierte Kopfzeile

//Vereinbarungen
  double x_vorher, x_nachher;long x_long;

//Ausführungsteil
  System.out.print("double-Zahl eingeben:");x_vorher=Keyb.nextDouble();

  x_vorher=x_vorher*100;

  x_long=Math.round(x_vorher);

  x_nachher=((double) x_long)/100;

  System.out.println("Gerundet="+x_nachher);
// ******* Nun kommen die beiden Fußzeilen des Programmrahmens **********
  }                                                   //1. Fußzeile
}                                                     //2. Fußzeile
```

Hier ist eine kleine, aber wichtige Erinnerung an den grundlegenden Abschnitt 6.6.2 hilfreich: Auf der Seite 80 beschäftigten wir uns mit der *Problematik der Division ganzer Zahlen* – daran müssen wir auch hier wieder denken. Würden wir einfach programmieren

```
  x_nachher=x_long/100;
```

gäbe es ein *falsches Ergebnis* –dann käme in x_nachher nur der *ganze Anteil des Divisionsergebnisses* an. Richtig ist also

```
  x_nachher=((double) x_long)/100;
```

Wir können dasselbe auch erreichen, wenn der Divisor als double-Zahl 100.0

```
  x_nachher=x_long)/100.0;
```

geschrieben wird.

ÜBUNG *Übung 16.3:* Übernehmen Sie den Java-Quelltext des Beispiels 16_2.

Geben Sie ihn ein und speichern Sie ihn unter dem Namen Uebg16_3.java. Oder öffnen Sie die Datei gleichen Namens im Download-Ordner WGMKap16.

Erweitern Sie das Programm: Nach der Erfassung der double-Zahl soll der Nutzer zusätzlich gefragt werden, auf wieviele Stellen nach dem Dezimal-Trennzeichen gerundet werden soll. Dann ist die Rundung durchzuführen.

Die Lösung finden Sie auf Seite 377. **ÜBUNG**

16.2.5 Die Methode pow

Wenn am Beginn des kommenden Jahres ein *Kapital von 1000 Euro* bei einer Bank eingezahlt wird, dort *20 Jahre* lang liegt und mit *drei Prozent jährlich* verzinst wird – welche Summe kann *am Ende des zwanzigsten Jahres* abgehoben werden?

Diese *Zinseszinsformel* kennt wohl jeder:

$$\text{Endkapital=Startkapitel*(1+(Zinssatz in Prozent)/100)}^{(\text{Anzahl der Jahre})}$$

Jeder bessere Taschenrechner besitzt dafür auch eine Taste $\boxed{y^x}$ - doch wie können wir eine *Potenz* mit Java berechnen?

Natürlich wird sich auch für das *Potenzieren* eine Methode in der Klasse Math finden – wo sonst? Suchen wir die Dokumentation:

static double	pow(double a, double b) Returns the value of the first argument raised to the power of the second argument.

Diese Methode besitzt zwei double-Platzhalter; an der Stelle des ersten Platzhalters erwartet sie die *Basis*, an der Stelle des zweiten Platzhalters den *Exponenten*. Basis und Exponent können aus double-, aber auch aus int-, long- oder float-Speicherplätzen stammen; soll das Ergebnis allerdings in einen *Zielspeicherplatz* gelenkt werden, *muss* dieser vom Typ double sein.

Sehen wir uns ein Beispielprogramm an, das per Nutzerdialog Startkapital, Zinssatz und Laufzeit erfragt und dazu das Endkapital ermittelt und ausgibt (im Download: Bsp16_3.java):

```
import java.util.*;                          // erste Kopfzeile
public class Bsp16_3 {                       //zweite Kopfzeile
  public static void main(String[] args) {   //dritte Kopfzeile
    Scanner Keyb=new Scanner(System.in);     //vierte Kopfzeile
```

```
//Vereinbarungen
    double startkap, endkap, zins; int jahre;
//Ausführungsteil
    System.out.print("Startkapital:  ");startkap=Keyb.nextDouble();
    System.out.print("Zinssatz in %: ");zins=Keyb.nextDouble();
    System.out.print("Wieviele Jahre: ");jahre=Keyb.nextInt();
    endkap=startkap*Math.pow((1+zins/100),jahre);
    System.out.println("Endkapital nach "+jahre+" Jahren: "+endkap);


// ******* Nun kommen die beiden Fußzeilen des Programmrahmens *********
    }                                                      //1. Fußzeile
    }                                                      //2. Fußzeile
```

Bild 16.4 zeigt das Ergebnis; zur Übung wird empfohlen, die *Rundung* des Ergebnisses auf zwei Stellen nach dem Dezimaltrennzeichen (in der Ausgabe ist es der Punkt) hinzuzunehmen.

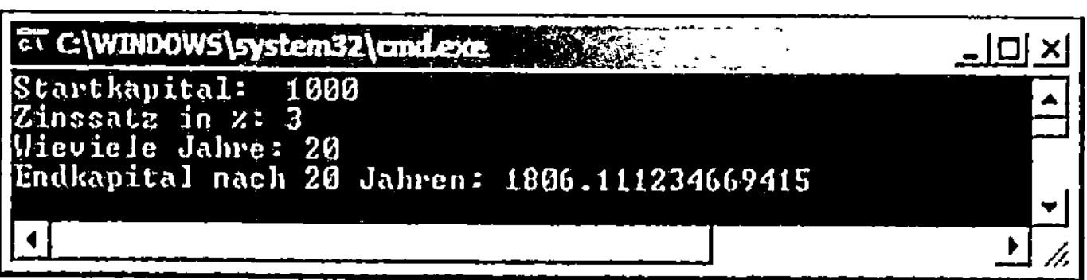

Bild 16.4: Kapitalentwicklung – Anwendung der Methode pow

Sehen wir uns die Dokumentation der Methode pow noch einmal an:

static double	pow(double a, double b) Returns the value of the first argument raised to the power of the second argument.

Bisher werteten wir die Dokumentation in folgender Weise aus:

Damit die Methode pow arbeiten kann, benötigt sie anstelle des ersten Platzhalters (d. h. anstelle von double a) den Namen eines double- oder int- oder long- oder float-Speicherplatzes oder eine konkrete Zahl. An die Stelle des zweiten Platzhalters (d. h. anstelle von double b) ist ebenfalls der Name eines double- oder int- oder long- oder float-Speicherplatzes oder eine konkrete Zahl einzutragen.

Das ist und bleibt richtig. Was aber wurde im Programm gemacht?

```
endkap=startkap*Math.pow((1+zins/100),jahre);
```

Hier wurde an die Stelle des *ersten Platzhalters*, zwischen die öffnende runde Klammer und das trennende Komma, eine *Formel* (1+zins/100) eingetragen.

Das ist also auch möglich, und wir können die obige Regel ergänzen:

Damit die Methode pow arbeiten kann, benötigt sie anstelle des ersten Platzhalters (d. h. anstelle von double a)

den Namen eines double- oder int- oder long- oder float-Speicherplatzes oder eine konkrete Zahl

oder eine Formel.

An der Stelle des zweiten Platzhalters (d. h. anstelle von double b) ist ebenfalls

der Name eines double- oder int- oder long- oder float-Speicherplatzes oder eine konkrete Zahl

oder eine Formel

einzutragen.

ÜBUNG   *Übung 16.4:* Übernehmen Sie den Java-Quelltext des Beispiels 16_3.

Geben Sie ihn ein und speichern Sie ihn unter dem Namen Uebg16_4.java. Oder öffnen Sie die Datei gleichen Namens im Download-Ordner WGMKap16.

Verändern Sie das Programm, so dass die folgende Aufgabe gelöst werden kann: Eingegeben wird *das angestrebte Endkapital,* der *Zinssatz pro Jahr* in Prozent sowie die *Laufzeit* (Anzahl der Jahre).

Ihr Programm soll berechnen und ausgeben, mit welchem *Startkapital* das *angestrebte Endkapital* erreicht wird.

(Beispiel: Wenn bei 3%-iger Verzinsung nach 20 Jahren 1806,11 EUR erreicht werden sollen, dann brauchen am Anfang des ersten Jahres nur 1000 EUR eingezahlt zu werden).

Hinweis: Stellen Sie die oben angegebene Zinseszins-Formel nach dem Startkapital um. Sorgen Sie für gerundete Ausgabe des Startkapitals.

ÜBUNG

Die Lösung finden Sie auf Seite 377.

16.2.6   Die Methode random

Die wichtigsten Angaben zur Anwendung der Methode random aus der Klasse Math des Paketes java.lang können wir auch ohne Kenntnisse der englischen Sprache sofort der *Dokumentation* entnehmen:

static double	random()
	Returns a double value with a positive sign, greater than or equal to 0.0 and less than 1.0.

Die Methode *benötigt nichts* (wegen des leeren runden Klammernpaares hinter dem Methoden-Namen).

Die Methode *liefert etwas* (weil nicht void in dem linken Kasten steht). Sie liefert eine double-Zahl.

Die Methode ist *statisch*, sie greift also auf keinen Datenkern zu, dem *Methoden-Namen* random muss also der *Klassen-Name* Math vorangestellt werden.

Was aber liefert die Methode, wenn sie nichts benötigt? Die deutsche Übersetzung des Dokumentationstextes sagt es uns: *Die Methode liefert eine Zahl zwischen 0.0 und 1.0.*

Liefert sie aber *jedes Mal dieselbe Zahl?* Probieren wir es aus, lassen wir die Methode zehnmal arbeiten (im Download: Bsp16_4.java):

```
import java.util.*;                              // erste Kopfzeile

public class Bsp16_4 {                           //zweite Kopfzeile

public static void main(String[] args) {         //dritte Kopfzeile

   Scanner Keyb=new Scanner(System.in);          //vierte Kopfzeile

//Vereinbarungen

   double random_zahl;

//Ausführungsteil

   for (int i=1; i<=10;i++){

      random_zahl=Math.random();

      System.out.println("Ergebnis von random: "+random_zahl);

      }

// ********* Nun kommen die beiden Fußzeilen des Programmrahmens *********

   }                                             //1. Fußzeile

}                                                //2. Fußzeile
```

Bild 16.5 klärt uns schließlich auf: Die Methode random aus der Klasse Math liefert *jedes Mal eine andere Zahl:*

Mit random haben wir einen so genannten *Zufallszahlen-Generator* gefunden.

```
C:\WINDOWS\system32\cmd.exe                               _ |□| x|
Ergebnis von random: 0.9101837775683026
Ergebnis von random: 0.2524012759503911
Ergebnis von random: 0.2686094565477076
Ergebnis von random: 0.7290136033576534
Ergebnis von random: 0.4418987450584483
Ergebnis von random: 0.4460567056883227
Ergebnis von random: 0.3615188908453590
Ergebnis von random: 0.6147533728029076
Ergebnis von random: 0.7846897740558216
Ergebnis von random: 0.4054449336499273
```

Bild 16.5: Zehn double-*Zufallszahlen zwischen Null und Eins*

Nun können wir den Rechner nach Herzenslust zum Beispiel *würfeln* lassen – wir müssen nur dafür sorgen, dass anstelle der *Zufallszahlen zwischen Null und Eins* nun *ganze Zufallszahlen von Eins bis Sechs* erzeugt werden (im Download: Bsp16_5.java).

Und weil einmaliges Würfeln ziemlich langweilig ist, haben wir im Beispielprogramm die Erzeugung der Zufallszahlen in eine fußgesteuerte Schleife (siehe Abschnitt 8.2.4 auf Seite 101) eingebettet, damit ein Nutzer so oft, wie er möchte, den Wurf wiederholen kann:

```
import java.util.*;                          // erste Kopfzeile
public class Bsp16_5 {                       //zweite Kopfzeile
public static void main(String[] args) {     //dritte Kopfzeile
  Scanner Keyb=new Scanner(System.in);       //vierte Kopfzeile
//Vereinbarungen
  long wurf;int ent;


//Ausführungsteil
  do{
    wurf=Math.round(1+5*Math.random());
    System.out.println("Wurfergebnis: "+wurf);
    System.out.print("Noch einmal 1=ja,0=nein -> "); ent=Keyb.nextInt();
  }
  while (ent==1);


// ******* Nun kommen die beiden Fußzeilen des Programmrahmens *********
  }                                          //1. Fußzeile
}                                            //2. Fußzeile
```

ÜBUNG   *Übung 16.5:* Übernehmen Sie den Java-Quelltext des Beispiels 16_5.

Geben Sie ihn dann selbst in JOE oder einen *Editor* ein und speichern Sie ihn unter dem Namen Uebg16_5.java. Oder öffnen Sie die Datei gleichen Namens im Download-Ordner WGMKap16.

Verändern Sie das Programm, so dass eine zufällige Lottozahl (6 aus 49) gezogen wird. Testen Sie.

Die Lösung finden Sie auf Seite 377.   **ÜBUNG**

16.3 Die Klasse Character des Paketes java.lang

16.3.1 Allgemeines

In Bild 16.6 wird die Klasse Character aus dem Paket java.lang vorgestellt: Sie bereitet einerseits Character-*Objekte* vor, denn sie enthält Festlegungen, wie der künftige Datenkern dieser Objekte aufgebaut sein soll. Zum Zugriff auf den Datenkern künftiger Character-Objekte hat der Klassenprogrammierer sicher einige nicht-statische Methoden vorbereitet.

Dazu enthält die Klasse Character auch, wieder als *Zugabe* anzusehen, einige interessante *statische Methoden.*

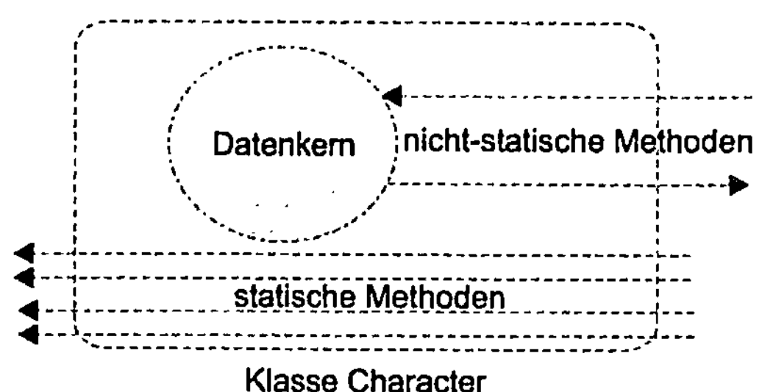

Bild 16.6: Vorbereitung von Objekten und statische Methoden

Obwohl uns hauptsächlich die statischen Methoden interessieren, wollen wir uns zuerst damit beschäftigen, wie ein Objekt der Character-Klasse erzeugt werden kann:

```
import java.util.*;                            // erste Kopfzeile
public class Bsp16_6 {                         //zweite Kopfzeile
public static void main(String[] args) {       //dritte Kopfzeile
   Scanner Keyb=new Scanner(System.in);        //vierte Kopfzeile
//Vereinbarungen
   Character Z0, Z1, Z2;                        //Compiler-Information
   Z0=new Character();                          //Erzeugung der Objekte
   Z1=new Character('a');
   Z2=new Character((char)65);
//Ausführungsteil


// ****** Nun kommen die beiden Fußzeilen des Programmrahmens *********
   }                                           //1. Fußzeile
   }                                           //2. Fußzeile
```

Eigentlich ist es logisch, wie wir vorgegangen sind: Zuerst kommt die Information an den Java-Compiler javac

```
Character Z0, Z1, Z2;                          //Compiler-Information
```

mit deren Hilfe er prüfen kann, ob die Namen Z0, Z1 und Z2 im Programmtext immer sachlich richtig benutzt werden.

Dann wird versucht, die drei Character-Objekte Z0, Z1 und Z2 zu erzeugen, wobei der Datenkern von Z0 anfangs leer sein soll, der Datenkern des Objekts Z1 anfangs das einzelne Zeichen a enthalten soll, und der Datenkern des Objekts Z2 dasjenige Zeichen bekommen soll, das zum ASCII-Wert 65 gehört (siehe Abschnitt 11.2.1 auf Seite 143):

```
Z0=new Character();                            //Erzeugung der Objekte

Z1=new Character('a');

Z2=new Character((char)65);
```

Doch es gibt eine Fehlermeldung:

```
C:\java_wgm\WGMKap16\Bsp16_6.java:7: cannot find symbol
symbol   : constructor Character()
location: class java.lang.Character
  Z0=new Character();                          //Erzeugung der Objekte
            ^
```

Bild 16.7: Fehlermeldung für die Erzeugung von Z0

Offenbar scheint es nicht möglich zu sein, ein Character-Objekt mit anfangs leerem Datenkern erzeugen zu können. Überzeugen wir uns, dass unsere Vermutung stimmt – informieren wir uns in der Dokumentation mittels DOCS→API →JAVA→LANG→CHARACTER.HTML→CONSTR, welche *Konstruktoren* der Klassenprogrammierer der Klasse beigegeben hat. Denn wir erinnern uns (siehe Abschnitt 13.2 auf Seite 178):

Ein Konstruktor ist eine Methode, die den gleichen Namen trägt wie die Klasse und die automatisch bei jeder Objekterzeugung abgearbeitet wird. Mit ihrer Hilfe kann der Klassenprogrammierer eine Startbelegung des Datenkerns erzwingen. Es kann mehrere überladene Konstruktoren geben: Sofern sich ihre Platzhalter unterscheiden, ist der Java-Compiler javac trotzdem in der Lage, den jeweils passenden Konstruktor zu finden und anzuwenden.

Die Dokumentation der Klasse Character klärt uns auf: Es gibt hier keinen Konstruktor, der keinen Platzhalter besitzt. Das *leere Klammernpaar* bei der Objekterzeugung, wie mit Z0 probiert, ist hier *nicht erlaubt*:

```
Character(char value)
          Constructs a newly allocated Character object that repre-
          sents the specified char value.
```

Die Erzeugung der Character-Objekte Z1 und Z2 dagegen scheint zu gelingen – dort gab es keine Fehlermeldung.

Doch wie erfahren wir, welchen *Inhalt* die beiden Datenkerne tatsächlich haben? Hier hilft uns die *nicht-statische Methode* toString aus der Klasse Character:

String	toString() Returns a String object representing this Character's value.

Mit ihrer Hilfe können wir uns nach erfolgreicher Objekterzeugung den Inhalt der beiden Datenkerne anzeigen lassen (im Download: Bsp16_6.java):

```
import java.util.*;                              // erste Kopfzeile
public class Bsp16_6 {                           //zweite Kopfzeile
public static void main(String[] args) {         //dritte Kopfzeile
   Scanner Keyb=new Scanner(System.in);          //vierte Kopfzeile
//Vereinbarungen
   Character Z1, Z2;                             //Compiler-Information
   Z1=new Character('a');                        //Erzeugung der Objekte
   Z2=new Character((char)65);
   String T1; T1=new String();
//Ausführungsteil
   T1=Z1.toString();
   System.out.println("Im Datenkern von Z1: "+T1);
   System.out.println("Im Datenkern von Z2: "+Z2.toString());
// ******* Nun kommen die beiden Fußzeilen des Programmrahmens *********
   }                                             //1. Fußzeile
}                                                //2. Fußzeile
```

Bild 16.8 zeigt das Ergebnis.

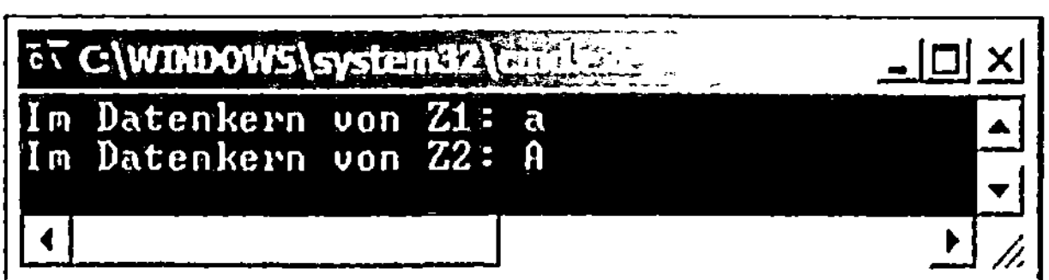

Bild 16.8: Inhalt der Datenkerne von Z1 und Z2

Die drei Zeilen im Ausführungsteil des Programms zeigen, dass es zwei Möglichkeiten gibt, sich den *Inhalt eines Datenkerns eines* Character-*Objekts* anzeigen zu lassen: Wir können ihn zuerst mittels toString in den Datenkern eines String-Objekts T1 lenken und diesen anzeigen lassen. Wir können aber auch diesen *Zwischenschritt über ein* String-*Objekt* einsparen und sofort die Ausgabe anstreben. Bild 16.9 schildert den ersten Weg.

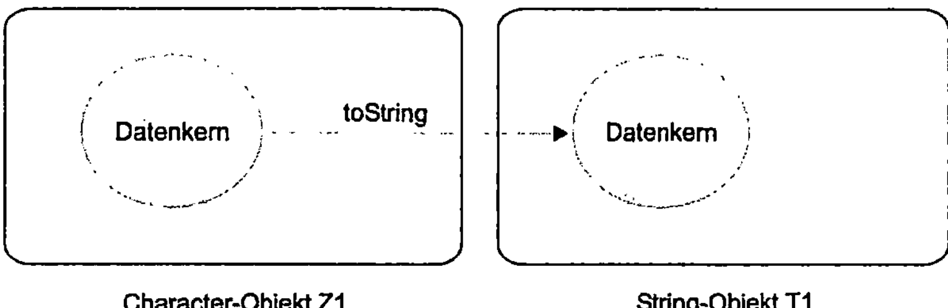

Bild 16.9: Information über den Inhalt des Datenkerns von Z1

16.3.2   Diagnosemethoden für Zeichen

Unter den vielen statischen Methoden der Klasse Character befinden sich *Diagnosemethoden*, mit denen Eigenschaften von einzelnen Zeichen erkannt werden können. Sie alle beginnen mit den beiden Buchstaben is... und liefern entweder den logischen Wert true, wenn die geprüfte Eigenschaft vorliegt, oder false, wenn die geprüfte Eigenschaft nicht vorliegt.

Mit Hilfe der folgenden fünf statischen Methoden kann geprüft werden, ob der Inhalt eines char-Speicherplatzes eine Ziffer (digit), ein Buchstabe (letter), eine Ziffer oder ein Buchstabe (letterOrDigit) ist. Weiter kann geprüft werden, ob es sich um einen Klein- oder um einen Großbuchstaben handelt:

static boolean	isDigit(char ch) Determines if the specified character is a digit.
static boolean	isLetter(char ch) Determines if the specified character is a letter.
static boolean	isLetterOrDigit(char ch) Determines if the specified character is a letter or digit.
static boolean	isLowerCase(char ch) Determines if the specified character is a lowercase character.
static boolean	isUpperCase(char ch) Determines if the specified character is an uppercase character.

Wenden wir die ersten beiden Methoden in einem Beispielprogramm an, um zu einer eingegebenen Zeichenfolge festzustellen, wieviele Buchstaben, Ziffern und sonstige Zeichen sie enthält (Download: Bsp16_7.java):

```
import java.util.*;                          // erste Kopfzeile
public class Bsp16_7 {                       //zweite Kopfzeile
public static void main(String[] args) {     //dritte Kopfzeile
  Scanner Keyb=new Scanner(System.in);       //vierte Kopfzeile
```

```
//Vereinbarungen
    String T1; T1=new String();
    int anz_buchst, anz_ziff, anz_sonst; char zeichen;
//Ausführungsteil
    System.out.print("Ihre Zeichenfolge--> ");T1=Keyb.nextLine();
    anz_buchst=0; anz_ziff=0; anz_sonst=0;
    for(int i=0; i<=T1.length()-1; i++){
        zeichen=T1.charAt(i);
        if (Character.isDigit(zeichen)==true){
            anz_ziff++;
        }
        if (Character.isLetter(zeichen)==true){
            anz_buchst++;
        }
    }
    anz_sonst=T1.length()-anz_ziff-anz_buchst;
    System.out.println(anz_ziff+" Ziffern");
    System.out.println(anz_buchst+" Buchstaben");
    System.out.println(anz_sonst+" sonstige Zeichen");
    // ****** Nun kommen die beiden Fußzeilen des Programmrahmens **********
    }                                                            //1. Fußzeile
}                                                                //2. Fußzeile
```

Nachdem die Nutzereingabe in den Datenkern des String-Objekts T1 geholt wird, wird in einer Zählschleife nacheinander an allen Positionen der Zeichenfolge (beginnend mit *Null,* also endend mit *Länge minus eins,* siehe Seite 163) das jeweilige Zeichen herauskopiert, in den char-Speicherplatz zeichen gebracht und mit isDigit und isLetter geprüft. Dabei steht vor diesen Methoden, da sie *statisch* sind, der Klassen-Name Character.

Die Anzahl der sonstigen Zeichen ergibt sich aus der *Länge der Zeichenfolge* minus *Anzahl der Ziffern* minus *Anzahl der Buchstaben.* Bild 16.10 zeigt ein Ergebnis.

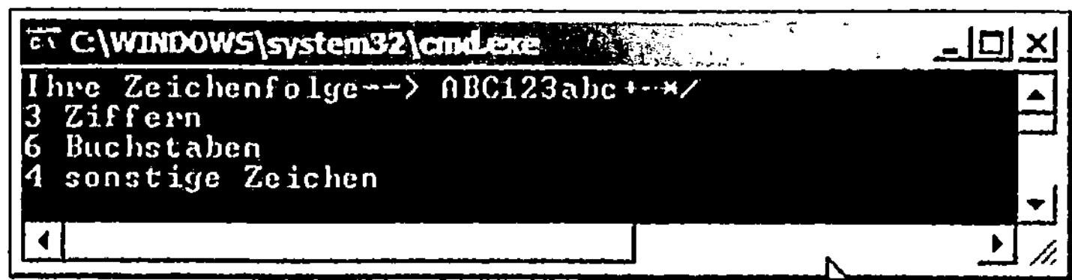

Bild 16.10: Zeichen-Analyse

ÜBUNG   *Übung 16.6:* Übernehmen Sie den Java-Quelltext des Beispiels 16_7.
Geben Sie ihn ein und speichern Sie ihn unter dem Namen Uebg16_6.java. Oder
öffnen Sie die Datei gleichen Namens im Download-Ordner WGMKap16.

Verändern Sie das Programm so, dass festgestellt wird, wieviele Groß- und wieviele
Kleinbuchstaben eine vom Nutzer eingegebene Zeichenfolge hat.

Die Lösung finden Sie auf Seite 378.   **ÜBUNG**

16.3.3   Ziffernzeichen und Zahlen

Angenommen, in einem char-*Speicherplatz* befindet sich ein *Ziffernzeichen*,
zum Beispiel 3. Wie können wir erreichen, dass in einen *Zahlenspeicherplatz*
der *zugehörige Zahlenwert* Drei kommt? Versuchen wir es:

```
zeichen='3';
zahl=(int) zeichen;
```

Schade – im Speicherplatz zahl kommt nicht 3, sondern 51 an. Denn das ist der
ASCII-Wert des Zeichens 3 (siehe Abschnitt 11.2.1 auf Seite 143).

Da wir wissen, dass der ASCII-Wert des *Zeichens Null* 48 beträgt, können wir
die Aufgabe in lösen:

```
zeichen='3';
zahl=(int) zeichen-48;
```

So erhalten wir die gewünschte *Zahl Drei* im Zahlenspeicherplatz zahl.

Leichter geht es mit Hilfe der statischen Methode getNumericValue aus der
Klasse Character:

static int	getNumericValue(char ch) Returns the int value that the specified Unicode character represents.

Das Programm (im Download: Bsp16_8.java) stellt alle drei Varianten zusammen:

```
import java.util.*;                          // erste Kopfzeile
public class Bsp16_8 {                       //zweite Kopfzeile
public static void main(String[] args) {     //dritte Kopfzeile
   Scanner Keyb=new Scanner(System.in);      //vierte Kopfzeile
//Vereinbarungen
   char zeichen;int zahl;
```

```
//Ausführungsteil
  zeichen='3';
  zahl=(int) zeichen;
  System.out.println("ASCII von ('3') ="+zahl);
  zahl=(int) zeichen-48;
  System.out.println("ASCII von ('3') minus 48="+zahl);
  zahl=Character.getNumericValue(zeichen);
  System.out.println("Ergebnis von getNumericValue('3')="+zahl);
  // ******* Nun kommen die beiden Fußzeilen des Programmrahmens **********
  }                                                          //1. Fußzeile
}                                                            //2. Fußzeile
```

16.3.4   Nicht-Dezimalzahlen

Erinnern wir uns an unseren Ausflug in die *interne Darstellung ganzer Zahlen* im Abschnitt 6.1 auf Seite 67: Grundlegend war die Feststellung, dass sich *jede Dezimalzahl als Summe von Zweierpotenzen* schreiben läßt:

$$1234=1*2^{10}+0*2^{9}+0*2^{8}+1*2^{7}+1*2^{6}+0*2^{5}+1*2^{4}+0*2^{3}+0*2^{2}+1*2^{1}+0*2^{0}$$

Also gilt

$$1234_{dezimal}=10011010010_{dual}.$$

Warum sollten wir nicht auch andere Basis-Systeme verwenden, zum Beispiel die Acht? Dann sprechen wir vom *Oktalsystem*:

$$1234=2*8^{3}+3*8^{2}+2*8^{1}+2*8^{0}$$

Also gilt

$$1234_{dezimal}=2322_{oktal}.$$

Weithin gebräuchlich ist auch die Basis 16; dann spricht man vom *Hexadezimalsystem*:

$$1234=4*16^{2}+13*16^{1}+2*16^{0}$$

Also gilt

$$1234_{dezimal}=4(13)2_{hexadezimal}.$$

Und da liegt das Problem: Wie kann man diese unangenehmen Klammern vermeiden? Ganz einfach – man benutzt Buchstaben: für 10→a oder A, für 11→b oder B und so weiter bis 15→f oder F. Damit erhalten wir die übliche Schreibweise, die vielen Lesern sicher aus der Farbdarstellung in HTML bekannt sein dürfte:

$$1234_{dezimal}=4d2_{hexadezimal} \text{ oder auch: } 1234_{dezimal}=4D2_{hexadezimal}$$

Wie aber findet man heraus, welcher Buchstabe zum Beispiel im 23-er System zu der (22) gehört?

Nun gut, man kann die Finger zu Hilfe nehmen: 10→a, also 22→m.

Doch es geht viel einfacher – auch dafür existiert eine statische Methode in der Klasse Character:

```
static char  forDigit(int digit, int radix)
             Determines the character representation for a specific
             digit in the specified radix.
```

Die Methode forDigit benötigt lediglich die Zahl und die Basis, und schon liefert sie das zugehörige Zeichen.

Umgekehrt liefert die Methode digit bei gegebenem Zeichen und gegebener Basis den zugehörigen Zahlenwert:

```
static int  Digit(char ch, int radix)
            Returns the numeric value of the character ch in the
            specified radix.
```

Sehen wir uns am Beispielprogramm (im Download Bsp19_9.java) den Umgang mit beiden Methoden an:

```java
import java.util.*;                               // erste Kopfzeile
public class Bsp16_9 {                            //zweite Kopfzeile
public static void main(String[] args) {          //dritte Kopfzeile
   Scanner Keyb=new Scanner(System.in);           //vierte Kopfzeile
//Vereinbarungen
   char zeichen;int zahl;
//Ausführungsteil
   zahl=22;
   zeichen=Character.forDigit(zahl,23);
   System.out.println("Ergebnis von forDigit(22,23)="+zeichen);

   zeichen='m';
   zahl=Character.digit(zeichen,23);
   System.out.println("Ergebnis von digit('f',23)="+zahl);

// ****** Nun kommen die beiden Fußzeilen des Programmrahmens *********
   }                                              //1. Fußzeile
}                                                 //2. Fußzeile
```

ÜBUNG   *Übung 16.7:* Übernehmen Sie den Java-Quelltext des Beispiels 16_9.

Geben Sie ihn ein und speichern Sie ihn unter dem Namen Uebg16_7.java. Oder öffnen Sie die Datei gleichen Namens im Download-Ordner WGMKap16.

Verändern Sie das Programm: Ein Nutzer soll zuerst die *Zeichenfolge* eingeben (Ziffern und ggf. Buchstaben, falls die Basis größer als zehn ist). Dann soll die *Basis* erfragt werden. Schließlich soll die erfasste Zahl in Dezimaldarstellung berechnet und ausgegeben werden. ·

Verwenden Sie dabei für die Potenzberechnung zur Übung wieder die statische Methode pow aus der Klasse Math (siehe Seite 211).

Die Lösung finden Sie auf Seite 378.   **ÜBUNG**

16.4   Die Klasse Integer des Paketes java.lang

16.4.1   Konstruktoren

Auch für die Klasse Integer des Paketes java.lang trifft zu, dass sie sowohl Objekte vorbereitet als auch vielfältige statische Methoden bereitstellt (Bild 16.11):

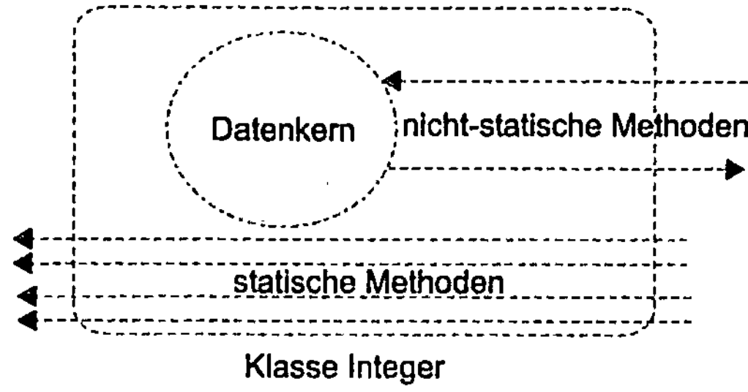

Bild 16.11: Die Klasse bereitet Datenkern und Methoden vor

Die Dokumentation (DOCS→API →JAVA→LANG→INTEGER.HTML→CONSTR), informiert uns, dass der Klassenprogrammierer hier zwei verschiedene Konstruktoren programmiert hat:

```
Integer(int value)
        Constructs a newly allocated Integer object that repre-
        sents the specified int value.
Integer(String s)
        Constructs a newly allocated Integer object that repre-
        sents the int value indicated by the String parameter.
```

Bei der Objekterzeugung darf also in den runden Klammern *sowohl eine ganze Zahl* als auch eine *Ziffernfolge* aus dem Datenkern eines String-Objektes stehen, die sich zu einer ganzen Zahl machen läßt.

ÜBUNG *Übung 16.8:* Übernehmen Sie den Java-Quelltext des Beispiels 16_9.

Geben Sie ihn ein und speichern Sie ihn unter dem Namen Uebg16_8.java. Oder öffnen Sie die Datei gleichen Namens im Download-Ordner WGMKap16.

Verändern Sie Vereinbarungs- und Ausführungsteil: Vereinbaren Sie zwei Integer-Objekte I1 und I2 und nutzen Sie bei ihrer Erzeugung die beiden durch die Konstruktoren gegebenen Möglichkeiten. Nutzen Sie dann die nicht-statische Methode toString() der Klasse Integer,

String	toString() Returns a String object representing this Integer's value.

um sich über die Inhalte der beiden Datenkerne von I1 und I2 informieren zu lassen.

Die Lösung finden Sie auf Seite 378.

ÜBUNG

16.4.2 Vom Dezimalsystem in andere Zahlensysteme

Fünf statische to...String-Methoden der Klasse Integer wollen wir uns zuerst ansehen. Die einfache Methode toString konvertiert den Inhalt eines int-Speicherplatzes lediglich in eine Zahl:

static String	toString (int i) Returns a String object representing the specified integer.

Besteht der Inhalt eines anstelle des Platzhalters eingetragenen int-Speicherplatzes zum Beispiel aus der *Zahl* Einhundertdreiundzwanzig, so trägt die Methode toString in den Datenkern des Ziel-String-Objekts die zugehörige *Zeichenfolge* Eins→Zwei→Drei ein.

Möchte man aber erfahren, wie eine *Dezimalzahl* sich in den drei meistgenutzten Zahlensystemen mit den Basiswerten 2, 8 oder 16 darstellt, dann kann man dafür statische Methoden der Klasse Integer verwenden:

static String	toBinaryString (int i) Returns a string representation of the integer argument as an unsigned integer in base 2.
static String	toHexString (int i) Returns a string representation of the integer argument as an unsigned integer in base 16.
static String	toOctalString (int i) Returns a string representation of the integer argument as an unsigned integer in base 8.

Für weitere Zahlensysteme mit beliebigen Basiswerten steht natürlich auch noch eine Methode bereit:

static String	toString (int i, int radix) Returns a string representation of the first argument in the radix specified by the second argument.

Sie trägt zwar denselben Namen toString wie die oben erstgenannte Methode zur einfachen Umwandlung einer ganzen Zahl in eine Zeichenfolge, aber besitzt im Unterschied zu ihr *zwei Platzhalter* – hier hat der Klassenprogrammierer wieder von der Möglichkeit des *Überladens* Gebrauch gemacht.

Das folgende Programm (im Download: Bsp16_10.java) demonstriert die Anwendung aller fünf to...String-Methoden, Bild 16.12 zeigt das Ergebnis:

```
import java.util.*;                               // erste Kopfzeile
public class Bsp16_10 {                           //zweite Kopfzeile
public static void main(String[] args) {          //dritte Kopfzeile
   Scanner Keyb=new Scanner(System.in);           //vierte Kopfzeile
//Vereinbarungen
   int zahl; String T1; T1=new String();
//Ausführungsteil
   zahl=1234;
   T1=Integer.toString(zahl);
   System.out.println("Ergebnis von toString(zahl): "+T1);
   T1=Integer.toBinaryString(zahl);
   System.out.println("Ergebnis von toBinaryString: "+T1);
   T1=Integer.toHexString(zahl);
   System.out.println("Ergebnis von toHexString: "+T1);
   T1=Integer.toOctalString(zahl);
   System.out.println("Ergebnis von toOctalString: "+T1);
   T1=Integer.toString(zahl,23);
   System.out.println("Ergebnis von toString(zahl,23): "+T1);
// ******* Nun kommen die beiden Fußzeilen des Programmrahmens **********
   }                                              //1. Fußzeile
}                                                 //2. Fußzeile
```


Bild 16.12: Konvertierungen aus dem Dezimalsystem

16.4.3 Von anderen Zahlensystemen zum Dezimalsystem

Es wäre sicher verwunderlich, wenn die Klassenprogrammierer der Klasse Integer nicht auch statische Methoden bereitgestellt hätten, die Nicht-Dezimal-
Zahlendarstellungen in unser gewohntes Dezimalsystem überführen.

Hier sind die zugehörigen beiden Methoden, die zwar beide auf den gleichen
Namen parseInt hören, sich aber in der *Zahl der Platzhalter* unterscheiden:

static int	`parseInt(String s)`
	`Parses the string argument as a signed decimal inte-`
	`ger.`

static int	`parseInt(String s, int radix)`
	`Parses the string argument as a signed integer in the`
	`radix specified by the second argument.`

Nutzen wir also gleich im Beispielprogramm (im Download: Bsp16_11.java) die
zweite Methode, um zu demonstrieren, wie eine Zeichenfolge, die zu einer gegebenen Basis passt, sich in eine Dezimalzahl überführen läßt. Bild 16.13 zeigt
das Ergebnis:

```
import java.util.*;                              // erste Kopfzeile
public class Bsp16_11 {                          //zweite Kopfzeile
public static void main(String[] args) {         //dritte Kopfzeile
   Scanner Keyb=new Scanner(System.in);          //vierte Kopfzeile
//Vereinbarungen
   int zahl, basis;
   String T1; T1=new String();
//Ausführungsteil
   System.out.print("Zahl nichtdezimal: ");T1=Keyb.nextLine();
   System.out.print("Basis: ");basis=Keyb.nextInt();
   zahl=Integer.parseInt(T1,basis);
   System.out.println("Ergebnis von parseInt("+T1+","+basis+")= "+zahl);
// ******* Nun kommen die beiden Fußzeilen des Programmrahmens **********
   }                                             //1. Fußzeile
}                                                //2. Fußzeile
```

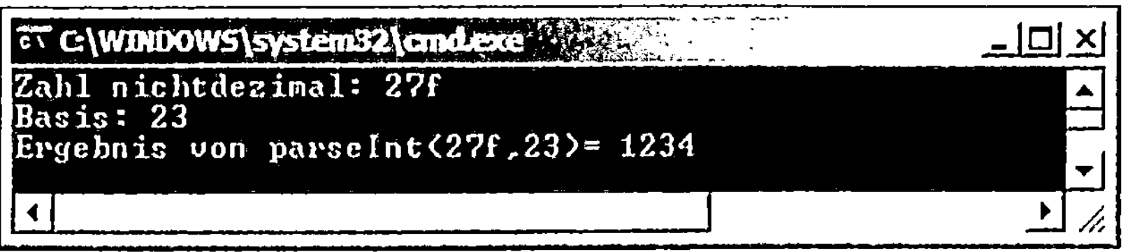

Bild 16.13: Konvertierung in das Dezimalsystem

ÜBUNG *Übung 16.9:* Übernehmen Sie den Java-Quelltext des Beispiels 16_11.
Geben Sie ihn ein und speichern Sie ihn unter dem Namen Uebg16_9.java. Oder
öffnen Sie die Datei gleichen Namens im Download-Ordner WGMKap16.

Ergänzen Sie: Nachdem die Dezimaldarstellung der Zahl ausgegeben wurde, soll
der Nutzer die Möglichkeit bekommen, eine neue, andere Basis zu wählen, so dass
die Zahl anschließend in dieses Zahlensystem überführt wird. **ÜBUNG**

Die Lösung finden Sie auf Seite 378.

16.5 Die Klasse Long des Paketes java.lang

Für diese Klasse gelten grundsätzlich dieselben Aussagen wie für die Klasse Integer, so dass wir uns kurz fassen können:

Hier gibt es ebenfalls *zwei Konstruktoren*, also darf auch hier auf zwei verschiedene Arten ein Long-Objekt erzeugt werden:

```
Long(long value)
        Constructs a newly allocated Long object that repre-
        sents the specified long argument.
Long(String s)
        Constructs a newly allocated Long object that repre-
        sents the long value indicated by the String parameter.
```

Die fünf Methoden zur *Überführung einer Dezimalzahl in andere Zahlensysteme* tragen dieselben Namen wie in der Klasse Integer und werden in gleicher Weise benutzt:

String	`toString()` `Returns a String object representing this Long's value.`
static String	`toBinaryString (long i)` `Returns a string representation of the long argument as an unsigned integer in base 2.`
static String	`toHexString (long i)` `Returns a string representation of the long argument as an unsigned integer in base 16.`
static String	`toOctalString (long i)` `Returns a string representation of the long argument as an unsigned integer in base 8.`
static String	`toString (long i, int radix)` `Returns a string representation of the first argument in the radix specified by the second argument.`

Ebenfalls gleichartig sind die Namensgebung und der Umgang mit den beiden statischen Methoden zur Konvertierung aus einem Nicht-Dezimal-System in unser bekanntes Dezimalsystem:

static long	parseLong(String s) Parses the string argument as a signed decimal long.
static long	parseLong(String s, int radix) Parses the string argument as a signed long in the radix specified by the second argument.

ÜBUNG *Übung 16.10:* Übernehmen Sie den Java-Quelltext des Beispiels 16_10.

Geben Sie ihn ein und speichern Sie ihn unter dem Namen Uebg16_10.java. Oder öffnen Sie die Datei gleichen Namens im Download-Ordner WGMKap16.

Verändern Sie: Nun sollen anstelle der verwendeten fünf Methoden der Klasse Integer die gleichnamigen Methoden der Klasse Long verwendet werden. Wie viele Änderungen müssen Sie am Programmtext vornehmen?

Die Lösung finden Sie auf Seite 378.   **ÜBUNG**

16.6   Die Klassen Float und Double des Paketes java.lang

Wir haben es in den beiden vorhergehenden Abschnitten erlebt – die Klassen Integer und Long sind stark verwandt, sowohl in ihrer Art der *Vorbereitung von Objekten* (was uns nicht weiter interessiert) als auch in der *Menge der bereitgestellten statischen Methoden.*

Eine gleiche Verwandtschaft gibt es auch zwischen den beiden Klassen Float und Double, so dass wir sie gemeinsam besprechen können.

Die Klasse Float hat drei Konstruktoren, die Klasse Double dagegen nur zwei:

Float(double value)
        Constructs a newly allocated Float object that represents
        the argument converted to type float.

Float(float value)
        Constructs a newly allocated Float object that represents
        the primitive float argument.

Float(String s)
        Constructs a newly allocated Float object that represents
        the floating-point value of type float represented by the
        string.

```
Double(double value)
        Constructs a newly allocated Double object that represents
        the primitive double argument.
```
```
Double(String s)
        Constructs a newly allocated Double object that represents
        the floating-point value of type double represented by the
        string.
```

Beide Klassen besitzen wieder jeweils eine nicht-statische toString-Methode, mit deren Hilfe der Inhalt von Datenkernen erzeugter Float- bzw. Double-Objekte angesehen werden kann:

```
String  toString()
        Returns a string representation of this Float object.
```
```
String  toString()
        Returns a string representation of this Double object.
```

Die *Menge der statischen Methoden* ist in beiden Klassen ungefähr gleich und bei weitem nicht so umfangreich wie in den vorhin besprochenen. Beide Klassen besitzen Methoden, die Inhalte von *Zahlenspeicherplätzen* in *Zeichenfolgen* konvertieren. Eine *Umwandlung in Nicht-Dezimal-Darstellung* ist allerdings nur für das *Hexadezimalsystem* vorgesehen:

```
static String  toString(float f)
               Returns a string representation of the float argument.
```
```
static String  toHexString(float f)
               Returns a hexadecimal string representation of the
               float argument.
```

```
static String  toString(double d)
               Returns a string representation of the double argu-
               ment.
```
```
static String  toHexString(double d)
               Returns a hexadecimal string representation of the
               double argument.
```

In umgekehrter Richtung gibt es hier sogar – ganz anders als bei den Klassen Integer und Long – nur die Möglichkeit, Zeichenfolgen, die die *Form von Dezimalzahlen* haben, in float- bzw. double-Zahlen umzuwandeln und in entsprechende Speicherplätze transportieren zu lassen:

```
static float  parseFloat(String s)
              Returns a new float initialized to the value repre-
              sented by the specified String, as performed by the
              valueOf method of class Float.
```

static double	parseDouble(String s) Returns a new double initialized to the value repre- sented by the specified String, as performed by the valueOf method of class Double.

ÜBUNG *Übung 16.11:* Übernehmen Sie den Java-Quelltext des Beispiels 16_11.

Geben Sie ihn ein und speichern Sie ihn unter dem Namen Uebg16_11.java.
Oder öffnen Sie die Datei gleichen Namens im Download-Ordner WGMKap16.

Löschen Sie alles außer dem Programmrahmen (4 Kopfzeilen, 2 Fußzeilen). Erzeugen Sie drei Float-Objekte F1, F2 und F3 unter Verwendung der drei Konstruktoren, kontrollieren Sie die Inhalte der Datenkerne. Erzeugen Sie dann zwei Double-Objekte D1 und D2, kontrollieren Sie auch hier.

Programmieren Sie für alle angeführten statischen Float- und Double-Methoden einfache Anwendungen, orientieren Sie sich dabei an den Beispielen des Abschnitts zur Klasse Integer.

Die Lösung finden Sie auf Seite 378.

ÜBUNG

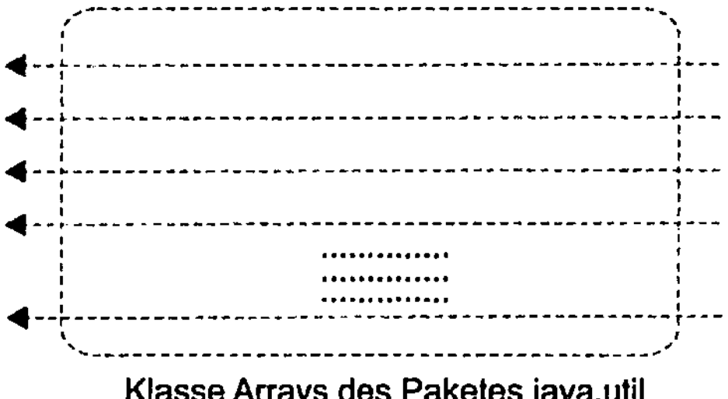

Klasse Arrays des Paketes java.util

Bild 16.14: Klasse Arrays *als reine Methodensammlung*

16.7   Die Klasse Arrays des Paketes java.util

Das Paket java.util, wir erleben es stets in der obersten Kopfzeile, muss immer importiert werden, es steht nicht wie das Standard-Paket java.lang mit allen seinen Klassen automatisch zur Verfügung. Würden wir nur schreiben

```
import java.util.Arrays;
```

dann wird nur die Klasse Arrays des Paketes java.util importiert.

Allgemein üblich ist aber der Import aller Klassen dieses Pakets mittels

```
import java.util.*;
```

Die Klasse Arrays bereitet keinen Datenkern vor (siehe Bild 16.14), sie enthält *nur statische Methoden.*

Die Klasse Arrays stellt ebenso wie die schon früher betrachtete Klasse Math des Paketes java.lang eine reine *Methodensammlung* dar.

Wir wollen uns aus dieser Klasse die Gruppe der *Füllmethoden für Felder*, der *Vergleichsmethoden für Felder*, der *Sortiermethoden für Felder* und der *binären Suchmethoden in Feldern* ansehen.

16.7.1 Felder füllen

Wiederholen wir zuerst das Wichtigste aus Abschnitt 9.1 (Seite 119): Mit der Mitteilung

```
int[] x;
```

wird der Java-Compiler javac lediglich darüber informiert, dass der Bezeichner x weder für einen einfachen Speicherplatz oder ein Objekt, sondern für eine *Menge nummerierter Speicherplätze* steht. Damit ist der Compiler in der Lage, bei der Analyse des Programmtextes sofort festzustellen, ob x in sachlich falschem Zusammenhang benutzt wird – ob also beim Programmieren ein Fehler gemacht wurde.

Die eigentliche *Herstellung der Speicherplätze* erfolgt erst mit der new-Anweisung:

```
x=new int[10];
```

Nun existieren die zehn int-Speicherplätze x[0], x[1], ... , x[9].

> Hierbei ist zu beachten, dass die Zählung stets mit Null beginnt; der letzte Index ist also um Eins niedriger als die Anzahl der Speicherplätze.

Sollen diese Speicherplätze anschließend *initialisiert*, das heißt mit einer *einheitlichen Startbelegung* versehen werden, bietet sich mit den bisherigen Kenntnissen die aus Abschnitt 9.2.2 (Seite 121) bekannte *Zählschleife* zur abkürzenden Darstellung der zehn Zuweisungsbefehle an:

```
for(int i=0; i<=9;i++){
    x[i]=-1;
    }
```

Eleganter können wir vorgehen, wenn wir die passende fill-Methode aus der Klasse Arrays des Paketes java.util verwenden.

Für alle Feldarten ist eine solche fill-Methode in dieser Klasse vorhanden:

static void	`fill (boolean[] a, boolean val)` Assigns the specified boolean value to each element of the specified array of booleans.
static void	`fill (char[] a, char val)` Assigns the specified char value to each element of the specified array of chars.

static void	`fill (double[] a, double val)`
	`Assigns the specified double value to each element`
	`of the specified array of doubles.`

static void	`fill (float[] a, float val)`
	`Assigns the specified float value to each element`
	`of the specified array of floats.`

static void	`fill (int[] a, int val)`
	`Assigns the specified int value to each element of`
	`the specified array of ints.`

static void	`fill (long[] a, long val)`
	`Assigns the specified long value to each element of`
	`the specified array of longs.`

Alle Methoden sind *statisch*, das ist links an der Vokabel static zu erkennen.

Alle Methoden besitzen *zwei Platzhalter*, das ist in den runden Klammern hinter dem Methoden-Namen zu sehen.

Die Typbezeichnung des ersten Platzhalters beginnt jeweils mit einem *Kleinbuchstaben* und endet mit dem *leeren eckigen Klammernpaar* []. Das heißt, an die Stelle dieses Platzhalters ist der jeweilige Feld*name* eines Feldes von einfachen Speicherplätzen einzutragen.

Der zweite Platzhalter steht immer für einen *einfachen Speicherplatz* des jeweils betrachteten Typs. Er ist durch eine konkrete Angabe oder durch einen passenden Speicherplatznamen zu ersetzen.

Alle Methoden *liefern nichts*, das ist, ebenfalls links, an der Vokabel void zu erkennen. Folglich muss die Methode *aufgerufen* werden – ihre Verwendung auf der Quell-Seite eines Quelle-Ziel-Befehls wäre unsinnig.

Der Aufruf einer void-Methode erfolgt durch Angabe des Namens und passend mit sachlich richtig ersetzten Platzhaltern:

```
Arrays.fill(x,-1);
```

16.7.2   Felder ansehen

Natürlich möchten wir kontrollieren, ob tatsächlich *alle erzeugten Feldelemente* die Initialbelegung -1 bekommen haben.

Dafür gibt es in der Klasse Arrays die leicht handhabbaren toString-Methoden:

static String	`toString (boolean[] a)`
	`Returns a string representation of the contents of`
	`the specified array.`

static String	`toString (char[] a)`
	`Returns a string representation of the contents of`
	`the specified array.`

static String	`toString (double[] a)` Returns a string representation of the contents of the specified array.
static String	`toString (float[] a)` Returns a string representation of the contents of the specified array.
static String	`toString (int[] a)` Returns a string representation of the contents of the specified array.
static String	`toString (long[] a)` Returns a string representation of the contents of the specified array.

Nun lässt sich unser Programm zur Vereinbarung, Erzeugung, Initialisierung und Kontrolle eines int-Feldes ganz kurz und übersichtlich schreiben – und wir benötigen keine Zählschleife mehr (im Download: Bsp16_13.java):

```
import java.util.*;                              // erste Kopfzeile
public class Bsp16_13 {                          //zweite Kopfzeile
  public static void main(String[] args) {       //dritte Kopfzeile
    Scanner Keyb=new Scanner(System.in);         //vierte Kopfzeile
  //Vereinbarungen
    int[] x;
    x=new int[10];
  //Ausführungsteil
    Arrays.fill(x,-1);
    System.out.println(Arrays.toString(x));
  // ******* Nun kommen die beiden Fußzeilen des Programmrahmens *********
  }                                              //1. Fußzeile
}                                                //2. Fußzeile
```

Bild 16.15 zeigt, wie die toString-Methode die Feldelemente übersichtlich anordnet:

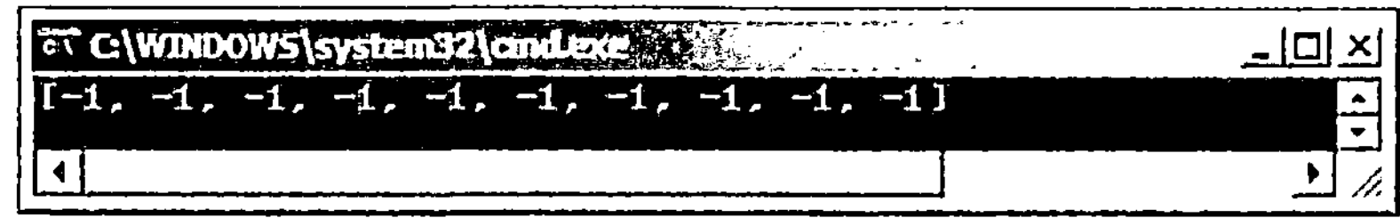

Bild 16.15: Initialisiertes int-*Feld*

16.7.3 Felder vergleichen

Hier wird interessant sein, ob die Klassenprogrammierer der Klasse Arrays ihre Vergleichsmethoden so programmiert haben, dass sie lediglich die Wahrheitswerte true oder false liefern, oder ob differenzierte Aussagen möglich sind:

static boolean	equals (boolean[] a, boolean[] a2) Returns true if the two specified arrays of booleans are equal to one another.
static boolean	equals (char[] a, char[] a2) Returns true if the two specified arrays of chars are equal to one another.
static boolean	equals (double[] a, double[] a2) Returns true if the two specified arrays of doubles are equal to one another.
static boolean	equals (float[] a, float[] a2) Returns true if the two specified arrays of floats are equal to one another.
static boolean	equals (int[] a, int[] a2) Returns true if the two specified arrays of ints are equal to one another.
static boolean	equals (long[] a, long[] a2) Returns true if the two specified arrays of longs are equal to one another.

Es ist klar – hier bekommt man ohne Begründung nur mitgeteilt, dass die Felder ungleich sind; ob das daran liegt, dass die Anzahl der Feldelemente sich unterscheidet oder einzelne Belegungen verschieden sind – das liefern uns diese Methoden also nicht (im Download: Bsp16_14.java):

```
import java.util.*;                                // erste Kopfzeile
public class Bsp16_14 {                            //zweite Kopfzeile
public static void main(String[] args) {           //dritte Kopfzeile
  Scanner Keyb=new Scanner(System.in);             //vierte Kopfzeile
//Vereinbarungen
  int[] x; x=new int[10];   int[] y; y=new int[11];
//Ausführungsteil
  Arrays.fill(x,-1);
  System.out.println(Arrays.toString(x));
  Arrays.fill(y,-1);
  System.out.println(Arrays.toString(y));
  if(Arrays.equals(x,y)==true){
     System.out.println("Felder sind identisch");
     }
  else{
  System.out.println("Felder unterscheiden sich");
     }
// ******* Nun kommen die beiden Fußzeilen des Programmrahmens *********
  }                                                //1. Fußzeile
}                                                  //2. Fußzeile
```

Dieses Programm liefert die Mitteilung „Felder unterscheiden sich" – beide Felder sind zwar identisch mit -1 initialisiert, doch das Feld y hat eben ein Element mehr als das Feld x.

16.7.4   Felder sortieren

Das war früher: Jeder Programmieranfänger musste irgendwann einmal die *Sortierung eines Feldes* programmieren. Auch heute ist es nicht schlecht, wenn der Bubble-Sort-Algorithmus beherrscht würde, denn die Entwicklung verschachtelter Zählschleifen ist nach wie vor eine anspruchsvolle geistige Leistung.

Aber es *muss* nicht mehr sein – die Klasse Arrays enthält für alle Zahlenfelder jeweils eine Sortiermethode, die aufsteigend (ascending) sortiert:

static void	sort (char[] a) Sorts the specified array of chars into ascending numerical order.
static void	sort (double[] a) Sorts the specified array of doubles into ascending numerical order.
static void	sort (float[] a) Sorts the specified array of floats into ascending numerical order.
static void	sort (int[] a) Sorts the specified array of ints into ascending numerical order.
static void	sort (long[] a) Sorts the specified array of longs into ascending numerical order.

```
import java.util.*;                          // erste Kopfzeile
public class Bsp16_15 {                      //zweite Kopfzeile
public static void main(String[] args) {     //dritte Kopfzeile
   Scanner Keyb=new Scanner(System.in);      //vierte Kopfzeile
//Vereinbarungen
   int[] x; x=new int[10];
//Ausführungsteil
   x[0]=1;x[1]=8;x[2]=3;x[3]=9;x[4]=7;x[5]=3;x[6]=4;x[7]=1;x[8]=3;x[9]=5;
   System.out.println(Arrays.toString(x));
   Arrays.sort(x);
   System.out.println(Arrays.toString(x));
   }                                         //1. Fußzeile
}                                            //2. Fußzeile
```

Auch hier haben wir es wieder mit void-Methoden zu tun, die *nichts liefern* und folglich *aufgerufen* werden müssen.

Bild 16.16 zeigt das Ergebnis des angegebenen Programms (im Download: Bsp16_15.java) — die Belegung der Feldelemente vor und nach der Sortierung.

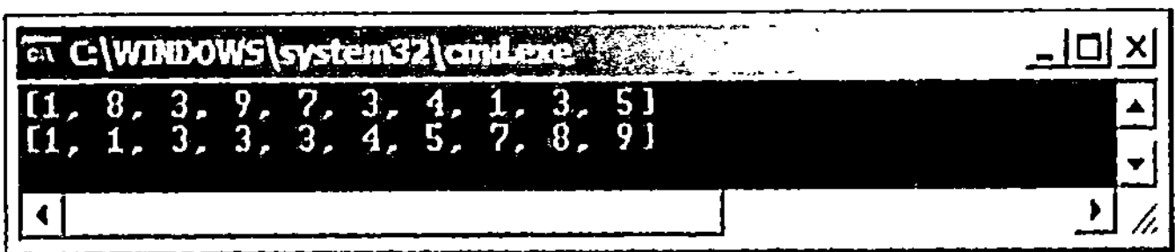

Bild 16.16: Sortierung eines int-*Feldes*

16.7.5 Finden in sortierten Feldern

Wird ein Name im Telefonbuch gesucht, beginnt man doch nicht unmittelbar am Anfang und quält sich stundenlang bis zum Ende hindurch.

Natürlich nicht — das Buch wird an irgendeiner Stelle aufgeschlagen. Befindet sich der gesuchte Name vor dieser Stelle, wird zurückgeblättert, befindet sich der Name hinter dieser Stelle, wird weitergeblättert.

Dieses Vorgehen nennt man *binäres Suchen*, es funktioniert aber nur, wenn die *Belegung der Feldelemente bereits sortiert* ist. Nun gut, die Sortierung haben wir soeben erlebt, also können wir auch daran gehen, die binarySearch-Methoden aus der Klasse Arrays kennen zu lernen:

static int	binarySearch (char[] a, char key) Searches the specified array of chars for the specified value using the binary search algorithm.
static int	binarySearch (double[] a, double key) Searches the specified array of doubles for the specified value using the binary search algorithm.
static int	binarySearch (float[] a, float key) Searches the specified array of floats for the specified value using the binary search algorithm.
static int	binarySearch (int[] a, int key) Searches the specified array of ints for the specified value using the binary search algorithm.
static int	binarySearch (long[] a, long key) Searches the specified array of longs for the specified value using the binary search algorithm.

Anstelle des *ersten Platzhalters* ist wieder der jeweilige *Feldname* einzutragen, an der Stelle des *zweiten Platzhalters* (key) muss der Wert stehen, nach *dessen Vorhandensein im Feld* gefragt wird. Alle binarySearch-Methoden liefern eine ganze Zahl. Sehen wir uns dazu ein Programm und verschiedene Ergebnisse an:

```
import java.util.*;                              // erste Kopfzeile
public class Bsp16_16 {                          //zweite Kopfzeile
public static void main(String[] args) {         //dritte Kopfzeile
  Scanner Keyb=new Scanner(System.in);           //vierte Kopfzeile
//Vereinbarungen
  int[] x; x=new int[10];
  int wert, ent;
//Ausführungsteil
  x[0]=1;x[1]=8;x[2]=3;x[3]=9;x[4]=7;x[5]=3;x[6]=4;x[7]=1;x[8]=3;x[9]=5;
  System.out.println(Arrays.toString(x));
  Arrays.sort(x);
  System.out.println(Arrays.toString(x));
  do{
      System.out.print("Was wird gesucht? "); wert=Keyb.nextInt();
      System.out.println("Suchergebnis="+Arrays.binarySearch(x,wert));
      System.out.print("Noch einmal 1=ja, 0=nein? "); ent=Keyb.nextInt();
      }
      while(ent==1);
  }                                              //1. Fußzeile
}                                                //2. Fußzeile
```

Bild 16.17 läßt erkennen, dass offenbar nur entscheidend ist, ob *der Ergebniswert positiv oder negativ* ist: Liefert die binarySearch-Methode einen *negativen* int-*Wert*, dann gibt es den gesuchten Wert im Feld *definitiv nicht.* Ist der Ergebniswert *positiv*, dann existiert der Suchwert *mindestens einmal.* Mehr kann nicht herausgelesen werden.

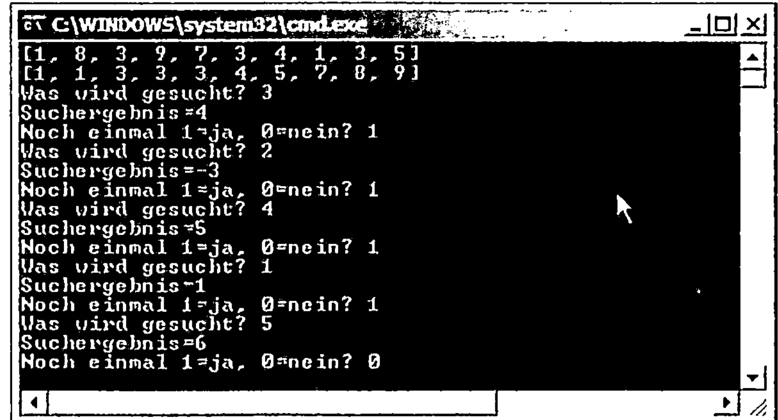

Bild 16.17: Suchergebnisse

17 Vererbung

17.1 Vorwort

Was du ererbt von deinen Vätern – erwirb es, um es zu besitzen. So spricht der Dichterfürst, und er meint es auch so.

Er meint nicht: *Erwirb es, um es zu verschleudern.* Er meint auch nicht: *Erwirb es, um es zu zerstören.*

Nein, er meint: *Erwirb es, um es zu pflegen. Um es auszubauen. Um es zu erweitern. Um es positiv für dich zu verändern, um es auf deine Bedürfnisse anzupassen.*

In Java ist es möglich, von einer Klasse andere Klassen *abzuleiten*, also eine Klasse zu *beerben*. Dann können wir die Objekte der Erblasser-Klasse als *Vater-Objekte*, die Objekte der abgeleiteten Klassen als *Kinder-Objekte* bezeichnen.

Oder, wenn wir noch eine Generation weiterdenken, können wir anschaulich sogar vom *Großvater-Objekt*, von den *Vater-Objekten* und schließlich von den *Enkel-Objekten* sprechen.

Java folgt konsequent dem *positiven Gedanken* des Dichters:

Bei jedem Vererbungsvorgang in Java wird *das Ererbte grundsätzlich bewahrt*, das Erbe oder Teile davon können *nicht verringert* oder gar *zerstört* werden werden. Selbstverständlich kann das Erbe aber *erweitert* und *positiv verändert* werden.

In diesem Kapitel werden wir kennen lernen, wie Klassen von einer vorhandenen Klasse abgeleitet werden können. Der Einblick in die Mechanismen wird uns danach noch einmal zu den *statischen Methoden* führen, denn unsere große Methoden-Übersicht des 16. Kapitels machte um die String-Objekte bisher einen großen Bogen. Da besteht Nachholbedarf.

17.2 Klassen ableiten

17.2.1 Erblasser- und Erbnehmer-Klasse

Wir gehen davon aus, dass eine *Erblasser-Klasse* mit dem Namen Erblasser-Klasse schon existiert. Sie bereitet einen *Datenkern* vor und enthält weiter einen oder mehrere *Konstruktoren* zur automatischen Belegung des Datenkerns bei jeder Objekterzeugung. Sie enthält dazu *nicht-statische Methoden* zum aktiven und passiven Zugriff auf den Datenkern. Vielleicht enthält sie auch, als Zugabe, einige *statische Methoden*.

Die Herstellung einer abgeleiteten Klasse mit dem Namen `ErbnehmerKlasse` erfolgt unter Verwendung des Schlüsselwortes `extends` in folgender Weise:

```
class ErbnehmerKlasse extends ErblasserKlasse{

}
```

DOWNLOAD Alle Java-Quelltexte der Beispiele, Übungsaufgaben und Lösungen dieses Kapitels können von `http://www.w-g-m.de/java.htm` durch Anklicken von `Dateien für Kapitel 17` heruntergeladen werden. Das weitere Vorgehen erfolgt so, wie auf Seite 55 geschildert. Die Bildschirm-Abzüge basieren alle auf JOE – auch in diesem Kapitel werden alle Beispiele damit behandelt.

17.2.2 Beispiel für eine Erblasser-Klasse

Sehen wir uns eines der Beispiele an, das in vielen Java-Büchern sehr gern benutzt wird. Diese *Erblasser-Klasse* soll den Namen `Mitarbeiter` tragen und `Mitarbeiter`-Objekte in folgender Weise vorbereiten:

```
import java.util.*;                                  // erste Kopfzeile
class Mitarbeiter{
  String Name, Vorname; int gehalt;                  //Datenkern vorbereiten
  Mitarbeiter(){                                      //1. Konstruktor
      Name=""; Vorname=""; gehalt=0;
  }
  Mitarbeiter(String N,String V, int g){             //2. Konstruktor
      Name=N;Vorname=V;gehalt=g;
  }
  void datenAusgeben(){                              //1. nicht-statische Methode
      System.out.println("Name:"+Name+"Vorname:"+Vorname+"Gehalt:"+gehalt);
  }
  void gehaltHoch(int zuwachs){                      //2. nicht-statische Methode
      gehalt=gehalt+zuwachs;
  }
}                                                    // Ende der Klasse Mitarbeiter
```

Stellen wir schnell die Dokumentation der beiden *Methoden der Klasse* bereit:

void	datenAusgeben() Zeigt den augenblicklichen Inhalt des Datenkerns
void	gehaltHoch(int zuwachs) Erhöht das Gehalt um den übergebenen Betrag

Bild 17.1 skizziert die Klasse Mitarbeiter: Sie bereitet Mitarbeiter-Objekte mit Datenkernen vor, die jeweils aus den drei Komponenten Name, Vorname und gehalt bestehen. Je nach verwendetem Konstruktor wird bei der Objekterzeugung der Datenkern fest oder variabel belegt.

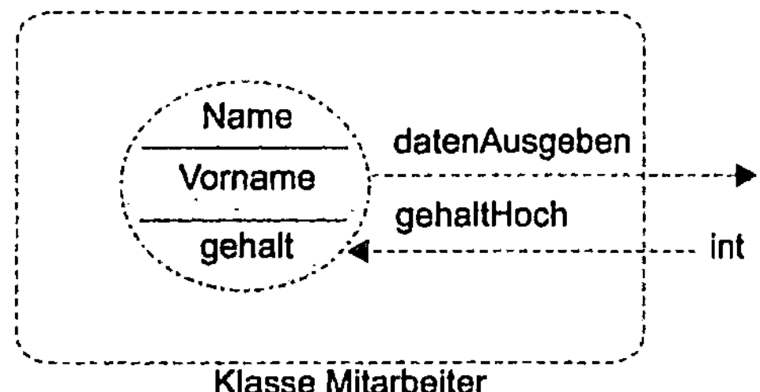

Bild 17.1: Datenkern und zwei nicht-statische Methoden

Betrachten wir nun ein kleines Hauptprogramm zur Erzeugung und zum Umgang mit Objekten dieser Klasse, dessen Quelltext sich an den Quelltext der Klasse anschließt (im Download: Bsp17_01.java).

Mit ihm wiederholen wir die beiden Möglichkeiten der Erzeugung von Mitarbeiter-Objekten sowie die Anwendung der nicht-statischen Methoden:

```
public class Bsp17_01 {                                  //zweite Kopfzeile
public static void main(String[] args) {                 //dritte Kopfzeile
   Scanner Keyb=new Scanner(System.in);                  //vierte Kopfzeile
//Vereinbarungen
   Mitarbeiter Meier_1, Meier_2;                         //Compiler-Info
   Meier_1=new Mitarbeiter();                            //Objekt-Erzeugung
   Meier_2=new Mitarbeiter("Meier", "Hans", 1000);
//Ausführungsteil
   Meier_1.datenAusgeben();Meier_2.datenAusgeben();
   Meier_1.gehaltHoch(20);Meier_2.gehaltHoch(500);
   Meier_1.datenAusgeben();Meier_2.datenAusgeben();
// ******* Nun kommen die beiden Fußzeilen des Programmrahmens *********
   }                                                     //1. Fußzeile
}                                                        //2. Fußzeile
```

Wie Bild 17.2 zeigt, bleiben im Datenkern des zuerst erzeugten Objekts Meier_1 die Bestandteile Name und Vorname des Datenkerns stets leer (besser: mit dem *leeren String* "" belegt) – für ihre Belegung gibt es, wenn nicht sofort der entsprechende Konstruktor genutzt wurde, später keine Möglichkeit mehr.

Derartige Methoden fehlen hier, der *Klassenprogrammierer* hat sie nicht bereitgestellt.

Bild 17.2: Ausgaben des Anwendungsprogramms

Was der *Klassenprogrammierer* nicht bereitstellt, ist später keinem *Anwendungsprogrammierer* verfügbar. Das *Prinzip der Datensicherheit in der objektorientierten Programmierung,* hier erleben wir es wieder.

17.2.3 Ableitung von Klassen

Von unserer *Erblasser-Klasse* Mitarbeiter können wir scheinbar problemlos die drei *Erbnehmer-Klassen* Lehrling, Angestellter und Chef ableiten:

```
class Lehrling extends Mitarbeiter{

}
class Angestellter extends Mitarbeiter{

}
class Chef extends Mitarbeiter{

}
```

Und wenn unsere Vorstellung vom Mechanismus des Vererbens stimmt, dann müsste es so sein, wie Bild 17.3 zeigt – alle drei abgeleiteten Klassen müssten für ihre späteren Objekte denselben Aufbau des Datenkerns vorbereiten und dieselben nicht-statischen Methoden bereitstellen.

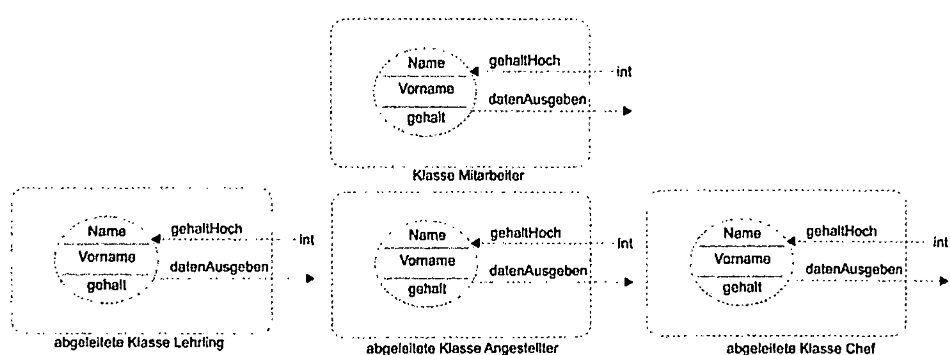

Bild 17.3: Idee der Vererbung

Versuchen wir es – wenn unserer Vermutung stimmt, müsste das folgende Anwendungsprogramm (im Download Bsp17_02.java) problemlos arbeiten:

```java
import java.util.*;                                    // erste Kopfzeile
class Mitarbeiter{
    ..................... (siehe Bsp17_01)................
}                                          // Ende der Klasse Mitarbeiter
class Lehrling extends Mitarbeiter{
}
class Angestellter extends Mitarbeiter{
}
class Chef extends Mitarbeiter{
}
public class Bsp17_02 {                                //zweite Kopfzeile
public static void main(String[] args) {              //dritte Kopfzeile
   Scanner Keyb=new Scanner(System.in);               //vierte Kopfzeile
//Vereinbarungen
   Mitarbeiter Meier; Lehrling Krause;                //Compiler-Info
   Angestellter Schulze; Chef Sommer;
   Meier=new Mitarbeiter("Meier", "Hans", 1000);      //Objekt-Erzeugung
   Krause=new Lehrling("Krause", "Maik", 0);
   Schulze=new Angestellter("Schulze","Paul",2000);
   Sommer=new Chef("Sommer", "August",5000);
//Ausführungsteil
   Meier.datenAusgeben();Krause.datenAusgeben();
   Schulze.datenAusgeben();Sommer.datenAusgeben();
   Meier.gehaltHoch(100);Krause.gehaltHoch(20);
   Schulze.gehaltHoch(10);Sommer.gehaltHoch(1000);
   Meier.datenAusgeben();Krause.datenAusgeben();
   Schulze.datenAusgeben();Sommer.datenAusgeben();
// ****** Nun kommen die beiden Fußzeilen des Programmrahmens **********
}                                                       //1. Fußzeile
}                                                       //2. Fußzeile
```

Doch – zu schön wäre es gewesen: Der Java-Compiler javac meldet uns *drei Fehler*. Versuchen wir, die Fehlermeldung in Bild 17.4 zu verstehen. Was ist falsch? Was fehlt?

```
C:\java_wgm\WGMKap17\Bsp17_02.java:54: cannot find symbol
symbol   : constructor Lehrling(java.lang.String,java.lang.String,int)
location: class Lehrling
  Krause=new Lehrling("Krause", "Maik", 0);
                      ^

C:\java_wgm\WGMKap17\Bsp17_02.java:55: cannot find symbol
symbol : constructor Angestellter(java.lang.String,java.lang.String,int)
location: class Angestellter
  Schulze=new Angestellter("Schulze","Paul",2000);
                           ^

C:\java_wgm\WGMKap17\Bsp17_02.java:56: cannot find symbol
symbol   : constructor Chef(java.lang.String,java.lang.String,int)
location: class Chef
  Sommer=new Chef("Sommer", "August",5000);
                  ^
```

Bild 17.4: Drei Fehlermeldungen

Ja, was fehlt? Was kann der Compiler *nicht finden* (cannot find)? Die entsprechenden Mitteilungen sind da:

```
cannot find: constructor Lehrling(....)

cannot find: constructor Angestellter(....)

cannot find: constructor Chef(....)
```

Der Java-Compiler *vermisst also die Konstruktoren* für die drei abgeleiteten Klassen.

> Der Java-Compiler verlangt vom Klassenprogrammierer, dass dieser durch *Konstruktoren* festlegt, *wie* die Datenkerne der Objekte von abgeleiteten Klassen bei der Objekterzeugung belegt werden sollen.

Wenn wir diese Forderung erfüllen wollen, müssen wir mindestens *drei Konstruktoren schreiben.*

17.2.4 Konstruktoren für die abgeleiteten Klassen

Es gibt dafür *zwei Möglichkeiten:*

> Entweder schreibt der Klassenprogrammierer *für jede abgeleitete Klasse* tatsächlich einen *eigenen Konstruktor.*

Das wird als Übung empfohlen. Dabei kann wiederholt werden, dass ein *Konstruktor* eine *Methode* ist, die niemals einen Rückgabewert besitzt und stets *denselben Namen wie die Klasse* tragen muss (siehe Abschnitt 13.2 auf Seite 178).

> Oder es wird einer der bereits vorhandenen *Konstruktoren der Erblasser-Klasse* angefordert.

ÜBUNG *Übung 17.1:* Vervollständigen Sie den Java-Quelltext des Beispiels 17_2 durch drei Konstruktoren für die drei abgeleiteten Klassen. Geben Sie ihn ein und speichern Sie ihn unter dem Namen Uebg17_1.java. Oder öffnen Sie die Datei gleichen Namens im Download-Ordner WGMKap17.

Schreiben Sie für die drei abgeleiteten Klassen nur jeweils solch einen Konstruktor, der mit Platzhaltern arbeitet und die Platzhalter-Belegungen in den Datenkern bringt. Testen Sie. **ÜBUNG**

Die Lösung finden Sie auf Seite 379.

Wir aber wollen nun den zweiten Weg kennen lernen: Folgendermaßen kann jeweils zum Ausdruck gebracht werden, dass die *Datenkerne der Erbnehmer-Objekte* bei Objekterzeugung in gleicher Weise belegt werden sollen wie der *Datenkern des Erblasser-Objekts:*

```
class Lehrling extends Mitarbeiter{
    Lehrling(String N, String V, int g){            //Konstruktor
        super(N, V, g);
        }
    }                                               //Ende der abgeleiteten Klasse
class Angestellter extends Mitarbeiter{
    Angestellter(String N, String V, int g){        //Konstruktor
        super(N, V, g);
        }
    }                                               //Ende der abgeleiteten Klasse
class Chef extends Mitarbeiter{
    Chef(String N, String V, int g){                //Konstruktor
        super(N, V, g);
        }
    }                                               //Ende der abgeleiteten Klasse
```

Die Zeile

```
        super(N, V, g);
```

besagt nichts Anderes, als dass an dieser Stelle bei der Erzeugung eines *Objekts der abgeleiteten Klasse* der Inhalt des *passenden Konstruktors der Erblasser-Klasse*

```
        Name=N;Vorname=V;gehalt=g;
```

eingesetzt werden soll.

Wir werden noch öfter mit diesem super-Befehl arbeiten.

Die Zeilen mit den drei Konstruktoren sind nun im Beispiel 17_02 zu ergänzen; der gesamte Quelltext ist im Download in der Datei Bsp17_03.java verfügbar. Bild 17.5 zeigt die Ausgabe.

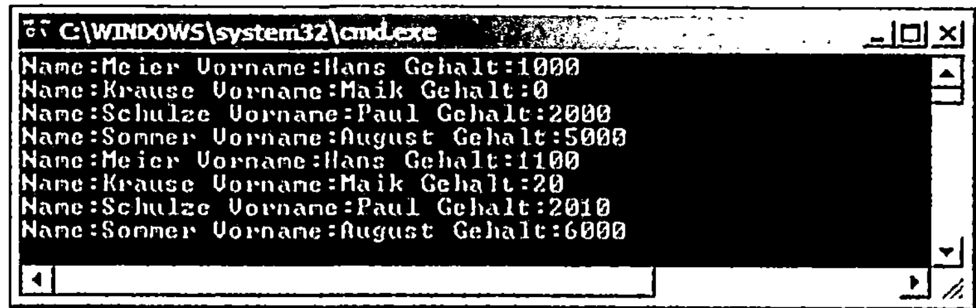

Bild 17.5: Abgeleitete Klassen mit eigenen Konstruktoren

17.2.5 Erweiterung des Datenkerns, verbesserte und neue Methoden

Beginnen wir bei unserer abgeleiteten Klasse Lehrling, sie soll ja Lehrlings-Objekte vorbereiten. Solche Objekte benötigen doch im *Datenkern* sicher noch eine *weitere Komponente*, mit deren Hilfe registriert wird, wieviele Prüfungen der jeweilige Lehrling schon bestanden hat.

Also wird eine *Erweiterung des Datenkerns* vorgenommen:

```
class Lehrling extends Mitarbeiter{

    int fertigePruefg;                          //Erweiterung des Datenkerns
```

Folglich muss auch der Konstruktor überarbeitet werden:

```
    Lehrling(String N, String V, int g){        //Konstruktor
        super(N, V, g);
        fertigePruefg=0;
    }
```

Auch die Methode datenAusgeben, von der Klasse Mitarbeiter übernommen, muss angepasst, also erweitert werden (sie wird *überschrieben*):

```
    void datenAusgeben(){
        System.out.println("Name:"+Name+"Vorname:"+Vorname+"Gehalt:"+gehalt);
        System.out.println("   +   abgelegte Pruefungen:"+fertigePruefg);
    }
```

Schließlich fehlt eine neue Methode in dieser Klasse, die es ermöglicht, bei bestandener Prüfung den neu hinzugekommenen Bestandteil des Datenkerns zu aktualisieren:

```
    void pruefgBestanden(){
        fertigePruefg=fertigePruefg+1;
    }

}                                               //Ende der abgeleiteten Klasse
```

Bild 17.6 skizziert die neue Situation: In der abgeleiteten Klasse Lehrling ist das Übernommene aus der Klasse Mitarbeiter *erhalten, verbessert* oder *erweitert* worden.

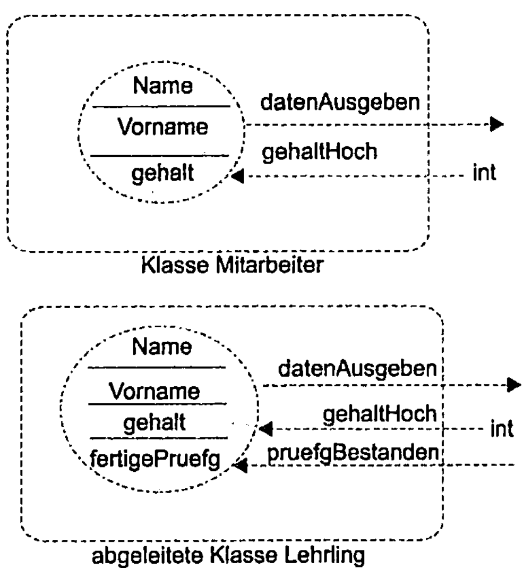

Bild 17.6: Vererbung, Erweiterung, Verbesserung

Sehen wir uns Objekterzeugung und Ausführungsteil eines Anwendungsprogramms an, in dem der erweiterte Konstruktor, die veränderte Methode daten-Ausgeben sowie die hinzugekommene Methode pruefgBestanden für das Lehrlings-Objekt Krause verwendet werden (der komplette Quelltext mit allen Klassen und der Methode main befindet sich in der Datei Bsp17_04.java):

```
Meier=new Mitarbeiter("Meier", "Hans", 1000);          //Objekt-Erzeugung
Krause=new Lehrling("Krause", "Maik", 0);
Schulze=new Angestellter("Schulze","Paul",2000);
Sommer=new Chef("Sommer", "August",5000);
//Ausführungsteil
Meier.datenAusgeben();Krause.datenAusgeben();
Schulze.datenAusgeben();Sommer.datenAusgeben();
Meier.gehaltHoch(100);
Krause.pruefgBestanden();
Schulze.gehaltHoch(10);Sommer.gehaltHoch(1000);
Meier.datenAusgeben();Krause.datenAusgeben();
Schulze.datenAusgeben();Sommer.datenAusgeben();
```

```
C:\WINDOWS\system32\cmd.exe                              _ |□| ×|
Name:Meier  Vorname:Hans  Gehalt:1000                         ▲
Name:Krause Vorname:Maik Gehalt:0
     +   abgelegte Pruefungen:0
Name:Schulze Vorname:Paul Gehalt:2000
Name:Sommer Vorname:August Gehalt:5000
Name:Meier  Vorname:Hans  Gehalt:1100
Name:Krause Vorname:Maik Gehalt:0
     +   abgelegte Pruefungen:1
Name:Schulze Vorname:Paul Gehalt:2010
Name:Sommer Vorname:August Gehalt:6000                        ▼
◄                                                        ► //
```

Bild 17.7: Für Krause *gibt es nun andere und weitere Möglichkeiten*

ÜBUNG *Übung 17.2:* Übernehmen Sie den Java-Quelltext des Beispiels 17_4. Geben Sie ihn ein und speichern Sie ihn unter dem Namen Uebg17_2.java. Oder öffnen Sie die Datei gleichen Namens im Download-Ordner WGMKap17.

Erweitern Sie zuerst den Datenkern für alle Objekte der Klasse Angestellter um eine int-Komponente stufe. Sorgen Sie dafür, dass bei Objekterzeugung eines Objekts dieser Klasse zusätzlich die Startbelegung für stufe eingetragen werden kann – erweitern Sie dazu die Liste der Platzhalter. Erweitern Sie auch die Methode datenAusgaben, und schreiben Sie eine neue void-Methode befoerderung, die zuerst testet, ob bereits die Stufe 10 erreicht worden ist. Wenn nicht, wird die Stufe um eins angehoben.

Die Lösung finden Sie auf Seite 379.

ÜBUNG

17.3 Noch einmal: Statische Methoden

17.3.1 Die equals-Methode der Klasse String

In der Dokumentation der Klasse String aus dem Paket java.lang, die wir über ...→DOCS→API→JAVA→LANG→STRING.HTML einsehen können, findet sich unter den dort dokumentierten Methoden auch eine *nicht-statische Methode* mit dem Namen equals:

boolean	equals(Object anObject)
	Compares this string to the specified object.

Was können wir damit anfangen? Wenn wir ein String-Objekt, z. B. mit dem Namen T1, vereinbart und erzeugt und seinen Datenkern belegt haben:

```
//Vereinbarungen
String T1; boolean erg;
T1=new String();
```

```
//Ausführungsteil
    System.out.print("1. Zeichenfolge eingeben:");T1=Keyb.nextLine();
```

dann können wir dieses String-Objekt mit Hilfe dieser equals-Methode irgendwie *vergleichen* (denn equals heißt auf Deutsch ist gleich):

```
    erg=T1.equals(  ????????????  );
```

Doch *womit* können wir T1 vergleichen? Sehen wir uns die *Dokumentation* genau an: Der *Typ des Platzhalters*, also Object, beginnt *nicht* mit einem Kleinbuchstaben – also steht der gesamte zweiteilige Platzhalter offenbar *nicht* für einen *gewöhnlichen Speicherplatz* von boolean bis double.

Der Typ des Platzhalters heißt auch nicht String – dann wüssten wir wenigstens, dass der gesamte *zweiteilige Platzhalter* durch den Namen eines String-Objekts oder eine konkrete, in die Anführungszeichen " " eingeschlossene Zeichenfolge zu ersetzen wäre (siehe Abschnitt 12.5.3 auf Seite 164).

Nein, der Platzhalter trägt aber die Typbezeichnung Object. Was kann das sein? Was darf denn nun anstelle des zweiteiligen Platzhalters in die runden Klammern hinter equals eingetragen werden? Ein Name? Ein Name – aber wovon?

Schauen wir nach: Bei ...→DOCS→API→JAVA→LANG→OBJECT.HTML werden wir fündig und erfahren, dass sich unter der Bezeichnung Object ebenfalls eine *Klasse aus dem Paket* java.lang verbirgt (Bild 17.8).

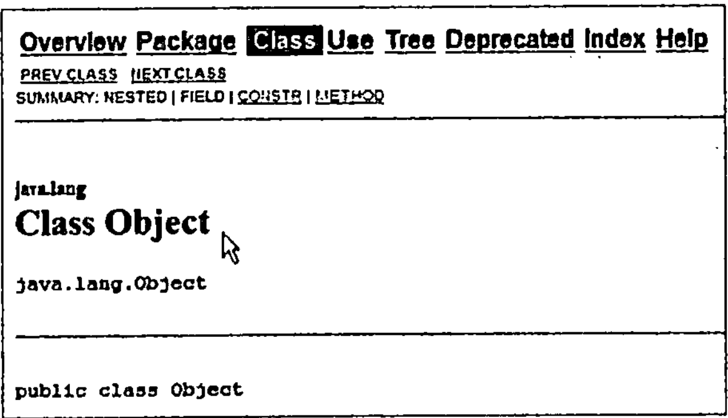

Bild 17.8: Auszug aus der Dokumentation der Klasse Object

Da die Klasse Object, wie wenige Zeilen weiter unter der Überschrift Constructor Summary zu lesen ist, sogar einen *Konstruktor* besitzt

```
Object()
```

handelt es sich offenbar um eine *Klasse*, die *Objekte mit Datenkernen* vorbereitet.

Also – erzeugen wir schnell zusätzlich zu unserem String-Objekt mit dem Namen T1 ein Objekt der Klasse Object mit dem Namen O1 und setzen O1 in die runden Klammern hinter equals:

```
//Vereinbarungen
   String T1; T1=new String();boolean erg;
   Object O1; O1=new Object();
//Ausführungsteil
   System.out.print("1. Zeichenfolge eingeben:");T1=Keyb.nextLine();
   erg=T1.equals(O1);
   System.out.println("Ergebnis von T1.equals(O1)="+erg);
```

Wenn wir das Ganze noch mit dem *Programmrahmen* aus den vier Kopf- und
den zwei Fußzeilen umgeben (im Download Bsp17_05.java), dann kann tatsächlich ohne Fehlermeldung übersetzt und ausgeführt werden. Bild 17.9 zeigt
das Ausgabe-Fenster.

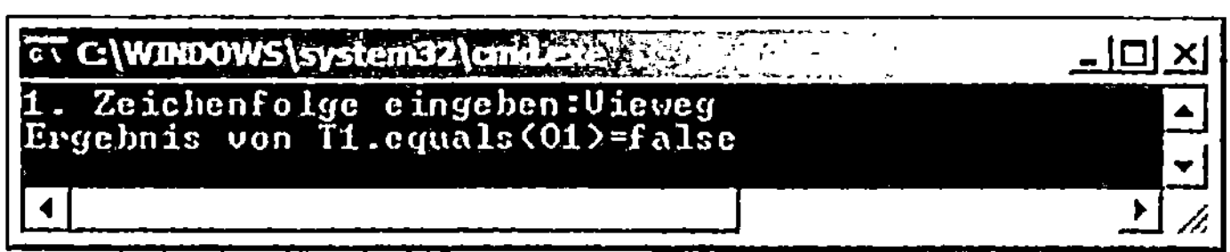

Bild 17.9: Vergleich eines String-*Objekts mit einem* Object-*Objekt*

So weit, so gut. Wir haben also festgestellt:

> Mit Hilfe der nicht-statischen Methode equals kann jedes String-Objekt mit al-
> len Objekten der Klasse Object verglichen werden.

Doch was nützt uns das alles?

Erinnern wir uns an den vorigen Abschnitt, an die Vererbung: Da stellten wir
fest, dass bei Vererbung *jede Methode des Erblassers* grundsätzlich auch *in allen
Erbnehmer-Klassen* verfügbar ist. Bei der Vererbung *geht nichts verloren.*

Wenden wir diese Erkenntnis hier an, dann können wir unsere Feststellung
erweitern:

> Mit Hilfe der nicht-statischen Methode equals kann jedes String-Objekt mit al-
> len Objekten der Klasse Object und darüber hinaus *mit Objekten aller Klassen,
> die von* Object *abgeleitet* sind, verglichen werden.

Und nun ist es wieder Zeit, einen Blick auf die ersten Zeilen der Dokumentation der Klasse String zu werfen. Bild 17.10 zeigt sie uns.

Dort ist es deutlich zu erkennen:

> Die Klasse String ist eine abgeleitete Klasse von Object.

Also können wir zusammenfassen unsere Erkenntnis formulieren:

> Mit Hilfe der equals-Methode kann ein String-Objekt mit Objekten der Klasse
> Object verglichen werden. Es kann auch mit Objekten aller Klassen verglichen
> werden, die von Object abgeleitet sind.

String ist von Object abgeleitet. Also kann jedes String-Objekt mit Hilfe der equals-Methode mit einem anderen String-Objekt verglichen werden.

Overview Package Class Use Tree Deprecated Index Help
PREV CLASS NEXT CLASS
SUMMARY: NESTED | FIELD | CONSTR | METHOD

---

java.lang
Class String

```
java.lang.Object
   └─java.lang.String
```

Bild 17.10: String *ist eine abgeleitete Klasse von* Object

Das folgende, vollständige Programm (im Download: Bsp17_06.java) bestätigt diese Schlussfolgerung, mit ihm können die *Inhalte der Datenkerne der beiden* String-*Objekte* T1 und T2 verglichen werden:

```
import java.util.*;                                      // erste Kopfzeile
public class Bsp17_06 {                                  //zweite Kopfzeile
public static void main(String[] args) {                 //dritte Kopfzeile
   Scanner Keyb=new Scanner(System.in);                  //vierte Kopfzeile
//Vereinbarungen
   String T1; T1=new String(); boolean erg;
   String T2; T2=new String();
//Ausführungsteil
   System.out.print("1. Zeichenfolge eingeben:");T1=Keyb.nextLine();
   System.out.print("2. Zeichenfolge eingeben:");T2=Keyb.nextLine();
   erg=T1.equals(T2);
   System.out.println("Ergebnis von T1.equals(T2)="+erg);
// ******* Nun kommen die beiden Fußzeilen des Programmrahmens **********
   }                                                     //1. Fußzeile
}                                                        //2. Fußzeile
```

17.3.2 Statische Methoden der Klasse Arrays für String-Objekte

Als wir in den Abschnitten 16.7.1 bis 16.7.4 (ab Seite 231) die leistungsfähigen statischen Methoden fill, toString, equals, sort und binarySearch der Klasse Arrays aus dem Paket java.util kennen lernten, da sah es so aus, als ob diese Methoden nur für Felder nutzbar sind, die aus *einfachen Speicherplätzen* bestehen – für char-Felder, int-Felder, double-Felder usw.

Denn nirgends war in der Methodenübersicht der Klasse Arrays die Vokabel String zu erkennen – das ließ den Verdacht aufkommen, dass die Arrays-Methoden nur für *einfache Felder* programmiert seien.

Jetzt wissen wir es besser und stellen uns deshalb die fünf Dokumentationen der Methoden fill, toString, equals, sort und binarySearch zusammen, in denen die Vokabel Object auftritt:

`static void`	`fill(Object[] a, Object val)` `Assigns the specified Object reference to each element of the specified array of Objects.`
`static String`	`toString(Object[] a)` `Returns a string representation of the contents of the specified array.`
`static boolean`	`equals(Object[] a, Object[] a2)` `Returns true if the two specified arrays of Objects are equal to one another.`
`static void`	`sort(Object[] a)` `Sorts the specified array of objects into ascending order, according to the natural ordering of its elements.`
`static int`	`binarySearch(Object[] a, Object key)` `Searches the specified array for the specified object using the binary search algorithm.`

All diese Methoden sind nutzbar für *nummerierte Mengen von Objekten der Klasse* Object.

Also sind sie auch nutzbar für alle nummerierten Mengen von Objekten von *Klassen, die von* Object *abgeleitet* sind.

Insbesondere sind sie auch nutzbar für nummerierte Mengen von String-Objekten, das heißt:

Diese fünf Methoden müssen für String-Felder nutzbar sein.

Wie erzeugt man aber zum Beispiel eine Menge nummerierter String-Objekte T[0], T[1], usw. bis T[9]?

17.3.3 String-Felder

Die Herstellung eines String-Feldes erfolgt in drei Schritten:

```
String[] T;                          //Compiler-Info
T=new String[10];                    //Zweite Compiler-Info
for (int i=0; i<=9; i++){            //Erzeugung der 10 Objekte
    T[i]=new String();
    }
```

Zuerst muss der Java-Compiler javac informiert werden, dass sich hinter dem Bezeichner T kein *einzelnes* String-*Objekt*, sondern eine *Menge nummerierter* String-*Objekte* verbergen.

Dann muss der Java-Compiler javac erfahren, welche *Indexmenge* Verwendung finden wird – damit kann dann festgestellt werden, ob auf ein nicht vorhandenes Feldelement zugegriffen werden soll.

In der anschließenden Zählschleife werden die zehn nummerierten String-Objekte T[0] bis T[9] durch new-Anweisungen mit leerem Klammernpaar, also unter Verwendung des ersten Konstruktors der Klasse String, tatsächlich alle erzeugt – der Datenkern jedes String-Objekts erhält folglich als Anfangsbelegung die leere Zeichenfolge "" (siehe auch Seite 200).

17.3.4 Beispiel

Im folgenden Programmbeispiel (im Download: Bsp17_07.java) wird alles, was in den vorigen Abschnitten besprochen wurde, angewandt und demonstriert:

Zuerst werden zwei String-Felder T und U vereinbart und ihre Elemente T[0] bis T[9] bzw. U[0] bis U[8] mit leeren Zeichenfolgen in den Datenkernen erzeugt. Mit fill wird die einheitliche Belegung "Prag" in die Datenkerne gebracht, mit toString kontrollierbar gemacht.

Der equal-Vergleich von T und U muss negativ ausgehen, weil U ein Element weniger besitzt.

Für einige Elemente von T werden andere Zeichenfolgen als "Prag" in die Datenkerne gebracht, wieder erfolgt zur Kontrolle eine Ansicht des ganzen Feldes.

Nach der Sortierung mit sort ergibt sich die Feldbelegung von T im Sinne des Telefonbuches und der ASCII-Tabelle (s. Seite 144): Alphabetische Anordnung, Großbuchstaben vor Kleinbuchstaben, Ziffern vor Buchstaben.

Da das String-Feld T nun sortiert ist, kann mit binarySearch geprüft werden, ob sich irgendwo im Feld die Zeichenfolge "Prag" befindet. Es muss ein positives Ergebnis angezeigt werden, das ist auch in Bild 17.11 zu sehen.

Hier ist nun dieses große, vollständige Anwendungs-Programm:

```
import java.util.*;                         // erste Kopfzeile
public class Bsp17_07 {                     //zweite Kopfzeile
public static void main(String[] args) {    //dritte Kopfzeile
   Scanner Keyb=new Scanner(System.in);     //vierte Kopfzeile
//Vereinbarungen
   String[] T;                                 //Compiler-Info
   T=new String[10];                     //Zweite Compiler-Info
```

```
    for (int i=0; i<=9; i++){                    //Erzeugung der 10 Objekte
        T[i]=new String();
    }
    String[] U;                                              //Compiler-Info
    U=new String[9];                                   //Zweite Compiler-Info
    for (int i=0; i<=8; i++){                      //Erzeugung der 9 Objekte
        U[i]=new String();
    }
//Ausführungsteil

    Arrays.fill(T,"Prag");
    System.out.println("Anfangsbelegung T="+Arrays.toString(T));

    Arrays.fill(U,"Prag");
    System.out.println("Anfangsbelegung U="+Arrays.toString(U));

    System.out.println("Vergleich T und U:"+Arrays.equals(T,U));

    T[2]="AAA"; T[5]="aaa"; T[8]="123";
    System.out.println("Neubelegung T="+Arrays.toString(T));

    Arrays.sort(T);
    System.out.println("T sortiert="+Arrays.toString(T));

    System.out.println("Prag in T? "+Arrays.binarySearch(T, "Prag"));
// ****** Nun kommen die beiden Fußzeilen des Programmrahmens *********
    }                                                          //1. Fußzeile
}                                                              //2. Fußzeile
```

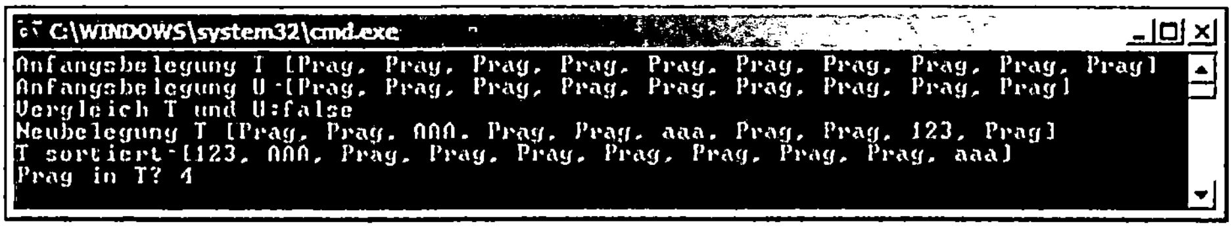

Bild 17.11: Arbeit mit String*-Feldern und* Arrays*-Methoden*

ÜBUNG   *Übung 17.3:* Übernehmen Sie den Java-Quelltext des Beispiels 17_7. Geben Sie ihn ein und speichern Sie ihn unter dem Namen Uebg17_3.java. Oder öffnen Sie die Datei gleichen Namens im Download-Ordner WGMKap17.

Löschen Sie den Ausführungsteil, programmieren Sie die Erfassung von Zeichenfolgen *solange, bis der Nutzer drei Sterne* eingibt (siehe Seite 134). Anschließend soll sortiert ausgegeben werden.

Die Lösung finden Sie auf Seite 379.   **ÜBUNG**

Abstrakte Klassen und Interfaces

18.1   Abstrakte Klassen

18.1.1   Der reiche Erblasser

Graf Quirlo von Rührheim merkt, dass sein Ende nahe ist. Er überlegt, was wohl sein Nachkomme, der junge Quirlum, mit seinem Erbe machen wird. Und er ist sich sicher: Das herrschaftliche Anwesen wird er bestimmt übernehmen, später auch ausbauen. Aber die vier Angestellten, die Köchin, den Hausmeister, den Gärtner, den Fahrer, die er übernehmen soll, ja, die er übernehmen *muss*, die wird er vermutlich ganz anders beschäftigen.

Also, so sagt sich der alte Graf, hat es doch eigentlich gar keinen Zweck, dem Junior *genaue Tätigkeitsbeschreibungen* für diese vier dienstbaren Geister zu überlassen – er wird sie doch sowieso, unverzüglich, nach dem Eintreten des Erbfalles, durch neue Aufgaben einsetzen.

So also dachte der alte Graf, und er schrieb dem Junior nur auf, was die Vier *grundsätzlich* können, aber nicht, was sie jetzt und was sie in Zukunft *konkret* tun oder tun sollten.

Also musste der junge Graf, bevor er das Erbe antreten konnte, sich erst einmal hinsetzen und für die vier dienstbaren Helfer jeweils eine neue *Tätigkeitsbeschreibung* anfertigen.

Das hatte der Alte dadurch *erzwungen*, indem er ihm diese Vier *abstrakt* übergeben hatte.

18.1.2   Abstrakte Klassen

Eine *abstrakte Klasse* bereitet *keine eigenen Objekte* vor. Objekte können erst hergestellt werden, wenn mindestens eine konkrete Klasse von der abstrakten Klasse abgeleitet worden ist.

> Abstrakte Klassen können *abstrakte und konkrete Methoden* enthalten.
>
> Abstrakte Methoden werden in Form von *Prototypen* angegeben. Prototypen *müssen* bei der Ableitung einer konkreten Klasse überschrieben werden.
>
> Konkrete Methoden einer abstrakten Klasse *können* bei der Ableitung einer konkreten Klasse überschrieben werden.

18.1.3 Abstrakte Klassen mit abstrakten Methoden, Prototypen

Betrachten wir als Beispiel für eine *abstrakte Klasse mit Prototypen* die folgende Klasse mit dem Namen AbstrakteKlasse, die einen Datenkern für spätere Mitarbeiter-, Lehrlings-, Angestellte- und Chef-Objekte vorbereitet und bereits festlegt, welche Methoden *später* bei der Ableitung der entsprechenden Klassen zu konkretisieren sind:

```java
abstract class AbstrakteKlasse{
    String Name. Vorname;                        //Datenkern
    int gehalt. fertigePruefg. stufe;
    abstract void datenAusgeben();               //Prototyp
    abstract void gehaltHoch(int zuwachs);       //Prototyp
    abstract void pruefgBestanden();             //Prototyp
    abstract void befoerdern();                  //Prototyp
    }                             // Ende der abstrakten Klasse
```

Die *Prototypen für die Methoden* enthalten also nur das, was auch in den Dokumentationen zu lesen wäre – die *Art des Rückgabewertes* (hier viermal void, also liefert keine der Methoden etwas) und die *Platzhalter* mit Typ und Name, bzw. die *leeren runden Klammern*, wenn die Methode nichts benötigt.

Abstrakte Klassen besitzen *keinen Konstruktor* – warum sollten sie auch, es lassen sich ohnehin *keine Objekte von einer abstrakten Klasse* herstellen.

Versuchen wir es trotzdem:

```java
public class Bsp18_01 {                          //zweite Kopfzeile
    public static void main(String[] args) {     //dritte Kopfzeile
        Scanner Keyb=new Scanner(System.in);     //vierte Kopfzeile
    //Vereinbarungen
        AbstrakteKlasse Quirlheim;
        Quirlheim=new AbstrakteKlasse();
    // ******* Nun kommen die beiden Fußzeilen des Programmrahmens *********
    }                                            //1. Fußzeile
}                                                //2. Fußzeile
```

```
C:\java_wgm\WGMKap18\Bsp18_01.java:41:

AbstrakteKlasse is abstract; cannot be instantiated
 Quirlheim=new AbstrakteKlasse();
                ^
```

Bild 18.1: Meldung: AbstrakteKlasse *kann nicht instantiiert werden*

Zum sprachlichen Verständnis dieser Fehlermeldung müssen wir hier nachtragen, dass man anstelle der Formulierung *Objekt der Klasse,* die wir allgemein benutzen, in Fachkreisen gern von einer *Instanz der Klasse* spricht:

Ein Objekt ist eine Instanz der Klasse.

Die sprachliche Aussage *Ein Objekt der Klasse wird erzeugt* ist dasselbe wie *Eine Instanz der Klasse wird erzeugt.*

Damit können wir die Fehlermeldung aus Bild 18.1 verstehen:

Wenn eine Klasse *nicht instantiiert* werden kann (englisch: cannot be instantiated), heißt das, dass *von dieser Klasse keine Instanzen* gebildet werden können. Mit anderen Worten: Es kann *keine Objekte dieser Klasse* geben.

Es bleibt dabei: Wird eine Klasse *abstrakt* programmiert, *müssen* davon Unter-Klassen abgeleitet werden. Erst von den *abgeleiteten Klassen* können *Objekte* hergestellt werden.

Sehen wir uns an, was beachtet werden muss, wenn aus der Klasse AbstrakteKlasse die Klasse Mitarbeiter abgeleitet wird. Sie muss dann natürlich einen *eigenen Konstruktor* haben und die *benötigten Methoden* konkretisieren:

```
class Mitarbeiter extends AbstrakteKlasse{
    Mitarbeiter(String N,String V, int g){              //Konstruktor
        Name=N;Vorname=V;gehalt=g;
    }
    void datenAusgeben(){
        System.out.println("Name:"+Name+"Vorname:"+Vorname+"Gehalt:"+gehalt);
    }
    void gehaltHoch(int zuwachs){
        gehalt=gehalt+zuwachs;
    }
}                                                    // Ende der Klasse Mitarbeiter
```

Es scheint alles richtig zu sein – Objekte der Klasse Mitarbeiter benötigen doch später nur die beiden Methoden datenAusgeben und gehaltHoch - und für diese beiden Methoden wurden die *Kopfzeilen der Prototypen* ergänzt durch die passenden Inhalte.

Aber was passiert, wenn wir versuchen, ein Objekt der nicht-abstrakten Klasse
Mitarbeiter herzustellen und damit zu arbeiten?

```
public class Bsp18_01 {                              //zweite Kopfzeile
  public static void main(String[] args) {           //dritte Kopfzeile
    Scanner Keyb=new Scanner(System.in);             //vierte Kopfzeile
    //Vereinbarungen
    Mitarbeiter Lehmann;                             //Compiler-Info
    Lehmann=new Mitarbeiter("Lehmann", "Ludwig", 1800);
    //Ausführungsteil
    Lehmann.datenAusgeben();
    Lehmann.gehaltHoch(50);
    Lehmann.datenAusgeben();
    // ******* Nun kommen die beiden Fußzeilen des Programmrahmens **********
  }                                                  //1. Fußzeile
}                                                    //2. Fußzeile
```

Alles scheint richtig – doch der Java-Compiler javac meldet einen Fehler. In der
Bildunterschrift von Bild 18.2 wird die englische Fehlermeldung übersetzt: *Da
die abstrakte Klasse auch einen Prototyp einer Methode* pruefgBestanden *enthält,
muss auch diese Methode überschrieben (engl.:* override*) werden.*

```
C:\java_wgm\WGMKap18\Bsp18_01.java:13: Mitarbeiter is not abstract and
does not override abstract method pruefgBestanden() in AbstrakteKlasse
class Mitarbeiter extends AbstrakteKlasse{
^
```

Bild 18.2: Konkretisierung von pruefgBestanden *wird vermisst*

Obwohl wir eine Methode pruefgBestanden für die Mitarbeiter-Objekt nicht benötigen, *muss* sie doch in der Klasse Mitarbeiter konkretisiert werden. Ergänzen wir also die Klasse Mitarbeiter durch die *leere Methode*

```
void pruefgBestanden(){};
```

und lassen den Compiler erneut das Programm prüfen: Wieder gibt es eine
Fehlermeldung:

```
C:\java_wgm\WGMKap18\Bsp18_01.java:13: Mitarbeiter is not abstract and
does not override abstract method befoerdern() in AbstrakteKlasse
class Mitarbeiter extends AbstrakteKlasse{
^
```

Bild 18.3: Konkretisierung von befoerdern *wird vermisst*

Die Unterschrift von Bild 18.3 erklärt uns, dass noch die Konkretisierung von
befoerdern fehlt.

Richtig, auch dafür gab es ja einen *Prototyp*. Also ergänzen wir unsere *nicht-abstrakte Klasse* Mitarbeiter, die aus der *abstrakten Klasse* mit dem Namen AbstrakteKlasse abgeleitet wird, zusätzlich durch eine *leere Methode* befoerdern. Nun gibt es keine Fehlermeldung mehr.

Und so sieht der *vollständige Quelltext der beiden Klassen* sowie des *Hauptprogramms* in der Methode main (im Download: Bsp18_01.java) aus:

```java
import java.util.*;                                        // erste Kopfzeile
abstract class AbstrakteKlasse{
  String Name, Vorname;                                   //Datenkern
  int gehalt, fertigePruefg, stufe;
  abstract void datenAusgeben();                          //Prototyp
  abstract void gehaltHoch(int zuwachs);                  //Prototyp
  abstract void pruefgBestanden();                        //Prototyp
  abstract void befoerdern();                             //Prototyp
}                                                // Ende der abstrakten Klasse
class Mitarbeiter extends AbstrakteKlasse{               //abgeleitete Klasse
  Mitarbeiter(String N,String V, int g){                  //Konstruktor
    Name=N;Vorname=V;gehalt=g;
  }
  void datenAusgeben(){
    System.out.println("Name:"+Name+"Vorname:"+Vorname+"Gehalt:"+gehalt);
  }
  void gehaltHoch(int zuwachs){
    gehalt=gehalt+zuwachs;
  }
  void pruefgBestanden(){};     //leere Methode, überschreibt Prototyp
  void befoerdern(){};          //leere Methode, überschreibt Prototyp
} // Ende der Klasse Mitarbeiter
public class Bsp18_01 {                                   //zweite Kopfzeile
public static void main(String[] args) {                 //dritte Kopfzeile
  Scanner Keyb=new Scanner(System.in);                   //vierte Kopfzeile
//Vereinbarungen
  Mitarbeiter Lehmann;                                   //Compiler-Info
  Lehmann=new Mitarbeiter("Lehmann", "Ludwig", 1800);    //Objekterzeugung
//Ausführungsteil
  Lehmann.datenAusgeben(); Lehmann.gehaltHoch(50);
  Lehmann.datenAusgeben();
}                                                        //1. Fußzeile
}                                                        //2. Fußzeile
```

ÜBUNG *Übung 18.1:* Übernehmen Sie den Java-Quelltext des Beispiels 18_1.
Geben Sie ihn ein und speichern Sie ihn unter dem Namen Uebg18_1.java. Oder
öffnen Sie die Datei gleichen Namens im Download-Ordner WGMKap18.

Leiten Sie aus der abstrakten Klasse zusätzlich die Klasse Lehrling ab, schreiben
Sie deren Konstruktor, konkretisieren Sie die durch die Prototypen vorgegebenen Methoden.

Vereinbaren und erzeugen Sie im Hauptprogramm ein Objekt der Klasse Lehrling, testen Sie die Methoden.

Die Lösung finden Sie auf Seite 379.

Anregung: Leiten Sie zusätzlich die beiden Klassen Angestellter und Chef aus
der abstrakten Klasse ab, konkretisieren Sie auch dafür die durch die Prototypen gegebenen Methoden. **ÜBUNG**

Vereinbaren und erzeugen Sie Objekte und testen Sie.

18.1.4 Abstrakte Klassen mit konkreten Methoden

> Deklariert ein Klassenprogrammierer eine Klasse als abstract class, dann ver-
> hindert er damit, dass von dieser Klasse Objekte erzeugt werden können (mit
> anderen Worten: es können niemals *Instanzen der Klasse* hergestellt werden,
> die Klasse kann *nicht instantiiert werden*).

> Nimmt der Klassenprogrammierer in seine Klasse einen oder mehrere *Prototy-*
> *pen* auf, dann *muss* jeder, der eine nicht-abstrakte Klasse ableitet, *alle Prototy-*
> *pen* durch Methoden *konkretisieren*, unabhängig davon, ob er für die Objekte
> seiner abgeleiteten Klasse diese Methoden benötigt oder nicht.

Wenn er sie nicht benötigt, kann er sie durch die *leere Methode* konkretisieren,
bei der sich zwischen den beiden geschweiften Klammern { } nichts befindet.

Will der *Programmierer der abstrakten Klasse* jedoch allen Anwendern, die da-
raus nicht-abstrakte Klassen ableiten werden, es selbst überlassen, ob sie eine
Methode konkretisieren oder nicht, dann trägt er selbst in seine abstrakte
Klasse keine *Prototypen* ein, sondern *leere Methoden*:

```
abstract class AbstrakteKlasse{
    String Name, Vorname;                      //Datenkern
    int gehalt, fertigePruefg, stufe;
    void datenAusgeben(){};                    //leere Methode
    void gehaltHoch(int zuwachs){};            //leere Methode
```

```
void pruefgBestanden(){};                              //leere Methode
void befoerdern(){};                                   //leere Methode
}                                    ·        // Ende der abstrakten Klasse
```

Nun kann zum Beispiel die abgeleitete Klasse `Mitarbeiter` die sehr einfache Form

```
class Mitarbeiter extends AbstrakteKlasse{
    Mitarbeiter(String N,String V, int g){             //Konstruktor
        Name=N;Vorname=V;gehalt=g;
    }
}                                          // Ende der Klasse Mitarbeiter
```

haben, und es gibt keine Fehlermeldung. Allerdings gibt es auch keine Ausgabe, wenn das folgende Hauptprogramm ausgeführt wird:

```
public class Bsp18_02 {                                //zweite Kopfzeile
public static void main(String[] args) {               //dritte Kopfzeile
    Scanner Keyb=new Scanner(System.in);               //vierte Kopfzeile
//Vereinbarungen
    Mitarbeiter Lehmann;                        //Compiler-Info
    Lehmann=new Mitarbeiter("Lehmann", "Ludwig", 1800);
//Ausführungsteil
    Lehmann.datenAusgeben();
    Lehmann.gehaltHoch(50);
    Lehmann.datenAusgeben();
    // ******* Nun kommen die beiden Fußzeilen des Programmrahmens **********
    }                                                  //1. Fußzeile
}                                                      //2. Fußzeile
```

Der Bildschirm bleibt schwarz – wie sollte auch etwas passieren, die beiden Methoden datenAusgeben und gehaltHoch sind ja in die Klasse `Mitarbeiter` aus der abstrakten Klasse vorerst nur leer übernommen worden; eine *leere Methode bewirkt* eben nichts.

Die Situation ist völlig anders als im vorigen Abschnitt:

Nun *muss* der Programmierer der abgeleiteten Klasse `Mitarbeiter` keine Methode mehr konkretisieren. Er sollte es aber:

> Nimmt der Klassenprogrammierer in seine abstrakte Klasse *leere Methoden* auf, dann *kann* jeder, der daraus eine *nicht-abstrakte Klasse* ableitet, diejenigen Methoden *konkretisieren,* die er für die Objekte seiner abgeleiteten Klasse benötigt.

Im folgenden Quelltext (im Download: Bsp18_02.java) sind *abstrakte und konkrete Klasse* sowie ein kleines Hauptprogramm zusammengestellt:

```java
import java.util.*;                                        // erste Kopfzeile
abstract class AbstrakteKlasse{
   String Name, Vorname;                                  //Datenkern
   int gehalt, fertigePruefg, stufe;
   void datenAusgeben(){};                                //leere Methode
   void gehaltHoch(int zuwachs){};                        //leere Methode
   void pruefgBestanden(){};                              //leere Methode
   void befoerdern(){};                                   //leere Methode
   }                                          // Ende der abstrakten Klasse
class Mitarbeiter extends AbstrakteKlasse{
   Mitarbeiter(String N,String V, int g){                 //Konstruktor
       Name=N;Vorname=V;gehalt=g;
       }
   void datenAusgeben(){
       System.out.println("Name:"+Name+"Vorname:"+Vorname+"Gehalt:"+gehalt);
       }
   void gehaltHoch(int zuwachs){
       gehalt=gehalt+zuwachs;
       }
   }                                        // Ende der Klasse Mitarbeiter
public class Bsp18_02 {                                    //zweite Kopfzeile
public static void main(String[] args) {                  //dritte Kopfzeile
   Scanner Keyb=new Scanner(System.in);                   //vierte Kopfzeile
//Vereinbarungen
   Mitarbeiter Lehmann;                                   //Compiler-Info
   Lehmann=new Mitarbeiter("Lehmann", "Ludwig", 1800);    //Objekterzeugung
//Ausführungsteil
   Lehmann.datenAusgeben();
   Lehmann.gehaltHoch(50);
   Lehmann.datenAusgeben();
// ******* Nun kommen die beiden Fußzeilen des Programmrahmens **********
   }                                                      //1. Fußzeile
}                                                         //2. Fußzeile
```

ÜBUNG *Übung 18.2:* Übernehmen Sie den Java-Quelltext des Beispiels 18_2.

Geben Sie ihn dann ein und speichern Sie ihn unter dem Namen Uebg18_2.java.
Oder öffnen Sie die Datei gleichen Namens im Download-Ordner WGMKap18.

Leiten Sie aus der abstrakten Klasse zusätzlich die Klasse Lehrling ab, schreiben
Sie deren Konstruktor, konkretisieren Sie die benötigten Methoden.

Vereinbaren und erzeugen Sie im Hauptprogramm ein Objekt der Klasse Lehrling, testen Sie die Methoden.

Die Lösung finden Sie auf Seite 380.

Anregung: Leiten Sie die beiden Klassen Angestellter und Chef aus der abstrakten Klasse ab, konkretisieren Sie dafür die Methoden.

Vereinbaren und erzeugen Sie Objekte und testen Sie.   **ÜBUNG**

18.1.5 Abstrakte Klassen ohne Datenkern

Wenn ein Klassenprogrammierer vor den Namen der Klasse, die er programmiert, die beiden Vokabeln abstract class setzt, verhindert er, dass von dieser
abstrakten Klasse durch die Anwendungsprogrammierer sofort *Objekte* hergestellt werden können. Wer Objekte herstellen will, muss zuerst eine *konkrete
Klasse* aus der abstrakten Klasse *ableiten*.

Trägt der Klassenprogrammierer in seine abstrakte Klasse einen oder mehrere
Prototypen ein, *muss* jeder Anwendungsprogrammierer, der eine konkrete Klasse ableitet, für ausschließlich *alle* Prototypen konkrete Methoden schreiben –
ob er will oder nicht, ob er die Methode braucht oder nicht. Immerhin bleibt
ihm die Möglichkeit, nicht benötigte Methoden als *leere Methoden* zu konkretisieren.

Trägt der Klassenprogrammierer in seine abstrakte Klasse eine oder mehrere
leere Methoden ein, *kann* jeder Anwendungsprogrammierer, der eine konkrete
Klasse ableitet, diese durch konkrete Methoden überschreiben; er *muss* es aber
nicht. Welche der leeren Methoden aus der abstrakten Klasse er überschreibt,
entscheidet der Anwendungsprogrammierer selbst.

Zusätzlich kann der Klassenprogrammierer auch entscheiden, ob er mit seiner
abstrakten Klasse die *Datenkerne* aller später abgeleiteten Klassen vorbereitet
oder nicht.

Der folgende Java-Quelltext (im Download: Bspl8_03.java) enthält zuerst die
abstrakte Klasse mit dem Namen AbstrakteKlasse, die nun keinen Datenkern
vorbereitet und nur noch die *vier leeren Methoden* enthält. Die Vorbereitung
des *passenden Datenkerns* erfolgt in der abgeleiteten Klasse Mitarbeiter:

```java
import java.util.*;                                  // erste Kopfzeile
abstract class AbstrakteKlasse{
  void datenAusgeben(){};                            //leere Methode
  void gehaltHoch(int zuwachs){};                    //leere Methode
  void pruefgBestanden(){};                          //leere Methode
  void befoerdern(){};                               //leere Methode
  }                                          // Ende der abstrakten Klasse

class Mitarbeiter extends AbstrakteKlasse{
  String Name, Vorname;                              //Datenkern
  int gehalt;

  Mitarbeiter(String N,String V, int g){             //Konstruktor
    Name=N;Vorname=V;gehalt=g;
    }
  void datenAusgeben(){
    System.out.println("Name:"+Name+"Vorname:"+Vorname+"Gehalt:"+gehalt);
    }
  void gehaltHoch(int zuwachs){
    gehalt=gehalt+zuwachs;
    }
  } // Ende der Klasse Mitarbeiter

public class Bsp18_03 {                               //zweite Kopfzeile
public static void main(String[] args) {             //dritte Kopfzeile
  Scanner Keyb=new Scanner(System.in);               //vierte Kopfzeile
//Vereinbarungen
  Mitarbeiter Lehmann;                               //Compiler-Info
  Lehmann=new Mitarbeiter("Lehmann", "Ludwig", 1800);
//Ausführungsteil
  Lehmann.datenAusgeben();
  Lehmann.gehaltHoch(50);
  Lehmann.datenAusgeben();
// ******* Nun kommen die beiden Fußzeilen des Programmrahmens *********
  }                                                  //1. Fußzeile
}                                                    //2. Fußzeile
```

ÜBUNG *Übung 18.3:* Übernehmen Sie den Java-Quelltext des Beispiels 18_3.

Geben Sie ihn ein und speichern Sie ihn unter dem Namen Uebg18_3.java. Oder öffnen Sie die Datei gleichen Namens im Download-Ordner WGMKap18.

Leiten Sie aus der abstrakten Klasse zusätzlich die Klasse Lehrling ab, bereiten Sie die Datenkerne aller späteren Lehrlings-Objekte vor, schreiben Sie deren Konstruktor, konkretisieren Sie die benötigten Methoden.

Vereinbaren und erzeugen Sie dann im Hauptprogramm ein Objekt der Klasse Lehrling, testen Sie die Methoden.

Die Lösung finden Sie auf Seite 380.

Anregung: Leiten Sie zusätzlich die beiden Klassen Angestellter und Chef aus der abstrakten Klasse ab, bereiten Sie für deren Objekte die Datenkerne vor, konkretisieren Sie auch dafür die notwendigen Methoden.

Vereinbaren und erzeugen Sie Objekte und testen Sie. **ÜBUNG**

18.2 Interfaces

18.2.1 Begriffserklärung, Zusammenhänge

Erfährt ein Anwendungsprogrammierer von einer vorhandenen *abstrakten Klasse* und will er davon seine *konkrete Klasse* ableiten, muss er sich vorher *umfassend informieren*:

> Bereitet die abstrakte Klasse *Datenkerne* vor oder nicht? Wenn ja, welche Bestandteile sind vorgesehen, welche Bestandteile muss ich in meiner abgeleiteten Klasse noch ergänzen?

> Besitzt die abstrakte Klasse *Prototypen*? Wenn ja, wie heißen sie? Welche muss ich inhaltlich in meiner Klasse konkretisieren, welche interessieren mich nicht und können durch *leere Methoden* konkretisiert werden?

> Hatte der Klassenprogrammierer in die abstrakte Klasse schon *leere Methoden* hineingenommen? Wenn ja, welche davon muss/soll ich für meine Klasse überschreiben?

Die *Vielfalt der Möglichkeiten*, die ein Klassenprogrammierer für die *Entwicklung und Bereitstellung abstrakter Klassen* hat, ist beachtlich, und ohne gute Dokumentation abstrakter Klassen ist die Ableitung weiterer Klassen schwierig.

Denn den Java-Quelltext von abstrakten Klassen bekommt kein Anwendungsprogrammierer je zu sehen.

Liegt allerdings die sehr häufig auftretende Situation

> Abstrakte Klasse
>
> + keine Vorbereitung von Datenkernen
>
> + ausschließlich Prototypen

vor, dann kann *anstelle einer abstrakten Klasse* durch den Klassenprogrammierer ein *Interface* bereitgestellt werden.

18.2.2 Interfaces, abstrakte und konkrete Klassen

> Ein *Interface* ist eine *abstrakte Klasse*, die grundsätzlich keinen Datenkern vorbereitet und nur *Prototypen von Methoden* bereitstellt.

Ein Interface beginnt mit dem Schlüsselwort `interface` und enthält vor den *Prototypen* nicht mehr das Wort `abstract` – denn das ist hier selbstverständlich, also überflüssig:

```
interface Schnittstelle{
    void datenAusgeben();                        //Prototyp
    void gehaltHoch(int zuwachs);                //Prototyp
    void pruefgBestanden();                      //Prototyp
    void befoerdern();                           //Prototyp
}                                                //Ende des interface
```

Da ein Interface eine *spezielle abstrakte Klasse* ist, kann *von einem Interface niemals ein Objekt abgeleitet* werden.

Objekte können nur gebildet werden von Klassen, die aus dem Interface entstehen.

Man sagt nun auch nicht mehr, dass aus einem Interface eine konkrete Klasse *abgeleitet* wird – nein, man sagt entsprechend der ganz klaren Aufgabenstellung:

> Ein Interface *wird stets implementiert*, dabei *entsteht* dann *eine Klasse.*

Die *Implementierung eines Interface* enthält also die Beschreibung des Datenkerns der künftigen Objekte der implementierten Klasse (sofern diese einen Datenkern bekommen soll), einen oder mehrere Konstruktoren (im genannten Fall) sowie die Konkretisierung ausnahmslos *aller* Prototypen.

```
class Mitarbeiter implements Schnittstelle{
    String Name, Vorname;                        //Datenkern
    int gehalt;
    Mitarbeiter(String N,String V, int g){       //Konstruktor
        Name=N;Vorname=V;gehalt=g;
    }
```

```
public void datenAusgeben(){
    System.out.println("Name:"+Name+"Vorname:"+Vorname+"Gehalt:"+gehalt);
    }
public void gehaltHoch(int zuwachs){
    gehalt=gehalt+zuwachs;
    }
public void pruefgBestanden(){};                    //leere Methode
public void befoerdern(){};                          //leere Methode
} // Ende der Klasse Mitarbeiter
```

Wir sehen es im Quelltext: Für die Klasse Mitarbeiter sind die beiden Methoden pruefgBestanden und befoerdern ohne jegliche Bedeutung, aber da für sie Prototypen im Interface Schnittstelle vorliegen, *müssen* sie konkretisiert werden. Dafür werden hier die üblichen leeren Methoden

```
public void pruefgBestanden(){};                    //leere Methode
public void befoerdern(){};                          //leere Methode
```

verwendet.

Sehen wir uns den kompletten Quelltext (Bsp18_04.java) an:

```
import java.util.*;                                 // erste Kopfzeile
interface Schnittstelle{
    void datenAusgeben();                           //Prototyp ohne abstract
    void gehaltHoch(int zuwachs);                   //Prototyp ohne abstract
    void pruefgBestanden();                         //Prototyp ohne abstract
    void befoerdern();                              //Prototyp ohne abstract
    }                                               // Ende des Interface
class Mitarbeiter implements Schnittstelle{
    String Name, Vorname;                                         //Datenkern
    int gehalt;
    Mitarbeiter(String N,String V, int g){                       //Konstruktor
        Name=N;Vorname=V;gehalt=g;
        }
    public void datenAusgeben(){
        System.out.println("Name:"+Name+"Vorname:"+Vorname+"Gehalt:"+gehalt);
        }
    public void gehaltHoch(int zuwachs){
        gehalt=gehalt+zuwachs;
        }
```

```
    public void pruefgBestanden(){};              //leere Methode
    public void befoerdern(){};                   //leere Methode}
// Ende der Klasse Mitarbeiter
public class Bsp18_04 {                            //zweite Kopfzeile
public static void main(String[] args) {           //dritte Kopfzeile
   Scanner Keyb=new Scanner(System.in);            //vierte Kopfzeile
//Vereinbarungen
   Mitarbeiter Lehmann;                            //Compiler-Info
   Lehmann=new Mitarbeiter("Lehmann", "Ludwig", 1800);
//Ausführungsteil
   Lehmann.datenAusgeben();
   Lehmann.gehaltHoch(50);
   Lehmann.datenAusgeben();
// ******* Nun kommen die beiden Fußzeilen des Programmrahmens *********
   }                                              //1. Fußzeile
}                                                 //2. Fußzeile
```

ÜBUNG *Übung 18.4:* Übernehmen Sie den Java-Quelltext des Beispiels 18_4.
Geben Sie ihn ein und speichern Sie ihn unter dem Namen Uebg18_4.java. Oder
öffnen Sie die Datei gleichen Namens im Download-Ordner WGMKap18.

Implementieren Sie zusätzlich die Klasse Lehrling, bereiten Sie die Datenkerne
aller späteren Lehrlings-Objekte vor, schreiben Sie dafür den Konstruktor, ü-
berschreiben Sie die Prototypen, nutzen Sie gegebenenfalls eine oder mehrere
leere Methoden.

Vereinbaren und erzeugen Sie dann im Hauptprogramm ein Objekt der Klasse
Lehrling, testen Sie die Methoden.

Die Lösung finden Sie auf Seite 380.

Anregung: Implementieren Sie zusätzlich die beiden Klassen Angestellter und
Chef, bereiten Sie für deren Objekte die Datenkerne vor, konkretisieren Sie
auch dafür die notwendigen Methoden.

Vereinbaren und erzeugen Sie Objekte und testen Sie.   **ÜBUNG**

18.2.3 Schnittstelle

Warum trägt unser Interface im Quelltext des vorigen Abschnitts diesen Namen?

Schnittstelle ist die gebräuchliche deutsche Übersetzung des englischen Wortes
interface.

19 Polymorphie

 Alle Java-Quelltexte der Beispiele, Übungsaufgaben und Lösungen dieses Kapitels können von `http://www.w-g-m.de/java.htm` durch Anklicken von `Dateien für Kapitel 19` heruntergeladen werden. Das weitere Vorgehen erfolgt so, wie auf Seite 55 geschildert. Die Bildschirm-Abzüge basieren auf JOE – auch in diesem Kapitel werden alle Beispiele damit behandelt.

19.1 Begriffserklärung, erster Versuch

Ein Lexikon gibt über *Polymorphie* in folgender Weise Auskunft: „*Polymorphie* (auch: *Polymorphismus*) – das ist die *Verschiedengestaltigkeit der Individuen innerhalb einer Art von Lebewesen*. P. kann zusammenhängen mit Arbeitsteilung zwischen den Individuen oder mit wechselnden Umweltbedingungen...“

Es ist vielleicht jetzt zu kompliziert für den Versuch, diese allgemeine Deutung gleich auf die Java-Programmierung zu übertragen.

Sehen wir uns deshalb im folgenden Abschnitt an einem Beispiel die konkreten *Erscheinungsformen der Polymorphie in der Java-Programmierung* an. Danach gelingt es möglicherweise besser, die Vokabeln *Java-Programmierung* und *Polymorphie* miteinander in Verbindung zu bringen.

19.2 Polymorphie in Objekthierarchien

Versuchen wir also, uns diesem Effekt der Polymorphie, der sich mit einfachen Worten schwer erklären lässt, mit Hilfe eines Beispiels zu nähern:

In einem Dorf leben vier Generationen – Großväter, Väter, Söhne und Enkel. Die Großväter vererben auf die Väter, die Väter auf die Söhne, die Söhne auf die Enkel:

Für jede Generation wollen wir mit *je einer Klasse* die passenden Objekte vorbereiten: Grossvater-Objekte, Vater-Objekte, Sohn-Objekte, Enkel-Objekte.

Weil hier sicher die *Vererbung* eine große Rolle spielen wird, werden die zu schreibenden vier Klassen *voneinander abgeleitet* werden, es wird sich eine *Situation der Über- und Unterordnung* ergeben.

Das Fremdwort in der Überschrift dieses Abschnitts bedeutet nichts anderes:

Hierarchie bedeutet ein System, in dem es Über- und Unterordnung gibt.

19.2.1 Oberste Klasse der Hierarchie programmieren

Wenn wir zuerst die Angaben zu allen Angehörigen der *Großvater-Generation* in Java-Objekten verwalten wollen, müssen wir eine Klasse Grossvater programmieren.

Im Datenkern jedes Grossvater-Objekts sollen der Einfachheit halber nur Name und Vorname und Alter verwaltet werden:

```
class Grossvater{

    String Name, Vorname; int alter;                            //Datenkern
```

Anschließend programmieren wir den *Konstruktor*, d h. diejenige Methode, die bei der Objekterzeugung automatisch ausgeführt wird.

Wir wollen davon ausgehen, dass bei jeder Objekterzeugung stets in der new-*Anweisung* in den Klammern die drei Angaben für die Datenkern-Startbelegung mitgeteilt werden müssen – also programmieren wir unseren Konstruktor mit *drei Platzhaltern* (siehe auch Seite 198 im Abschnitt 15.2.1):

```
Grossvater(String N, String V, int a){                        //Konstruktor
        Name=N;Vorname=V;alter=a;

        }                                               //Ende des Konstruktors
```

Weiter ergänzen wir die Klasse Grossvater durch *eine nicht-statische Methode* meinAlter, die aus dem Datenkern das dort enthaltene Alter zurückgeben kann:

```
int meinAlter(){

    return alter;

    }
```

int	meinAlter () Gibt den Inhalt der Komponente alter des jeweiligen Objekts aus.

Und schließlich erzählen alle Angehörigen der Großvater-Generation mit leuchtenden Augen von ihrem *Lieblingsauto*, in dem sie ihre erste Liebe zum Picknick im Wald fuhren.

Auch hierfür schreiben wir eine nicht-statische Methode:

```
void meinLieblingsAuto(){

    System.out.println("Das war das alte Kommissbrot");

    }
```

void	meinLieblingsAuto () Beschreibt das Lieblingsauto der Generation

Das folgenden Programm (im Download in der Datei Bsp19_01.java) enthält die vollständige Klasse Grossvater und anschließend in der Methode main beispielhaft die *Vereinbarung und Erzeugung* eines Grossvater-Objekts:

```java
import java.util.*;                              // erste Kopfzeile
class Grossvater{
   String Name, Vorname;int alter;              //Datenkern
   Grossvater(String N,String V,int a){         //Konstruktor
      Name=N;Vorname=V;alter=a;
   }
   int meinAlter(){                             //erste Methode
      return alter;
   }
   void meinLieblingsAuto(){                    //zweite Methode
      System.out.println("Das war das alte Kommissbrot");
   }
}                                               // Ende der Klasse Grossvater
public class Bsp19_01 {                          //zweite Kopfzeile
public static void main(String[] args) {         //dritte Kopfzeile
   Scanner Keyb=new Scanner(System.in);          //vierte Kopfzeile
//Vereinbarungen
   Grossvater Einwohner_1;                        //Compiler-Info
   Einwohner_1=new Grossvater("Meier","Bruno",97); //Objekterzeugung
//Ausführungsteil
   System.out.println("Alter="+Einwohner_1.meinAlter());
   Einwohner_1.meinLieblingsAuto();
// ******* Nun kommen die beiden Fußzeilen des Programmrahmens **********
   }                                             //1. Fußzeile
}                                                //2. Fußzeile
```

19.2.2 Untergeordnete Klassen ableiten

Wie im Leben, so halten wir es auch in der Programmierung: Die drei untergeordneten Klassen Vater, Sohn und Enkel leiten wir voneinander ab. Dabei werden die grundsätzlichen Eigenschaften vererbt, auch die Liefer-Methode meinAlter muss nicht durch Überschreiben von Generation zu Generation aktualisiert werden.

Allerdings wird sich mit den Generationen das Lieblingsauto verändert haben – deshalb wird in jeder Klasse die Methode meinLieblingsAuto überschrieben:

```java
class Grossvater{
   String Name, Vorname;int alter;              //Datenkern
   Grossvater(String N,String V,int a){         //Konstruktor
      Name=N;Vorname=V;alter=a;
   }
```

```java
      int meinAlter(){
          return alter;
      }
      void meinLieblingsAuto(){
          System.out.println("Das war das alte Kommissbrot");
      }
  }                                           // Ende der Klasse Grossvater
class Vater extends Grossvater{
  Vater(String N,String V,int a){                          //Konstruktor
      super(N,V,a);
      }
  void meinLieblingsAuto(){
      System.out.println("Das war der VW-Kaefer");
      }
  }                                               // Ende der Klasse Vater
class Sohn extends Vater{
  Sohn(String N,String V,int a){                           //Konstruktor
      super(N,V,a);
      }
  void meinLieblingsAuto(){
      System.out.println("Borgward Isabella!");
      }
  }                                                // Ende der Klasse Sohn
class Enkel extends Sohn{
  Enkel(String N,String V,int a){                          //Konstruktor
      super(N,V,a);
      }
  void meinLieblingsAuto(){
      System.out.println("Golf GT");
      }
  }                                               // Ende der Klasse Enkel
```

Im Hauptprogramm, d. h. in der Methode main (gesamter Quelltext im Download in Bsp19_02.java) lassen wir beispielhaft von jeder Klasse ein Objekt erzeugen und uns dessen Lieblingsauto ausgeben:

```java
public class Bsp19_02 {                              //zweite Kopfzeile
  public static void main(String[] args) {           //dritte Kopfzeile
    Scanner Keyb=new Scanner(System.in);             //vierte Kopfzeile
  //Vereinbarungen
    Grossvater Einwohner_1;                          //Compiler-Info
    Vater Einwohner_2;
    Sohn Einwohner_3;
```

```
Enkel Einwohner_4;
Einwohner_1=new Grossvater("Meier","Bruno",97);      //Objekterzeugung
Einwohner_2=new Vater("Meier","Kurt",73);
Einwohner_3=new Sohn("Meier","Hans",51);
Einwohner_4=new Enkel("Meier","Sebastian",28);
//Ausführungsteil
Einwohner_1.meinLieblingsAuto();
Einwohner_2.meinLieblingsAuto();
Einwohner_3.meinLieblingsAuto();
Einwohner_4.meinLieblingsAuto();
// ****** Nun kommen die beiden Fußzeilen des Programmrahmens *********
}                                                    //1. Fußzeile
}                                                    //2. Fußzeile
```

19.2.3   Objektfelder und Klassen-Hierarchien

Wo liegt das Problem? Ganz einfach: Versuchen wir zuerst die Aufgabe zu lösen, das *Durchschnittsalter* aller erfassten Einwohner berechnen und ausgeben zu lassen.

Gibt es nur die oben genannten *vier* Einwohner, aus jeder Generation einer, dann können wir die wenigen Befehle, mit deren Hilfe die *Alterssumme* schrittweise aufgebaut wird, problemlos aufschreiben:

```
alters_summe=0;
alters_summe=alters_summe+Einwohner_1.meinAlter();
alters_summe=alters_summe+Einwohner_2.meinAlter();
alters_summe=alters_summe+Einwohner_3.meinAlter();
alters_summe=alters_summe+Einwohner_4.meinAlter();
System.out.println("Durchschnittsalter="+((double)alters_summe)/4);
```

Für die *Durchschnittsberechnung* in der Ausgabezeile ist wieder zu beachten, dass dort *ganzzahlige Division* vermieden werden muss (siehe Abschnitt 6.6.2 auf Seite 80), denn das Durchschnittsalter beträgt 62,25 Jahre, ist also keine ganze Zahl.

So weit – so gut. Doch was müssten wir programmieren, wenn nicht das Durchschnittsalter von *vier*, sondern von *vierhundert* Einwohner-Objekten zu berechnen wäre: Zehn Großväter, dreißig Väter, dazu viele Söhne und Enkel? *Müssen* wir dann die Hunderte von Befehlen ausprogrammieren?

Natürlich nicht: Wie bei großen Dimensionen üblich, empfiehlt sich die Arbeit mit einem *Feld*. Hier wäre ein *Objekt-Feld* zu bilden, wir müssten also mit *nummerierten Objekten* arbeiten.

Doch nun kommt das vielschichtige Problem von *Vereinbarung, Mitteilung des Index-Laufbereich* an den Compiler und schließlich der *Objekterzeugung:*

Im Abschnitt 17.3.3 auf Seite 252 hatten wir uns schon damit beschäftigt. Es ist nicht ganz einfach, mit *Objektfeldern* zu arbeiten.

Hier kommt hinzu, dass die Elemente des zu bildenden Feldes aus *verschiedenen Klasse* erzeugt werden. Daran ändert auch die Tatsache nichts, dass diese verschiedenen Klassen zu einer Klassen-Hierarchie gehören. Sie sind und bleiben *unterschiedlich.*

Wie können wir den Konflikt lösen, *Objekte unterschiedlicher Klassen* in *einem einzigen Objektfeld* zusammenfassen zu können?

Nutzen wir die *Java-Fähigkeit zur Polymorphie:*

Der Teil main des folgenden Programms (im Download unter Bsp19_03.java befindet sich der vollständige Quelltext einschließlich aller Klassen) lässt erkennen, dass in der anfänglichen *Compiler-Information zur Klasse und zum Index-Bereich* im Vereinbarungsteil nur auf die *oberste Klasse* Grossvater der gesamten Hierarchie Bezug genommen wird.

```
public class Bsp19_03 {                              //zweite Kopfzeile
public static void main(String[] args) {             //dritte Kopfzeile
   Scanner Keyb=new Scanner(System.in);              //vierte Kopfzeile
//Vereinbarungen
   int alters_summe;
   Grossvater[] Einwohner;                           //Compiler-Info
   Einwohner=new Grossvater[4];         //Index-Laufbereich für Compiler
```

Dadurch teilen wir dem Java-Compiler für die Programm-Analyse (wider besseren Wissens) mit, dass er alle vier nummerierten Objekte Einwohner[0] bis Einwohner[3] als Grossvater-Objekte ansehen soll.

Erst bei der *Erzeugung* jedes einzelnen *Objekts* wird in der jeweiligen new-Anweisung die tatsächlich *zutreffende Klasse* genannt:

```
Einwohner[0]=new Grossvater("Meier","Bruno",97);     //Objekterzeugung
Einwohner[1]=new Vater("Meier","Kurt",73);
Einwohner[2]=new Sohn("Meier","Hans",51);
Einwohner[3]=new Enkel("Meier","Sebastian",28);
```

Im Ausführungsteil kann dann die *Polymorphie-Eigenschaft von Java* ausgenutzt werden.

Java findet sich problemlos in diesem *scheinbaren Durcheinander* von *nummerierten* Grossvater-*Objekten* einerseits und konkret erzeugten Vater-, Sohn- und Enkel-*Objekten* andererseits zurecht.

Deshalb können wir trotzdem die Berechnung des Altersdurchschnitts in einer eleganten Zählschleife abkürzend darstellen.

Bild 19.1 zeigt das völlig korrekte Ergebnis.

```
//Ausführungsteil
   alters_summe=0;
   for(int i=0;i<=3;i++){
      alters_summe=alters_summe+Einwohner[i].meinAlter();
   }
   System.out.println("Durchschnittsalter="+((double)alters_summe)/4);
```

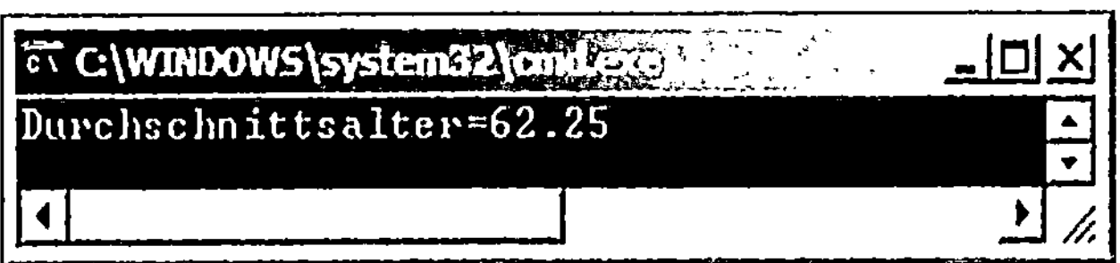

Bild 19.1: Korrekter Altersdurchschnitt aus verschiedenen Objekten

Die Java-Fähigkeit zur Polymorphie zeigt sich auch, wenn wir den Ausführungsteil der Methode main durch die Zählschleife

```
   for(int i=0;i<=3;i++){
      Einwohner[i].meinLieblingsAuto();
   }
```

ergänzen.

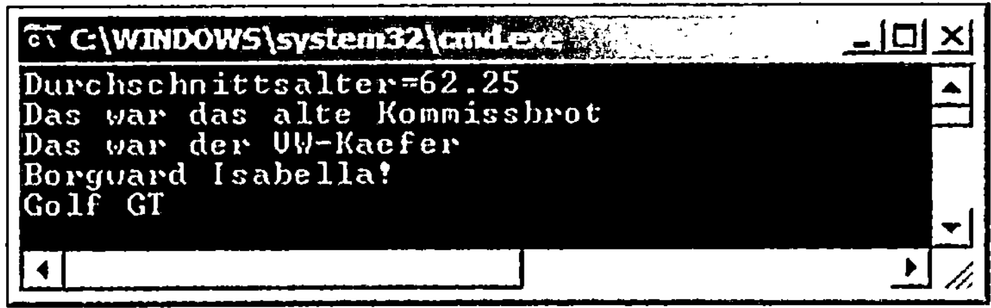

Bild 19.2: Java findet immer die passende Methode

Bild 19.2 läßt erkennen, dass Java bei der Umsetzung dieser Zählschleife in folgender Weise vorgeht:

Für i=0 muss der erste Befehl

```
   Einwohner[0].meinLieblingsAuto();
```

ausgeführt werden. Java geht dabei, natürlich, von der Klasse Grossvater aus – schließlich war mit den beiden Zeilen

```
   Grossvater[] Einwohner;                //Compiler-Info
   Einwohner=new Grossvater[4];           //Index-Laufbereich für Compiler
```

mitgeteilt worden, dass *alle nummerierten Objekte* Grossvater-Objekte seien.

Anschließend untersucht Java die new-Anweisung zur Objekt-Erzeugung.

```
Einwohner[0]=new Grossvater("Meier","Bruno",97);      //Objekterzeugung
```

Sie besagt, dass das konkrete Objekt Einwohner[0] tatsächlich aus der Grossvater-Klasse zu erzeugen ist. Hier gibt es also keine Konflikte, Java läßt die in der Klasse Grossvater vorbereitete Methode meinLieblingsAuto ausführen.

Für i=1 ist anschließend der Befehl

```
Einwohner[1].meinLieblingsAuto();
```

auszuführen. Java geht dabei zuerst wieder davon aus, dass auch das Objekt Einwohner[1] aus der Klasse Grossvater erzeugt werden sollte, so wie es in der Compiler-Info steht.

Doch dann stellt Java bei der Analyse der new-Anweisung zur Objekterzeugung

```
Einwohner[1]=new Vater("Meier","Kurt",73);
```

fest, dass das nummerierte Objekt Einwohner[1] aus einer *anderen* Klasse mit dem Namen Vater erzeugt werden soll. Eigentlich müsste es nun wegen der Differenz in der *Compiler-Info* und der new-*Anweisung* eine geharnischte *Fehlermeldung* geben.

> Die Fehlermeldung unterbleibt aber, weil festgestellt wird, dass die Klasse Vater eine echte Unterklasse von Grossvater ist.

Also wird weiter geprüft, ob in der abgeleiteten Klasse Vater die Methode mein-LieblingsAuto der Grossvater-Klasse überschrieben wurde. Das ist so, und folglich wird die Methode meinLieblingsAuto der Vater-Klasse ausgeführt.

In gleicher Weise geht es weiter bei der Umsetzung des dritten Schleifen-Befehls

```
Einwohner[2].meinLieblingsAuto();
```

Auch hier wird aufgrund des beschriebenen Vererbungsmechanismus von der Grossvater- über die Vater- bis hin zur Sohn-Klasse die zutreffende Methode gefunden und ausgeführt. Ebenso beim letzten Methoden-Aufruf

```
Einwohner[3].meinLieblingsAuto();
```

19.3 Begriffserklärung, zweiter Versuch

Polymorphie bedeutet für den Java-Programmierer, dass er *Objekte verschiedener Klassen* in *einem einzigen Objekt-Feld* zusammenfassen kann.

Voraussetzung ist, dass die Klassen eine *Hierarchie* bilden, d. h. dass sie *voneinander abgeleitet* sind.

Dann besitzt Java die Fähigkeit, für den Umgang mit jedem konkreten Element des Objekt-Feldes die passenden Methoden zu finden und richtig anzuwenden.

20 Benutzeroberflächen

 Alle Java-Quelltexte der Beispiele, Übungsaufgaben und Lösungen dieses Kapitels können von http://www.w-g-m.de/java.htm durch Anklicken von | Dateien für Kapitel 20 | heruntergeladen werden. Das weitere Vorgehen erfolgt so, wie auf Seite 55 geschildert. Die Bildschirm-Abzüge basieren auf JOE – auch in diesem Kapitel werden alle Beispiele damit behandelt.

20.1 Konsolenanwendung und heutige Programmierung

20.1.1 Klassische Programmierung: Konsolenanwendung

Unsere bisherigen Programme hatten alle eine wesentliche Gemeinsamkeit: Der *Dialog mit dem Nutzer* fand stets in *primitiver Form* statt. Wurde nach erfolgreicher Compilierung ein Programm durch Anforderung des Java-Interpreters java zur Ausführung gebracht, dann öffnete sich ein schmuckloses schwarzes Fenster, mit Hilfe eines *erklärenden Textes* wurde der Nutzer zur *Tastatur-Eingabe* aufgefordert, dann kam, ebenfalls schmucklos, die Ergebnisausgabe (Bild 20.1, im Download: Bsp20_01.java).

Der Nutzer hatte also bisher nur *eine einzige Möglichkeit*, auf den Rechner einzuwirken – er konnte *eintippen*, seine Eingabe durch Druck auf die ENTER-Taste bestätigen, und schließlich das Ergebnis ablesen.

```
C:\WINDOWS\system32\cmd.exe                            _ |□| x|
1-te ganze Zahl eintippen, dann ENTER -->2
2-te ganze Zahl eintippen, dann ENTER -->3
3-te ganze Zahl eintippen, dann ENTER -->-3
4-te ganze Zahl eintippen, dann ENTER -->4
Summe = 6
```

Bild 20.1: Klassische Programmierung = Konsolenanwendung

So wurde in den Jahren 1950 bis 1980 *klassisch programmiert*, damals gab es aber auch weder Farb-Bildschirme noch Maus noch andere Eingabemedien. Wenn heute ausnahmsweise auf diese primitive Form des Nutzerdialogs zurückgegriffen wird, dann spricht man vornehm davon, dass eine *Konsolenanwendung* hergestellt wird.

Wir mussten uns bisher leider auf derartige Konsolenanwendungen *einschränken*, weil unserer Java-Kenntnisse nicht ausreichten, die *heute üblichen Formen der Mensch-Rechner-Interaktion* umzusetzen. Nun aber sind wir soweit.

20.1.2 Heutige Programmierung: Benutzeroberflächen

Wer heutzutage ein Programm schreibt, der orientiert sich an Windows. Ob gewollt oder nicht, ob bewusst oder nicht:

> Die gängige Form der Mensch-Rechner-Interaktion besteht heutzutage in der *Arbeit mit Maus und Tastatur*, im vielfältigen Umgang mit diversen Steuer- oder *Bedienelementen*, die in einem *Fenster* auf einer *Arbeitsfläche* angeordnet sind und die *Benutzeroberfläche* (engl.: *user interface*) bilden.

Bild 20.2 zeigt eine *Benutzeroberfläche* mit den sieben meistbenutzten *Bedienelementen*: Mit einem *Label*, einem *Button*, einem *Textfenster*, einer *Checkbox*, einer *Gruppe von drei Radiobuttons*, einer *waagerechten Scrollbar* und einer *Auswahl-Liste*.

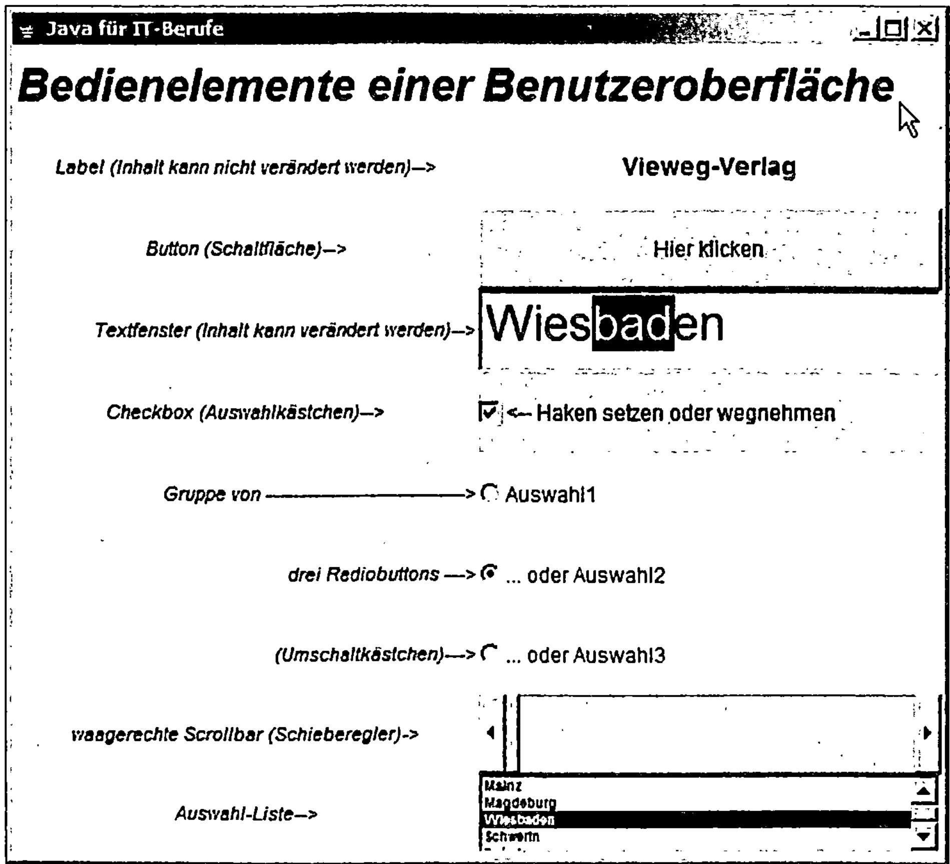

Bild 20.2: Einfache Benutzeroberfläche mit üblichen Bedienelementen

Mit Ausnahme des *Labels*, das nur zur reinen *Textausgabe* benutzt werden kann, bieten alle anderen Bedienelemente dem Nutzer die Möglichkeit vielfältiger aktiver Einwirkung auf das Programm:

> Der Nutzer kann auf den *Button klicken*, in dem *Textfenster* ändern, in der *Checkbox* den *Haken* setzen oder löschen, in der *Gruppe der Radiobuttons* die *Auswahl* umschalten, in der *Scrollbar* die *Stellung des Reglers* verändern, in der *Liste* eine *bestimmte Zelle* auswählen.

Die meisten Bedienhandlungen des Nutzers können mit der *Maus* erfolgen, so wie wir es heutzutage gewöhnt sind. Lediglich zum *Eingeben oder Verändern im Textfenster muss* in die *Tastatur* gegriffen werden.

Bild 20.2 zeigt eine einfache Benutzeroberfläche, wie sie mit den programmtechnischen Mitteln von Java, die wir in diesem und in den weiteren Kapiteln kennen lernen werden, herstellbar ist.

Soll die Benutzeroberfläche komfortabler werden, muss wesentlich höherer programmtechnischer Aufwand getrieben werden. Oder es müssen *Entwicklungssysteme für Java-Programme* zum Einsatz kommen, die viel mehr leisten als unser schönes, einfaches JOE. Dafür bieten sich zum Beispiel NetBeans oder Visual J++ an. Für die Beschreibung der Arbeit mit diesen Entwicklungswerkzeugen ist in diesem Buch leider kein Raum.

20.2 Das Formular

20.2.1 Wiederholung: Klassen, abstrakte Klassen, Interfaces

Fassen wir unsere bisherigen Kenntnisse zusammen:

> Java ist eine riesige Klassen-Sammlung. Die Klassen befinden sich in Paketen.

> Die meisten Klassen *bereiten Datenkerne von Objekten vor*, sie enthalten dann einen oder mehrere *Konstruktoren* zur automatischen *Startbelegung der Datenkerne* für jedes erzeugte Objekt dieser Klasse. Außerdem enthalten sie *nicht-statische Methoden* zum späteren Umgang mit den Datenkernen der Objekte.

> Zusätzlich können diese Klassen *statische Methoden* enthalten, die *nicht auf Datenkerne von Objekten* zugreifen.

> Manche Klassen bereiten *keine Datenkerne* vor; sie enthalten *nur statische Methoden*. Solche Klassen heißen dann *Methodensammlungen*.

> Von einer Klasse können weitere Klassen *abgeleitet* werden – dann spricht man von *Vererbung*. Die *Methoden der übergeordneten Klasse* stehen allen Objekten der *abgeleiteten Klassen* zur Verfügung, sie *können* dort überschrieben werden, *müssen* aber nicht.

> *Abstrakte Klassen* enthalten *abstrakte Methoden.* Von abstrakten Klassen können *keine Objekte* gebildet werden. Erst nachdem aus einer abstrakten Klasse eine *konkrete Klasse* abgeleitet ist, in der für alle abstrakten Methoden ein Inhalt programmiert wurde, können davon Objekte gebildet werden.

> Von einem *Interface* können erst recht *keine Objekte* gebildet werden. Ein Interface enthält nur *Prototypen* anstelle von Methoden. Erst wenn das Interface durch eine nicht-abstrakte Klasse *implementiert* ist und dabei *alle Prototypen programmiert* sind, können Objekte hergestellt werden.

20.2.2 Visuelle Klassen

Unter denjenigen nicht-abstrakten Java-Klassen, die Datenkerne für Objekte vorbereiten, Konstruktoren besitzen und nicht-statische Methoden bereitstellen, gibt es ganz *spezielle Klassen,* die zusätzlich zur Vorbereitung eines Datenkerns noch einen *sichtbaren Teil* vorbereiten (siehe Bild 20.3).

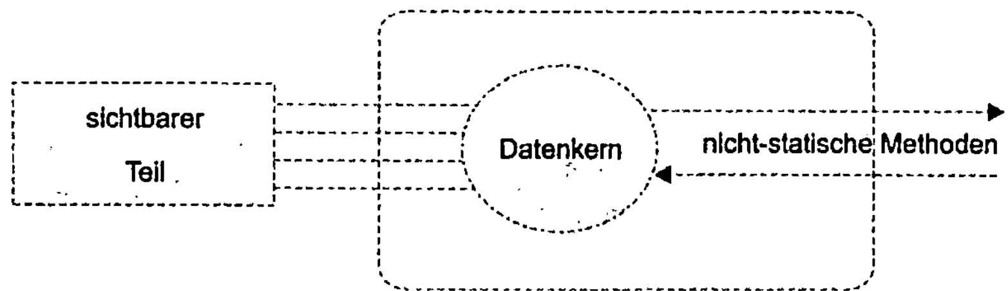

Bild 20.3: Visuelle Klasse

Solche Klassen nennt man *visuelle Klassen.*

> Objekte von *visuellen Klassen* oder von Klassen, die von visuellen Klassen abgeleitet sind, nennt man *visuelle Objekte.* Visuelle Objekte besitzen zusätzlich einen *sichtbaren Teil,* der mit dem Datenkern verbunden ist.

Wenn wir eine Benutzeroberfläche programmieren wollen, müssen wir visuelle Objekte herstellen. Die sichtbaren Teile sind dann die *Bedienelemente.*

> Im Paket java.awt befinden sich viele visuelle Klassen, die wir für die Herstellung einer Benutzeroberfläche verwenden können.

20.2.3 Vorbereitung des Formulars

Zuerst benötigen wir den Hintergrund unserer Benutzeroberfläche, das *Arbeitsfenster,* auf dem später die Bedienelemente platziert werden können. Diesen Hintergrund bezeichnet man gern als *Formular.* Wie können wir es erzeugen lassen?

> Die visuelle Klasse Frame aus dem Paket java.awt bereitet visuelle Objekte vor, deren sichtbarer Teil als *Formular* benutzt werden kann.

Sehen wir uns über ...→DOCS→API→JAVA→AWT→FRAME.HTML die Dokumentation der Klasse Frame an (Bild 20.4):

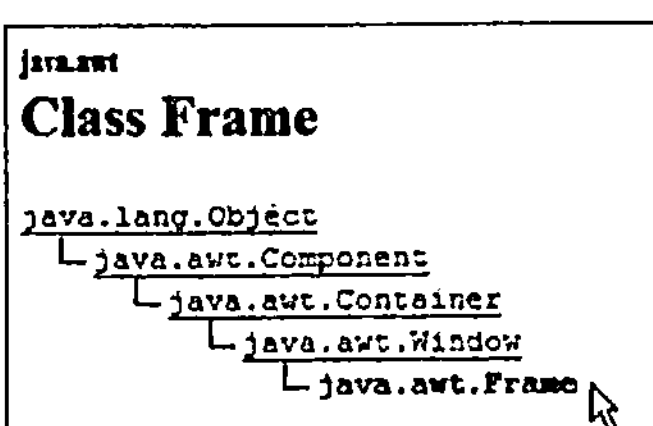

Bild 20.4: Dokumentation der Klasse Frame *des Paketes* java.awt

Es handelt sich bei Frame nicht um ein *Interface*, auch nicht um eine *abstrakte Klasse* – wir können sofort beginnen und in unserer Methode main ein Objekt der Klasse Frame mit dem Namen F1 vereinbaren und erzeugen lassen.

Die Klassen des Pakets java.util brauchen wir nicht mehr zu importieren. Stattdessen müssen wir die Klassen des Pakets java.awt anfordern. Auch die bisherige vierte Kopfzeile Scanner Keyb=new Scanner(System.in); entfällt, sie wurde nur für die Konsolenanwendungen benötigt.

Sehen wir uns unser Programm an – es ist fehlerfrei, der Java-Compiler javac hat nichts auszusetzen:

```
import java.awt.*;                            // erste Kopfzeile
public class Bsp20_02{                        //zweite Kopfzeile
   public static void main(String args[]){    // dritte Kopfzeile
      Frame F1;                                       //Compiler-Info
      F1=new Frame();              //Erzeugung des visuellen Objekts
      }                                               //erste Fußzeile
   }                                                  //zweite Fußzeile
```

Abgesehen davon, dass dieses Programm bei der Ausführung *keine Wirkung* zeigt, sollten wir zuerst überlegen, ob dieses Vorgehen der vorschnellen Erzeugung eines Frame-Objekts überhaupt sinnvoll ist.

Denken wir doch weiter – wir wollen doch später dem Formular *bestimmte Eigenschaften* geben, auf dem Formular sogar *andere Bedienelemente* platzieren. Ob uns der Klassenprogrammierer von Frame dafür alle Methoden bereitgestellt hat? Dürfen wir denn in dieser Java-Klasse ändern, erweitern, ergänzen? Sicher nicht.

Also wird es sinnvoll sein, zuerst eine *eigene Klasse* von Frame abzuleiten. Für diese Klasse wählen wir den Namen Formular. Die Klasse Formular übernimmt doch alles, was Frame bereits kann und leistet. Zusätzlich dürfen *wir* diese Klasse später nach Herzenslust modifizieren und erweitern.

Also wird zuerst Formular von Frame abgeleitet, erst danach wird von der abgeleiteten Klasse Formular das Objekt F1 erzeugt. Damit die Übersicht nicht verloren geht, werden wir ab jetzt auf die Kommentierung der Kopf- und Fußzeilen verzichten (im Download: Bsp20_02.java):

```
import java.awt.*;
class Formular extends Frame{
}                                       //Ende der abgeleiteten Klasse Formular
public class Bsp20_02{
  public static void main(String args[]){
      Formular F1;                              //Compiler-Info
      F1=new Formular();           //Erzeugung des visuellen Objekts
      }
  }
```

Eigentlich ist alles klar – es gibt keine Fehlermeldung. Doch wer dieses Programm ausprobiert, wird ein Negativ-Erlebnis haben: Außer dem schwarzen Bildschirm aus alten Konsolen-Anwendungs-Zeiten ist nichts zu sehen. Gar nichts. Woran liegt das?

20.2.4 Formular sichtbar machen

Die Überschrift sagt es – wir müssen noch eine Methode finden, die die *Sichtbarkeit* des Formular-Objekts F1 veranlasst. Auf Deutsch – setze die Sichtbarkeit auf *Ja*. Auf Englisch: set visible auf true. Also suchen wir unter den nicht-statischen Frame-Methoden nach einer Sichtbarkeits-Setz-Methode:

void	setResizable(boolean resizable) Sets whether this frame is resizable by the user.
void	setState(int state) Sets the state of this frame (obsolete).
void	setTitle(String title) Sets the title for this frame to the specified string.
void	setUndecorated(boolean undecorated) Disables or enables decorations for this frame.

Doch was sehen wir hier? Es gibt zwar einige set-Methoden in Frame, aber das, was wir brauchen, eine Methode mit dem Namen setVisible, gibt es nicht.

Was tun? Blättern wir zurück zu Bild 20.4 und stellen erleichtert fest: Die Klasse Fraume ist nicht vom Himmel gefallen, sondern wurde von der Klasse Window abgeleitet.

Eine *abgeleitete Klasse übernimmt alle Methoden ihrer Vorgänger-Klasse.*

Also suchen wir über ...→DOCS→API→JAVA→AWT→WINDOW.HTML die Dokumentation der Klasse Window und durchsuchen dort die Dokumentationen der set-Methoden. Fehlanzeige. Wieder nichts.

Wieder der Blick auf Bild 20.4: Die Klasse Window ist auch abgeleitet, nämlich von der Klasse Container. Suchen wir also über ...→DOCS→API→JAVA→AWT→ CONTAINER. HTML dort weiter nach unserer Sichtbarkeits-Methode. Wieder Fehlanzeige.

Doch Bild 20.4 zeigt uns, dass auch die Klasse Container abgeleitet ist – also suchen wir weiter unter den Methoden der Klasse Component. Dort werden wir endlich fündig:

void	setVisible(boolean b) Shows or hides this component depending on the value of parameter b.

Die Methode ist *nicht statisch*, also muss vor dem Punkt ein *Name eines Objekts* der Klasse Component *oder einer abgeleiteten Klasse* stehen.

Die Methode *liefert nichts*, also wird sie *aufgerufen*.

Die Methode *benötigt etwas*, weil die runden Klammern hinter dem Methoden-Namen *nicht leer* sind. Der *Typ des Platzhalters* beginnt mit einem *Kleinbuchstaben* und besitzt *kein leeres Paar eckiger Klammern* – also benötigt die Methode einen *einfachen Speicherplatz des Typs* boolean oder einen *Wahrheitswert* (im Download: Bsp20_03.java):

```java
import java.awt.*;
class Formular extends Frame{
   }                                          //Ende der Klasse Formular
public class Bsp20_03{
   public static void main(String args[]){            // Methode main
      Formular F1;                                      //Compiler-Info
      F1=new Formular();                  //Erzeugung des visuellen Objekts
      F1.setVisible(true);                       //setze die Sichtbarkeit
      }
   }
```

Nun erscheint tatsächlich ein *Fenster*, aber man muss im Bild 20.5 sehr genau hinsehen, um dieses mickrige Etwas links oben in der Bildschirmecke überhaupt zu erkennen:

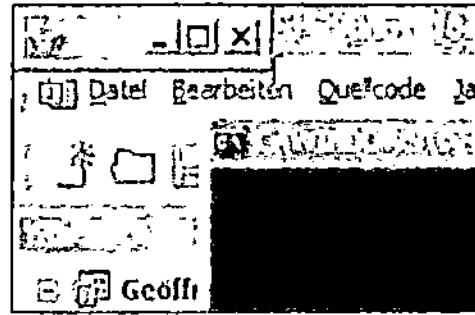

Bild 20.5: Links oben erscheint der sichtbare Teil des Formular-Objekts

Es verschwindet nicht einmal, wenn auf das übliche Schließ-Kreuz $\boxed{\text{x}}$ geklickt wird – man muss entweder zuerst das schwarze leere Konsolen-Fenster schließen oder sogar den Task-Manager über ($\boxed{\textbf{Strg}}$ + $\boxed{\textbf{Alt}}$)+ $\boxed{\textbf{Entf}}$ bemühen.

Doch damit werden wir uns später beschäftigen, nun wollen wir erst einmal dafür sorgen, dass das Fensterchen, also der *sichtbare Teil des visuellen* Formular-*Objekts* F1, eine ordentliche Größe bekommt.

Und eine ordentliche Überschrift.

20.2.5 Größe und Titel setzen

Suchen wir zuerst in der Klasse Frame, die unserer Klasse Formular direkt übergeordnet ist, nach den beiden Methoden setSize (für die Größe der Arbeitsfläche) und setTitle (für die Fensterüberschrift).

Die Methode setTitle finden wir bereits in der Klasse Frame:

```
       void   setTitle(String title)
              Sets the title for this frame to the specified string.
```

Für die Methode setSize dagegen müssen wir wieder drei Generationen aufwärts bis zur Klasse Component suchen:

```
       void   setSize(int width, int height)
              Resizes this component so that it has width width and
              height height.
```

Damit können wir das Programm weiter vervollständigen, und Bild 20.6 lässt erkennen, dass wir eine für den Anfang ausreichend große Arbeitsfläche auf dem Bildschirm erhalten.

```
import java.awt.*;
class Formular extends Frame{
   }                                       //Ende der Klasse Formular
public class Bsp20_04{
   public static void main(String args[]){          // Methode main
      Formular F1;                                   //Compiler-Info
      F1=new Formular();              //Erzeugung des visuellen Objekts
      F1.setTitle("Java für IT-Berufe");
      F1.setSize(300,600);              //Breite und Höhe des Fensters
      F1.setVisible(true);
      }
   }
```

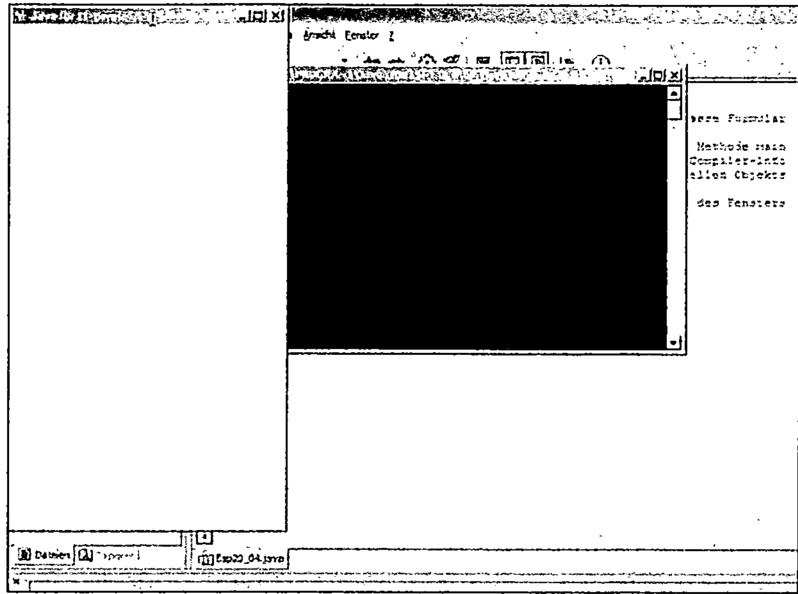

Bild 20.6: Größere Arbeitsfläche mit Titel

20.2.6 Nutzung des Konstruktors

Stellen wir uns vor, wir sind *Klassenprogrammierer* von Java und schicken unsere Klasse Formular um die Welt. Was muss jeder *Anwendungsprogrammierer* können, um mit Hilfe dieser Klasse eine Arbeitsfläche auf seinen Bildschirm zu bekommen? Er muss

- ein Objekt der Klasse Formular erzeugen können

- die Methode setVisible finden und richtig anwenden

- die Methode setTitle finden und richtig anwenden

- die Methode setSize finden und richtig anwenden

Ein hoher Anspruch. *Wir* sollten dafür sorgen, dass dem Anwendungsprogrammierer nur noch das *Objekt-Erzeugen* bleibt.

Erinnern wir uns an den *Konstruktor.* Ein Konstruktor ist eine *Methode*, die den gleichen Namen trägt wie die Klasse und *automatisch ausgeführt* wird, sobald ein Anwendungsprogrammierer ein *Objekt der Klasse erzeugen* läßt. Ohne seine Mitwirkung. Automatisch.

Bisher nutzten wir den Konstruktor nur zur *Startbelegung von Datenkernen.*

Warum wollen wir den Konstruktor nicht auch nutzen, um die drei set-Methoden automatisch ausführen zu lassen? Versuchen wir es:

```
import java.awt.*;
class Formular extends Frame{
  Formular(){                                       //Konstruktor
      Fl.setTitle("Java für IT-Berufe");
      Fl.setSize(300,600);                  //Breite und Höhe des Fensters
      Fl.setVisible(true);
      }                                         //Ende des Konstruktors
  }                                           //Ende der Klasse Formular
public class Bsp20_05{
  public static void main(String args[]){             // Methode main
      Formular Fl;                                     //Compiler-Info
      Fl=new Formular();           //Erzeugung des visuellen Objekts
      }
  }
```

Der Konstruktor enthält die drei Methoden, und was sagt der Java-Compiler javac dazu? Es gibt eine Fehlermeldung: Das Symbol Fl darf im Konstruktor nicht auftreten.

Das ist verständlich: Ein Klassenprogrammierer weiß ja im Regelfall gar nicht, welche Namen die verschiedenen Anwendungsprogrammierer weltweit den Objekten seiner Klasse später geben werden.

> Im *Konstruktor darf niemals ein konkreter Objekt-Name* erscheinen.

Was aber dann? Die Methoden sind *nicht statisch*, vor dem Methoden-Namen *müssen* ein Punkt und *davor* ein *Objektname* stehen. So lauten die Java-Regeln.

Hier hilft das Schlüsselwort this (im Download: Bsp20_05.java):

```
import java.awt.*;
class Formular extends Frame{
  Formular(){                                       //Konstruktor
      this.setTitle("Java für IT-Berufe");
      this.setSize(300,600);                //Breite und Höhe des Fensters
      this.setVisible(true);
      }                                         //Ende des Konstruktors
  }                                           //Ende der Klasse Formular
public class Bsp20_05{
  public static void main(String args[]){             // Methode main
      Formular Fl;                                     //Compiler-Info
      Fl=new Formular();           //Erzeugung des visuellen Objekts
      }
  }
```

Das Schlüsselwort this steht für den unbekannten Objektnamen. Bei der Erzeugung eines Objekts der Klasse wird es ersetzt durch den konkreten Namen, den der jeweilige Anwendungsprogrammierer dem Objekt gegeben hat (bei uns F1).

Was muss der Anwendungsprogrammierer nun noch wissen? Er muss wissen, wie

- ein Objekt der Klasse Formular vereinbart und erzeugt wird.

Alles andere haben wir ihm abgenommen. So soll es sein.

20.2.7   Hintergrundfarbe einstellen

Üben wir noch ein bisschen. Wir wollen zuerst dafür sorgen, dass bei jedem Anwender die Arbeitsfläche mit gelber Hintergrundfarbe erscheint. Anfangs — später kann er, wenn er es möchte, selbst ändern.

Suchen wir wieder nach einer *Setze-Methode*, und da die englische Vokabel für Hintergrund *background* ist, sollten wir in der Klasse Frame oder darüber nach einer Methode mit dem Namen setBackground suchen.

Es ist, wie zu erwarten, ein Gang in die Generationen: In der Klasse Frame findet sich die Methode nicht, in der Klasse Window auch nicht, auch nicht in der Klasse Container, aber dann in deren Vorgänger-Klasse Component. Die Methode setBackground stammt also vom Ur-Urgroßvater unserer Klasse Formular.

```
   void | setBackground(Color c)
               Sets the background color of this component.
```

Die Methode ist *nicht statisch*, sie benötigt also *im Konstruktor* das Schlüsselwort this, *in der Methode* main den konkreten Objektnamen. Die Methode *liefert nichts*, also wird sie *aufgerufen*. Die Methode *benötigt etwas*.

Der *Typ des Platzhalters* beginnt mit einem *Großbuchstaben* und hat kein Paar leerer eckiger Klammern— also benötigt die Methode ein einzelnes Color-*Objekt*.

Nun müssen wir die drei Fälle prüfen:

- Handelt es sich bei Color um ein *Interface*, muss davon eine nicht-abstrakte Klasse *implementiert* werden, alle *Prototypen* müssen ausprogrammiert werden.

- Handelt es sich bei Color um eine *abstrakte Klasse*, muss davon eine nicht-abstrakte Klasse abgeleitet werden, alle abstrakten Methoden müssen konkretisiert werden.

- Handelt es sich bei Color um eine *nicht-abstrakte Klasse*, kann davon sofort ein Objekt erzeugt werden.

Sehen wir uns die Dokumentation der Klasse `Color` im Paket `java.awt` über ...→DOCS→API→JAVA→AWT→COLOR.HTML an (Bild 20.7):

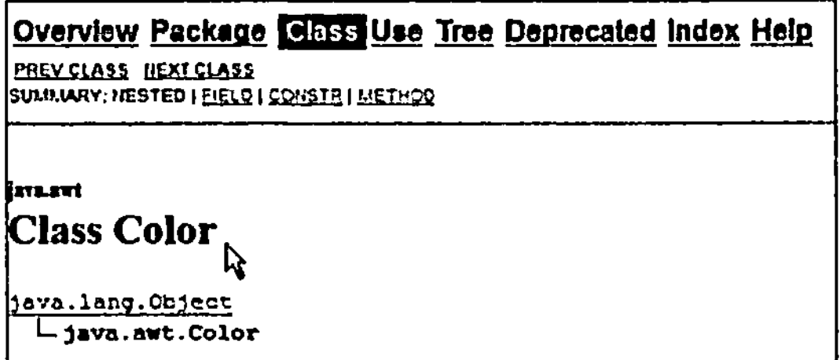

Bild 20.7: `Color` *ist eine nicht-abstrakte Klasse*

Wie zu erkennen ist, liegt der dritte Fall vor, wir können also sofort ein `Color`-Objekt vereinbaren und erzeugen:

```
Color C;                        //Compiler-Info
C=new Color();                  //Objekterzeugung
this.setBackground(C);          //Farbe setzen
```

Bild 20.8 zeigt die Fehlermeldung des Java-Compilers:

```
C:\java_wgm\WGMKap20\Bsp20_06.java:6: cannot find symbol
symbol  : constructor Color()
location: class java.awt.Color
    Color C; C=new Color();
                   ^
```

Bild 20.8: Fehlermeldung

- Die Erklärung für die Fehlermeldung: Es gibt in der Klasse `Color` offenbar *keinen Konstruktor ohne Platzhalter*, die runden Klammern *dürfen nicht leer gelassen* werden. Sehen wir uns deshalb die Dokumentation der *Konstruktoren der Klasse* `Color` an:

```
Color(ColorSpace cspace, float[] components, float alpha)
Creates a color in the specified ColorSpace with the color compo-
nents specified in the float array and the specified alpha.
```

```
Color(float r, float g, float b)
Creates an opaque sRGB color with the specified red, green, and blue
values in the range (0.0 - 1.0).
```

```
Color(float r, float g, float b, float a)
Creates an sRGB color with the specified red, green, blue, and alpha
values in the range (0.0 - 1.0).
```

```
Color(int rgb)
Creates an opaque sRGB color with the specified combined RGB value
consisting of the red component in bits 16-23, the green component
in bits 8-15, and the blue component in bits 0-7.
```

```
Color(int rgba, boolean hasalpha)
Creates an sRGB color with the specified combined RGBA value con-
sisting of the alpha component in bits 24-31, the red component in
bits 16-23, the green component in bits 8-15, and the blue component
in bits 0-7.
```

```
Color(int r, int g, int b)
Creates an opaque sRGB color with the specified red, green, and blue
values in the range (0 - 255).
```

```
Color(int r, int g, int b, int a)
Creates an sRGB color with the specified red, green, blue, and alpha
values in the range (0 - 255).
```

Es gibt tatsächlich *sieben Konstruktoren*, also sind *sieben Möglichkeiten* erlaubt, in der new-Anweisung C=new Color(.........); zur Objekterzeugung in den runden Klammern etwas einzutragen:

Der *zweite Konstruktor* erlaubt uns zum Beispiel, drei float-Werte einzutragen, jeweils zwischen Null und Eins, für den Rot-, Grün- und Blau-Anteil der gewünschten Farbkombination. Ihn könnten wir nutzen.

Der *vorletzte Konstruktor* erlaubt uns, drei int-Werte einzutragen, mit Zahlenwerten zwischen Null und 255 für die drei Farbanteile.

Nutzen wir den letztgenannten Konstruktor, indem wir für unser gewünschtes *Gelb* vollen Rot- und Grünanteil und keinen Blauanteil eintragen (im Download: Bsp20_06.java):

```java
import java.awt.*;
class Formular extends Frame{
    Formular(){          //Konstruktor
        this.setTitle("Java für IT-Berufe");
        this.setSize(300,600);                  //Breite und Höhe des Fensters
        Color C;                                //Compiler-Info
        C=new Color(255,255,0);                 //Objekterzeugung
        this.setBackground(C);                  //Farb-Einstllung
        this.setVisible(true);
    }                                           //Ende des Konstruktors
}                                               //Ende der Klasse Formular
public class Bsp20_06{
    public static void main(String args[]){     // Methode main
        Formular F1;                            //Compiler-Info
        F1=new Formular();            //Erzeugung des visuellen Objekts
    }
}
```

ÜBUNG *Übung 20.1:* Übernehmen Sie den Java-Quelltext des Beispiels 20_6.

Geben Sie ihn ein und speichern Sie ihn unter dem Namen Uebg20_1.java. Oder öffnen Sie die Datei gleichen Namens im Download-Ordner WGMKap20.

Lassen Sie übersetzen. Überprüfen Sie, dass es nun eine Datei mit dem Namen Formular.class in Ihrem Ordner gibt. Wenn ja, löschen Sie aus dem Quelltext die Zeilen von class Formular extends Frame{ bis } //Ende der Klasse.

Damit haben Sie die *übliche Java-Situation* geschaffen: Der *Quelltext der Klasse* ist *nicht verfügbar*, aber da es die entsprechende class-Datei gibt, kann trotzdem mit der Klasse gearbeitet werden.

Erweitern Sie das Anwendungsprogramm (d.h. die Methode main) nun so, dass nach der Erzeugung des Formulars dessen Eigenschaften nach Ihren Wünschen geändert werden: Der Titel soll dann lauten Java von Vieweg und die Hintergrundfarbe soll Magenta sein (volles Rot, volles Blau). Testen Sie.

ÜBUNG

Die Lösung finden Sie auf Seite 380.

20.3 Ereignisbehandlung

20.3.1 Nutzereinwirkung und Ereignis

Wenn der sichtbare Teil eines visuellen Objekts auf dem Bildschirm erscheint, kann der Nutzer darauf einwirken (Bild 20.9).

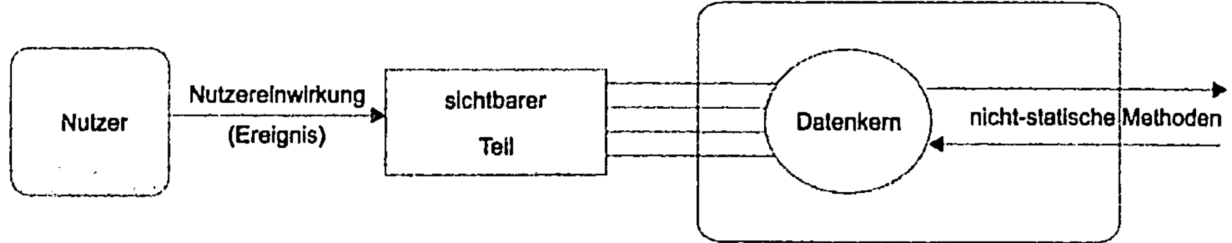

Bild 20.9: Jede Nutzereinwirkung ist ein Ereignis

Jede Nutzereinwirkung wird als *Ereignis* bezeichnet. Die Nutzereinwirkung kann *ändernd* sein – z. B. bei Veränderung des Inhalts eines Textfensters, bei Verschiebung des Reglers einer Scrollbar usw. Dann stellt sich automatisch im Datenkern des visuellen Objekts die neue Situation (neuer Inhalt, neue Position) ein. Die Nutzereinwirkung kann auch *nicht ändernd* sein – z. B. der Klick auf einen Button. Oder der Klick auf das Schließkreuz an einem Fenster.

Weil eine Nutzereinwirkung auf den sichtbaren Teil eines visuellen Objekts *ändernd* oder auch *nicht ändernd* sein kann, spricht man allgemein von einem *Ereignis*.

20.3.2 Reaktionen auf Ereignisse

Löst ein Nutzer ein Ereignis aus, so erfolgt (außer der Anpassung im Datenkern bei *verändernden* Ereignissen) grundsätzlich *keine weitere Reaktion*.

Ein Klick auf einen Button bleibt erst einmal folgenlos. Oder wie wir es im bisherigen Abschnitt erleben mussten: Der Klick auf das Schließ-Kreuz am Formular hatte keine Wirkung.

Wenn wir wollen, dass auf ein Ereignis eine Reaktion erfolgt, dann müssen wir in Java *zweierlei* tun:

Erstens: Wir müssen die visuelle Klasse so erweitern, dass an die damit erzeugten visuellen Objekte später stets ein passender *Ereignis-Lauscher* (auf Englisch: listener) angekoppelt ist.

Zweitens: Wir müssen für das- oder diejenigen Ereignis(se), für die wir eine Reaktion wünschen, entsprechende *Ereignis-Methode(n)* programmieren.

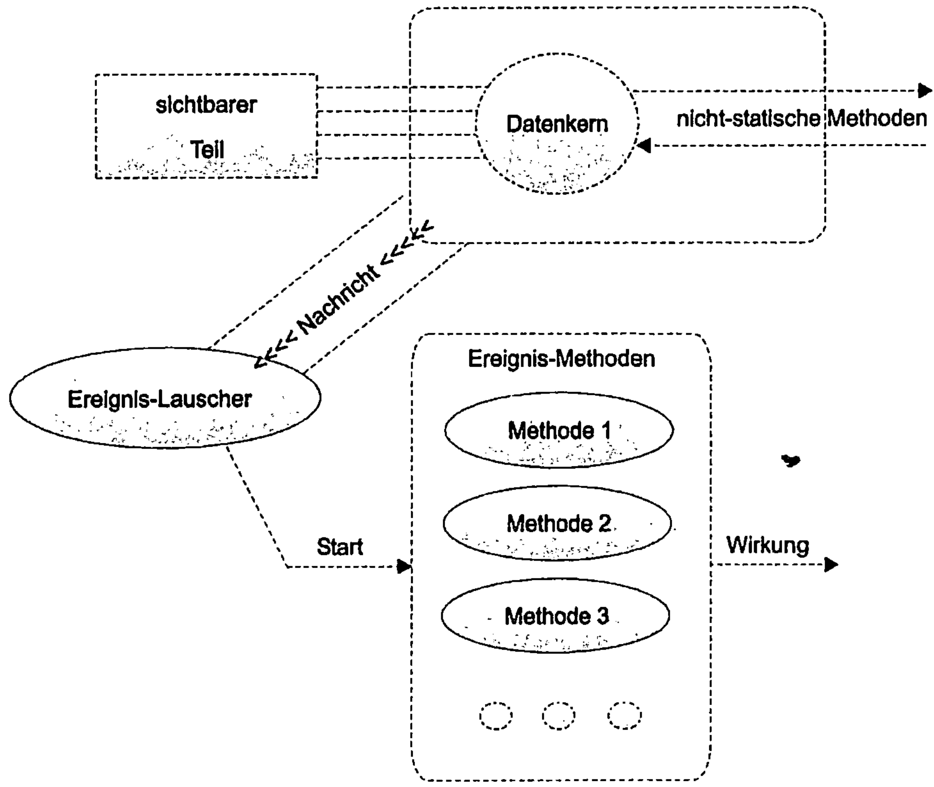

Bild 20.10: Visuelle Klasse mit Ereignis-Lauscher und Ereignis-Methoden

In Bild 20.10 ist skizziert, wie wir uns eine solche *erweiterte visuelle Klasse* vorstellen können.

Wird in einem Anwendungsprogramm später ein visuelles Objekt dieser Klasse hergestellt, erfolgt bei einem entsprechenden Ereignis eine *Nachricht* an den angekoppelten Ereignis-Lauscher, und dieser startet die zugehörige Ereignis-Methode.

Nun brauchen wir nur noch zu erfahren, wie ein passender *Ereignis-Lauscher angekoppelt* wird und wie die *Ereignis-Methoden programmiert* werden.

20.3.3 Ereignis-Lauscher ankoppeln

Erinnern wir uns an das Programm aus Beispiel 20.6:

```
import java.awt.*;
class Formular extends Frame{
    Formular(){                                          //Konstruktor
        this.setTitle("Java für IT-Berufe");
        this.setSize(300,600);                   //Breite und Höhe des Fensters
        Color C; C=new Color(255,255,0);
        this.setBackground(C);
        this.setVisible(true);
    }                                            //Ende des Konstruktors
}                                                //Ende der Klasse Formular
public class Bsp20_06{
    public static void main(String args[]){              // Methode main
        Formular F1; F1=new Formular();   //Compiler-Info und Objekterzeugung
    }
}
```

Dieses Programme erzeugt ein Fenster mit einer gelb gefärbten Arbeitsfläche, das sich aber durch Klick auf das übliche Schließ-Kreuz nicht beseitigen läßt (Bild 20.11).

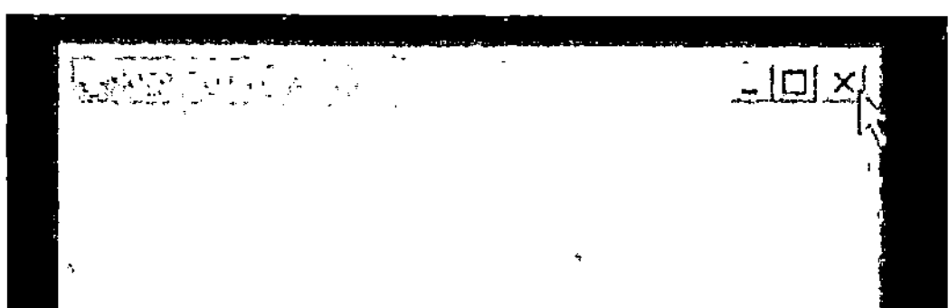

Bild 20.11: Der Klick auf das Schließ-Kreuz bleibt ohne Wirkung

Unsere Überlegung muss mit der Beantwortung der Frage beginnen: *Welchen Ereignis-Lauscher müssen wir in unserer Klasse ankoppeln?* Antwort: Es handelt sich offensichtlich um ein *Fenster-Ereignis*, das hier behandelt werden soll — also müssen wir den *Fenster-Lauscher* (englisch WindowListener) ankoppeln.

Java verwendet für das deutsche Wort *ankoppeln* die englische Vokabel add.

Suchen wir also in unserer Klasse Frame (oder darüber) nach der Dokumentation einer Methode mit dem Namen addWindowListener. In der Klasse Frame finden wir sie nicht, aber in deren Vater-Klasse Window:

void	addWindowListener(WindowListener l) Adds the specified window listener to receive window events from this window.

Folglich können wir den Konstruktor unserer Klasse Formular sofort erweitern:

```
Formular(){                                        //Konstruktor
    this.setTitle("Java für IT-Berufe");
    this.setSize(300,600);                 //Breite und Höhe des Fensters
    Color C; C=new Color(255,255,0);
    this.setBackground(C);
    this.setVisible(true);


    this.addWindowListener(?????);    //Ankopplung des Fenster-Lauschers
}                                             //Ende des Konstruktors
```

Schon ist die erste Teilaufgabe erfüllt – der *Fenster-Lauscher* wird bei jedem erzeugten Objekt der Klasse Formular automatisch angekoppelt.

20.3.4 Interface implementieren

Was muss *in den runden Klammern* hinter addWindowListener stehen? Der *Typ des Platzhalters* WindowListener beginnt mit einem *Großbuchstaben* und hat kein leeres eckiges Klammernpaar: Das bedeutet, dass *anstelle der Fragezeichen ein* WindowListener-*Objekt* eingetragen werden muss.

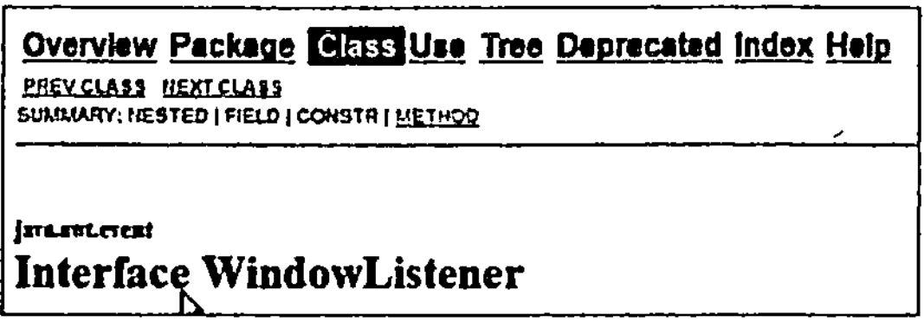

Bild 20.12: WindowListener *im Paket* java.awt.event *ist ein Interface*

Wieder müssen wir die drei Fälle unterscheiden:

- Handelt es sich bei WindowListener um ein *Interface*, muss damit eine *nicht-abstrakte Klasse implementiert* werden, alle *Prototypen* müssen ausprogrammiert werden.

- Handelt es sich bei WindowListener um eine *abstrakte Klasse*, muss davon eine *nicht-abstrakte Klasse abgeleitet* werden, alle abstrakten Methoden müssen konkretisiert werden.

- Handelt es sich bei WindowListener aber um eine *nicht-abstrakte Klasse*, kann davon sofort ein Objekt erzeugt werden.

Suchen wir also die Dokumentation von WindowListener. Sie ist im Paket java.awt.event zu finden. Dieses Paket muss zukünftig ebenfalls *importiert* werden.

Bild 20.12 beantwortet uns die Frage: WindowListener ist ein *Interface*. Folglich müssen wir eine nicht abstrakte Klasse *implementieren* (siehe auch Seite 266 im Abschnitt 18.2.2):

```
Formular(){          //Konstruktor
    this.setTitle("Java für IT-Berufe");
    this.setSize(300,600);                  //Breite und Höhe des Fensters
    Color C; C=new Color(255,255,0);
    this.setBackground(C);
    this.setVisible(true);

    class WinListKlasse implements WindowListener{
    }
    WinListKlasse W1;                        //Compiler-Info
    W1=new WinListKlasse();                  //Objekt-Erzeugung
    this.addWindowListener(W1);              //Ankopplung des Lauschers
}                                            //Ende des Konstruktors
```

Wir haben zuerst die nicht-abstrakte Klasse WinListKlasse aus dem Interface WindowListener implementiert, dann das Objekt W1 dieser Klasse vereinbart und erzeugt und dieses in die Klammern der Methode addWindowListener eingetragen. Alles ist richtig gemacht. Trotzdem ist der Java-Compiler javac mit dem Programm nicht einverstanden.

Erinnern wir uns: Wird ein Interface implementiert, dann *müssen* dabei *alle Prototypen* der Methoden des Interface konkretisiert (ausprogrammiert) werden.

Informieren wir uns also über ... →DOCS→API→JAVA→AWT→EVENT→WINDOWLISTENER.HTML→METHOD, welche und wie viele Prototypen das Interface enthält. Das Ergebnis unserer Analyse: Das Interface enthält die *sieben Prototypen*:

```
void windowOpened(WindowEvent e)
void windowClosing(WindowEvent e)
void windowClosed(WindowEvent e)
void windowIconified(WindowEvent e)
void windowDeiconified(WindowEvent e)
```

```
void windowActivated(WindowEvent e)

void windowDeactivated(WindowEvent e)
```

Also müssen wir in unsere Implementation, d. h. in die nicht-abstrakte Klasse WinListKlasse sieben Konkretisierungen der Prototypen hineinnehmen und diese mit Hilfe des Schlüsselwortes public öffentlich verfügbar machen.

Die einfachste Konkretisierung eines Prototyps ist die Programmierung eines *leeren Methoden-Inhalts:*

```
Formular(){          //Konstruktor
    this.setTitle("Java für IT-Berufe");
    this.setSize(300,600);                    //Breite und Höhe des Fensters
    Color C; C=new Color(255,255,0);
    this.setBackground(C);
    this.setVisible(true);

    class WinListKlasse implements WindowListener{
        public void windowOpened(WindowEvent e){};
        public void windowClosing(WindowEvent e){};
        public void windowClosed(WindowEvent e){};
        public void windowIconified(WindowEvent e){};
        public void windowDeiconified(WindowEvent e){};
        public void windowActivated(WindowEvent e){};
        public void windowDeactivated(WindowEvent e){};
    }
    WinListKlasse W1;                          //Compiler-Info
    W1=new WinListKlasse();                     //Objekt-Erzeugung
    this.addWindowListener(W1);                //Ankopplung des Lauschers
}                                               //Ende des Konstruktors
```

Unser Erfolg: Es gibt tatsächlich *keine Fehlermeldung* mehr, wenn das gesamte Programm ausgeführt wird (im Download: Bsp20_07.java).

20.3.5 Ereignis-Methoden programmieren

Allerdings – das Fenster mit der Arbeitsfläche läßt sich immer noch nicht mit Klick auf das Schließ-Kreuz rechts oben schließen. Warum? Wo liegt der Fehler?

Es muss nun diejenige Methode *ausprogrammiert* werden, die dem Ereignis entspricht, das die gewünschte Reaktion hervorbringen soll.

Bemühen wir unsere Englisch-Kenntnisse: Wenn der Nutzer auf das Schließ-Kreuz klickt, dann *beabsichtigt* er, das Fenster zu schließen.

Folglich muss die Methode windowClosing einen Inhalt bekommen. Hier ist er:

```
        public void windowClosing(WindowEvent e){
            System.exit(0);
        };
```

Der Java-Befehl `System.exit(0);` schließt das Fenster.

Im Folgenden ist das komplette Java-Programm (Download: `Bsp20_08.java`) zusammengestellt:

```
import java.awt.*; import java.awt.event.*;
class Formular extends Frame{
  Formular(){                                             //Konstruktor
      this.setTitle("Java für IT-Berufe"); this.setSize(300,600);
      Color C; C=new Color(255,255,0); this.setBackground(C);
      this.setVisible(true);
      class WinListKlasse implements WindowListener{
          public void windowOpened(WindowEvent e){};
          public void windowClosing(WindowEvent e){
              System.exit(0);
              };
          public void windowClosed(WindowEvent e){};
          public void windowIconified(WindowEvent e){};
          public void windowDeiconified(WindowEvent e){};
          public void windowActivated(WindowEvent e){};
          public void windowDeactivated(WindowEvent e){};
          }
      WinListKlasse W1;                                   //Compiler-Info
      W1=new WinListKlasse();                             //Objekt-Erzeugung
      this.addWindowListener(W1);                         //Ankopplung des Lauschers
      }                                                   //Ende des Konstruktors
  }                                                       //Ende der Klasse Formular
public class Bsp20_08{
  public static void main(String args[]){                // Methode main
      Formular F1; F1=new Formular();        //Compiler-Info und Erzeugung
      }
  }
```

20.3.6   Verwendung von Adapter-Klassen

Gibt es noch Wünsche, offene Fragen? Natürlich – man ist ja nie zufrieden. Im obigen Programm mussten wir uns beispielsweise mit *allen sieben Prototypen* herumschlagen – obwohl uns nur das *eine* Ereignis *Fenster-Schließ-Absicht* und dessen *eine* Methode `windowClosing` interessierte.

Diese Situation war auch den Programmierern von Java bekannt, und sie stellten von sich aus so genannte *Adapter-Klassen* bereit. Bild 20.13 zeigt die Zusammenhänge.

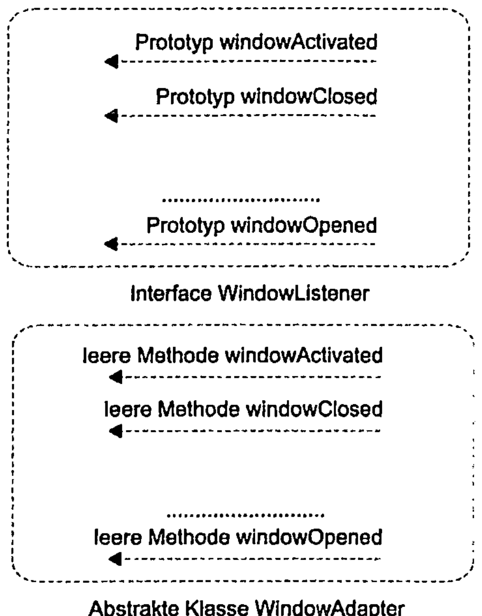

Bild 20.13 Interface WindowListener *und abstrakte Klasse* WindowAdapter

Die abstrakte Klasse WindowAdapter, die sich ebenfalls im Paket java.awt.event befindet, implementiert für uns bereits das Interface WindowListener. Dabei werden die *Prototypen* aller Methoden bereits durch nicht-abstrakte *leere Methoden* konkretisiert. Damit erledigt diese Klasse all das, was wir noch im Abschnitt 20.3.4 selbst machen mussten.

Mit diesem Service der Java-Klassenprogrammierer reduziert sich unser Aufwand darauf, aus der vorhandenen abstrakten Klasse WindowAdapter die nicht-abstrakte Klasse WinAppKlasse abzuleiten und in dieser Klasse diejenige Methode zu *überschreiben*, die für uns interessant ist:

```
class WinAppKlasse extends WindowAdapter{
    public void windowClosing(WindowEvent e){
        System.exit(0);
    };
}
WinAppKlasse W1;                    //Compiler-Info
W1=new WinAppKlasse();             //Objekt-Erzeugung
this.addWindowListener(W1);       //Ankopplung des Lauschers
```

Stellen wir auch hier noch einmal den gesamten Quelltext zusammen (im Download: Bsp20_09.java):

```java
import java.awt.*;
import java.awt.event.*;
class Formular extends Frame{
  Formular(){                                      //Konstruktor
      this.setTitle("Java für IT-Berufe");
      this.setSize(300,600);            //Breite und Höhe des Fensters
      Color C;
      C=new Color(255,255,0);
      this.setBackground(C);
      this.setVisible(true);


      class WinAppKlasse extends WindowAdapter{
          public void windowClosing(WindowEvent e){
              System.exit(0);
              };
          }
      WinAppKlasse W1;                             //Compiler-Info
      W1=new WinAppKlasse();                       //Objekt-Erzeugung
      this.addWindowListener(W1);          //Ankopplung des Lauschers
      }                                     //Ende des Konstruktors
  }                                        //Ende der Klasse Formular
public class Bsp20_09{
  public static void main(String args[]){           // Methode main
      Formular F1                                    //Compiler-Info
      F1=new Formular();        //Erzeugung des visuellen Objekts
      }
  }
```

E2 Einschub: Weitere verkürzende Schreibweisen

E2.1 Objektvereinbarung und –erzeugung zusammenfassen

Es ist wieder an der Zeit, auf weitere Möglichkeiten hinzuweisen, wie der beachtliche *Schreibaufwand* beim Java-Programmieren sinnvoll verringert werden kann.

Als erstes wollen wir die beiden Befehle

```
Color C;

C=new Color(255,255,0);
```

betrachten. Sie haben beide ihre Berechtigung: Mit der Zeile `Color C;` wird der Java-Compiler `javac` informiert, dass mit dem Symbol `C` ein Objekt der Klasse `Color` bezeichnet werden soll. Damit wird der Compiler in die Lage versetzt, bei der Syntax-Kontrolle des Programmtextes unzutreffende Verwendung von `C` sofort zu erkennen und als Fehler zu melden, zum Beispiel, wenn die sinnlose Zuweisung `C=4711;` gefunden wird.

Mit dem Befehl `C=new Color(255,255,0);` dagegen wird die tatsächliche Erzeugung des `Color`-Objekts `C` veranlasst, wobei der Inhalt in den runden Klammern zur Auswahl des passenden Konstruktors führt.

Nun zur Schreib-Vereinfachung, die wir ab jetzt verwenden werden:

Objektvereinbarung und -erzeugung dürfen in Java stets in einem komplexen Befehl zusammengefasst werden:

```
Color C=new Color(255,255,0);
```

E2.2 Namenlose Objekte verwenden

Bleiben wir bei dem Beispiel der Start-Einstellung der Hintergrundfarbe einer Arbeitsfläche:

```
Color C=new Color(255,255,0);

this.setBackground(C);
```

Hier wird zuerst ein `Color`-Objekt mit dem Namen `C` vereinbart und erzeugt, anschließend ersetzt es in den Klammern der Methode `setBackground` den zweiteiligen Platzhalter. Danach wird das Objekt `C` aber *nie mehr benötigt.*

Denken wir nun daran, dass wir bei großen Java-Programmen vielleicht Probleme bei der *Namensvielfalt* bekommen könnten – das Zeichen C wäre aber wegen einer *einmaligen Nutzung* dann schon verbraucht.

Java erlaubt uns in solchen Fällen, auf die Namensvergabe eines Objektes vollständig zu verzichten.

Wir können in solchem Falle kompakt schreiben

```java
this.setBackground(new Color(255,255,0));
```

Java arbeitet diesen Befehl *von innen nach außen* ab: Zuerst wird ein zeitweiliger, interner Name für das Color-Objekt vergeben. Dann wird das Objekt hergestellt. Anschließend wird damit die Methode setBackground ausgeführt. Danach werden sofort der interne Name und damit das Objekt gelöscht.

Mit den beiden vorgestellten Abkürzungsmöglichkeiten lässt sich bereits unser kleines Programm aus dem vorigen Abschnitt für die Herstellung des Fensters mit einer gelben Arbeitsfläche wesentlich kompakter schreiben (im Download: BspE2_01.java im Ordner Dateien für Kapitel E2):

```java
import java.awt.*; import java.awt.event.*;
class Formular extends Frame{
  Formular(){                                              //Konstruktor
      this.setTitle("Java für IT-Berufe");this.setSize(300,600);
      this.setBackground(new Color(255,255,0));
      this.setVisible(true);
      class WinAppKlasse extends WindowAdapter{
          public void windowClosing(WindowEvent e){
              System.exit(0);
              };
          }
      this.addWindowListener(new WinAppKlasse());
      }                                             //Ende des Konstruktors
  }                                              //Ende der Klasse Formular
  public class BspE2_01{
    public static void main(String args[]){                // Methode main
        Formular F1=new Formular();
        }
    }
```

Wie zu erkennen ist, konnte damit auf die einmalig verwendeten Bezeichner C und W1 verzichtet werden.

21 Einfache Bedienelemente

Wir haben gelernt, dass wir aus der visuellen Klasse `Frame` des Pakets `java.awt` die eigene visuelle Klasse `Formular` ableiten können, und dass wir in deren *Konstruktor* die *Starteigenschaften der Arbeitsfläche* (z. B. Größe, Hintergrundfarbe, Titel) festlegen können.

Außerdem lernten wir, wie wir dafür sorgen können, dass bei Eintreten der Nutzer-Handlung *Klick auf das Fenster-Schließ-Kreuz* das Fenster mit der Arbeitsfläche wieder verschwindet.

Warum sollten wir nicht auch dafür sorgen können, dass auf der Arbeitsfläche mehrere *Bedienelemente* erscheinen, auf die der Nutzer ebenfalls einwirken kann?

Bevor wir damit beginnen, müssen wir uns jedoch mit der Vokabel *Layout* beschäftigen.

21.1 Layout festlegen

Unter dem *Layout einer Benutzeroberfläche* versteht man die Art der Anordnung der Bedienelemente auf der Arbeitsfläche.

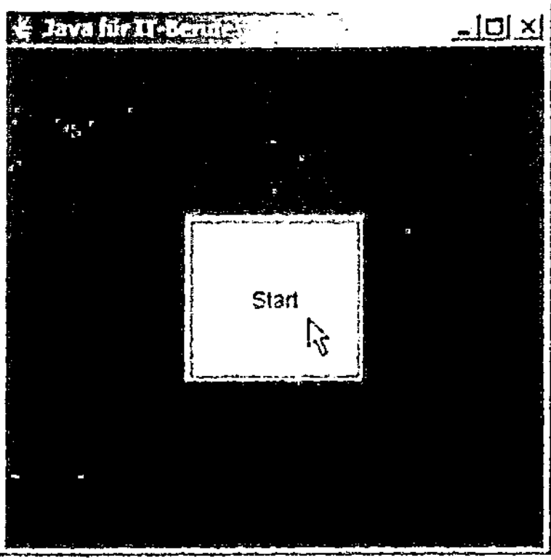

Bild 21.1: Beabsichtigte Anordnung der neun Bedienelemente

Wird durch den Programmierer der abgeleiteten visuellen Klasse in deren Konstruktor *keine Layoutfestlegung* getroffen, dann beginnt Java, selbstständig und willkürlich, im Arbeitsfenster ab links oben die vorgegebenen Bedienelemente irgendwie zu platzieren. Man kann sich vorstellen, dass auf diese Weise keine gut aussehende Benutzeroberfläche entstehen kann.

Das wollen wir nicht. Gehen wir einmal davon aus, dass wir später *neun Bedienelemente* auf der Arbeitsfläche platzieren wollen: Acht *Labels* und dazu möglichst in der Mitte einen *Button*. Bild 21.1 zeigt, wie es aussehen soll.

Wir brauchen eine *Methode*, mit deren Hilfe wir das Layout, also die Anordnung der Bedienelemente, straff vorgeben können. Da es zweifellos wieder eine *setze-Methode* sein wird, suchen wir in der Klasse Frame oder darüber nach einer Methode mit dem Namen setLayout.

Diesmal müssen wir bis zur „Großvater-Klasse" Container gehen, dort finden wir die gesuchte Methode:

void	setLayout(LayoutManager mgr)
	Sets the layout manager for this container.

Die Methode ist *nicht statisch*, sie benötigt also im Konstruktor vor dem Punkt das Schlüsselwort this als Ersatz für den unbekannten konkreten Objektnamen. Die Methode *liefert nichts*, sie wird *aufgerufen*.

Also können wir diese Methode schon in den Konstruktor aufnehmen:

```
Formular(){                                              //Konstruktor
    this.setTitle("Java für IT-Berufe"); this.setSize(300,300);
    this.setBackground(new Color(255,255,0));


    this.setLayout(?????????????);


    this.setVisible(true);
    class WinAppKlasse extends WindowAdapter{
        public void windowClosing(WindowEvent e){System.exit(0);};
    }
    this.addWindowListener(new WinAppKlasse());
}                                              //Ende des Konstruktors
```

Nun zu den Fragezeichen: Der Dokumentation ist zu entnehmen, dass die Methode setLayout *etwas benötigt*, nämlich ein LayoutManager-Objekt.

Wieder müssen wir zuerst Klarheit schaffen:

- Handelt es sich bei LayoutManager um ein *Interface*, muss damit eine *nicht-abstrakte Klasse implementiert* werden, alle *Prototypen* müssen ausprogrammiert werden.

- Handelt es sich bei LayoutManager um eine *abstrakte Klasse*, muss davon eine *nicht-abstrakte Klasse abgeleitet* werden, alle abstrakten Methoden müssen konkretisiert werden.

- Handelt es sich bei LayoutManager aber um eine *nicht-abstrakte Klasse*, kann davon sofort ein Objekt erzeugt werden.

Bild 21.2 zeigt uns den Beginn der Dokumentation von LayoutManager, wie sie sich im Paket java.awt findet.

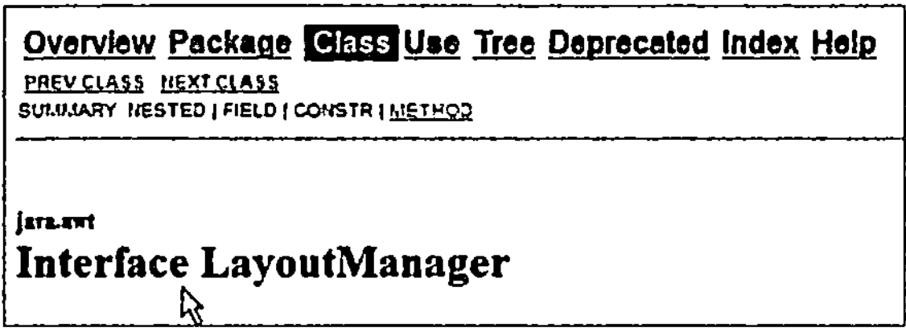

Bild 21.2: LayoutManager *ist ein Interface*

Geht das wieder wie im Abschnitt 20.3.4 los, dass wir aus diesem Interface eine nicht-abstrakte Klasse implementieren und *alle Prototypen* der Methoden aus-programmieren müssen, die meisten davon ziemlich sinnlos und aufwändig und ohnehin leer?

Nein, wir sollten in der Dokumentation weiterlesen: So wie mit den *Adaptern* bei den *Lauschern* haben die Java-Klassenprogrammierer nämlich auch hier schon eine *Fülle von Klassen* selbst implementiert, die wir sofort nutzen könn-ten. Sehen wir sie uns an:

All Known Implementing Classes (auf Deutsch: *alle bekannten implementierten Klassen* – und das ist der Stand von Java 5):

```
BasicComboBoxUI.ComboBoxLayoutManager,  BasicInternalFrameTitlePane.Tit-
lePaneLayout,  BasicInternalFrameUI.InternalFrameLayout,  BasicOptionPa-
neUI.ButtonAreaLayout,  BasicScrollBarUI,  BasicSplitPaneDivider.Divider-
Layout,  BasicSplitPaneUI.BasicHorizontalLayoutManager,  BasicSplitPane-
UI.BasicVerticalLayoutManager,  BasicTabbedPaneUI.TabbedPaneLayout,  Bor-
derLayout,  BoxLayout,  CardLayout,  DefaultMenuLayout,  FlowLayout,  Grid-
BagLayout,  GridLayout,  JRootPane.RootLayout,  JSpinner.DateEditor,
JSpinner.DefaultEditor,  JSpinner.ListEditor,  JSpinner.NumberEditor,  Me-
talComboBoxUI.MetalComboBoxLayoutManager,  MetalScrollBarUI,  MetalTabbed-
PaneUI.TabbedPaneLayout,  OverlayLayout,  ScrollPaneLayout,  ScrollPaneLay-
out.UIResource,  SpringLayout,  ViewportLayout
```

Alle abgeleiteten Klassen sind *nicht abstrakt*, von jeder dieser Klassen könnten wir sofort ein *Objekt* erzeugen, an die Methode setLayout übergeben – und würden damit eine bestimmte Anordnung der Bedienelemente bewirken. Was nehmen wir?

Die Klasse GridLayout ist als Empfehlung für Anfänger hervorgehoben: Mit ihr kann eine einfache *Raster-Anordnung* verlangt werden:

```
GridLayout G; G=new GridLayout(3,3);        //3 Zeilen, 3 Spalten
this.setLayout(G);
```

Da wir den Namen G des GridLayout-Objekts nie wieder benötigen werden, können wir für diese drei Zeilen die *abkürzende Schreibweise* (siehe Seite 300) verwenden:

```
Formular(){                                          //Konstruktor
    this.setTitle("Java für IT-Berufe"); this.setSize(300,300);
    this.setBackground(new Color(255,255,0));
    this.setLayout(new GridLayout(3,3));             //3 Zeilen, 3 Spalten
    this.setVisible(true);

    class WinAppKlasse extends WindowAdapter{
        public void windowClosing(WindowEvent e){System.exit(0);};
        }
    this.addWindowListener(new WinAppKlasse());
    }                                                //Ende des Konstruktors
```

21.2　Button und Labels für die Arbeitsfläche

DOWNLOAD Alle Java-Quelltexte der Beispiele, Übungsaufgaben und Lösungen dieses Kapitels können von http://www.w-g-m.de/java.htm durch Anklicken von │ Dateien für Kapitel 21 │ heruntergeladen werden. Das weitere Vorgehen erfolgt so, wie auf Seite 55 geschildert. Die Bildschirm-Abzüge basieren auf JOE – auch in diesem Kapitel werden alle Beispiele damit behandelt.

21.2.1　Vereinbarung, Erzeugung und Einbettung in die Arbeitsfläche

Die visuelle Klasse Button im Paket java.awt ist *nicht abstrakt*, wir können sofort unser Button-Objekt vereinbaren (Compiler-Info); hier ist eine Namensvergabe sinnvoll:

```
Button B;                                            //Compiler-Info
```

Ebenso wollen wir unseren acht Labels acht verschiedene Namen geben:

```
Label L1, L2, L3, L4, L5, L6, L7, L8;                //Compiler-Info
```

Diese Compiler-Informationen werden *unmittelbar unter der Kopfzeile* der Klasse Formular eingetragen.

Dann beginnt der *Konstruktor*, d. h. die Methode Formular(), mit den Befehlen zur *Erzeugung der visuellen Objekte* aus den visuellen Klassen Button bzw. Label:

```
B=new Button("Start");
L1=new Label("Label L1");   L2=new Label("Label L2");
L3=new Label("Label L3");   L4=new Label("Label L4");
L5=new Label("Label L5");   L6=new Label("Label L6");
L7=new Label("Label L7");   L8=new Label("Label L8");
```

Alle acht Label-Objekte haben einen *eigenen Namen* – damit können wir sie mit unterschiedlicher Rot-Intensität einfärben lassen, um sie zu unterscheiden:

```
L1.setBackground(new Color(255,0,0));L2.setBackground(new Color(245,0,0));
L3.setBackground(new Color(235,0,0));L4.setBackground(new Color(225,0,0));
L5.setBackground(new Color(215,0,0));L6.setBackground(new Color(205,0,0));
L7.setBackground(new Color(195,0,0));L8.setBackground(new Color(185,0,0));
```

Nun existieren die neun visuellen Objekte B und L1 bis L8. Sie besitzen die eingestellten *Anfangs-Eigenschaften* (Beschriftung und Farbe), ihre *sichtbaren Teile* können die neun beabsichtigten Bedienelemente werden.

Sie müssen nur noch *in der richtigen Reihenfolge* der Arbeitsfläche hinzugefügt werden. Dazu wird die Methode add verwendet und das Raster beachtet:

```
this.add(L1);this.add(L2);this.add(L3);
this.add(L4);this.add(B); this.add(L5);
this.add(L6);this.add(L7);this.add(L8);
```

Im vollständigen Quelltext des Programms (im Download: Bsp21_01.java) ist die *klare Logik* erkennbar: *Bedienelemente* werden als *visuelle Objekte* erzeugt, ihre *Eigenschaften* werden eingestellt, sie werden *platziert*:

```
import java.awt.*; import java.awt.event.*;
class Formular extends Frame{
   Button B; Label L1, L2, L3, L4, L5, L6, L7, L8;        //Compiler-Info
   Formular(){                                            //Konstruktor
      this.setTitle("Java für IT-Berufe"); this.setSize(300,300);
      this.setBackground(new Color(255,255,0));
      this.setLayout(new GridLayout(3,3));           //3 Zeilen, 3 Spalten
      B=new Button("Start");
      L1=new Label("Label L1");L2=new Label("Label L2");
      L3=new Label("Label L3");L4=new Label("Label L4");
      L5=new Label("Label L5");L6=new Label("Label L6");
      L7=new Label("Label L7");L8=new Label("Label L8");
      L1.setBackground(new Color(255,0,0));
      L2.setBackground(new Color(245,0,0));
      L3.setBackground(new Color(235,0,0));
      L4.setBackground(new Color(225,0,0));
      L5.setBackground(new Color(215,0,0));
      L6.setBackground(new Color(205,0,0));
      L7.setBackground(new Color(195,0,0));
      L8.setBackground(new Color(185,0,0));
      this.add(L1);this.add(L2);this.add(L3);
      this.add(L4);this.add(B);this.add(L5);
```

```
    this.add(L6);this.add(L7);this.add(L8);
    this.setVisible(true);
    class WinAppKlasse extends WindowAdapter{
        public void windowClosing(WindowEvent e){System.exit(0);};
    }
    this.addWindowListener(new WinAppKlasse());
    }                                          //Ende des Konstruktors
}                        .                      //Ende der Klasse Formular
public class Bsp21_01{
public static void main(String args[]){                  // Methode main
    Formular F1=new Formular();      //Erzeugung des visuellen Objekts
    }
}
```

ÜBUNG *Übung 21.1:* Übernehmen Sie den Java-Quelltext des Beispiels 21_1.

Geben Sie ihn ein und speichern Sie ihn unter dem Namen Uebg21_1.java. Oder öffnen Sie die Datei gleichen Namens im Download-Ordner WGMKap21.

Ihre Aufgabe ist, die *Schriftart* auf dem Button B zu verändern – dort soll zwar wieterhin Start stehen, aber in Courier (Standard) mit 24pt Schriftgröße.

Suchen Sie in der Klasse Button oder darüber die Methode setFont. Wo befindet sie sich? Was benötigt sie? Analysieren Sie dann die Dokumentation der Klasse Font. Welche Konstruktoren gibt es dort – wie können also Font-Objekte erzeugt werden? Probieren Sie die Bedeutung der mittleren Angabe aus.

Die Lösung finden Sie auf Seite 380.   **ÜBUNG**

ÜBUNG *Übung 21.2:* Übernehmen Sie den Java-Quelltext des Beispiels 21_1.

Geben Sie ihn ein und speichern Sie ihn unter dem Namen Uebg21_2.java. Oder öffnen Sie die Datei gleichen Namens im Download-Ordner WGMKap21.

Ihre Aufgabe ist, die *Anordnung* der Schrift auf dem Label L1 zu verändern – die Schrift soll zentriert sein (jetzt ist sie linksbündig).

Suchen Sie dafür in der Klasse Label oder darüber die Methode setAlignment. Wo befindet sie sich? Was benötigt sie? Probieren Sie.   **ÜBUNG**

Die Lösung finden Sie auf Seite 380.

21.2.2 Reaktion bei Mausklick auf den Button vorbereiten

Wir wollen nun erreichen, dass eine *Reaktion* eintritt, wenn der Nutzer auf den Button klickt, wenn er also das Ereignis *Klick auf den Button* auslöst. Welchen *Lauscher* müssen wir dafür an das Button-Objekt B ankoppeln?

Eigentlich ist der *Mausklick* ein *Maus-Ereignis* – also dürften wir nichts falsch machen, wenn wir in der Klasse Button oder darüber nach einer Methode mit dem Namen addMouseListener suchen.

Gehen wir von der Dokumentation der Button-Methoden aus – sehen wir uns über ...→DOCS→API→JAVA→AWT→BUTTON.HTML→METHOD zuerst die Klasse Button im Paket java.awt an.

Dort finden wir die gesuchte Methode addMouseListener nicht, doch wird in der Klasse Button eine *andere Methode* für die Zuschaltung eines Lauschers mit dem Namen addActionListener angeboten:

void	addActionListener(ActionListener l) Adds the specified action listener to receive action events from this button.

Die Methode addActionListener verknüpft ein Button-Objekt mit einem speziellen *Lauscher*, der überprüft, ob das Button-*Standard-Ereignis*, nämlich der *einfache Klick*, vom Nutzer ausgelöst wurde.

Genau so etwas brauchen wir – also suchen wir nicht weiter und verwenden diesen Lauscher. Da die Methode addActionListener *nichts* liefert, wird sie *aufgerufen*. Da sie *nicht statisch* ist, benötigt sie vor dem Punkt den *Namen des visuellen Objekts*, an das dieser Lauscher zugeschaltet wird:

```
B.addActionListener(?????????????);
```

Wieder die Frage – was *benötigt* die Methode addActionListener? Der Typ des Platzhalters beginnt mit einem *Großbuchstaben*, es gibt keine eckigen Klammern – also erwartet die Methode addActionListener ein ActionListener-Objekt. Wir müssen wieder klären:

- Handelt es sich bei ActionListener um ein *Interface*, muss damit eine *nicht-abstrakte Klasse implementiert* werden, alle *Prototypen* müssen ausprogrammiert werden.

- Handelt es sich bei ActionListener um eine *abstrakte Klasse*, muss davon eine *nicht-abstrakte Klasse abgeleitet* werden, alle abstrakten Methoden müssen konkretisiert werden.

- Handelt es sich bei ActionListener aber um eine *nicht-abstrakte Klasse*, kann davon sofort ein Objekt erzeugt werden.

Bild 21.3 zeigt uns den Ausschnitt aus der Dokumentation von ActionListener aus dem Paket java.awt.event. Unübersehbar – ActionListener ist ein Interface.

Also muss entweder eine eigene nicht-abstrakte Klasse *implementiert* werden, einschließlich der Konkretisierung der Prototypen *aller Methoden*, oder es gibt schon eine vorbereitete abstrakte *Adapter-Klasse*. Im zweiten Fall braucht nur noch die *interessante Methode* überschrieben werden.

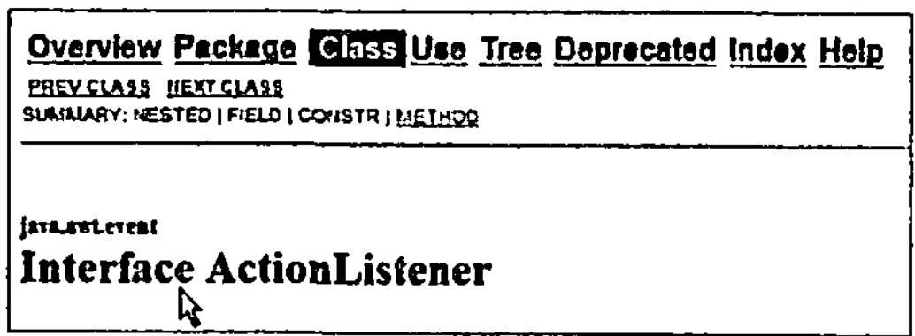

Bild 21.3: ActionListener *ist ein Interface*

Das weitere Studium der Dokumentation informiert uns: Eine abstrakte Klasse ActionAdapter gibt es diesmal nicht. Also muss *implementiert* werden, unsere eigene Klasse soll dabei den Namen ActListKlasse bekommen:

```
class ActListKlasse implements ActionListener{
     }
ActListKlasse A; A=new ActListKlasse();
B.addActionListener(A);
```

Selbstverständlich erhalten wir nun eine *Fehlermeldung* – es fehlt oder fehlen noch die *Konkretisierungen der Prototypen der Methoden*. Die Einzahl ist richtig, denn es gibt hier nur *einen* Prototyp:

```
void actionPerformed(ActionEvent e);
```

Wenn wir diesen Prototyp durch Voranstellen des Java-Schlüsselwortes public *öffentlich* machen und durch eine *leere Methode* konkretisieren, verschwindet die Fehlermeldung, das Programm ist syntaktisch korrekt:

```
class ActListKlasse implements ActionListener{
    public void actionPerformed(ActionEvent e){};
     }
ActListKlasse A; A=new ActListKlasse();
B.addActionListener(A);
```

Sehen wir uns den vollständigen Konstruktor an, wobei der (nur einmal benötigte) Name A des ActListKlasse-Objekts entfallen kann:

```
Formular(){                                      //Konstruktor
    this.setTitle("Java für IT-Berufe"); this.setSize(300,300);
    this.setBackground(new Color(255,255,0));
    this.setLayout(new GridLayout(3,3));         //3 Zeilen, 3 Spalten
    B=new Button("Start");
    L1=new Label("Label L1"); L2=new Label("Label L2");
         ................ .
```

```
L7=new Label("Label L7");L8=new Label("Label L8");
L1.setBackground(new Color(255,0,0));

.............................

L8.setBackground(new Color(185,0,0));
this.add(L1);this.add(L2);this.add(L3);
this.add(L4);this.add(B);this.add(L5);
this.add(L6);this.add(L7);this.add(L8);
this.setVisible(true);

class ActListKlasse implements ActionListener{
    public void actionPerformed(ActionEvent e){};
}
B.addActionListener(new ActListKlasse());

class WinAppKlasse extends WindowAdapter{
    public void windowClosing(WindowEvent e){System.exit(0);};
}

this.addWindowListener(new WinAppKlasse());
}                                         //Ende des Konstruktors
```

Nun sind die *Vorarbeiten* beendet, jetzt können wir uns damit beschäftigen, *was* eigentlich passieren soll, wenn der Nutzer auf den Button klickt.

21.2.3   Reaktion programmieren

Folgende Aufgabe soll gelöst werden:

> Trägt der Button die Beschriftung *Start*, so soll sie beim Nutzerklick wechseln in *Stop*. Trägt der Button dagegen die Beschriftung *Stop*, so soll sie wechseln zu *Start*.

Um die Aufgabe zu lösen, brauchen wir noch zwei Methoden aus der Klasse Button oder einer ihrer Vorgängerklassen: Eine Methode, die *die aktuelle Beschriftung des Buttons liefert*, und eine Methode, die *die Beschriftung setzt*. Hier sind sie, leicht zu finden in der Button-Dokumentation im Paket java.awt:

String	getLabel() Gets the label of this button.
void	setLabel(String label) Sets the button's label to be the specified string.

Mit diesen beiden Hilfsmitteln sind wir in der Lage, den Inhalt der konkreten Methode actionPerformed zu schreiben. Dabei kommt die *Alternative* zur Anwendung (siehe Abschnitt 8.2.6 auf Seite 105), für den *Vergleich des Inhalts des Datenkerns des* String-*Objekts* Tx mit einem anderen String wird die nicht-statische Methode equals verwendet (siehe Abschnitt 17.3.1 auf Seite 248):

```
public void actionPerformed(ActionEvent e){
    String Tx; Tx=B.getLabel();
    if(Tx.equals("Start")==true){
    B.setLabel("Stop");
    }
    else{
    B.setLabel("Start");
    }
};
```

Auch hier wird der Name Tx nur einmal benötigt, wir könnten (aber müssen nicht) eine abkürzende Schreibweise verwenden. Damit entsteht der fertige Quelltext der Klasse ActListKlasse, die das Interface ActionListener im Sinne der gestellten Aufgabe implementiert (im Download: Bsp21_02.java):

```
class ActListKlasse implements ActionListener{
    public void actionPerformed(ActionEvent e){
    if(B.getLabel().equals("Start")==true){
    B.setLabel("Stop");
    }
    else{
    B.setLabel("Start");
    }
    };
}
B.addActionListener(new ActListKlasse());
```

ÜBUNG *Übung 21.3:* Übernehmen Sie den Java-Quelltext des Beispiels 21_2.

Geben Sie ihn ein und speichern Sie ihn unter dem Namen Uebg21_3.java. Oder öffnen Sie die Datei gleichen Namens im Download-Ordner WGMKap21.

Ihre Aufgabe besteht zuerst darin, die Startbeschriftung des Label L2 auf *Vieweg-Verlag* und die Startbeschriftung des Label L7 auf *Teubner-Verlag* zu ändern. Testen Sie.

Sorgen Sie zusätzlich dafür, dass bei jedem Klick auf den Button die beiden Beschriftungen *ausgetauscht werden.* Beachten Sie, dass die beiden dazu nötigen Methoden zum *Holen und Setzen der Label-Beschriftung* anders heißen als die Methoden zum *Holen und Setzen von Button-Beschriftungen.* Informieren Sie sich in der Dokumentation der Klasse Label.

Die Lösung finden Sie auf Seite 380.

ÜBUNG

21.3   Ein kleiner Taschenrechner für ganze Zahlen

21.3.1   Herstellung der Benutzeroberfläche

Bild 21.4 beschreibt die Aufgabenstellung: Der Nutzer soll die Möglichkeit bekommen, in die beiden rechten Textfenster zwei Zahlen einzutragen, wobei wir annehmen, dass er nur mit *ganzen Zahlen* arbeiten will.

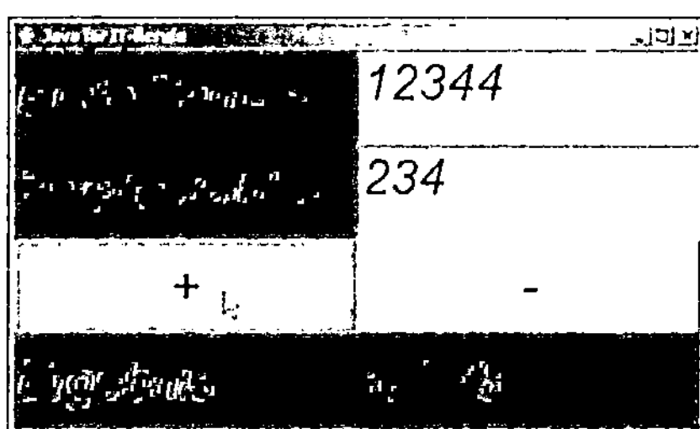

Bild 21.4: Ein kleiner Taschenrechner für ganze Zahlen

Bei Klick auf den Button ⊞ soll rechts unten die *Summe*, beim Klick auf den Button ⊟ soll rechts unten die *Differenz* erscheinen.

Die Vorbereitung der Benutzeroberfläche ist Fleißarbeit:

```
import java.awt.*; import java.awt.event.*;
class Formular extends Frame{
```

Zuerst werden die benötigten visuellen Objekte benannt und vereinbart:

```
Button B1, B2; Label L1, L2, L3, L4; TextField T1, T2;
Formular(){                                         //Konstruktor
    this.setTitle("Java für IT-Berufe"); this.setSize(500,300);
    this.setBackground(new Color(255,255,0));
    this.setLayout(new GridLayout(4,2));            //4 Zeilen, 2 Spalten
```

Nach der Layout-Festlegung werden die acht Objekte erzeugt:

```
B1=new Button("  +  "); B2=new Button("  -  ");
L1=new Label("Erste Zahl-->"); L2=new Label("Zweite Zahl->");
L3=new Label("Ergebnis = "); L4=new Label("   ");
T1=new TextField();   T2=new TextField();
```

Schriftart, Schriftstil und Schriftgröße werden festgelegt:

```
B1.setFont(new Font("Arial",2,36));
B2.setFont(new Font("Arial",2,36));
L1.setFont(new Font("Arial",2,36));
L2.setFont(new Font("Arial",2,36));
```

```
L3.setFont(new Font("Arial",2,36));
L4.setFont(new Font("Arial",2,36));
T1.setFont(new Font("Arial",2,36));
T2.setFont(new Font("Arial",2,36));
```

Die Labels werden eingefärbt:

```
L1.setBackground(new Color(225,0,0));
L2.setBackground(new Color(225,0,0));
L3.setBackground(new Color(225,0,0));
L4.setBackground(new Color(205,0,0));
```

Die visuellen Objekte werden in der richtigen Reihenfolge in die Arbeitsfläche eingebettet:

```
this.add(L1);this.add(T1);
this.add(L2);this.add(T2);
this.add(B1);this.add(B2);
this.add(L3);this.add(L4);
this.setVisible(true);
```

Der *Plus-Button* wird mit dem ActionListener verbunden, eine Klasse ActList-Klasse1 wird implementiert, der Prototyp der Methode actionPerformed vorerst mit der leeren Methode konkretisiert:

```
class ActListKlasse1 implements ActionListener{
    public void actionPerformed(ActionEvent e){
                                            //<-- zu ergänzen
    };
}
B1.addActionListener(new ActListKlasse1());
```

Der *Minus-Button* wird mit dem ActionListener verbunden, eine Klasse Act-ListKlasse2 wird implementiert, der Prototyp der Methode actionPerformed wird mit der *leeren Methode* konkretisiert:

```
class ActListKlasse2 implements ActionListener{
    public void actionPerformed(ActionEvent e){
                                            //<-- zu ergänzen
    };
}
B2.addActionListener(new ActListKlasse2());
```

Die *Arbeitsfläche* wird mit dem WindowAdapter verbunden:

```
class WinAppKlasse extends WindowAdapter{
    public void windowClosing(WindowEvent e){System.exit(0);};
    }
this.addWindowListener(new WinAppKlasse());
    }                                         //Ende des Konstruktors
}                                             //Ende der Klasse Formular
```

Die *Methode* main besteht wiederum nur aus der Erzeugung eines Objekts der Klasse Formular:

```
public class Bsp21_03{
public static void main(String args[]){              // Methode main
    Formular Fl=new Formular();       //Erzeugung des visuellen Objekts
    }
}
```

21.3.2   Inhalt der Methode actionPerformed für den Plus-Button

Nun müssen wir dafür sorgen, dass beim *Klick auf den Plus-Button* die Inhalte der beiden Textfenster T1 und T2 geholt werden, dass dabei aus diesen *Zeichenfolgen, die zu Zahlen gemacht werden können,* tatsächlich *Zahlen* in zwei *Zahlenspeicherplätzen* entstehen.

Dann wird *gerechnet,* und anschließend muss die Ergebnis*zahl* in eine *Zeichenfolge* umgewandelt werden, damit sie in das Ausgabe-Label L4 transportiert werden kann:

```
class ActListKlassel implements ActionListener{
    public void actionPerformed(ActionEvent e){
        int z1, z2, erg;
        z1=Integer.parseInt(T1.getText());
        z2=Integer.parseInt(T2.getText());
        erg=z1+z2;
        L4.setText(String.valueOf(erg));
        };
    }
B1.addActionListener(new ActListKlassel());
```

Wer bisher bezweifelte, dass die lange Anlaufzeit in diesem Buch mit klassischer Konsolenprogrammierung einen tiefen Sinn hatte, der sollte es jetzt einsehen.

Ohne die vorangegangene Beschäftigung mit Speicherplätzen und String-Objekten könnten wir nicht einmal solch einfache Aufgaben mit Benutzeroberflächen lösen...

In diesen wenigen Zeilen wiederholen sich nämlich die beiden statischen Methoden parseInt der Klasse Integer des Pakets java.lang sowie valueOf der Klasse String desselben Pakets.

Wird die Klasse ActListKlasse1 im oben angegebenen Quelltext eingefügt, dann ist die Hälfte der Aufgabe gelöst – die Addition funktioniert. Der gesamte Quelltext ist außerdem im Download in der Datei Bsp21_03.java verfügbar.

ÜBUNG *Übung 21.4:* Übernehmen Sie den Java-Quelltext des Beispiels 21_3.
Geben Sie ihn ein und speichern Sie ihn unter dem Namen Uebg21_4.java. Oder öffnen Sie die Datei gleichen Namens im Download-Ordner WGMKap21.

Programmieren Sie den Inhalt der Methode actionPerformed für die Klasse ActListKlasse2 für den Minus-Button.

Die Lösung finden Sie auf Seite 381. **ÜBUNG**

ÜBUNG *Übung 21.5:* Übernehmen Sie den Java-Quelltext des Beispiels 21_3
und geben Sie ihn dann selbst in JOE oder einen *Editor* ein und speichern Sie ihn unter dem Namen Uebg21_5.java. Oder – öffnen Sie die Datei gleichen Namens im Download-Ordner WGMKap21.

Sorgen Sie dafür, dass nur dann gerechnet wird, wenn beide Textfenster einen Inhalt haben.

Die Lösung finden Sie auf Seite 381. **ÜBUNG**

21.4 Checkboxen

Auf einer Benutzeroberfläche sollen sich zwei Checkboxen befinden. Bild 21.05 zeigt die Anordnung.

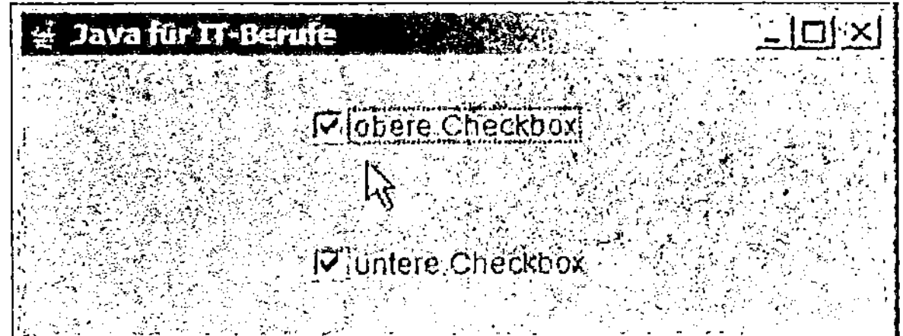

Bild 21.5: Benutzeroberfläche mit zwei Checkboxen

Wenn der Nutzer in der oberen Checkbox mit der Maus den Haken setzt, soll automatisch die untere Checkbox auch den Haken erhalten. Löscht der Nutzer in der oberen Checkbox den Haken, soll automatisch auch in der unteren Checkbox der Haken verschwinden. Ebenso soll es umgekehrt sein, wenn der Nutzer in der unteren Checkbox den Haken setzt oder wegnimmt – dann soll sich die obere Checkbox automatisch anpassen.

Der *Aufbau der Benutzeroberfläche* ist schnell programmiert – wir benutzen wieder ein 2-mal-3-Raster und verwenden diesmal namenlose Labels:

```
import java.awt.*; import java.awt.event.*;
class Formular extends Frame{
  Checkbox C1, C2;
  Formular(){                                              //Konstruktor
      this.setTitle("Java für IT-Berufe"); this.setSize(350,200);
      this.setBackground(new Color(255,255,0));
      this.setLayout(new GridLayout(2,3));         //2 Zeilen, 3 Spalten
```

Die beiden Checkboxen werden erzeugt als sichtbare Teile der visuellen Checkbox-Objekte C1 und C2. Die visuelle Klasse Checkbox befindet sich im Paket java.awt:

```
      C1=new Checkbox("obere Checkbox");
      C2=new Checkbox("untere Checkbox");
```

Neben den beiden Checkboxen werden je zwei namen- und beschriftungslose Labels angeordnet, das erhöht die Übersichtlichkeit:

```
      this.add(new Label(" "));this.add(C1);this.add(new Label(" "));
      this.add(new Label(" "));this.add(C2);this.add(new Label(" "));
      this.setVisible(true);
      ?????????????????????????
```

Das Ende des Konstruktor-Inhalts bildet wieder die Ankopplung des Fenster-Lauschers an das Fenster mit der Arbeitsfläche:

```
class WinAppKlasse extends WindowAdapter{
        public void windowClosing(WindowEvent e){System.exit(0);};
        }
      this.addWindowListener(new WinAppKlasse());
      }                                        //Ende des Konstruktors
}                                       //Ende der Klasse Formular
public class Bsp21_04{
public static void main(String args[]){                // Methode main
  Formular F1=new Formular();     //Erzeugung des visuellen Objekts
    }
}
```

Nun kommt der interessante Teil der Aufgabe, das Ausfüllen des Bereiches, der bisher durch die Fragezeichen-Zeile freigehalten wurde: Welchen *Lauscher* müssen wir zur Lösung der Aufgabe an die beiden Checkboxen ankoppeln? Befragen wir im Paket java.awt die Dokumentation der Klasse Checkbox:

void	`addItemListener(ItemListener l)`
	`    Adds the specified item listener to receive item`
	`    events from this check box.`

Das englische Wort Item bezeichnet eigentlich *Zeile* oder *Eintrag* – übersetzen wir unseren Lauscher frei als den *Haken-Lauscher.* Er muss an die beiden Checkboxen angekoppelt werden. Da die Methode addItemListener *nichts benötigt*, wird sie *aufgerufen.* Da sie *nicht statisch* ist, muss vor dem Punkt der *Name des Objektes* stehen:

```
C1.addItemListener(???);
```

```
C2.addItemListener(???);
```

Doch was benötigt die Methode addItemListener? Die Dokumentation erklärt es uns: Die Methode addItemListener benötigt ein ItemListener-Objekt. Wieder müssen wir klären:

- Handelt es sich bei ItemListener um ein *Interface*, muss damit eine *nicht-abstrakte Klasse implementiert* werden, alle *Prototypen* müssen ausprogrammiert werden.

- Handelt es sich bei ItemListener um eine *abstrakte Klasse*, muss davon eine *nicht-abstrakte Klasse abgeleitet* werden, alle abstrakten Methoden müssen konkretisiert werden.

- Handelt es sich bei ItemListener aber um eine *nicht-abstrakte Klasse*, kann davon sofort ein Objekt erzeugt werden.

Bild 21.6 zeigt uns den Ausschnitt aus der Dokumentation von ItemListener aus dem Paket java.awt.event: ItemListener ist ein Interface.

Also muss entweder eine eigene nicht-abstrakte Klasse *implementiert* werden, einschließlich der Konkretisierung der Prototypen *aller Methoden*, oder es gibt schon eine vorbereitete abstrakte *Adapter-Klasse.* Im zweiten Fall wäre nur noch die *interessante Methode* zu überschreiben.

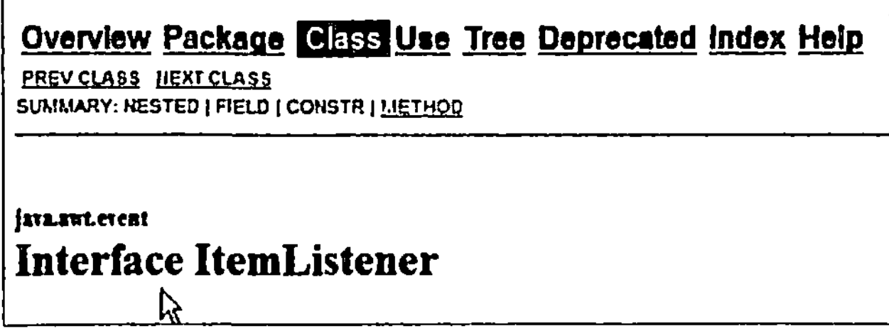

Bild 21.6: ItemListener *ist ein Interface*

Das weitere Studium der Dokumentation informiert uns: eine abstrakte Klasse
ItemAdapter gibt es diesmal nicht. Also muss doch *implementiert* werden, unsere eigene Klasse soll dabei den Namen ItListKlasse1 bekommen:

```
class ItListKlasse1 implements ItemListener{
    }
ItListKlasse1 A1; A1=new ItListKlasse1();
C1.addItemListener(A1);
```

Selbstverständlich erhalten wir nun eine *Fehlermeldung* – es fehlt oder fehlen
noch die *Konkretisierungen der Prototypen der Methoden.* Hier gibt nur *einen*
Prototyp:

```
void itemStateChanged(ItemEvent e);
```

Wenn wir diesen Prototyp mit public öffentlich machen und durch eine *leere*
Methode konkretisieren, verschwindet die Fehlermeldung, das Programm ist
syntaktisch korrekt:

```
class ItListKlasse1 implements ItemListener{
        public void itemStateChanged(ItemEvent e){};
    }
ItListKlasse1 A1; A1=new ItListKlasse1();
C1.addItemListener(A1);
```

In gleicher Weise wird an das visuelle Objekt C2 der ItemListener angekoppelt;
hier machen wir Gebrauch von der Möglichkeit abzukürzen:

```
class ItListKlasse2 implements ItemListener{
        public void itemStateChanged(ItemEvent e){};
    }
C1.addItemListener(new ItListKlasse2());
```

Auch nach dieser Erweiterung gibt es keine Fehlermeldung, das Programm ist
wieterhin syntaktisch korrekt. Nur – die Aufgabe ist noch nicht gelöst, die automatische Übernahme von *Haken* oder *nicht Haken* funktioniert nicht. Das ist
auch verständlich, denn die konkretisierten Methoden itemStateChanged sind sowohl in der Klasse ItListKlasse1 als auch in der Klasse ItListKlasse2 noch leer.

Um ihre Inhalte richtig zu programmieren, müssen wir in der Dokumentation der
Klasse Checkbox nach den beiden Methoden suchen, die den *Zustand der Checkbox liefern und setzen.*

Zustand heißt auf auf Englisch *state:*

```
boolean  getState()
             Determines whether this check box is in the "on" or
             "off" state.
```

void	`setState(boolean state)`
	`Sets the state of this check box to the specified`
	`state.`

Diesmal liefert die erste Methode getState einen logischen Wert, die zweite Methode setState benötigt einen logischen Speicherplatz oder einen der beiden logischen Werte true oder false.

Und das sind die beiden fertigen Programmstücke des Konstruktors, mit deren Hilfe die Programmier-Aufgabe gelöst wird. Dabei wird zuerst die ausführliche, besser verständliche Form gewählt, darunter findet sich die elegantere, abkürzende Darstellung derselben Befehle.

```
class ItListKlasse1 implements ItemListener{
        public void itemStateChanged(ItemEvent e){
            boolean zustand;
            zustand=C1.getState();
            C2.setState(zustand);
            };
    }
ItListKlasse1 A1; A1=new ItListKlasse1();
C1.addItemListener(A1);


class ItListKlasse2 implements ItemListener{
        public void itemStateChanged(ItemEvent e){
        C1.setState(C2.getState());
            };
    }
C2.addItemListener(new ItListKlasse2());
```

Dieser Teil kann nun auf Seite 315 anstelle der Fragezeichen-Zeile ??????????? eingesetzt werden. Der komplette Java-Quelltext ist im Download auch in der Datei Bsp21_04.java verfügbar.

ÜBUNG *Übung 21.6:* Übernehmen Sie den Java-Quelltext des Beispiels 21_4.

Geben Sie ihn ein und speichern Sie ihn unter dem Namen Uebg21_6.java. Oder öffnen Sie die Datei gleichen Namens im Download-Ordner WGMKap21. Anfangs soll die obere Checkbox den Haken besitzen, die untere nicht. Testen Sie.

Sorgen Sie dafür, dass sich bei jedem Nutzerklick stets *unterschiedliche Belegungen* in den beiden Checkboxen einstellen.

Die Lösung finden Sie auf Seite 381.   **ÜBUNG**

21.5   Zwei horizontale Scrollbars (Schieberegler)

Auf einer Benutzeroberfläche sollen sich nur zwei waagerechte Scrollbars (Schieberegler, Potentiometer) befinden. Beide Scrollbars sollen für den Bereich von Null bis 10 ausgelegt sein; oben soll sich der Regler anfangs auf der Stellung *3* befinden, unten auf der Stellung *7.* Bild 21.7 zeigt die gewünschte Startsituation.

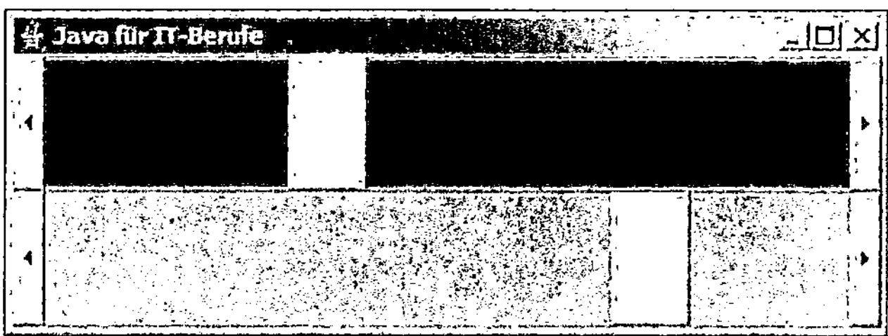

Bild 21.7: Benutzeroberfläche mit zwei Schiebereglern

Wenn der Nutzer oben den Regler verschiebt, soll sich die untere Position automatisch genauso einstellen und umgekehrt.

Sehen wir uns den *Aufbau der Benutzeroberfläche* an:

```
class Formular extends Frame{
   Scrollbar S1, S2;
   Formular(){                                             //Konstruktor
      this.setTitle("Java für IT-Berufe"); this.setSize(350,200);
      this.setBackground(new Color(255,255,0));
      this.setLayout(new GridLayout(2,1));           //2 Zeilen, 1 Spalte
      S1=new Scrollbar(Scrollbar.HORIZONTAL,3,1,0,10);
      S2=new Scrollbar(Scrollbar.HORIZONTAL,7,1,0,10);
      S1.setBackground(new Color(255, 0,0));                  //Färbung
      S2.setBackground(new Color(255, 255,0));               //Färbung
      this.add(S1); this.add(S2);
      this.setVisible(true);

      ????????????????????????????????????????????????????????????????????

      class WinAppKlasse extends WindowAdapter{
         public void windowClosing(WindowEvent e){System.exit(0);};
         }
      this.addWindowListener(new WinAppKlasse());
      }                                               //Ende des Konstruktors
   }                                              //Ende der Klasse Formular
```

In der new-Anweisung zur tatsächlichen Erzeugung eines visuellen Objekts der Klasse Scrollbar aus dem Paket java.awt sind in den runden Klammern fünf Angaben einzutragen:

```
S1=new Scrollbar(Scrollbar.HORIZONTAL,3,1,0,10);
```

Die erste Angabe legt fest, ob die Scrollbar waagerecht (HORIZONTAL) oder senkrecht (VERTICAL) sein soll. Die zweite Angabe legt die anfängliche Reglerstellung fest. Die dritte Angabe beschreibt die Breite des Reglers. Die vierte Angabe legt das Minimum fest, die fünfte Angabe das Maximum.

Nun kommt der interessante Teil der Aufgabe, das Ausfüllen des Bereiches, der bisher durch die Fragezeichen-Zeile freigehalten wurde: Welchen *Lauscher* müssen wir zur Lösung der Aufgabe an die beiden Scrollbars ankoppeln? Befragen wir die Dokumentation der Klasse Scrollbar:

void	addAdjustmentListener(AdjustmentListener l) Adds the specified adjustment listener to receive instances of AdjustmentEvent from this scroll bar.

Damit haben wir schon den passenden Lauscher gefunden und koppeln ihn also an die beiden Scrollbars an:

```
S1.addAdjustmentListener(???);
S2.addAdjustmentListener(???);
```

Die Methode addAdjustmenttListener benötigt ein AdjustmentListener-Objekt. AdjustmentListener ist ein *Interface*, es müssen *zwei eigene Klassen* AdListKlasse1 und AdListKlasse2 implementiert werden, der Prototyp void adjustmentValueChanged(AdjustmentEvent e) wird vorerst durch zwei *leere Methoden* konkretisiert:

```
class AdListKlasse1 implements AdjustmentListener{
    public void adjustmentValueChanged(AdjustmentEvent e){};
    }
S1.addAdjustmentListener(new AdListKlasse1());

class AdListKlasse2 implements AdjustmentListener{
    public void adjustmentValueChanged(AdjustmentEvent e){};
    }
S2.addAdjustmentListener(new AdListKlasse2());
```

Nun gibt es keine Fehlermeldung mehr, das Programm ist syntaktisch korrekt.

Doch die Aufgabe ist noch nicht gelöst, die automatische Übernahme der Reglerstellung von oben nach unten und umgekehrt funktioniert nicht. Das ist verständlich, denn die konkretisierten Methoden adjustmentValueChanged sind sowohl in der Klasse AdListKlasse1 als auch in der Klasse AdListKlasse2 noch leer.

Um ihre Inhalte richtig zu programmieren, müssen wir in der Dokumentation der Klasse Scrollbar nach den beiden Methoden suchen, die die *Stellung des Reglers liefern und setzen.*

Die Reglerstellung beschreibt einen bestimmten *Wert.* Wert heißt auf Englisch *value:*

int	getValue() Gets the current value of this scroll bar.
void	setValue(int newValue) Sets the value of this scroll bar to the specified value.

Diesmal liefert die erste Methode getValue eine ganze Zahl, die zweite Methode setValue benötigt einen int-Speicherplatz oder eine konkrete ganze Zahl.

Und das sind die beiden fertigen Programmstücken des Konstruktors, mit deren Hilfe die Programmier-Aufgabe gelöst wird, wieder zuerst in ausführlicher und dann in verkürzter Schreibweise:

```
class AdListKlasse1 implements AdjustmentListener{
    public void adjustmentValueChanged(AdjustmentEvent e){
        int wert;
        wert=S1.getValue();
        S2.setValue(wert);
    };
}
S1.addAdjustmentListener(new AdListKlasse1());

class AdListKlasse2 implements AdjustmentListener{
    public void adjustmentValueChanged(AdjustmentEvent e){
        S1.setValue(S2.getValue());
    };
}
S2.addAdjustmentListener(new AdListKlasse2());
```

Dieser Teil kann auf Seite 319 anstelle der Fragezeichen-Zeile ??????????? eingesetzt werden.

Der komplette Java-Quelltext ist im Download auch in der Datei Bsp21_05.java verfügbar.

ÜBUNG *Übung 21.7:* Übernehmen Sie den Java-Quelltext des Beispiels 21_5.

Geben Sie ihn ein und speichern Sie ihn unter dem Namen Uebg21_7.java. Oder öffnen Sie die Datei gleichen Namens im Download-Ordner WGMKap21.

Verändern Sie: In beiden Scrollbars soll anfangs der Regler links stehen, d .h der Startwert soll Null sein. Testen Sie.

Ergänzen Sie eine dritte waagerechte Scrollbar, grüner Hintergrund, mit dem Bereich Null bis 20, Start-Stellung ebenfalls Null. Testen Sie.

Wenn der Nutzer in einer der beiden oberen Scrollbars die Stellung des Reglers verändert, soll sich in der unteren Scrollbar stets automatisch die *Summe beider Reglerwerte* einstellen. Testen Sie.

Die Lösung finden Sie auf Seite 381.

21.6   Textfenster und Label

Auf einer Benutzeroberfläche sollen sich oben ein einzeiliges Textfenster und darunter ein Label befinden. Das Textfenster soll anfangs den Inhalt „Vieweg" haben, das Label anfangs die Beschriftung „Teubner". Bild 21.8 zeigt die gewünschte Startsituation.

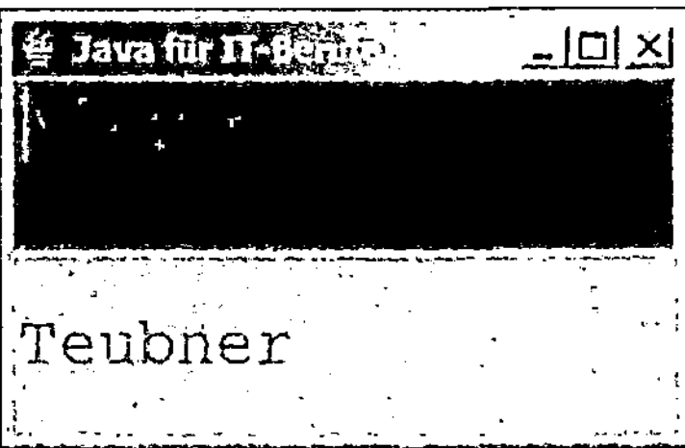

Bild 21.8: Einzeiliges Textfenster und Label

Wenn der Nutzer *oben* den Inhalt des Textfensters *verändert*, soll sich im Label darunter automatisch *derselbe Inhalt* einstellen.

Sehen wir uns den *Aufbau der Benutzeroberfläche* an:

```java
import java.awt.*; import java.awt.event.*;
class Formular extends Frame{
  TextField T1; Label L1;
  Formular(){                                          //Konstruktor
      this.setTitle("Java für IT-Berufe"); this.setSize(350,200);
      this.setBackground(new Color(255,255,0));
      this.setLayout(new GridLayout(2,1));             //2 Zeilen, 1 Spalte
      T1=new TextField("Vieweg"); L1=new Label("Teubner");
      T1.setFont(new Font("Courier",0,22));
      L1.setFont(new Font("Courier",0,22));
      T1.setBackground(new Color(255, 0,0));
      L1.setBackground(new Color(255, 255,0));
      this.add(T1); this.add(L1);
      this.setVisible(true);
```

```
???????????????????????????????????????????????????????????
class WinAppKlasse extends WindowAdapter{
    public void windowClosing(WindowEvent e){System.exit(0);};
    }
this.addWindowListener(new WinAppKlasse());
    }                                             //Ende des Konstruktors
}                                                 //Ende der Klasse Formular
public class Bsp21_06{
public static void main(String args[]){           // Methode main
    Formular F1=new Formular();        //Erzeugung des visuellen Objekts
    }
}
```

Nun kommt wieder der interessante Teil der Aufgabe, das Ausfüllen des Bereiches, der bisher durch die Fragezeichen-Zeile freigehalten wurde: Welchen *Lauscher* müssen wir zur Lösung der Aufgabe an die beiden Scrollbars ankoppeln? Hier muss offensichtlich ein *Text-Ereignis* abgefragt werden – also suchen wir nach dem *Text-Lauscher*.

Suchen wir zuerst in der visuellen Klasse TextField im Paket java.awt nach der Methode addTextListener zum Ankoppeln eines Text-Lauschers an das Textfenster. Dort finden wir diese Methode nicht, aber darüber in der Klasse TextComponent:

void	addTextListener(TextListener l)
	    Adds the specified text event listener to receive
	    text events from this text component.

Damit haben wir schon den passenden Lauscher gefunden und koppeln ihn also an das Textfenster an:

```
T1.addTextListener(???);
```

Die Methode addTextListener benötigt ein TextListener-Objekt. TextListener ist wieder ein *Interface*, es muss also eine eigene Klasse TextListKlasse implementiert werden, der Prototyp void textValueChanged(TextEvent e); wird vorerst wieder durch eine *leere Methode* konkretisiert:

```
class TextListKlasse implements TextListener{

    public void textValueChanged(TextEvent e){};

    }
T1.addTextListener(new TextListKlasse());
```

Nun gibt es keine Fehlermeldung mehr, das Programm ist syntaktisch korrekt. Doch die Aufgabe ist noch nicht gelöst, die automatische Übernahme des Textes von oben nach unten funktioniert nicht. Das ist verständlich, denn die konkretisierte Methode textValueChanged ist noch leer.

Um ihren Inhalt richtig zu programmieren, müssen wir in den Dokumentationen der Klassen TextField und Label *oder darüber* nach den beiden Methoden suchen, die den *Inhalt des Textfeldes liefern* und die *Beschriftung des Labels setzen*:

String	`getText()`
	`    Returns the text that is presented by this text`
	`    component.`

void	`setText(String text)` `    Sets the text for this label to the specified text.`

Und das ist das fertige Programmstück des Konstruktors, mit dessen Hilfe die Programmier-Aufgabe gelöst wird:

```
class TextListKlasse implements TextListener{
    public void textValueChanged(TextEvent e){
        L1.setText(T1.getText());
    };
}
T1.addTextListener(new TextListKlasse());
```

Dieser Teil kann nun auf Seite 323 anstelle der Fragezeichen-Zeile ??????????? eingesetzt werden.

Der komplette Java-Quelltext ist im Download auch in der Datei Bsp21_06.java verfügbar.

ÜBUNG *Übung 21.8:* Übernehmen Sie den Java-Quelltext des Beispiels 21_6. Geben Sie ihn ein und speichern Sie ihn unter dem Namen Uebg21_8.java. Oder öffnen Sie die Datei gleichen Namens im Download-Ordner WGMKap21.

Sorgen Sie dafür, dass bei jeder Änderung, die der Nutzer im oberen Textfeld vornimmt, im unteren Label der Inhalt des Textfensters in umgekehrter Form erscheint. (Beispiel: Der Nutzer trägt oben ein: *Potsdam*, unten erscheint dabei automatisch *madstoP*). Wiederholen Sie dabei die Arbeit mit String-Objekten und die Zählschleife.

Die Lösung finden Sie auf Seite 381. **ÜBUNG**

 **Gruppierte Radiobuttons und Listen**

22.1 Gruppierte Radiobuttons

22.1.1 Erzeugung und Platzierung auf der Arbeitsfläche

Werden mehrere Checkboxen zu einer *Gruppe* zusammengefasst, dann kann die einzelne Checkbox nicht mehr ein- oder ausgeschaltet, sondern innerhalb der Gruppe nur *umgeschaltet* werden. Anstelle des viereckigen Kästchens für den Haken erscheint ein kleiner Kreis mit oder ohne Punkt; in diesen Fällen spricht man nicht mehr von *Checkboxen*, sondern von *Radiobuttons* (oder auch *Optionsbuttons*). Bild 22.1 zeigt zwei Gruppen von Radiobuttons, bei denen die Markierung sich in der linken Gruppe in der Mitte und in der rechten Gruppe unten befindet.

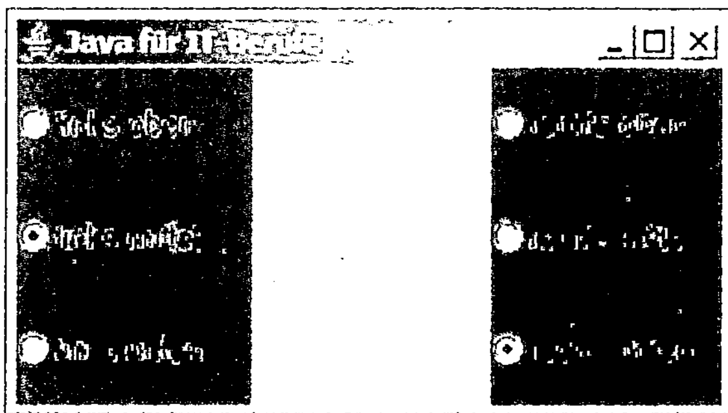

Bild 22.1 Benutzeroberfläche mit zwei Gruppen von Radiobuttons

Zur Herstellung dieser Benutzeroberfläche müssen zuerst zwei Objekte der visuellen Klasse CheckboxGroup aus dem Paket java.awt vereinbart werden, in dem Programmbeispiel auf der nächsten Seite erhalten sie die Namen CG1 und CG2.

Die sechs Checkboxen C11 bis C23 werden wie üblich als Objekte der visuellen Klasse Checkbox vereinbart.

Dann werden die beiden CheckboxGroup-Objekte CG1 und CG2 erzeugt – damit haben sie bereits ihre Aufgabe erfüllt. Denn die Objekte CG1 und CG2 müssen lediglich existieren, damit sie in den new-Anweisungen für die sechs Checkbox-Objekte C11, C12, C13, C21, C22, C23 an der *zweiten Stelle* eingetragen werden und die jeweilige *Gruppen-Eigenschaft* herstellen (im Download: Bsp22_01.java):

```java
import java.awt.*; import java.awt.event.*;
class Formular extends Frame{
  CheckboxGroup CG1, CG2;
  Checkbox C11, C12, C13, C21, C22, C23;
  Formular(){                                              //Konstruktor
      this.setTitle("Java für IT-Berufe"); this.setSize(350,200);
      this.setBackground(new Color(255,255,0));
      this.setLayout(new GridLayout(3,3));                 //3 Zeilen, 3 Spalten
      CG1=new CheckboxGroup(); CG2=new CheckboxGroup();
      C11=new Checkbox("links oben",CG1,false);
      C12=new Checkbox("links mitte",CG1,true);   //Startmarkierung gesetzt
      C13=new Checkbox("links unten",CG1,false);
      C21=new Checkbox("rechts oben",CG2,false);
      C22=new Checkbox("rechts mitte",CG2,false);
      C23=new Checkbox("rechts unten",CG2,true);  //Startmarkierung gesetzt
      C11.setBackground(new Color(0,255,0));                //Farbfestlegungen
      C12.setBackground(new Color(0,245,0));
      C13.setBackground(new Color(0,235,0));
      C21.setBackground(new Color(0,225,0));
      C22.setBackground(new Color(0,215,0));
      C23.setBackground(new Color(0,205,0));
      this.add(C11); this.add(new Label(" "));this.add(C21);
      this.add(C12); this.add(new Label(" "));this.add(C22);
      this.add(C13); this.add(new Label(" "));this.add(C23);
      this.setVisible(true);
      class WinAppKlasse extends WindowAdapter{
          public void windowClosing(WindowEvent e){System.exit(0);};
          }
      this.addWindowListener(new WinAppKlasse());
      }                                             //Ende des Konstruktors
  }                                             //Ende der Klasse Formular
```

```
public class Bsp22_01{
public static void main(String args[]){              // Methode main
    Formular F1=new Formular();       //Erzeugung des visuellen Objekts
    }
}
```

22.1.2   Reaktionen auf Nutzerklick

Schaltet der Nutzer in der linken Gruppe auf einen Radiobutton um, soll der entsprechende Radiobutton der rechten Gruppe automatisch auch die Markierung erhalten – und umgekehrt.

Da es sich bei den sechs Radiobuttons in Wirklichkeit um *gruppierte Checkboxen* handelt, können wir uns auf den Abschnitt 21.4 auf Seite 314 beziehen und dort entnehmen, dass wir an alle sechs Objekte C11 bis C23 je einen ItemListener ankoppeln müssen.

Also sind sechs Klassen ItListKlasse11 bis ItListKlasse23 zu implementieren und sechsmal muss der *Prototyp* void itemStateChanged(ItemEvent e); als *Methode* konkretisiert werden, anfangs zum Beispiel als *leere Methode*:

```
class ItListKlasse11 implements ItemListener{
    public void itemStateChanged(ItemEvent e){};
    }
C11.addItemListener(new ItListKlasse11());


       .    .    .    .    .


class ItListKlasse23 implements ItemListener{
    public void itemStateChanged(ItemEvent e){};
    }
C23.addItemListener(new ItListKlasse23());
```

Die beiden Methoden, die den Belegungs-Zustand einer Checkbox liefern und verändern (setzen), sind ebenfalls von Seite 317 bekannt: Sie heißen getState und setState. Damit können wir die itemStateChanged-Methoden schnell programmieren (der komplette Quelltext befindet sich im Download in der Datei Bsp22_02.java):

```
class ItListKlasse11 implements ItemListener{
    public void itemStateChanged(ItemEvent e){
        C21.setState(C11.getState());
        };
    }
C11.addItemListener(new ItListKlasse11());
```

```
        .    .    .    .    .

class ItListKlasse23 implements ItemListener{
    public void itemStateChanged(ItemEvent e){
        C13.setState(C23.getState());
    };
}
C23.addItemListener(new ItListKlasse23());
```

22.1.3   Eine kleine Anwendungsaufgabe

Auf einer Benutzeroberfläche befinden sich oben links und rechts einer waagerechten Scrollbar zwei Radiobuttons einer Gruppe mit den Beschriftungen *nach links* und *nach rechts*. Anfangs soll der linke Radiobutton die Markierung tragen (Bild 22.2). Unten in der Mitte ein Button mit der Beschriftung *Bewege.*

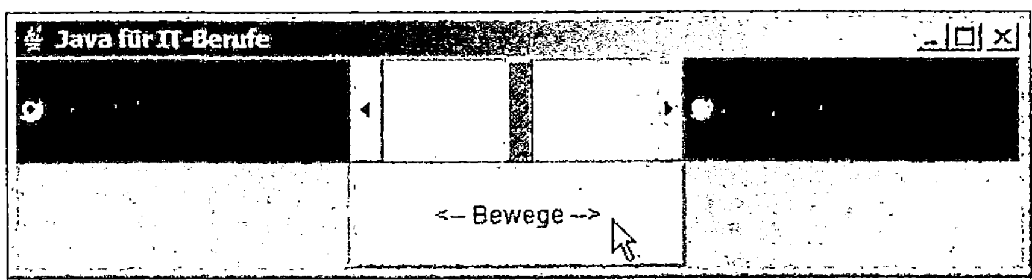

Bild 22.2: Benutzeroberfläche zur Aufgabe

Die Scrollbar besitze das Minimum 1 und das Maximum 10, der Startwert des Reglers sei 5, in der Mitte positioniert.

Beim *Klick auf den Button* soll sich der Regler der Scrollbar um eine Einheit bewegen, und zwar in die Richtung, die durch die gesetzte Markierung aktuell angegeben ist. Wählt der Nutzer den anderen Radiobutton aus, soll danach bei *Klick auf den Button* die Bewegungsrichtung wechseln.

Wir haben vier visuelle Objekte (zwei Radiobuttons, Scrollbar, Button), und der schwierigste Teil der Aufgabe besteht darin, sich zu überlegen, an welches dieser Objekte ein passender Lauscher angekoppelt werden muss. An alle?

Nein. *Nur an den Button* muss ein Lauscher angehängt werden, um die Aufgabe zu lösen. Denn nur bei dieser Bedienhandlung des Nutzers soll eine automatische Reaktion erfolgen.

Die Herstellung der Benutzeroberfläche ist eine Fleißarbeit, und lediglich die Programmierung der Methode `actionPerformed` in der implementierten Klasse, die hier `ActListKlasse` heißt, erfordert gewisses Nachdenken.

Die weiteren Einzelheiten können dem kompletten Quelltext entnommen werden, der sich auch in der Download-Datei `Bsp22_03.java` befindet:

```java
import java.awt.*; import java.awt.event.*;
class Formular extends Frame{
  CheckboxGroup CG;Checkbox C1, C2; Button B; Scrollbar S;
  Formular(){                                             //Konstruktor
      this.setTitle("Java für IT-Berufe"); this.setSize(350,200);
      this.setBackground(new Color(255,255,0));
      this.setLayout(new GridLayout(2,3));           //2 Zeilen, 3 Spalten
      CG=new CheckboxGroup();
      C1=new Checkbox("nach links",CG,true);
      C2=new Checkbox("nach rechts",CG,false);
      C1.setBackground(new Color(0,235,0));
      C2.setBackground(new Color(0,235,0));
      B=new Button("<-- Bewege -->");
      S=new Scrollbar(Scrollbar.HORIZONTAL,5,1,1,10);
      this.add(C1); this.add(S);this.add(C2);
      this.add(new Label(" "));this.add(B);this.add(new Label(" "));
      this.setVisible(true);

      class ActListKlasse implements ActionListener{
          public void actionPerformed(ActionEvent e){
              if (C1.getState()==true)
                  S.setValue(S.getValue()-1);
              else
                  S.setValue(S.getValue()+1);
          };
      }

      B.addActionListener(new ActListKlasse());

      class WinAppKlasse extends WindowAdapter{
          public void windowClosing(WindowEvent e){System.exit(0);};
      }
      this.addWindowListener(new WinAppKlasse());
  }                                            //Ende des Konstruktors
}                                              //Ende der Klasse Formular
public class Bsp22_03{
    public static void main(String args[]){            // Methode main
        Formular F1=new Formular();     //Erzeugung des visuellen Objekts
    }
}
```

 *Übung 22.1:* Übernehmen Sie den Java-Quelltext des Beispiels 22_1.

Geben Sie ihn ein und speichern Sie ihn unter dem Namen Uebg22_1.java. Oder öffnen Sie die Datei gleichen Namens im Download-Ordner WGMKap22.

Ergänzen Sie den *Inhalt der Methode* actionperformed so, dass nach erfolgter Bewegung des Reglers geprüft wird, ob der Regler den *linken oder rechten Rand* erreicht hat. Wenn ja, soll automatisch die Richtungs-Festlegung durch die Radiobuttons verändert werden, so dass nun bei wiederholtem Klick auf den Button der Regler endlos hin- und her wandern kann.

Die Lösung finden Sie auf Seite 381.

22.2 Listen

22.2.1 Herstellung von Listen

Mit den *Listen* lernen wir das letzte der sieben wichtigsten Bedienelemente kennen, mit dessen Hilfe sich viele Benutzeroberflächen herstellen lassen.

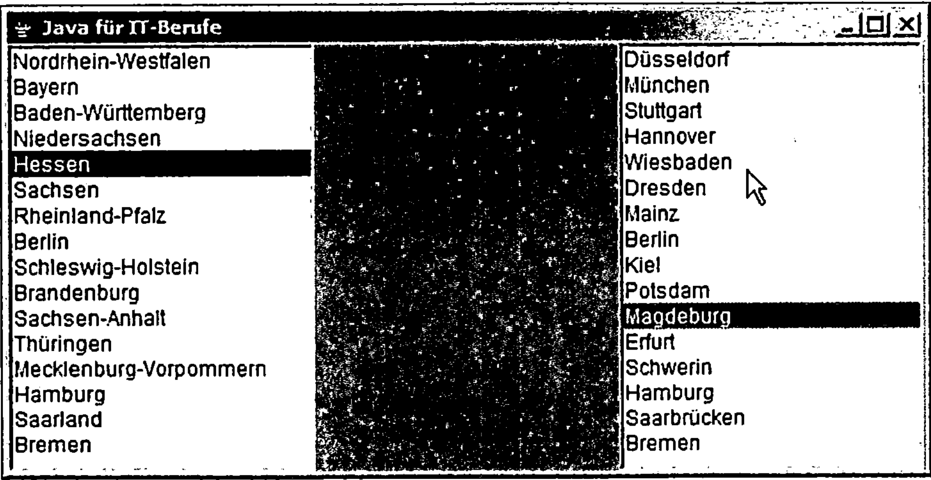

Bild 22.3: Zwei Listen mit Bundesländern und Hauptstädten

Zur Herstellung von Listen wird die visuelle Klasse List aus dem Paket java.awt verwendet. Jede Liste ist der sichtbare Teil eines visuellen List-Objekts.

Die Einzelheiten der Herstellung einer Benutzeroberfläche mit Listen (im Bild 22.3 sind es die zwei Listen mit Bundesländern und Landeshauptstädten) ergeben sich aus dem folgenden Java-Quelltext (im Download: Bsp22_04.java):

```java
import java.awt.*; import java.awt.event.*;
class Formular extends Frame{
  List L1,L2;
  Formular(){                                        //Konstruktor
     this.setTitle("Java für IT-Berufe"); this.setSize(500,280);
     this.setBackground(new Color(255,255,0));
     this.setLayout(new GridLayout(1,3));            //1 Zeilen, 3 Spalten


     L1=new List(16,false);
        L1.add("Nordrhein-Westfalen");

        . . . . . . . .

        L1.add("Bremen");
     L2=new List(16,false);
        L2.add("Düsseldorf");

        . . . . . . . ..

        L2.add("Bremen");
     this.add(L1); this.add(new Label(" "));this.add(L2);
     this.setVisible(true);


     class WinAppKlasse extends WindowAdapter{
        public void windowClosing(WindowEvent e){System.exit(0);};
        }
     this.addWindowListener(new WinAppKlasse());
     }                                              //Ende des Konstruktors
}                                                   //Ende der Klasse Formular
public class Bsp22_04{
public static void main(String args[]){                // Methode main
   Formular F1=new Formular();      //Erzeugung des visuellen Objekts
   }
}
```

Zu erklären ist nur noch, dass in der new-Anweisung L1=new List(16,false);
zur Erzeugung der Liste die *ganze Zahl an der ersten Position* angibt, wieviele
Zeilen *angezeigt* werden sollen.

Der Wahrheitswert false legt fest, dass es *keine Mehrfachmarkierungen* in der
Liste geben darf (mit true wäre das möglich).

22.2.2 Reaktionen auf Nutzerauswahl in einer Liste

Wählt der Nutzer in der linken Liste ein Bundesland aus, soll sich die Markierung in der rechten Liste automatisch auf die zugehörige Hauptstadt (in derselben Zeile) einstellen. Wird andererseits eine Landeshauptstadt ausgewählt, soll links die Markierung automatisch auf das entsprechende Bundesland springen.

Wir müssen zur Lösung dieser Aufgabe sowohl an das List-Objekt L1 als auch an das List-Objekt L2 jeweils den passenden Lauscher ankoppeln.

Es war früher (siehe Seite 316) schon die Rede davon, dass das englische Wort item für die beiden deutschen Vokabeln *Zeile* und *Eintrag* steht. Also suchen wir in der Dokumentation der Klasse List im Paket java.awt nach der Ankopplungs-Methode addItemListener; sie ist schnell zu finden und verlangt ein ItemListener-Objekt. ItemListener ist ein Interface, also müssen wir wieder zwei eigene Klassen *implementieren* und die *Prototypen konkretisieren*:

```
class ItListKlasse1 implements ItemListener{
    public void itemStateChanged(ItemEvent e){};
}
L1.addItemListener(new ItListKlasse1());
class ItListKlasse2 implements ItemListener{
    public void itemStateChanged(ItemEvent e){};
}
L2.addItemListener(new ItListKlasse2());
```

Um unsere Aufgabe zum Gleichlauf der Markierungen lösen zu können, müssen wir zuerst lernen, dass item die *Zeile* selbst darstellt, wogegen mit index die Position der Markierung gemeint ist.

Also liefert die Methode getSelectedIndex die Position, an die der Nutzer die Markierung gerade gesetzt hat.

Leider heißt die zugehörige aktive Methode, die eine Markierung *setzt, nicht* setSelectedIndex, sondern select:

int	`getSelectedIndex()` Gets the index of the selected item on the list.
void	`select(int index)` Selects the item at the specified index in the scrolling list.

Damit lassen sich die Inhalte der beiden itemStateChanged-Methoden angeben; der vollständige Java-Quelltext befindet sich in der Datei Bsp22_05.java:

```java
class ItListKlasse1 implements ItemListener{
    public void itemStateChanged(ItemEvent e){
        L2.select(L1.getSelectedIndex());
    };
}
L1.addItemListener(new ItListKlasse1());


class ItListKlasse2 implements ItemListener{
    public void itemStateChanged(ItemEvent e){
        L1.select(L2.getSelectedIndex());
    };
}
L2.addItemListener(new ItListKlasse2());
```

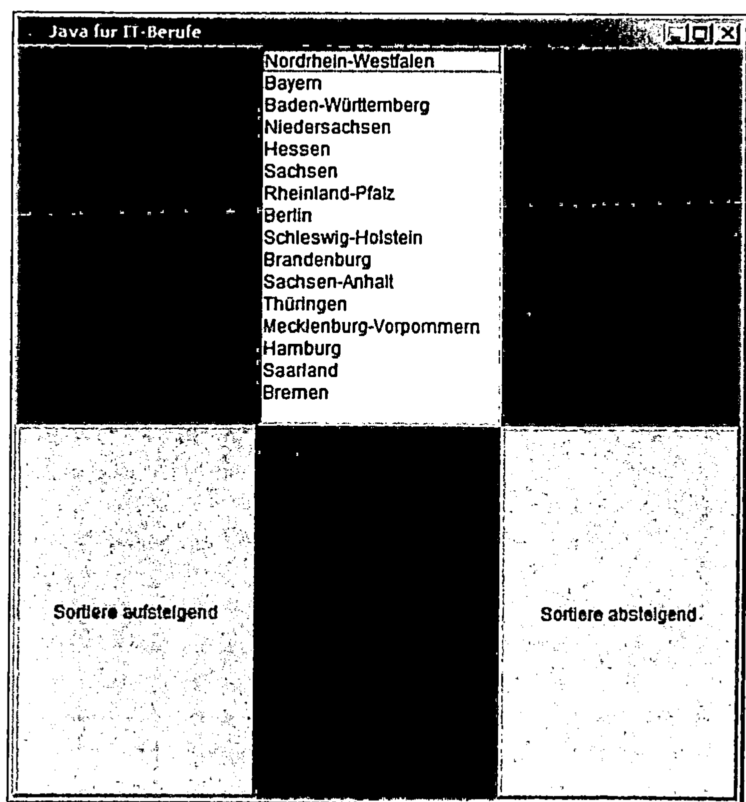

Bild 22.4: Liste mit Sortier-Buttons

22.2.3 Beispiele für Arbeit mit Listen: Sortierung

Die Sortierung einer Liste ist ein schönes Beispiel dafür, wie die vielen Begriffe und Methoden aus den Kapiteln der klassischen Programmierung nützliche Anwendung finden können. In der Mitte steht die Liste der Bundesländer, darunter zwei Buttons mit den Aufschriften *Sortiere aufsteigend* und *Sortiere absteigend* (Bild 22.4).

Die *Herstellung der Benutzeroberfläche* dürfte kein Problem darstellen, doch von besonderem Interesse ist die Klasse ActListKlasse1, die aus dem Interface ActionListener abgeleitet und deren Objekt an den Button B1 angekoppelt wird:

```
class ActListKlasse1 implements ActionListener{
    public void actionPerformed(ActionEvent e){
```

Zuerst wird ein String-Feld mit dem Namen zeile vereinbart, und für 16 Elemente wird damit der *Index-Laufbereich* von Null bis 15 festgelegt:

```
String[] zeile; zeile=new String[16];
```

Dann werden in einer Zählschleife mit Hilfe der List-Methode getItem nacheinander alle 16 Zeilen der Liste L1 in die Elemente zeile[0] bis zeile[15] des String-Feldes zeile kopiert.

```
for(int i=0;i<=15;i++) zeile[i]=L1.getItem(i);
```

Die statische void-Methode sort aus der Klasse Arrays des Paketes java.util sortiert uns sofort das String-Feld zeile (siehe Seite 236 im Abschnitt 16.7.4):

```
java.util.Arrays.sort(zeile);
```

Dabei haben wir darauf verzichtet, nur für diese Methode sort aus der Klasse Arrays gleich alle Klassen aus java.util zu importieren – vorgesetzter Paket- und Klassen-Namen reichen hier aus.

Nun müssen wir mit einer weiteren *Zählschleife* dafür zu sorgen, dass der inzwischen sortierte Inhalt des Feldes zeile mit Hilfe der List-Methode replaceItem nacheinander in die erste bis sechzehnte Zeile der Liste L1 (Index Null bis 15) rücktransportiert wird:

```
for(int i=0;i<=15;i++) L1.replaceItem(zeile[i],i);
        };
    }
B1.addActionListener(new ActListKlasse1());
```

Der Inhalt der zweiten actionPerformed-Methode für den anderen Button ist mit Ausnahme einer Änderung in der zweiten Zählschleife identisch:

```
class ActListKlasse2 implements ActionListener{
    public void actionPerformed(ActionEvent e){
```

```
String[] zeile; zeile=new String[16];
for(int i=0;i<=15;i++)zeile[i]=L1.getItem(i);
java.util.Arrays.sort(zeile);
for(int i=0;i<=15;i++)L1.replaceItem(zeile[15-i],i);
};
}
B2.addActionListener(new ActListKlasse2());
```

Die benötigten List-Methoden werden im übernächsten Abschnitt noch einmal zusammengestellt. Merken sollten wir uns aber eine wichtige Sache:

In Java-Listen beginnt die Zählung immer mit Null, d. h. die *erste Zeile* trägt den Index *Null*, die *letzte Zeile* den Index *Zeilenzahl minus 1*.

ÜBUNG *Übung 22.2:* Übernehmen Sie den Java-Quelltext des Beispiels 22_1.

Geben Sie ihn ein und speichern Sie ihn unter dem Namen Uebg22_2.java. Oder öffnen Sie die Datei gleichen Namens im Download-Ordner WGMKap22.

Verändern Sie den Quelltext zuerst so, dass die in Bild 22.4 vorgegebene Benutzeroberfläche hergestellt wird. Testen Sie. Ergänzen Sie die beiden Klassen ActListKlasse1 und ActListKlasse2 und die Ankopplung von ActionListener an die beiden Buttons. Testen Sie.

ÜBUNG

Die Lösung finden Sie auf Seite 381.

22.2.4 Summen über Zahlenlisten

Bild 22.5 zeigt das Layout der Benutzeroberfläche. Die Liste der Bundesländer wird ergänzt durch die Liste der Einwohnerzahlen (in Tausend, Stand 2002). Beim *Klick auf den Button* soll in dem Label rechts daneben die *Gesamt-Bevölkerungszahl* ausgegeben werden.

Es soll also die *Menge der Ziffernfolgen*, die in der rechten Liste steht, jeweils als *Zahl* interpretiert und summiert werden.

Betrachten wir nur den interessanten Teil des Java-Programms, der Rest ist im Download als Bsp22_06.java verfügbar.

```
class ActListKlasse implements ActionListener{
    public void actionPerformed(ActionEvent e){
        long sum; sum=0;
        for(int i=0;i<=15;i++) sum=sum + Long.parseLong(L2.getItem(i));
        L.setText(String.valueOf(sum));
    };
}
B.addActionListener(new ActListKlasse());
```

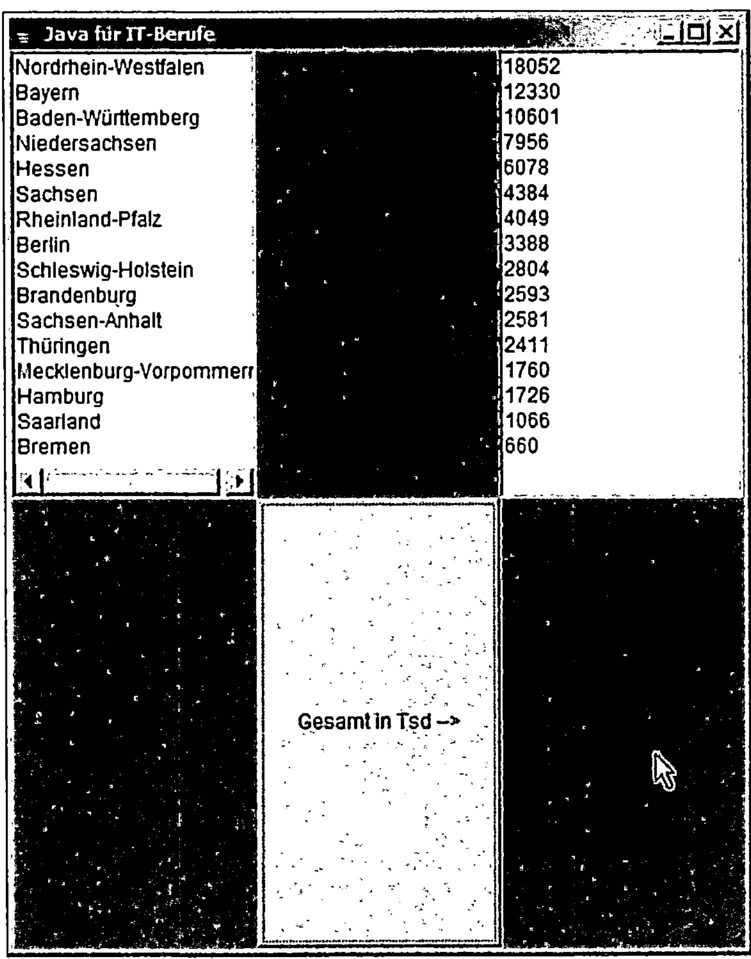

Bild 22.5: Bundesländer und Einwohnerzahlen

Auch hier kommen wieder Begriffe und Methoden aus früher betrachteten Klassen zur Anwendung:

Wir benutzten die statische Methode parseLong der Klasse Long des Pakets java.lang, die eine Ziffernfolge zu einer long-Zahl macht.

Außerdem benutzten wir eine der vielen valueOf-Methoden aus der Klasse String, ebenfalls statisch, die umgekehrt eine Zahl in einer Zeichenfolge umwandelt.

Ohne diese Methoden wäre die Aufgabe nicht lösbar.

22.2.5 Wichtige `List`-Methoden

Zum Abschluss dieses Kapitels wollen wir noch einmal die wichtigsten Methoden der visuellen Klasse `List` des Paketes `java.awt` zusammenstellen:

Mit Hilfe der Methode `add` wird eine Zeilen unten an die Liste angefügt:

```
int   add(String item)
      Adds the specified item to the end of scrolling list.
```

Die Methode `getItem` liefert die angegebene Zeile (Zählung ab Null beachten):

```
String   getItem(int index)
         Gets the item associated with the specified index.
```

`getItemCount` teilt mit, wieviele Zeilen sich in der Liste befinden:

```
int   getItemCount()
      Gets the number of items in the list.
```

`getItems` transportiert alle Zeilen in das angegebene `String`-Feld (damit hätten wir uns im Kapitel 22.2.3 die erste Zählschleife ersparen können):

```
String[]   getItems()
           Gets the items in the list.
```

`getSelectedIndex` teilt mit, auf welchem Index sich die Markierung aktuell befindet. Ist nichts markiert, dann wird -1 ausgegeben. Damit kann man z. B. testen, ob ein Nutzer überhaupt eine Wahl getroffen hat:

```
int   getSelectedIndex()
      Gets the index of the selected item on the list,
```

Mit der Methode `getSelectedItem` kann man die aktuell markierte Zeile holen:

```
String   getSelectedItem()
         Gets the selected item on this scrolling list.
```

Die `remove`-Methode entfernt die Zeile an der angegebenen Position (Zählung ab Null beachten):

```
void   remove(int position)
       Removes the item at the specified position from this
       scrolling list.
```

Wird der Platzhalter der remove-Methode durch ein String-Objekt oder eine konkrete Zeichenfolge ersetzt, dann entfernt die Methode die erste Zeile, die dieser Zeichenfolge gleicht:

```
void   remove(String item)
       Removes the first occurrence of an item from the list.
```

Alles wird gelöscht – die Liste wird geleert:

```
void   removeAll()
       Removes all items from this list.
```

Mit replaceItem wird die angegebene Zeile neu beschriftet:

```
void   replaceItem(String newValue, int index)
                   Replaces the item at the specified index in
       the scrolling list with the new string.
```

select setzt die Markierung. select(-1) löscht die Markierung:

```
void   select(int index)
                   Selects the item at the specified index in
       the scrolling list.
```

23 Sichere Programme

 Alle Java-Quelltexte der Beispiele, Übungsaufgaben und Lösungen dieses Kapitels können von `http://www.w-g-m.de/java.htm` durch Anklicken von | `Dateien für Kapitel 23` | heruntergeladen werden. Das weitere Vorgehen erfolgt so, wie auf Seite 55 geschildert. Die Bildschirm-Abzüge basieren alle auf JOE – auch in diesem Kapitel werden alle Beispiele damit behandelt.

23.1 Bedienelemente aktivieren und deaktivieren

Wir alle kennen es von Windows: Es ist nicht immer sinnvoll, dass der Nutzer alle Steuerelemente, die sich auf einer Benutzeroberfläche befinden, auch jederzeit bedienen kann.

Ein Beispiel: Auf einem Formular befinden sich ein anfangs leeres Textfenster, ein Button mit der Beschriftung *Übernehmen* und ein anfangs ebenfalls unbeschriftetes Label (Bild 23.1). Bei *Klick auf den Button* soll der Inhalt des Textfensters als Beschriftung des Labels erscheinen.

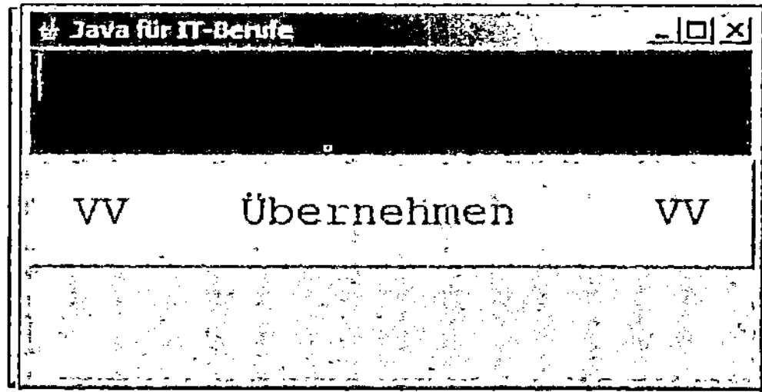

Bild 23.1: Benutzeroberfläche

Das zugehörige Java-Programm (im Download: `Bsp23_01.java`) bietet erst einmal nichts Neues, an das Button-Objekt mit dem Namen B wird der übliche Lauscher `ActionListener` angekoppelt, und innerhalb von `actionPerformed` wird unter Verwendung der beiden Methoden `getText` und `setText` die Übernahme von dem oberen Textfenster T in das untere Label L veranlasst:

```
class ActListKlasse implements ActionListener{
    public void actionPerformed(ActionEvent e){
        L.setText(T.getText());
    };
}
B.addActionListener(new ActListKlasse());
```

Offensichtlich ist die Bedienung des Buttons nur dann sinnvoll, wenn das Textfenster einen *echten Inhalt* hat. Was tun? Sollten wir deshalb auf den Button schreiben lassen: „*Lieber Nutzer, klicke nur drauf, wenn oben etwas steht*"?

Wer wird so etwas ernst nehmen? Das wird genauso sein wie mit einem *Frisch-Gestrichen*-Schild auf einer Parkbank, natürlich wird trotzdem probiert...

Nein, wir wollen kennen lernen, wie man als Programmierer dafür sorgen kann, dass *der Nutzer bei leerem Textfenster den Button überhaupt nicht bedienen* kann.

Dazu gibt es zwei Möglichkeiten: Der Button wird *unsichtbar* gemacht, solange das Textfenster leer ist, oder er wird *inaktiv* geschaltet.

Wird der Button *deaktiviert* (inaktiv geschaltet), dann bleibt er zwar sichtbar, kann aber keinen Klick entgegen nehmen (Bild 23.2).

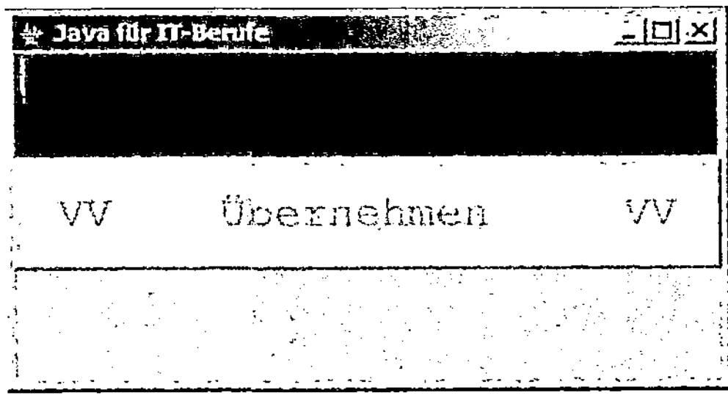

Bild 23.2: Button ist deaktiviert (inaktiv)

Die englische Vokabel für *aktiv sein* heißt enabled. Suchen wir also für die *Aktivierung oder Deaktivierung* eines Buttons in der Dokumentation der visuellen Methode Button der Klasse java.awt nach einer Methode mit dem Namen setEnabled. Dort ist sie nicht zu finden – aber schon in der übergeordneten Klasse Component haben wir Erfolg:

void	setEnabled(boolean b) Enables or disables this component, depending on the value of the parameter b.

Die Methode *liefert nichts*, also wird sie *aufgerufen*. Die Methode ist *nicht statisch*, also benötigt sie vor dem Punkt den *Namen* des visuellen Objektes, das sie aktivieren oder deaktivieren soll. Die Methode *benötigt etwas* – entweder einen boolean-Speicherplatz oder einen der beiden logischen Werte true oder false. Bild 23.2 ist einfach durch Hinzunahme von

```
B.setEnabled(false);
```

entstanden.

So, nun können wir überlegen, *wovon* es abhängt, ob der Button aktiviert oder deaktiviert werden muss.

Anfangs, bei *leerem Textfenster*, muss der Button *deaktiviert* sein.

Wann aber soll sich die Bedienbarkeit des Buttons automatisch ändern? Das hängt davon ab, ob der Nutzer *im Textfenster ändert*. Ändert er, indem er dort etwas *einträgt*, dann soll der Button automatisch *aktiv* werden. Ändert der Nutzer aber, indem er den Inhalt des Textfensters *löscht*, dann soll der Button wieder *inaktiv* werden.

Wir müssen also *zusätzlich* das Textfenster T mit dem *Text-Lauscher* TextListener verbinden, dabei eine eigene Klasse TxListKlasse aus dem Interface TextListener (im Paket java.awt.event) implementieren und den Prototyp void textValueChanged(TextEvent e); durch eine öffentliche Methode konkretisieren:

```
class TxListKlasse implements TextListener{
    public void textValueChanged(TextEvent e){


    };
}
T.addTextListener(new TxListKlasse());
```

Das waren die üblichen Vorbereitungen mit leerer konkreter Methode. Nun überlegen wir uns den *Inhalt* der Methode textValueChanged: Ist das Textfenster leer (d. h. enthält es den leeren String "") ist der Button zu deaktivieren, *andernfalls* zu aktivieren. Die Vokabel *andernfalls* weist darauf hin – hier ist eine *Alternative* zu programmieren.

Der Vergleich des Inhalts des Textfensters mit dem leeren String muss, wie in Abschnitt 17.3.1 auf Seite 248 beschrieben, mit der equals-Methode aus der Klasse String des Paketes java.lang erfolgen:

```
public void textValueChanged(TextEvent e){
    if(T.getText().equals("")==true)          ·
        B.setEnabled(false);
    else
        B.setEnabled(true);
};
```

Das komplette Programm findet sich im Download in der Datei Bsp23_02.java.

ÜBUNG *Übung 23.1:* Übernehmen Sie den Java-Quelltext des Beispiels 23_2.

Geben Sie ihn ein und speichern Sie ihn unter dem Namen Uebg23_1.java. Oder öffnen Sie die Datei gleichen Namens im Download-Ordner WGMKap22.

Ergänzen Sie unter dem ersten Textfenster ein weiteres Textfenster.

Sorgen Sie dafür, dass bei Klick auf den Button die beiden Textfenster-Inhalte, mit einem Bindestrich verbunden, im unteren Label zusammen ausgegeben werden. Testen Sie.

Koppeln Sie an *beide Textfenster* jeweils einen Text-Lauscher so an, dass der Button nur aktiviert ist, wenn beide Textfenster einen echten Inhalt haben. Erinnern Sie sich (siehe Seite 101) daran, dass die *und-Verknüpfung zweier Tests* mit && bzw. die *oder-Verknüpfung zweier Tests* mit || erfolgen muss. Testen Sie.

Die Lösung finden Sie auf Seite 381.

ÜBUNG

23.2 Falsche Tasten wegfangen

23.2.1 Nur Zifferntasten zulassen

Betrachten wir eine andere Situation: Auf einer Benutzeroberfläche befindet sich ein Textfenster. Allerdings gibt es eine Bedingung – in dieses Textfenster darf der Nutzer *nur Ziffern* eintragen, weil unser Java-Programm aus dem Inhalt des Textfensters später mit Hilfe der statischen parseLong-Methode (aus der Klasse Long des Paketes java.lang) ein *ganze Zahl* machen soll, die dann später, inhaltlich bedeutsam, weiter verarbeitet werden soll. Jede Fehleingabe des Nutzers wird zu einem Programmabsturz führen, so schlimm soll die Situation sein.

Was sollten wir tun? Wird ein davor eingefügtes Label mit der Aufforderung aus Bild 23.3 das Problem lösen?

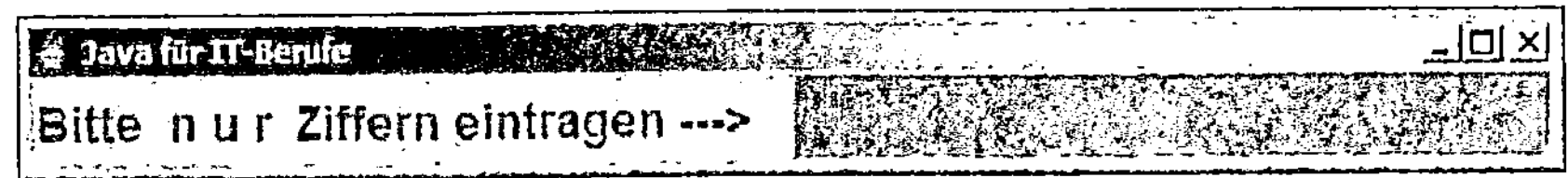

Bild 23.3: Vergebliche Aufforderung

Eine Illusion. Ein schöner Traum: Wer soll denn einen Nutzer zwingen, sich an diese Aufforderung zu halten? Da gibt es den *unkonzentrierten Nutzer*, der sich vertippt, den Buchstaben O anstelle der Null eingibt. Da gibt es den *oberflächlichen Nutzer*, der sich überhaupt nicht durchliest, was alles auf dem Bildschirm steht. Und da gibt es den *neugierig ausprobierenden Nutzer*, der einfach nur sehen will, was passiert, wenn er anstelle einer Ziffernfolge seinen Namen eintippt. Und nicht zu vergessen – da gibt es vielleicht auch den *bösartigen Nutzer*, der seine helle Freude daran findet, wenn er Programme zum Absturz bringt. Also – so geht es nicht.

Es geht viel besser. Wir können nämlich in unserem Java-Programm dafür sorgen, dass *unerlaubte Tastendrucke ohne Wirkung* bleiben. Wir können also, wie die Überschrift behauptet, *falsche Tasten wegfangen* lassen.

Beginnen wir mit der Suche nach einem passenden *Lauscher* für unser Textfenster. Wir erinnern uns – alle *Lauscher* (englisch listener) befinden sich im Paket java.awt.event, sie sind dort enthalten in Form von interface's.

Bild 23.4 zeigt uns den für uns interessanten Ausschnitt aus der Dokumentation des Paketes java.awt.event.

<u>Overview</u> Package Class <u>Use</u> <u>Tree</u> <u>Deprecated</u> <u>Index</u> <u>Help</u>
PREV PACKAGE NEXT PACKAGE   FRAMES   NO FRAMES   All Classes

Package java.awt.event

Provides interfaces and classes for dealing with different types of events fired by AWT components.

See:
    <u>Description</u>

Interface Summary

<u>ActionListener</u>	The listener interface for receiving action events.
<u>AdjustmentListener</u>	The listener interface for receiving adjustment events.
<u>AWTEventListener</u>	The listener interface for receiving notification of events dispatched to objects
<u>ComponentListener</u>	The listener interface for receiving component events.
<u>ContainerListener</u>	The listener interface for receiving container events.
<u>FocusListener</u>	The listener interface for receiving keyboard focus events on a component.
<u>HierarchyBoundsListener</u>	The listener interface for receiving ancestor moved and resized events.
<u>HierarchyListener</u>	The listener interface for receiving hierarchy changed events.
<u>InputMethodListener</u>	The listener interface for receiving input method events.
<u>ItemListener</u>	The listener interface for receiving item events.
<u>KeyListener</u>	The listener interface for receiving keyboard events (keystrokes).
<u>MouseListener</u>	The listener interface for receiving "interesting" mouse events (press, release,

Bild 23.4: Auszug der Dokumentation des Pakets java.awt.event

Der Mauszeiger lenkt unseren Blick an die richtige Stelle: Wir finden einen KeyListener, und weil das englische Wort Key hier für *Taste* benutzt wird (denken wir nur an Keyboard), haben wir tatsächlich den *Tasten-Lauscher* gefunden. Beginnen wir – verbinden wir unser Textfenster T mit Hilfe der Ankopplungs-Methode addKeyListener mit diesem Lauscher. Und weil KeyListener ein Interface ist, müssen wir wie üblich daraus eine eigene Klasse *implementieren*. Nennen wir sie KeyListKlasse:

```
class KeyListKlasse implements KeyListener{

    }
T.addKeyListener(new KeyListKlasse());
```

Dass wir eine *Fehlermeldung* vom Java-Compiler javac bekommen, ist zu erwarten. Warum? Was haben wir vergessen?

Die Regel aus Abschnitt 18.2.2 (Seite 266) lautet: Wird eine *Klasse* aus einem
Interface implementiert, müssen *alle Prototypen* des Interface durch *eigene Methoden* konkretisiert werden. Alle. Kein Prototyp darf fehlen.

Sehen wir uns daraufhin die Dokumentation des Interface KeyListener an:

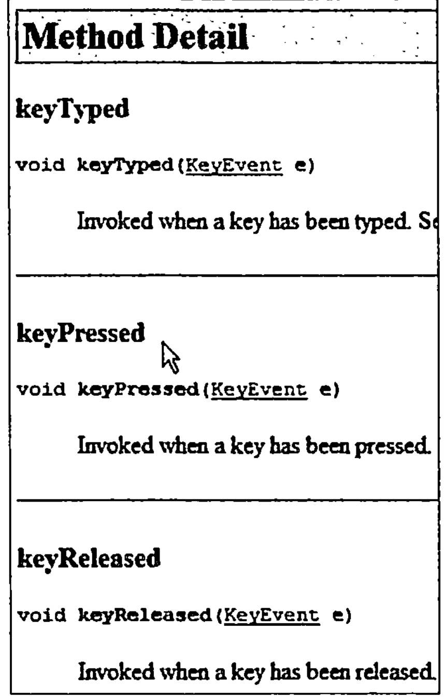

Bild 23.5: Interface KeyListener *besitzt drei Prototypen*

Hier gibt es also drei Prototypen. Konkretisieren wir alle drei durch öffentliche,
aber vorerst *leere Methoden*:

```
class KeyListKlasse implements KeyListener{
    public void keyTyped(KeyEvent e){};
    public void keyPressed(KeyEvent e){};
    public void keyReleased(KeyEvent e){};
}
T.addKeyListener(new KeyListKlasse());
```

Nun ist der Compiler einverstanden, er meldet keine Fehler mehr.

Wir können uns der weiteren Lösung unserer Aufgabe widmen. Welcher der
drei konkretisierten Methoden müssen wir einen Inhalt geben?

keyTyped heißt *Taste gedrückt und wieder losgelassen* – keyPressed heißt *Taste gedrückt*, keyReleased heißt *Taste losgelassen.*

Der Mauszeiger in der Abbildung weist darauf hin – die mittlere Methode key-Pressed muss mit einem Inhalt versehen werden.

Sehen wir uns deren Dokumentation an:

void	keyPressed(KeyEvent e) Invoked when a key has been pressed.

Die Methode arbeitet mit einem Platzhalter des Typs KeyEvent, dieser Platzhalter trägt den Namen e.

Die Typbezeichnung KeyEvent beginnt mit einem Großbuchstaben, also handelt es sich um ein *Interface* oder um eine *abstrakte Klasse* oder eine *nicht-abstrakte Klasse*. Bild 23.6 informiert, dass Letzteres zutrifft:

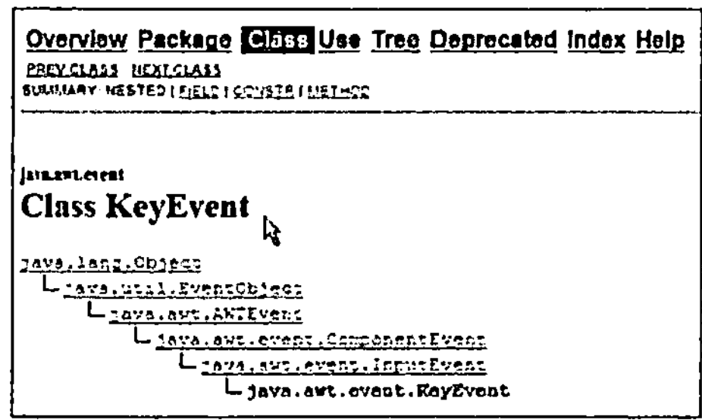

Bild 23.6: Klasse KeyEvent *im Paket* java.awt.event

Ein KeyEvent-Objekt verwaltet in seinem Datenkern das Ergebnis des augenblicklichen Tastatur-Ereignisses.

Unter den Methoden dieser Klasse finden sich die beiden Methoden, die für uns von Interesse sind:

int	getKeyCode() Returns the integer keyCode associated with the key In this event.
void	setKeyCode(int keyCode) Set the keyCode value to indicate a physical key.

Mit der ersten Methode getKeyCode lassen wir uns informieren, welchen ASCII-Wert die gerade gedrückte Taste hat. Mit setKeyCode verändern wir, falls nötig:

```java
public void keyPressed(KeyEvent e){
    if((e.getKeyCode()<48)||(e.getKeyCode()>57))e.setKeyCode(32);
};
```

Wir greifen auf den Datenkern des KeyEvent-Objekt-Platzhalters e zu und fragen, ob sich der ASCII-Wert der gedrückten Taste außerhalb des Ziffernbereiches von 48 bis 57 (siehe ASCII-Tabelle auf Seite 144) befindet.

Wenn ja, verändern wir den Tasten-Code auf 32, das ist der ASCII-Wert der Leertaste. Nun kann der Nutzer drücken, was er will, doch *nur die Ziffern* werden angenommen, alle *anderen Tasten* erzeugen einen Zwischenraum (Bild 23.7):

Bild 23.7: Falsche Tasten erzeugen einen Zwischenraum

Sind wir nun zufrieden? Am besten wäre es doch, wenn bei falschem Tastendruck *überhaupt nichts* eingetragen würde. Dafür bietet sich aber die *Escape-Taste* Esc geradezu an: Sie besitzt den ASCII-Wert 27.

Sehen wir uns das Programm übersichtlich mit seinem gesamten Java-Quelltext an (im Download: Bsp23_03.java)

```
class Formular extends Frame{
  TextField T; Label L;
  Formular(){                                      //Konstruktor
        this.setTitle("Java für IT-Berufe"); this.setSize(600,100);
        this.setBackground(new Color(255,255,0));
        this.setLayout(new GridLayout(1,2));          //1 Zeilen, 2 Spalten
        L=new Label("Bitte  n u r  Ziffern eintragen --->");
        T=new TextField("");
        T.setFont(new Font("Courier",1,18));
        L.setFont(new Font("Courier",1,18));
        T.setBackground(new Color(200, 200,0));
        L.setBackground(new Color(255, 255,0));
        this.add(L); this.add(T);this.setVisible(true);

        class KeyListKlasse implements KeyListener{
            public void keyTyped(KeyEvent e){};
            public void keyPressed(KeyEvent e){
                if((e.getKeyCode()<48)||(e.getKeyCode()>57))e.setKeyCode(27);
                };
            public void keyReleased(KeyEvent e){};
        }
        T.addKeyListener(new KeyListKlasse());
```

```
class WinAppKlasse extends WindowAdapter{
    public void windowClosing(WindowEvent e){System.exit(0);};
    }
this.addWindowListener(new WinAppKlasse());
    }                                           //Ende des Konstruktors
}                                               //Ende der Klasse Formular
public class Bsp23_03{  .
public static void main(String args[]){             // Methode main
    Formular F1=new Formular();     //Erzeugung des visuellen Objekts
    }
}
```

Bleiben Wünsche offen? Natürlich, wie immer. Insbesondere ist es aufwändig und ärgerlich, dass wir uns mit *allen* Prototypen des Interface KeyListener herumschlagen müssen – warum können wir uns nicht nur mit der Methode beschäftigen, die uns interessiert?

Wieder sollten wir die Java-Klassenprogrammierer loben – sie haben diesen Wunsch vorausgesehen und für uns aus dem Interface KeyListener die abstrakte *Adapter-Klasse* KeyAdapter implementiert, in der sie alle Prototypen durch Methoden mit leerem Inhalt konkretisiert haben.

Damit vereinfacht sich für uns die Programmierung unserer Klasse KeyListKlasse: Sie braucht nun nicht mehr aus dem Interface KeyListener *implementiert* zu werden, sondern kann aus der abstrakten Klasse KeyAdapter *abgeleitet* werden, wobei wir nur die für uns interessante Methode überschreiben müssen:

```
class KeyListKlasse extends KeyAdapter{
    public void keyPressed(KeyEvent e){
        if((e.getKeyCode()<48)||(e.getKeyCode()>57))e.setKeyCode(27);
        };
    }
T.addKeyListener(new KeyListKlasse());
```

Im Download-Quelltext Bsp23_04.java ist das gesamte Programm mit dieser Klasse KeyListKlasse zusammengestellt.

23.2.2   Komma zu Punkt wandeln

Schwierig wird es im deutschen Sprachraum, wenn *Dezimalzahlen* zu erfassen sind. Denn hier sind wir gewöhnt, unser *Dezimalkomma* zu verwenden – aber die Programmiersprachen, auch Java, sind im englischen Sprachraum entstanden, und dort geht man vom *Dezimalpunkt* aus.

So ist auch die statische Methode parseDouble aus der Klasse Double des Paketes java.lang darauf eingerichtet, nur dann korrekt arbeiten zu können, wenn ihr eine Zeichenfolge übergeben wird, die *im englischen Sinne* zu einer double-Zahl gemacht werden kann: Sie darf *nur aus Ziffern und einem Dezimalpunkt* bestehen.

static double	parseDouble(String s)
	   Returns a new double initialized to the value
	   represented by the specified String, as performed
	   by the valueOf method of class Double.

Erhält diese Methode eine deutsche Dezimalzahl mit Dezimalkomma, produziert sie sofort eine vielzeilige Fehlermeldung (Bild 23.8):

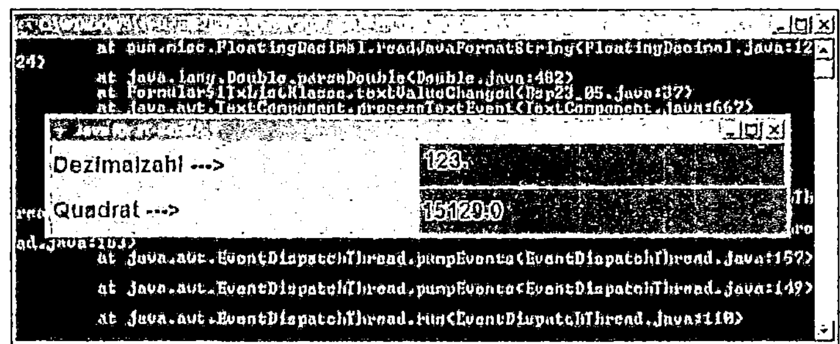

Bild 23.8: Fehlermeldung bei deutscher Dezimalzahl für parseDouble

Was tun? Jeden deutschen Nutzer auffordern, er soll sich an englische Gebräuche gewöhnen?

Nein, erstens wäre das unrealistisch, und zweitens geht es viel einfacher, wenn man nur weiß, dass der ASCII-Wert des Kommas 44 und der ASCII-Wert des Punktes 46 beträgt:

```
class KeyListKlasse extends KeyAdapter{
    public void keyPressed(KeyEvent e){
        if((e.getKeyCode()==44))e.setKeyCode(46);
        };
    }
    T.addKeyListener(new KeyListKlasse());;
```

Das vollständige Programm, das automatisch im Label die Quadratzahl für jede Nutzereingabe mit Punkt oder Komma liefert, ist im Download in der Datei Bsp23_05.java verfügbar.

Dieses Programm sollte als *Ausgangspunkt für vielfältige Verbesserungen* genutzt werden, denn es ist *absolut unvollkommen:* Bisher wird nur das Komma durch den Punkt ersetzt, Buchstabentasten werden genommen, mehrere Punkte sind möglich, auch das leere Textfenster provoziert eine Fehlermeldung...

24 Timer

 Alle Java-Quelltexte der Beispiele, Übungsaufgaben und Lösungen dieses Kapitels können von http://www.w-g-m.de/java.htm durch Anklicken von `Dateien für Kapitel 24` heruntergeladen werden. Das weitere Vorgehen erfolgt so, wie auf Seite 55 geschildert. Die Bildschirm-Abzüge basieren alle auf JOE – auch in diesem Kapitel werden alle Beispiele damit behandelt.

24.1 Grundsätzliches

Wir haben auf den letzten siebzig Seiten erfahren, dass die riesige *Klassen- und Methodensammlung*, die das heutige Java darstellt, im Paket java.awt eine große Anzahl von *visuellen Klassen* enthält. Aus ihnen können *eigene visuelle Klassen* und *eigene visuelle Objekte* abgeleitet werden, die zusätzlich zu *Datenkernen* und *Methoden* einen *sichtbaren Teil* enthalten.

Dieser sichtbare Teil präsentiert sich als *Arbeitsfläche* oder als einzelnes *Bedienelement* (Button, Textfenster, Scrollbar usw.) auf dem Bildschirm.

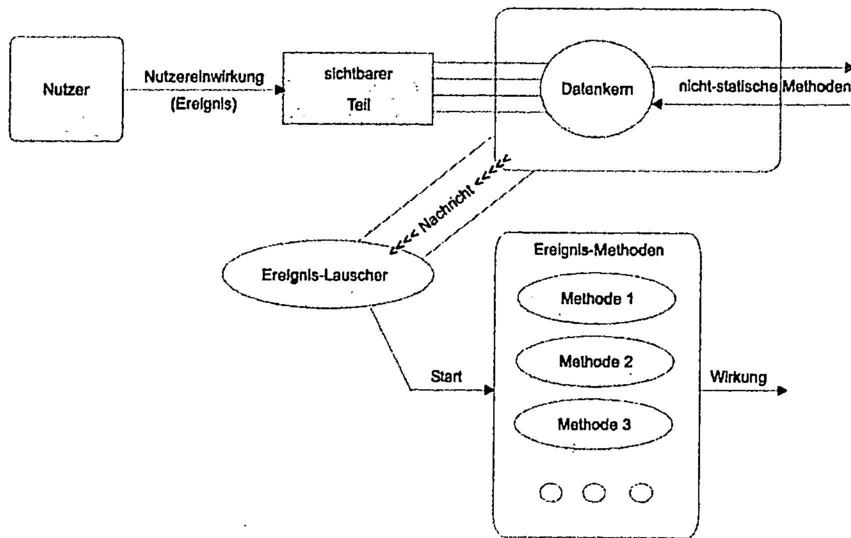

Bild 24.1: Nutzer und visuelles Objekt

Damit wurden wir zunächst in die Lage versetzt, einfache *Benutzeroberflächen* programmieren zu können.

> Später lernten wir, dass sich im Paket java.awt.event zugehörige *Lauscher* (als In-
> terfaces) und auch passende *Lauscher-Adapter* (als abstrakte Klassen) befinden.

Wird aus einem solchen Lauscher eine *konkrete Lauscher-Klasse* implementiert
bzw. abgeleitet und an ein visuelles Objekt *angekoppelt*, können damit beabsichtigte *Reaktionen auf bestimmte Nutzereinwirkungen auf Bedienelemente*
(Ereignisse) programmiert werden.

Bild 24.1 stellt das Gelernte schematisch dar:

> Tritt ein *Ereignis* ein, d. h. führt der Nutzer eine *Bedienhandlung* mit Maus o-
> der Tastatur aus, sendet das visuelle Objekt eine *Nachricht* an den angekop-
> pelten Ereignis-Lauscher. Ist der Lauscher für die Ereignisart zuständig, dann
> prüft er, ob dafür eine *Ereignis-Methode* vorliegt. Wenn ja, wird diese *ausge-
> führt* und die vorher programmierte *Reaktion* tritt ein.

24.2 Ohne Nutzer passiert nichts

Alles ist wunderbar. Doch ein Teil eines Satzes soll hier noch einmal hervorgehoben werden: *... führt der Nutzer eine Bedienhandlung mit Maus oder Tastatur aus...*

Das heißt im Klartext genau das, was in der Überschrift dieses Abschnitts steht:
Ohne Nutzer passiert nichts.

Doch auch dann, wenn ein Nutzer vorhanden ist und sich begeistert die Benutzeroberfläche auf dem gestalteten Bildschirm ansieht, passiert nichts. Also müssen wir genauer formulieren:

> Ohne eine *Bedienhandlung eines Nutzers* wird keine einzige Ereignismethode
> gestartet und abgearbeitet.

Na und, könnte man da einwenden? Schließlich wird doch eine Benutzeroberfläche gerade dafür programmiert, dass ein *Nutzer* mit ihr umgeht.

Doch es gibt noch andere Arten von Aufgabenstellungen.

So haben wir die vielen *Spiele*, die geradezu davon leben, dass *ohne Nutzereinwirkung* auf dem Bildschirm etwas passiert, worauf der Nutzer erst danach rea-
gieren soll.

Auch der Begriff der *Simulation* wird uns noch beschäftigen: Ohne Einwirkung
von außen sollen *Prozesse im Zeitrhythmus* ablaufen, die man dann beobach-
ten kann – beispielsweise die Steuerung einer Ampel an einer Kreuzung.

Oder denken wir an *Präsentations- und Informationsprogramme*. Wenn der In-
haber eines Reisebüros am Samstagmittag einen PC-Bildschirm in sein Schau-
fenster stellt und mit dem Beginn der Laufzeit eine Benutzeroberfläche herstellt,
soll natürlich ohne Zutun der Betrachter eine Präsentation automatisch mit verschiedenen Bildern ablaufen.

Schließlich sollten wir auch an einen *Bildschirmschoner* denken, der ohne jeglichen Anstoß durch eine Nutzereinwirkung plötzlich startet und pausenlos verschiedenartige Bilder produziert.

Wir wollen die *Timer* kennen lernen, mit deren Hilfe *automatische Abläufe* programmiert werden können.

24.3 Arbeit mit Timern

24.3.1 Einen einzelnen Timer einrichten

Die Klasse Timer befindet sich im Paket java.util, aus dem wir im Abschnitt 16.7 schon die Klasse Arrays mit ihren angenehmen Methoden kennen lernten.

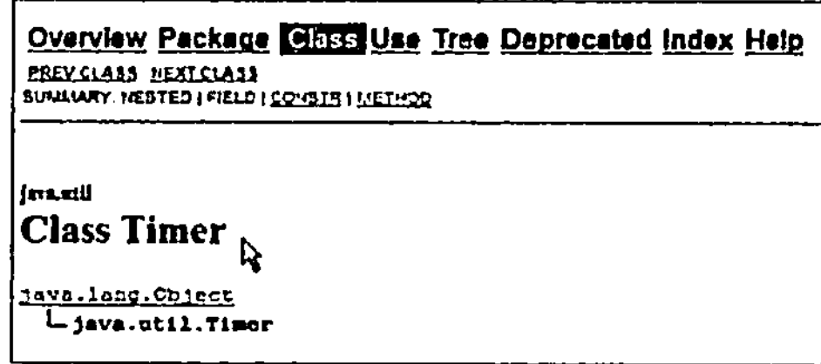

Bild 24.2: Timer-*Dokumentation aus dem Paket* java.util

Dieses Paket muss ab jetzt wieder importiert werden:

```
import java.util.*;
```

Der Blick in die Dokumentation (Bild 24.2) überzeugt uns: Timer ist tatsächlich weder ein *Interface* noch eine *abstrakte Klasse*, also können wir im Konstruktor unserer visuellen Klasse Formular sofort ein eigenes Timer-Objekt erzeugen, dem wir den Namen T geben:

```
T=new Timer();
```

In der Klasse Timer gibt es nur wenige Methoden. Für uns besonders interessant ist zum Einstieg eine der schedule-Methoden:

void	Schedule(TimerTask task, long delay, long period) Schedules the specified task for repeated fixed-delay execution, beginning after the specified delay.

Diese schedule-Methode liefert nichts, also wird sie aufgerufen. Sie ist *nicht statisch*, also muss beim Aufruf der *Name des* Timer-*Objekts* vor dem Punkt stehen:

```
T.schedule( ... , ... , ... );
```

Diese schedule-Methode hat drei Platzhalter, also benötigt sie beim Aufruf drei Einträge: An der *zweiten und dritten Position* muss beim Aufruf jeweils der *Name eines* int-*Speicherplatzes* oder eine *konkrete ganze Zahl* stehen.

Die erste Zahl beschreibt die *Zeit in Millisekunden*, bis der Timer das *erste Mal arbeitet*, die zweite Zahl beschreibt, wieder in Millisekunden, den zeitlichen Abstand der weiteren Wiederholungen

So bedeutet

```
T.schedule( ... ,3000,500):
```

dass der Timer nach 3 Sekunden das erste Mal arbeitet, nach 3½ Sekunden zu zweiten Mal, dann wieder nach 4 Sekunden, nach 4½, 5, 5½, 6 Sekunden und so weiter.

Doch was muss an die erste Position beim Aufruf der schedule-Methode eingetragen werden? Der Typ des Platzhalters heißt TimerTask, beginnt mit einem Großbuchstaben, also ist dort ein TimerTask-Objekt einzutragen. Wiederholen wir die drei Möglichkeiten, die wir untersuchen müssen:

- Handelt es sich bei TimerTask um ein *Interface*, muss damit eine *nicht-abstrakte Klasse implementiert* werden, alle *Prototypen* müssen ausprogrammiert werden.

- Handelt es sich bei TimerTask um eine *abstrakte Klasse*, muss davon eine *nicht-abstrakte Klasse abgeleitet* werden, alle abstrakten Methoden müssen konkretisiert werden.

- Handelt es sich bei TimerTask um eine *nicht-abstrakte Klasse*, kann davon sofort ein Objekt erzeugt werden.

Bild 24.3 zeigt uns einen Auszug aus der Dokumentation von TimerTask, wie sie sich im Paket java.util findet.

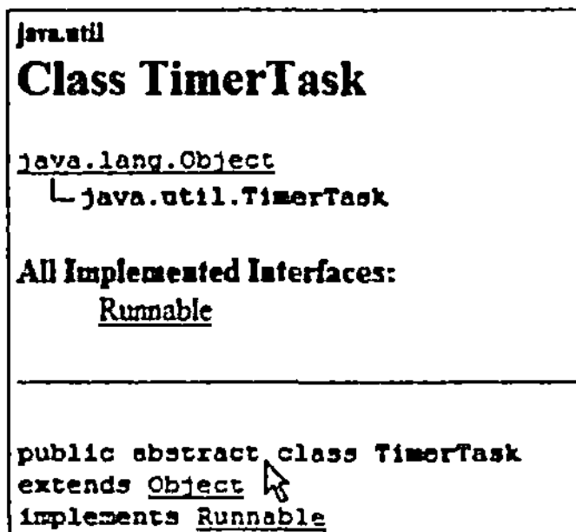

Bild 24.3: TimerTask *ist eine abstrakte Klasse*

Der Mauszeiger im Bild weist darauf hin – TimerTask ist eine *abstrakte Klasse*.

Also können wir nicht sofort ein eigenes Objekt davon bilden und dessen Namen in die schedule-Methode einsetzen, sondern müssen zuerst eine eigene Klasse von TimerTask ableiten und alle abstrakten TimerTask-Methoden überschreiben.

Dieser eigenen Klasse wollen wir den Namen Prozess geben:

```
class Prozess extends TimerTask{
      };
   }
Prozess P; P=new Prozess();
T=new Timer();T.schedule(P,0,500);
```

Nun zum letzten, aber entscheidenden Schritt: Zum Glück gibt es nur eine einzige abstrakte Methode in der Klasse `TimerTask`:

abstract void	run() The action to be performed by this timer task..

Diese run-Methode müssen wir *durch Überschreiben konkretisieren.* Nehmen wir dafür die *leere Methode,* dann gibt es keine Fehlermeldung vom Compiler mehr:

```
class Prozess extends TimerTask{
   public void run(){};
   }
Prozess P; P=new Prozess();
T=new Timer();T.schedule(P,0,500);
```

Damit können wir den grundsätzlichen Aufbau der Klasse `Formular` jedes Timer-gesteuerten Java-Programms zusammenstellen (im Download: Bsp24_01. java):

```
import java.awt.*; import java.awt.event.*;import java.util.*;
class Formular extends Frame{
   Timer T;
                           //weiter: Vereinbarungen der visuellen Objekte
Formular(){                                              //Konstruktor
   this.setTitle("Java für IT-Berufe");
                           //weitere Festlegungen für die Arbeitsfläche
                                                    //Layout-Festlegung
              //Erzeugung der visuellen Objekte für Bedienelemente
              //Einstellung der Eigenschaften der Bedienelemente
              //Einbettung der Bedienelemente mit der add-Methode
   this.setVisible(true);
   class Prozess extends TimerTask{
      public void run(){
                           //Inhalt der Methode run schreiben
      };
   }
Prozess P; P=new Prozess();
T=new Timer();T.schedule(P,0,500);    //Startverzögerung, Intervall
```

```
class WinAppKlasse extends WindowAdapter{
  public void windowClosing(WindowEvent e){System.exit(0);};
  }
this.addWindowListener(new WinAppKlasse());
  }                                            //Ende des Konstruktors
}                                              //Ende der Klasse Formular
```

24.3.2   Blinkende Schrift

Jetzt ist der Zeitpunkt gekommen, wo wir aus der gestellten Programmieraufgabe die Frage ableiten können, was passieren soll, wenn der Timer arbeitet.

Betrachten wir zuerst eine ganz einfache Aufgabe:

Eine Benutzeroberfläche soll nur ein Label enthalten, in dem eine Schrift im Halbsekunden-Rhythmus blinken soll, das heißt, dass abwechselnd in einem Label L die Schrift erscheinen und verschwinden soll.

Dafür müssen wir (nach der üblichen Herstellung der Benutzeroberfläche) die folgende *Alternative* als *Inhalt der Methode* run programmieren:

```
class Prozess extends TimerTask{
    public void run(){                                   //blinkende Schrift
        if(L.getText().equals("")==true)
            L.setText("! A c h t u n g !");
            else
            L.setText("");
        };
    }
Prozess P; P=new Prozess();
T=new Timer();T.schedule(P,0,500); //Wartezeit Null, Intervall 500 ms
```

Der *vollständige Quelltext* des gesamten Programms ist im Download in der Datei Bsp24_02.java enthalten: Wird das Programm gestartet, d. h. wird der Java-Interpreter javac ausgeführt, dann ist das Label L zuerst leer. Da die *Wartezeit bis zur ersten Aktion* des Timers T Null Millisekunden beträgt, wird *sofort* erstmalig der Inhalt der Methode run ausgeführt – das Label wird sofort mit dem vorgegeben Text ! A c h t u n g ! beschriftet.

Anschließend beginnt für den Timer T die *Situation ständiger Wiederholung*: Nach einer halben Sekunde kommt der Timer *zum ersten Mal wieder*, dann wird run wieder ausgeführt, das Label L wird mit dem *leeren String* beschriftet, *die Schrift verschwindet.*

Nach einer halben Sekunde wird die Methode run erneut ausgeführt, das Label wird wieder mit ! A c h t u n g ! beschriftet usw. Ohne Pause, *ohne Nutzereinwirkung* – natürlich mit Ausnahme des einmaligen Programmstarts. Alles automatisch. Ein reines *Demonstrationsprogramm.*

24.3.3 Laufschrift

Ein vorgegebener Text soll langsam *zeichenweise von rechts nach links* in ein Label hineinlaufen – wir alle kennen das vom Fernsehen, wenn unten am Bildschirm der Nachrichten-Ticker eingeblendet wird.

Die Details des Programms (Vorbereitung von Arbeitsfläche und Label, Einbetten des Labels, Fenster-Schließ-Klasse, Methode main) müssen hier nicht wieder ausgeführt werden – außerdem enthält die Download-Datei Bsp24_03 .java den kompletten Java-Quelltext. Interessant ist der Inhalt der Methode run. Zu beachten ist, dass wir hier abkürzend dem einmalig zu erzeugenden Prozess-Objekt keinen eigenen Namen mehr gegeben haben:

```java
class Prozess extends TimerTask{
    public void run(){
        String T1="Vieweg-Verlag in Wiesbaden
        String T2=L.getText();
        if (T2.equals(T1)==false)
            L.setText(T2+T1.charAt(T2.length()));
        else
            L.setText("");
    };
}
T=new Timer(); T.schedule(new Prozess(),0,300);
```

Wir finden im Inhalt von run eine erneute Anwendung von Methoden der Klasse String aus den Abschnitten 12.5.3 und 17.3.1: Falls sich nicht schon alle Zeichen des gegebenen Textes im Label L befinden, wird das passende Zeichen an der richtigen Position aus dem Text herausgelöst und rechts an den Label-Inhalt angekettet. Ist die Schrift komplett übernommen, beginnt alles von vorn.

24.3.4 Start und Stop eines Timers

Die Benutzeroberfläche soll oben einen Button B1 mit der Aufschrift *Start* enthalten, darunter eine waagerechte Scrollbar S mit Minimum 1 und Maximum 5 und Regler-Starteinstellung am linken Rand, zusätzlich einen Button B2 mit der Aufschrift *Stop* (siehe Bild 24.4). Der Button B2 mit der Aufschrift *Stop* soll anfangs inaktiv sein.

Wird auf den Button *Start* geklickt, soll der Button *Start* inaktiv werden, der Button *Stop* aktiv und der Regler der Scrollbar S soll sich jede halbe Sekunde automatisch einen Wert von links nach rechts bewegen.

Hat der Regler aber den Wert Vier erreicht, soll er wieder zum linken Rand springen, dort erneut beginnen usw.

Bild 24.4: Benutzeroberfläche mit Buttons und Scrollbar

Bei Klick auf *Stop* soll der Button *Stop* inaktiv werden, der Button *Start* wieder aktiv, der Timer soll seine Arbeit einstellen. Wird wieder auf *Start* geklickt, soll es weitergehen usw. Der Nutzer soll also die Möglichkeit bekommen, anhaltend eingreifen zu können:

```
class Prozess1 extends TimerTask{
    public void run(){
        if(S.getValue()<4) S.setValue(S.getValue()+1);
                        else S.setValue(1);
    };
}
class ActListKlasse1 implements ActionListener{
    public void actionPerformed(ActionEvent e){
        T=new Timer();
        T.schedule(new Prozess1(),0,500);
        B1.setEnabled(false);B2.setEnabled(true);
    };
}
B1.addActionListener(new ActListKlasse1());
class ActListKlasse2 implements ActionListener{
    public void actionPerformed(ActionEvent e){
        T.cancel();
        B1.setEnabled(true);B2.setEnabled(false);
    };
}
B2.addActionListener(new ActListKlasse2());
```

Der auf der linken Seite stehende, wichtigste Programmteil (komplett ist das ganze Programm zu finden im Download: `Bsp24_04.java`) erklärt das Vorgehen:

Die Methode `run` steuert die Scrollbar S. In der Methode `actionPerformed` der Klasse `ActListKlasse1`, die zum Button B1 mit der Aufschrift *Start* gehört, wird der `Timer` T vereinbart und seine Methode `schedule` aufgerufen.

Demgegenüber wird in der Methode `actionPerformed` der Klasse `ActListKlasse2`, die zum Button B2 mit der Aufschrift *Stop* gehört, der `Timer` T mit Hilfe seiner `void`-Methode `cancel` (siehe Dokumentation im Paket `java.util`) beendet.

Es muss verhindert werden, dass auf *Stop* geklickt wird, wenn noch kein `Timer`-Objekt existiert. Ebenso muss verhindert werden, dass bei einem bereits vorhandenen `Timer`-Objekt durch wiederholten KLick auf *Start* noch ein weiteres `Timer`-Objekt erzeugt wird.

Beides lässt sich erreichen, indem die beiden Buttons *wechselseitig aktiviert bzw. deaktiviert* werden.

ÜBUNG   *Übung 24.1:* Übernehmen Sie den Java-Quelltext des Beispiels 24_4.

Geben Sie ihn ein und speichern Sie ihn unter dem Namen `Uebg24_1.java`. Oder öffnen Sie die Datei gleichen Namens im Download-Ordner `WGMKap24`.

Ergänzen Sie den *Inhalt der Methode* `run` so, dass je nach Reglerstellung der Hintergrund der Scrollbar eingefärbt wird: Rot bei den Stellungen 1 und 4, gelb bei Stellung 2, grün bei Stellung 3. Testen Sie.

Die Lösung finden Sie auf Seite 382.   **ÜBUNG**

ÜBUNG   *Übung 24.2:* Übernehmen Sie den Java-Quelltext des Beispiels 24_4.

Geben Sie ihn ein und speichern Sie ihn unter dem Namen `Uebg24_1.java`. Oder öffnen Sie die Datei gleichen Namens im Download-Ordner `WGMKap24`.

Ergänzen Sie die Benutzeroberfläche rechts durch drei *untereinander stehende Labels*, die anfangs alle *grauen Hintergrund* haben sollen (d. h. Rot-Anteil = Grün-Anteil = Blau-Anteil = 128). Testen Sie.

Sorgen Sie dann für die „Ampelfärbungen" entsprechend den Reglerstellungen: Stellung 1: oben grau, darunter gelb, dann grau.

Stellung 2: oben rot, Mitte grau, unten grau.

Stellung 3: rot/gelb/grau,

Stellung 4: grau/grau/grün. Damit haben Sie den typischen Ablauf einer 4-Phasen-Ampel simuliert.

Die Lösung finden Sie auf Seite 382.   **ÜBUNG**

24.4   Mehrere Timer

Will man mehrere Prozesse automatisch mit verschiedenen Zeitabständen ablaufen lassen, benötigt man *mehrere Timer*. Als kleines Demonstrationsbeispiel stellen wir uns vor, dass eine Benutzeroberfläche lediglich drei verschieden gefärbte Scrollbars S1, S2, S3 mit dem Laufbereich von 1 bis 101 und einheitlicher *Startstellung am linken Rand* befinden.

Der Regler der oberen, ersten Scrollbar S1 soll sich im *Sekundenabstand* jeweils zehn Einheiten nach rechts bewegen. Der Regler der mittleren, zweiten Scrollbar soll halb so schnell laufen, also sich nur *aller zwei Sekunden* bewegen, während der Regler der unteren Scrollbar S3 sogar nur *aller vier Sekunden* nach rechts wandern soll.

Also vereinbaren wir drei verschiedene Timer T1, T2 und T3 und leiten drei verschiedene Klassen Prozess1, Prozess2 und Prozess3 von der abstrakten Klasse TimerTask ab, in denen jeweils die Methode run die Bewegung des zugehörigen Reglers steuert:

```java
import java.util.*;
import java.awt.*; import java.awt.event.*;
class Formular extends Frame{
  Timer T1, T2, T3; Scrollbar S1, S2, S3;
  Formular(){                                         //Konstruktor
      this.setTitle("Java für IT-Berufe"); this.setSize(350,200);
      this.setBackground(new Color(0,0,128));
      this.setLayout(new GridLayout(3,1));            //1 Zeilen, 1 Spalte
      S1=new Scrollbar(Scrollbar.HORIZONTAL,1,0,1,101);
      S2=new Scrollbar(Scrollbar.HORIZONTAL,1,0,1,101);
      S3=new Scrollbar(Scrollbar.HORIZONTAL,1,0,1,101);
      S1.setBackground(new Color(255,0,0));
      S2.setBackground(new Color(0,255,0));
      S3.setBackground(new Color(0,0,255));
      this.add(S1);this.add(S2);this.add(S3);
      this.setVisible(true);
      class Prozess1 extends TimerTask{
          public void run(){
              S1.setValue(S1.getValue()+10);
          };
      }
      T1=new Timer();T1.schedule(new Prozess1(),1000,1000);
```

```
class Prozess2 extends TimerTask{
    public void run(){
        S2.setValue(S2.getValue()+10);
        };
    }
T2=new Timer();T2.schedule(new Prozess2(),2000,2000);

class Prozess3 extends TimerTask{
    public void run(){
        S3.setValue(S3.getValue()+10);
        };
    }
T3=new Timer();T3.schedule(new Prozess3(),4000,4000);

class WinAppKlasse extends WindowAdapter{
    public void windowClosing(WindowEvent e){System.exit(0);};
    }
this.addWindowListener(new WinAppKlasse());
    }                                         //Ende des Konstruktors
}                                             //Ende der Klasse Formular
public class Bsp24_05{
    public static void main(String args[]){          // Methode main
        Formular F1=new Formular();      //Erzeugung des visuellen Objekts
    }
}
```

Der Java-Quelltext ist vollständig im Download in der Datei Bsp24_05.java verfügbar. Wichtig ist, dass in den drei Aufrufen der schedule-Methoden die anfängliche *Wartezeit* gleich der späteren *Intervalldauer* eingestellt wird.

Die Bilder 24.5 bis 24.8 zeigen den *Ablauf der Bewegungen der drei Regler* in den ersten sieben Sekunden:

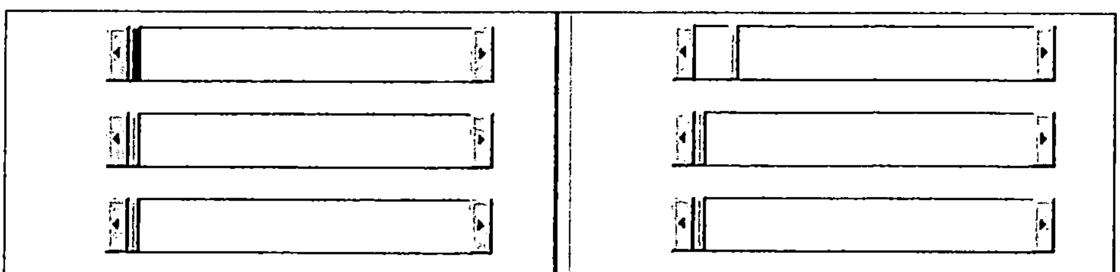

Bild 24.5: Start und Situation nach einer Sekunde

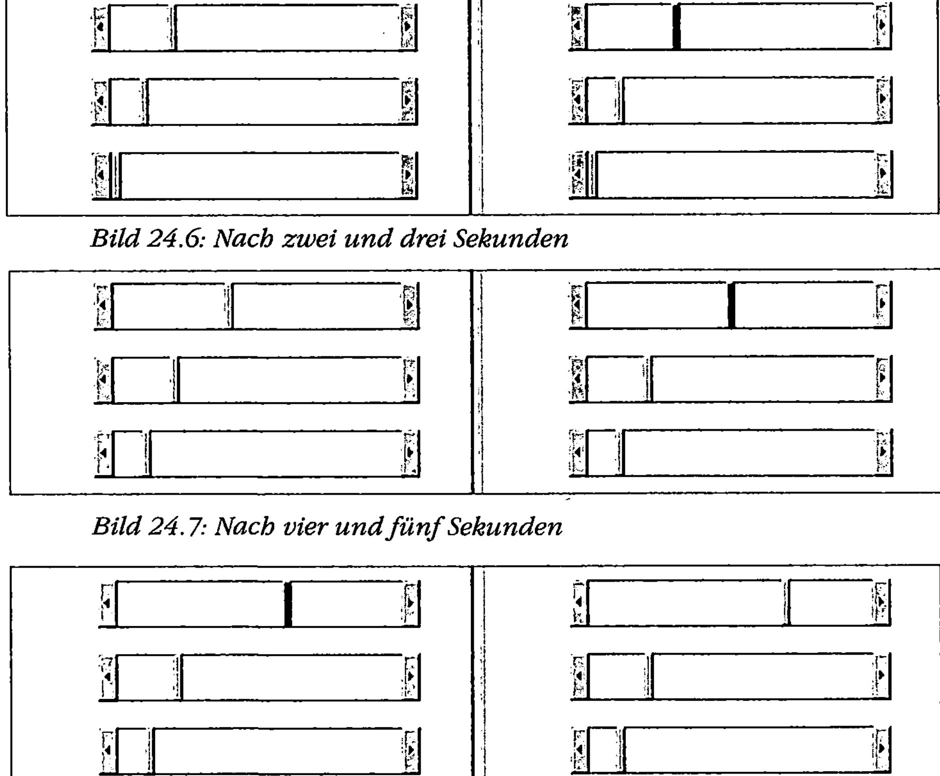

Bild 24.6: Nach zwei und drei Sekunden

Bild 24.7: Nach vier und fünf Sekunden

Bild 24.8: Nach sechs und sieben Sekunden

25 Applet

25.1 Das Geheimnis des Erfolges von Java

Am Ende dieser Java-Einführung kehren wir zum Anfang, zu Kapitel 2.3 auf Seite 18 zurück.

Das *Geheimnis des weltweiten Erfolges von Java* wurde dort in folgender Weise erklärt:

Es liegt darin begründet, dass jeder Java-Programmierer an irgendeiner Stelle des Erdballs bereits mit Hilfe eines *einfachen Editors* (oder eines mehr oder weniger komfortablen *Entwicklungssystems*) ein Programm als Java-Quelltext schreiben, erfassen und testen kann. Dafür braucht er sich nur für sein Betriebssystem *kostenlos* den Java-Compiler javac und den Java-Interpreter java aus dem Internet zu ziehen.

Ist sein Programm fertiggestellt, lässt er mit Hilfe des *Java-Compilers* javac den endgültigen *Bytecode* seines Programms erzeugen und kann diesen in Form von class-Dateien im Internet weltweit zur Verfügung stellen.

Jeder Teilnehmer des Internet (und wer ist das heutzutage nicht) braucht sich nur *für sein Betriebssystem* den *Java-Interpreter* java zu beschaffen und kann mit dessen Hilfe den Bytecode *ausführen (interpretieren)* lassen.

In der Sprache Java entwickelte Programme können aufgrund dieser *neuartigen Technologie ihrer Verarbeitung* weltweit auf unterschiedlichsten Betriebssystemen genutzt werden. Bild 2.6 auf Seite 19 zeigt die Situation.

Welche Wünsche bleiben offen? Sie ergeben sich aus den *Anforderungen*, die an die *Kenntnisse der Programm-Nutzer* gestellt werden: Sie müssen immerhin *den Java-Interpreter* javac *beschaffen* können und seine *Anwendung auf die* class-*Dateien* beherrschen.

Mit Hilfe von *Java-Applets* wird es möglich gemacht, dass Nutzer von Java-Programmen nicht einmal mehr diese Fähigkeit besitzen müssen.

Bevor wir dazu kommen, uns mit Möglichkeiten und Grenzen von Java-Applets beschäftigen zu können, müssen wir uns kurz den Fragen der *weltweiten Kommunikation* zuwenden.

25.2 Weltweite Kommunikation

Innerhalb kürzester Zeit vollzog sich in den 90er Jahren des vergangenen Jahrhunderts eine technische Revolution: Mit Hilfe des Internet konnten plötzlich Tausende von Computern weltweit miteinander verbunden werden. Der Traum der Menschheit – *weltweite Kommunikation*, über alle Ländergrenzen hinweg – nun wurde er wahr.

Doch schnell zog Ernüchterung ein: Die *Vielfalt der Betriebssysteme der angeschlossenen Computer* ließ scheinbar nur eine Kommunikation auf der Basis *einfacher Texte* zu.

Einfache Texte, das wären schmucklos-nüchterne Mitteilungen gewesen, wie sie die Verwendung des *Zeichensatzes der englischen Computer-Tastatur* hergibt: Keine Gestaltungselemente, keine Fett- oder Kursivschrift, keine Unterstreichungen, keine Farben, keine Bilder, nicht einmal die deutschen oder französischen Sonderzeichen ä, ö, ü, ß oder é, è. Schade.

Man musste sich darauf einstellen, nur so reduziert miteinander kommunizieren zu können, wie es einfache e-Mails oder SMS tun; vielleicht mal ein Smiley einbauen, das soll es gewesen sein?

25.2.1 Browser und HTML

Da entstand eine *geniale Idee*: Es wurde vorgeschlagen, in die einfachen Texte <u>Gestaltungsbefehle</u> aufzunehmen:

```
Da entstand in kurzer Zeit eine <I>geniale Idee</I>: Es
wurde vorgeschlagen, in die einfachen Texte
<U>Gestaltungsbefehle</U> aufzunehmen.
```

Gleichzeitig wurden, wiederum für die weltweit gebräuchlichsten Betriebssysteme, *Aufbereitungsprogramme* im Internet kostenlos zur Verfügung gestellt. Solche Aufbereitungsprogramme bekamen den Namen *Browser*. Die ersten Browser hießen *Netscape* und *Internet Explorer*, inzwischen gibt es eine Vielzahl wieterer Browser.

> ▌ Ein Browser übersetzt Gestaltungsbefehle in Bildschirmwirkung.

Nun war der Konflikt gelöst: Empfängt ein Teilnehmer im Internet einen *einfachen Text mit Gestaltungsbefehlen*, so lädt er sich, sofern er ihn nicht schon besitzt, einen *zu seinem Betriebssystem passenden Browser* herunter, und kann mit dessen Hilfe die beabsichtigte Bildschirmwirkung erleben.

Schriftgestaltung, Farben, die Übermittlung von Bildern, Listen, Tabellen, all das war nun kein grundsätzliches Problem mehr – sofern man wusste, wie die notwendigen *Gestaltungsbefehle* lauten, nach welchen Regeln sie aufzubauen sind.

> ▌ Das wichtigste Regelwerk für Gestaltungsbefehle heißt HTML.

HTML bedeutet HyperText Markup Language, zu Deutsch ungefähr übersetzt als *Markierungs-Sprache, die aus einem einfachen Text einen Hypertext mit Gestaltungsbefehlen macht, die von jedem Browser verstanden werden.*

Damit bereits äußerlich erkannt werden kann, ob eine Datei einen einfachen Text mit Gestaltungsbefehlen enthält, wurde die Datei-Endung .html oder .htm eingeführt. Inzwischen ist es üblich, dass die meisten Betriebssysteme beim Klick auf den Dateinamen einer html-Datei selbsttätig einen Browser suchen und starten.

25.2.2   HTML-Ausgabefenster für ein Java-Programm

Wird in ein HTML-Dokument ein Gestaltungsbefehl der Art

```
<APPLET CODE=".  .  .  .  .  .class"  WIDTH=.....% ></APPLET>
```

aufgenommen, erzeugt jeder Browser bei der Umsetzung dieses Gestaltungsbefehls einen freien Platz in der angegebenen prozentualen Fensterbreite und angepassten Höhe.

Dann startet der Browser seinen *eigenen Java-Interpreter* (jeder Browser besitzt ihn), sucht und interpretiert die angegebene *Klassen-Datei* und sorgt dafür, dass ihr Ergebnis an angegebener Stelle in angegebener Größe erscheint.

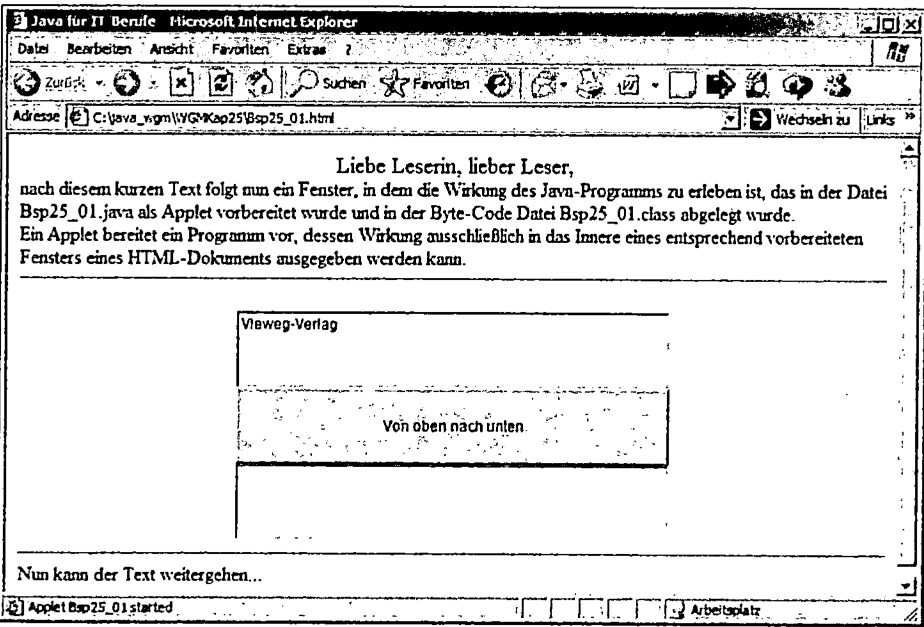

Bild 25.1: HTML-Dokument mit Benutzeroberfläche

Wenn mit dem Java-Programm zum Beispiel eine *Benutzeroberfläche* vorbereitet wird, erscheint dort diese Benutzeroberfläche.

25.3 Beispiel: Benutzeroberfläche für HTML-Dokument

DOWNLOAD Alle Java- und HTML-Quelltexte der Beispiele, Übungsaufgaben und Lösungen dieses Kapitels können von http://www.w-g-m.de/java.htm
durch Anklicken von ⎡Dateien für Kapitel 25⎤ heruntergeladen werden. Das
weitere Vorgehen erfolgt so, wie auf Seite 55 geschildert. Die Bildschirm-Abzüge basieren alle auf JOE – auch in diesem Kapitel werden alle Beispiele damit
behandelt.

25.3.1 HTML-Dokument

Bild 25.1 beschreibt das Ziel dieses Abschnitts: Wir beginnen, indem wir in die
HTML-Datei Bsp25_01.html mit einem Editor einen einfachen Text eingeben:

```
Liebe Leserin, lieber Leser,
nach diesem kurzen Text folgt nun ein Fenster, in dem
die Wirkung des Java-Programms zu erleben ist, das in der
Datei Bsp25_01.java als Applet vorbereitet wurde und in
der Byte-Code Datei Bsp25_01.class abgelegt wurde.
Ein Applet bereitet ein Programm vor, dessen Wirkung
ausschließlich in das Innere eines entsprechend
vorbereiteten Fensters eines HTML-Dokuments ausgegeben
werden kann.
Nun kann der Text weitergehen.
```

Anschließend wird dieser einfache Text durch Gestaltungsbefehle ergänzt, die
den Regeln von HTML entsprechen; dazu gehören auch die grundsätzlichen
Organisations-Angaben <HTML>, <HEAD> und <BODY>:

```
<HTML>
<HEAD><TITLE>Java f&uuml;r IT-Berufe</TITLE></HEAD>
<BODY>
<CENTER><BIG>Liebe Leserin, lieber Leser,</BIG></CENTER>
nach diesem kurzen Text folgt nun ein Fenster, in dem die
Wirkung des Java-Programms zu erleben ist, das in der
Datei Bsp25_01.java als Applet vorbereitet wurde und in
der Byte-Code Datei Bsp25_01.class abgelegt wurde.<BR>
Ein Applet bereitet ein Programm vor, dessen Wirkung
ausschlie&szlig;lich in das Innere eines entsprechend
vorbereiteten Fensters eines HTML-Dokuments ausgegeben
werden kann. <BR><HR><BR>
<CENTER>
<APPLET CODE="Bsp25_01.class" WIDTH=50% ></APPLET>
</CENTER>
<HR>
```

```
Nun kann der Text weitergehen...
</BODY>
</HTML>
```

Die Zeile, die mit <APPLET ... beginnt, sorgt für das Freihalten des Platzes für die Benutzeroberfläche.

25.3.2   Applet für eine Benutzeroberfläche

Der künftige Inhalt eines durch <Applet ... freigehaltenen Bereiches in einem HTML-Dokument wird mit einem eigenen *visuellen Objekt* vorbereitet, das aus der visuellen Klasse Applet des Pakets java.applet abgeleitet wird:

```
public class Bsp25_01 extends java.applet.Applet{
```

Anschließend werden als *Compiler-Info* wieder die *Namen der visuellen Objekte* mitgeteilt, die für die Benutzeroberfläche verwendet werden sollen:

```
TextField T1, T2; Button B;
```

Anstelle eines Konstruktors folgt nun die Methode init, in der das *Layout* festgelegt wird und in der die enthaltenen *visuellen Objekte* hergestellt und in ihren *Start-Eigenschaften* vorbereitet werden:

```
public void init(){
    T1=new TextField("Vieweg-Verlag");
    T2=new TextField("");
    B=new Button("Von oben nach unten");
    setLayout(new GridLayout(3,1));
    add(T1);
    add(B);
    add(T2);
    }    //Ende der Methode init
```

Anschließend folgt die Methode start, in der die notwendigen *Lauscher* an die visuellen Objekte angekoppelt werden – mit dem üblichen Mechanismus der vorherigen *Implementation eigener Klassen* aus den Listener-Interfaces:

```
public void start(){
    class ActListKlasse implements ActionListener{
        public void actionPerformed(ActionEvent e){
            T2.setText(T1.getText());
            T1.setText("");
        };
    }
    B.addActionListener(new ActListKlasse());
    }    //Ende der Methode start
}    //Ende der Klasse Bsp25_01
```

Die Download-Datei Bsp25_01.java enthält den *Quelltext des Applets*, während die Download-Datei Bsp25_01.html den *einfachen Text mit den Gestaltungsbefehlen* enthält.

Jede der beiden Dateien ist für sich genommen *wertlos*:

Die Datei Bsp25_01.java mit dem Java-Quelltext *enthält keine Methode* main, ihr Bytecode kann also nicht als *eigenständiges Programm interpretiert* werden.

Die Datei Bsp25_01.html mit dem einfachen Text plus Gestaltungsbefehlen kann eigenständig bereits von einem Browser behandelt werden. Wenn die Bytecode-Datei Bsp25_01.class fehlt (d. h. wenn die Übersetzung von Bsp25_01.java vergessen wurde), wird entweder eine Fehlermeldung ausgegeben oder es erscheint – wie im Bild 25.2 beim Internet-Explorer – ein leerer Bereich.

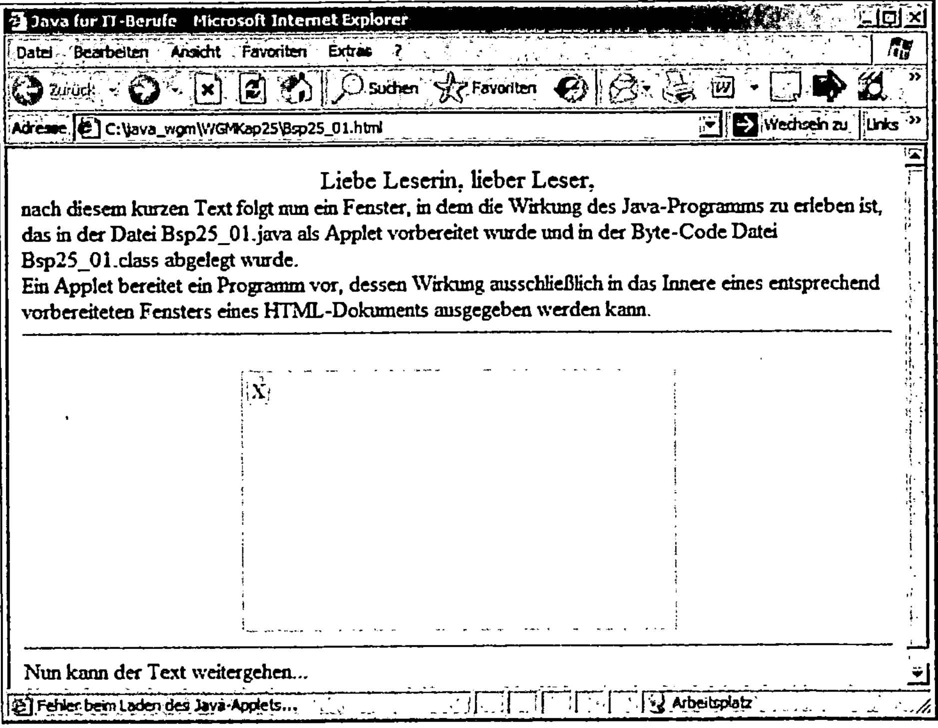

Bild 25.2: Reaktion des Browsers bei fehlendem Applet-Bytecode

L Anhang L: Lösungen

5 Lösungen zu Kapitel 5

Lösung 5.1: In den Speicherplatz eingabe kommen die vom Nutzer eingegebenen Zahlenwerte; im Speicherplatz sum dagegen soll sich die Summe durch ständiges Hinzufügen aufbauen. Die Fehlermeldung bedeutet, dass nach der Erfassung der ersten Zahl vom Nutzer

```
System.out.print("Erste Zahl eingeben:"); eingabe=Keyb.nextInt();
```

der Befehl
```
sum=sum+eingabe;
```

(neue Belegung von sum ergibt sich aus alter Belegung von sum plus Inhalt von eingabe) nicht ausgeführt werden kann, weil zu diesem Zeitpunkt der Speicherplatz sum zwar vorhanden, aber noch leer ist.

Es fehlt also an der angegebenen Stelle die *Startbelegung*
```
sum=0;
```

Die Datei Loesg05_2.java enthält den vollständigen Lösungs-Quelltext.

Lösung 5.2: In dem Speicherplatz prod soll das Produkt der vom Nutzer eingegebenen vier Zahlen entstehen. Allerdings geht das nur, wenn für die Startbelegung nicht falsch prod=0; sondern richtig prod=1; programmiert wird.

Die Datei Loesg05_1.java enthält den vollständigen Lösungs-Quelltext.

6 Lösungen zu Kapitel 6

Lösung 6.1: Durch die folgenden vier Ausgabe-Befehle erfährt der Nutzer, welche Zahlenbereiche für welche Speicherplatz-Art möglich sind:

```
System.out.println("byte-Zahl:   -128            ... 127");
System.out.println("short-Zahl: -32768           ... 32767");
System.out.println("int-Zahl:    -2147483648      ... 2147483647");
System.out.println("long-Zahl:-9223372036854775808... 9223372036854775807");
```

Natürlich tritt auch eine Fehlermeldung auf, wenn versucht wird, in einen byte-Speicherplatz die Zahl -200 einzugeben.

Die Datei `Loesg06_1.java` enthält den vollständigen Lösungs-Quelltext.

Lösung 6.2: Mit dem Zuweisungsbefehl `x3=-2*x2*x2;` erhält der int-Speicherplatz x3 den verlangten kleinstmöglichen int-Wert -2.147.483.648.

Die Datei `Loesg06_2.java` enthält den vollständigen Lösungs-Quelltext.

Lösung 6.3: Da sich in der (scheinbar richtigen) Formel `x2= (-2*(x1)*(x1));` die (int-) Zahl 2 befindet, wird das Ergebnis als int-Ergebnis angesehen und kann, trotz passender Größenordnung, nicht in einen short-Speicherplatz gebracht werden. Also muss korrekt programmiert werden: `x2=(short)(-2*(x1)*(x1));`

Die Datei `Loesg06_3.java` enthält den vollständigen Lösungs-Quelltext.

Lösung 6.4: Durch Voranstellen von zweimal `long` wird zweimal die richtige long-Rechnung veranlasst: `x4=-2*((long)x3)*((long)x3);`

Die Datei `Loesg06_4.java` enthält den vollständigen Lösungs-Quelltext.

Lösung 6.5: Für die Rechnung mit den drei int-Speicherplätzen `stunde, minute, tagesminute` ergibt sich sofort die Formel

```
tagesminute=60*stunde+minute+1;
```

Bei der Rechnung mit den beiden byte-Speicherplätzen `std, min` muss wegen des größeren Ergebnis-Zahlenbereiches der Speicherplatz `tm` für die Tagesminute mindestens vom Typ short sein. Zusätzlich ist wegen der beiden (int-) Zahlen 60 und 1 in der Formel noch das Voransetzen von (short) nötig:

```
tm=(short)(60*stunde+minute+1);
```

Die Datei `Loesg06_5.java` enthält den vollständigen Lösungs-Quelltext.

Lösung 6.6: Zuerst wird durch geeignete *ganzzahlige Division* die *Stunde* ermittelt, danach wird der Stundenwert mit 60 multipliziert und von der Tagesminute abgezogen – das ergibt die Minute der Uhrzeit:

```
stunde=(tagesminute-1)/60;
minute=(tagesminute-1)-60*stunde;
```

Die Datei `Loesg06_6.java` enthält den vollständigen Lösungs-Quelltext.

Lösung 6.7: Man kann die Aufgabe einfach lösen, indem man dem Nutzer den Divisionsrest mitteilt und ihm sagt, was er daraus schlussfolgern soll:

```
rest=jahr % 4;
System.out.println("Ergebnis="+rest+"-->bei 0 Schaltjahr, sonst nicht");
```

Die Datei `Loesg06_7.java` enthält den vollständigen Lösungs-Quelltext.

7   Lösungen zu Kapitel 7

Lösung 7.1: Falsch: Bei qu_rund=(double) (qu_100_int/100); wird *ganzzahlig dividiert*, erst *danach* wird das Ergebnis nach double konvertiert. Richtig ist, dass mit zwei weiteren Klammern *zuerst* nach double konvertiert und *dann erst dividiert* wird:

```
qu_rund=((double) qu_100_int)/100;    // 4. Befehl
```

Die Datei Loesg07_1.java enthält den vollständigen Lösungs-Quelltext.

Lösung 7.2: Nach der einfachen Division müssen drei weitere Befehle für die Rundung kommen:

```
ge=weg/zeit;                    // 1. Befehl
ge_1000=ge*1000;                // 2. Befehl
ge_1000_int=(int)ge_1000;       // 3. Befehl
ge_rund=ge_1000_int/1000.0;     // 4. Befehl
```

Die Datei Loesg07_2.java enthält den vollständigen Lösungs-Quelltext.

Lösung 7.3: Nach der Berechnung von Nettopreis und Mehrwertsteuersatz wird in der üblichen Form gerundet:

```
ne=brutto/(1+(mwsatz/100));
mw=brutto-ne;
ne_1000=ne*1000;ne_1000_int=(int) ne_1000;ne_rund=ne_1000_int/1000.0;
mw_1000=mw*1000;mw_1000_int=(int) mw_1000;mw_rund=mw_1000_int/1000.0;
```

Die Datei Loesg07_3.java enthält den vollständigen Lösungs-Quelltext.

8   Lösungen zu Kapitel 8

Lösung 8.1: In der *Kopfzeile der abweisenden Schleife* muss festgelegt werden, dass der Schleifeninhalt nur dann abzuarbeiten ist, wenn der Fensterinhalt sich im Bereich von 1 bis 6 befindet. Zu beachten ist, dass die *vollständigen Tests* mit dem UND-Zeichen && verbunden werden müssen:

```
while ((fenster >=1) && (fenster <=6)){
```

Die Datei Loesg08_1.java enthält den vollständigen Lösungs-Quelltext.

Lösung 8.2: Bei der Umsetzung des Struktogramms liegt die größte Schwierigkeit darin, die Kopfzeile der abweisenden Schleife, d. h. den Inhalt der runden Klammern nach dem Schlüsselwort while, richtig zu programmieren:

```
while((oben % teiler!=0) || (unten%teiler!=0)){
```

Der Rest des Java-Quelltextes ergibt sich aus dem Struktogramm:

```
if (oben < unten){
    minimum=oben;
    }
    else{
    minimum=unten;
    }
    teiler=minimum;
    while((oben % teiler!=0) || (unten%teiler!=0)){
    teiler=teiler-1;
    }
    oben=oben/teiler;
    unten=unten/teiler;
```

Die Datei `Loesg08_2.java` enthält den vollständigen Lösungs-Quelltext.

9   Lösungen zu Kapitel 9

Lösung 9.1: Zuerst muss der *Suchwert* vom Nutzer verlangt werden. Dann wird mit einer *Zählschleife* abgezählt, wie oft er vorhanden ist, anschließend erfolgt die Information an den Nutzer mit einer *Alternative*:

```
System.out.print("Wert="); wert=Keyb.nextInt();
anz=0;
for(int i=0; i <= n-1 ; i=i+1){
    if (x[i]==wert) anz=anz+1;
    }
if (anz>0){
    System.out.println(wert+" ist vorhanden");
    }
    else{
    System.out.println(wert+" ist nicht vorhanden");
    }
```

Die Datei `Loesg09_1.java` enthält den vollständigen Lösungs-Quelltext.

Lösung 9.2: Die Inhalte der entsprechenden Feldelemente werden einzeln und nacheinander zugewiesen:

```
for(int i=0; i <= n-1 ; i=i+1){
    y[i]=x[i];
    }
```

Die Datei `Loesg09_2.java` enthält den vollständigen Lösungs-Quelltext.

Lösung 9.3: Wenn die Zählwerks-Speicherplätze für die Anzahl der über bzw. unter dem Durchschnitt liegenden Zensuren mit anz_k und anz_g benannt werden, kann das Abzählen in einer einzigen Zählschleife zusammengefasst werden:

```
sum=0;
for(int i=0; i <= n-1 ; i=i+1){
    sum=sum+x[i];
    }
durch=((double)sum)/10;
anz_k=0; anz_g=0;
for(int i=0; i <= n-1 ; i=i+1){
    if(x[i]>durch)anz_g=anz_g+1;
    if(x[i]<durch)anz_k=anz_k+1;
    }
```

Die Datei Loesg09_3.java enthält den vollständigen Lösungs-Quelltext.

Lösung 9.4: Der Kandidat wird wieder nacheinander mit allen Feldelementen verglichen und neu belegt, wenn ein Feldelement mit kleinerem Inhalt gefunden wird:

```
kand=x[0];
for(int i=1; i <= n-1 ; i=i+1){
    if (x[i]<kand)kand=x[i];
    }
```

Die Datei Loesg09_4.java enthält den vollständigen Lösungs-Quelltext.

Lösung 9.5: Nun muss *zusätzlich zur einfachen Maximumsuche* in einem besonderen Speicherplatz pos die *Position des Maximums* abgespeichert werden:

```
kand=x[0];pos=0;
for(int i=1; i <= n-1 ; i=i+1){
    if (x[i]>kand){
        kand=x[i];pos=i;
        }
    }
```

Weil das *erste* Feldelement die *Position Null* hat, muss für die Nutzerinformation entsprechend eine *Eins* addiert werden:

```
System.out.println("Maximum an Position "+pos);
System.out.println("Maximum im "+(pos+1)+"-ten Feldelement");
```

Die Datei Loesg09_5.java enthält den vollständigen Lösungs-Quelltext.

Lösung 9.6: Wird die Untersuchung der Feldelemente in der Weise

```
if (x[i]>kand){
```

programmiert, dann erhält man stets die *Position des ersten Maximums* (denn eine Änderung des Kandidaten findet nur statt, wenn ein *echt besserer Wert* gefunden wird). Schreibt man dagegen

```
if (x[i]>=kand){
```

so wird die Position des *letzten Maximums* gefunden, denn nun wird bei einem *gleich guten Wert* auch aktualisiert.

Die Datei `Loesg09_6.java` enthält den vollständigen Lösungs-Quelltext.

10 Lösungen zu Kapitel 10

Lösung 10.1: Jedes Feldelement wird untersucht. Findet sich ein Element mit demselben Inhalt wie der Suchwert, kann die Unschuldsvermutung nicht mehr aufrechterhalten werden:

```
ist_drin=false;                              //Unschuldsvermutung
for(int i=0; i<=n-1; i=i+1){
        if(x[i]==wert)ist_drin=true;
        }
if(ist_drin==true){                          //Auswertung
    System.out.println("Wert ist enthalten");
    }
else{
    System.out.println("Wert ist nicht enthalten ");
    }
```

Die Datei `Loesg10_1.java` enthält den vollständigen Lösungs-Quelltext.

11 Lösungen zu Kapitel 11

Lösung 11.1: In den char-Speicherplätzen `wort[0]` bis `wort[25]` werden durch die Zählschleife

```
for(int i=0; i<=25; i=i+1){
    wort[i]=(char)(65+i);
    }
```

die 26 Großbuchstaben des englischen Alphabets A bis Z erzeugt.

Die Datei `Loesg11_1.java` enthält den vollständigen Lösungs-Quelltext.

Lösung 11.2: Da der Inhalt eines char-Speicherplatzes sowohl hinsichtlich seines enthaltenen *Zeichens* als auch hinsichtlich des *ASCII-Wertes seines Zeichens* untersucht werden kann, löst die folgende Zählschleife die Aufgabe:

```
for(int i=0; i<=n-1; i=i+1){
    if((wort[i]>=97)&&(wort[i]<=122))wort[i]=(char)(wort[i]-32);
}
```

Möglich wäre ebenso

```
for(int i=0; i<=n-1; i=i+1){
    if((wort[i]>='a')&&(wort[i]<='z'))wort[i]=(char)(wort[i]-32);
}
```

Die Datei Loesg11_2.java enthält den vollständigen Lösungs-Quelltext.

12 Lösungen zu Kapitel 12

Lösung 12.1: Nutzerdialog zur Belegung des Datenkerns von Tx1:

```
System.out.print("Zeichenfolge -->");Tx1=Keyb.nextLine();
```

Wird *nichts* eingegeben, dann bekommt der Datenkern eine *Zeichenfolge ohne Zeichen*, was sich daran ablesen lässt, dass die Methode length *Null Zeichen* mitteilt.

Die Datei Loesg12_1.java enthält den vollständigen Lösungs-Quelltext.

Lösung 12.2: Nutzerdialog:

```
System.out.print("Zeichenfolge-->"); Tx1=Keyb.nextLine();
```

Die Datei Loesg12_2.java enthält den vollständigen Lösungs-Quelltext.

Lösung 12.3: Nutzerdialog:

```
System.out.print("Zeichenfolge-->"); Tx1=Keyb.nextLine();
```

Zählschleife, um die eingegebene Zeichenfolge rückwärts zu erhalten:

```
for(int i=laenge-1;i>=0;i=i-1){
    System.out.print(wort[i]);
}
```

Die Datei Loesg12_3.java enthält den vollständigen Lösungs-Quelltext.

Lösung 12.4: Nutzerdialog – siehe vorige Aufgabe. Die *Position des letzten Zeichens* ergibt sich aus der *Zeichenzahl minus Eins:*

```
pos=Tx1.length()-1;                    //int-Speicherplatz wird belegt
```

Die Datei Loesg12_4.java enthält den vollständigen Lösungs-Quelltext.

Lösung 12.5: Erfassung von drei Zeichenfolgen:

```
System.out.print("Zeichenfolge-->");Tx1=Keyb.nextLine();
System.out.print("S1 = ");S1=Keyb.nextLine();
System.out.print("S2 = ");S2=Keyb.nextLine();
```

Abspeichern der Ergebnisse der beiden Methoden in erg1 und erg2:

```
erg1=Tx1.indexOf(S1);                    //Methode indexOf holt
erg2=Tx1.lastIndexOf(S2);                //Methode lastIndexOf holt
```

Ausgabe:

```
System.out.println("Im Datenkern von Tx1 steht:"+Tx1);
System.out.println("in erg1 steht: "+erg1);
System.out.println("in erg2 steht: "+erg2);
```

Die erste Methode indexOf liefert die *Position*, an der die eingegebene Teilzeichenfolge *erstmalig* auftritt; lastIndexOf liefert die *Position des letztmaligen Auftretens.* Sind beide Werte gleich, gibt es die Teilzeichenfolge in Tx1 nur einmal.

Die Datei Loesg12_5.java enthält den vollständigen Lösungs-Quelltext.

Lösung 12.6: Nutzerdialoge und concat-Nutzung:

```
System.out.print("1. Zeichenfolge-->"); Tx1=Keyb.nextLine();
System.out.print("2. Zeichenfolge-->"); Tx2=Keyb.nextLine();
Tx3=Tx1.concat(Tx2);                     //Methode concat
Tx4=Tx2.concat(Tx1);                     //Methode concat
```

Die Verkettung mit concat ist von der Reihenfolge abhängig.

Die Datei Loesg12_6.java enthält den vollständigen Lösungs-Quelltext.

Lösung 12.7: Lösung der Aufgabe:

```
System.out.print("Erster String -->"); Tx1=Keyb.nextLine();
System.out.print("Zweiter String-->"); Tx2=Keyb.nextLine();
x=Tx1.compareTo(Tx2);
if(x<0){
    System.out.println("Erster String im Telefonbuch vorn");
    }
if(x>0){
    System.out.println("Zweiter String im Telefonbuch vorn");
    }
if(x==0){
    System.out.println("Beide Strings identisch");
```

Die Datei Loesg12_7.java enthält den vollständigen Lösungs-Quelltext.

13   Lösungen zu Kapitel 13

Lösung 13.1: Quelltext der beiden gesuchten Methoden:

```
public String holeTyp(){              //Kopfzeile der Methode
      return Typ;
      }                               //Fußzeile der Methode
public void setzeTyp(String Typname){ //Kopfzeile der Methode
      Typ=Typname;
      }                               //Fußzeile der Methode
```

Test der Methoden z. B. durch

```
System.out.print("Typ:"); Tx1=Keyb.nextLine();
Pkw1.setzeTyp(Tx1);                   //Aufruf der Methode
Tx2= Pkw1.holeTyp();
System.out.println("Im Datenkern von Tx2 steht:"+Tx2);
```

Die Datei `Loesg13_1.java` enthält den vollständigen Lösungs-Quelltext.

Lösung 13.2: Quelltexte der vier Methoden:

```
public double holePreis(){            //Kopfzeile der Methode
      return preis;
      }                               //Fußzeile der Methode
public void setzePreis(double pr){    //Kopfzeile der Methode
      preis=pr;
      }                               //Fußzeile der Methode
public int holePs(){                  //Kopfzeile der Methode
      return ps;
      }                               //Fußzeile der Methode
public void setzePs(int pswert){      //Kopfzeile der Methode
      ps=pswert;
      }                               //Fußzeile der Methode
```

Konstruktor:

```
Auto(){
      Hersteller="";
      Typ="";
      preis=0;
      ps=0;
      }                               //Ende des Konstruktors
```

Die Datei `Loesg13_2.java` enthält den vollständigen Lösungs-Quelltext.

---

14 Lösungen zu Kapitel 14

Lösung 14.1: Gesuchte Methoden:

```
public static double nettoPreis(double brutto. double mws){
    return brutto/(1+mws/100);
}
public static double mwSteuer(double brutto. double netto){
    return (brutto/netto-1)*100;
}
```

Die Datei `Loesg14_1.java` enthält den vollständigen Lösungs-Quelltext.

15 Lösungen zu Kapitel 15

Lösung 15.1: Der Ergebniswert der Methode kann sofort in Ausgaben gelenkt werden:

```
System.out.println("Quadrat="+Quadrate.quad(x_int));
System.out.println("Quadrat="+Quadrate.quad(x_long));
System.out.println("Quadrat="+Quadrate.quad(x_float));
System.out.println("Quadrat="+Quadrate.quad(x_double));
```

Die Datei `Loesg15_1.java` enthält den vollständigen Lösungs-Quelltext.

Lösung 15.2: Ein Zeichen in den Datenkern des String-Objektes aufnehmen:

```
z='A';
Tx1= String.valueOf(z);
System.out.println("Inhalt vom Datenkern von Tx1="+Tx1);
System.out.println("Anzahl der Zeichen="+Tx1.length());
```

Eine int-Zahl in den Datenkern des String-Objektes aufnehmen:

```
System.out.print("int-Zahl:");x_int=Keyb.nextInt();
Tx1= String.valueOf(x_int);
System.out.println("Inhalt vom Datenkern von Tx1="+Tx1);
System.out.println("Anzahl der Zeichen="+Tx1.length());
```

Die anderen Teile der Aufgabe sind analog zu lösen. Das *Dezimalkomma* kommt im Datenkern als *Dezimalpunkt* an. Die Datei `Loesg15_2.java` enthält den vollständigen Lösungs-Quelltext.

Lösung 15.3: In *beiden Fällen* erscheint die Ausgabe 1+3=4, obwohl im zweiten Fall ein String-Objekt Tx1 mit einem char-Speicherplatz z verkettet wird – das müsste eigentlich zu einer Fehlermeldung führen.

Die Datei `Loesg15_3.java` enthält den vollständigen Lösungs-Quelltext.

Lösung 15.4: Weitere Konstruktoren:

```
//dritter Konstruktor
    Auto(String H, String T){
            Hersteller=H;Typ=T; preis=0;ps=0;
    }                               //Ende des dritten Konstruktors
//vierter Konstruktor
    Auto(String H){
            Hersteller=H; Typ="";preis=0; ps=0;
    }                               //Ende des vierten Konstruktors
```

Die Datei Loesg15_4.java enthält den vollständigen Lösungs-Quelltext.

---

16   Lösungen zu Kapitel 16

Lösung 16.1: Erfassung und Verarbeitung:

```
System.out.print("float-Zahl eingeben:");x_float=Keyb.nextFloat();
System.out.println("Absolutbetrag="+Math.abs(x_float));
System.out.print("int-Zahl eingeben:");x_int=Keyb.nextInt();
System.out.println("Absolutbetrag="+Math.abs(x_int));
System.out.print("long-Zahl eingeben:");x_long=Keyb.nextLong();
System.out.println("Absolutbetrag="+Math.abs(x_long));
```

Die Datei Loesg16_1.java enthält den vollständigen Lösungs-Quelltext.

Lösung 16.2: Lediglich die folgende Nutzung der Methode max ist nicht möglich:

```
erg_int=Math.max(x_int, x_long);
```

Die Datei Loesg16_2.java enthält den vollständigen Lösungs-Quelltext.

Lösung 16.3: Mit der erfragten Stellenzahl wird der Faktor aufgebaut:

```
System.out.print("Wie viele Stellen: ");stellen=Keyb.nextInt();
faktor=1;
for (int i=1; i<=stellen;i=i+1){   faktor=faktor*10;  }
x_vorher=x_vorher*faktor;    x_long=Math.round(x_vorher);
x_nachher=((double) x_long)/faktor;
```

Die Datei Loesg16_3.java enthält den vollständigen Lösungs-Quelltext.

Lösung 16.4: Rückrechnung (Abzinsung) auf das Startkapital:

```
startkap=endkap/Math.pow((1+zins/100),jahre);
```

Die Datei Loesg16_4.java enthält den vollständigen Lösungs-Quelltext.

Lösung 16.5: Richtig: ziehung=Math.round(1+48*Math.random());

Die Datei Loesg16_5.java enthält den vollständigen Lösungs-Quelltext.

Lösung 16.6: Anwendung der Methoden isUpperCase und isLowerCase:

```
for(int i=0; i<=T1.length()-1; i=i+1){
    zeichen=T1.charAt(i);
    if (Character.isUpperCase(zeichen)==true){ anz_gross=anz_gross+1; }
    if (Character.isLowerCase(zeichen)==true){ anz_klein=anz_klein+1; }
}
```

Die Datei Loesg16_6.java enthält den vollständigen Lösungs-Quelltext.

Lösung 16.7: Jedes Zeichen wird zur passenden Dezimal-Basis umgewandelt und entsprechend der Position potenziert:

```
for(int i=0;i<=T1.length()-1;i=i+1){
    zeichen=T1.charAt(i);
    faktor=Character.digit(zeichen,basis);
    potenz=T1.length()-1-i;
    zahl=zahl+faktor*Math.pow(basis,potenz);
}
```

Die Datei Loesg16_7.java enthält den vollständigen Lösungs-Quelltext.

Lösung 16.8: Erzeugung von Integer-Objekten und Blick auf Datenkern:

```
I1=new Integer(123);  I2=new Integer("234");
System.out.println("Datenkern von I1 enthaelt="+I1.toString());
```

Die Datei Loesg16_8.java enthält den vollständigen Lösungs-Quelltext.

Lösung 16.9: Enthält der int-Speicherplatz zahl die Dezimalzahl, dann wird mit

```
System.out.print("neue Basis: ");basis=Keyb.nextInt();
T1=Integer.toString(zahl,basis);
```

in T1 die Darstellung zur anderen Basis erzeugt.
Die Datei Loesg16_9.java enthält den vollständigen Lösungs-Quelltext.

Lösung 16.10: Es reichen die *fünf Änderungen* des Klassen-Namens von Integer zu Long. Hinzu kommt die notwendige andere Vereinbarung des Zielspeicherplatzes: long zahl;
Die Datei Loesg16_10.java enthält den vollständigen Lösungs-Quelltext.

Lösung 16.11: Erzeugung der Objekte:

```
F1=new Float(d);  F2=new Float(f);   F3=new Float("789.34");
D1=new Double(d);  D2=new Double("456.6789");
```

Blick auf die Datenkerne:

```
System.out.println("Inhalt von F1="+F1.toString());
```

Anwendung der statischen Methoden:

```
System.out.println("Ergebnis von Float.toString="+Float.toString(f));
```

Die Datei Loesg16_11.java enthält den vollständigen Lösungs-Quelltext.

---

17 Lösungen zu Kapitel 17

Lösung 17.1: Konstruktoren mit Platzhaltern für die drei Klassen:

```
Lehrling(String N, String V, int g){ Name=N;Vorname=V;gehalt=g; }
Angestellter(String N, String V, int g){ Name=N;Vorname=V;gehalt=g; }
Chef(String N, String V, int g){ Name=N;Vorname=V;gehalt=g; }
```

Die Datei Loesg17_1.java enthält den vollständigen Lösungs-Quelltext.

Lösung 17.2: Klasse Angestellter mit erweitertem Datenkern und Methode:

```
class Angestellter extends Mitarbeiter{
  int stufe;
  Angestellter(String N, String V, int g, int s){super(N, V, g); stufe=s;}
  void datenAusgeben(){
    System.out.println("Name:"+Name+" Vorname:"+Vorname+" Gehalt:"+gehalt);
    System.out.println("  + Stufe:"+ stufe); }
  void befoerderung(){if(stufe<10){ stufe=stufe+1; }}}
```

Die Datei Loesg17_2.java enthält den vollständigen Lösungs-Quelltext.

Lösung 17.3: Anwendung der Fenstertechnik:

```
n=0; System.out.print("Zeichenfolge-->"); Fenster=Keyb.nextLine();
while(Fenster.equals("***")==false){
    n=n+1; T[n-1]=Fenster;
    System.out.print("Zeichenfolge-->"); Fenster=Keyb.nextLine();
    }
System.out.println("Belegung T="+Arrays.toString(T));
Arrays.sort(T);
System.out.println("T sortiert="+Arrays.toString(T));
```

Die Datei Loesg17_3.java enthält den vollständigen Lösungs-Quelltext.

18 Lösungen zu Kapitel 18

Lösung 18.1: Wichtig: Die Methode befoerdern *muss* konkretisiert werden:

```
class Lehrling extends AbstrakteKlasse{
  Lehrling(String N,String V, int g){Name=N;Vorname=V;gehalt=g;
  fertigePruefg=0; }
  void datenAusgeben(){............}
  void gehaltHoch(int zuwachs){ gehalt=gehalt+zuwachs;}
  void pruefgBestanden(){fertigePruefg++;};
  void befoerdern(){};                           //leere Methode
}                                     // Ende der Klasse Lehrling
```

Die Datei Loesg18_1.java enthält den vollständigen Lösungs-Quelltext.

Lösung 18.2: Da AbstrakteKlasse im Beispiel 18.2 *keine abstrakten Methoden* mehr enthält, ist es für die Klasse Lehrling nicht erforderlich, die Methode befoerdern durch eine leere Methode zu konkretisieren. Das ist der einzige Unterschied zur Lösung der Übung 18.1.

.Die Datei Loesg18_2.java enthält den vollständigen Lösungs-Quelltext.

Lösung 18.3: Der Unterschied zur vorigen Aufgabe besteht darin, dass AbstrakteKlasse überhaupt *keinen Datenkern mehr vorbereitet*, also müssen in den abgeleiteten Klassen zusätzlich zur Konkretisierung der Methoden die Datenkerne für die späteren Objekte vorbereitet werden:

```
class Lehrling extends AbstrakteKlasse{
    String Name, Vorname; int gehalt, fertigePruefg;
```

Die Datei Loesg18_3.java enthält den vollständigen Lösungs-Quelltext.

Lösung 18.4: Die Klasse Lehrling entsteht nun durch *Implementation des Interface* Schnittstelle. Sie muss folglich einen eigenen Datenkern mit eigenem Konstruktor vorbereiten und *alle Methoden des Interface* konkretisieren:

```
class Lehrling implements Schnittstelle{
    String Name, Vorname;int gehalt, fertigePruefg; ............
```

Die Datei Loesg18_4.java enthält den vollständigen Lösungs-Quelltext.

20 Lösungen zu Kapitel 20

Lösung 20.1: Da der Name des Formular-Objekts, also F1, in der Methode main bekannt ist, kann damit gearbeitet werden:

```
Color C; C=new Color(255,0,255); F1.setBackground(C);
F1.setTitle("Java von Vieweg");
```

Die Datei Loesg20_1.java enthält den vollständigen Lösungs-Quelltext.

21 Lösungen zu Kapitel 21

Lösung 21.1: Man muss hier kein Font-Objekt konkret benennen – mit Hilfe von

```
B.setFont(new Font("Courier",0,24));
```

kann die Schrift eingestellt werden. Die Null in der Mitte bedeutet „*Standard*".

Die Datei Loesg21_1.java enthält den vollständigen Lösungs-Quelltext.

Lösung 21.2: Mit L1.setAlignment(1); wird die Beschriftung des Labels zentriert.

Die Datei Loesg21_2.java enthält den vollständigen Lösungs-Quelltext.

Lösung 21.3: Ein einfaches Vertauschen kann es nicht geben – es muss ein Hilfs-String-Objekt Tx verwendet werden, in dessen Datenkern zeitweilig eine der Label-Beschriftungen abgespeichert wird:

```
String Tx; Tx=L2.getText();
L2.setText(L7.getText());
L7.setText(Tx);
```

Die Datei `Loesg21_3.java` enthält den vollständigen Lösungs-Quelltext.

Lösung 21.4: Der *einzige Unterschied* zum Inhalt der Methode `actionperformed` der Klasse `ActListKlasse1` besteht in dem Rechen-Befehl `erg=z1-z2`:

Die Datei `Loesg21_4.java` enthält den vollständigen Lösungs-Quelltext.

Lösung 21.5: Der Rechnungs-Teil muss als Inhalt des einfachen Tests

```
if((T1.getText().equals("")==false)&&(T2.getText().equals("")==false)){…}
```

geschrieben werden.

Die Datei `Loesg21_5.java` enthält den vollständigen Lösungs-Quelltext.

Lösung 21.6: Ausführlich:

```
boolean zustand, anders; zustand=C1.getState();
if (zustand==true)anders=false; else anders=true;
C2.setState(anders);
```

Kürzer:

```
C1.setState(!C2.getState());              //Ausrufezeichen=Verneinung
```

Die Datei `Loesg21_6.java` enthält den vollständigen Lösungs-Quelltext.

Lösung 21.7: Die Datei `Loesg21_7.java` enthält den vollständigen und ausführlichen Lösungs-Quelltext.

Lösung 21.8: Die Datei `Loesg21_8.java` enthält.den vollständigen und ausführlichen Lösungs-Quelltext.

22   Lösungen zu Kapitel 22

Lösung 22.1: Die Datei `Loesg22_1.java` enthält den vollständigen und ausführlichen Lösungs-Quelltext.

Lösung 22.2: Die Datei `Loesg22_2.java` enthält den vollständigen und ausführlichen Lösungs-Quelltext.

Lösung 22.3: Die Datei `Loesg22_3.java` enthält den vollständigen und ausführlichen Lösungs-Quelltext.

23 Lösungen zu Kapitel 23

Lösung 23.1: Die Datei Loesg23_1.java enthält den vollständigen und ausführlichen Lösungs-Quelltext.

24 Lösungen zu Kapitel 24

Lösung 24.1: Die Datei Loesg24_1.java enthält den vollständigen und ausführlichen Lösungs-Quelltext. Der Inhalt der Methode run lautet:

```
if(S.getValue()<4) S.setValue(S.getValue()+1);
                   else S.setValue(1);
if(S.getValue()==1) S.setBackground(new Color(255,0,0));
if(S.getValue()==2) S.setBackground(new Color(255,255,0));
if(S.getValue()==3) S.setBackground(new Color(0,255,0));
if(S.getValue()==4) S.setBackground(new Color(255,0,0));
```

Lösung 24.2: Die Datei Loesg24_2.java enthält den vollständigen Lösungs-Quelltext. Wichtig dabei ist:

```
public void run(){
    if(S.getValue()<4) S.setValue(S.getValue()+1);
                       else S.setValue(1);
    if(S.getValue()==1){
        L1.setBackground(new Color(128,128,128));
        L2.setBackground(new Color(255,255,0));
        L3.setBackground(new Color(128,128,128));
    }
    if(S.getValue()==2){. . . . }
    if(S.getValue()==3){. . . . }
    if(S.getValue()==4){. . . . }
    };
}
class ActListKlasse1 implements ActionListener{
    public void actionPerformed(ActionEvent e){
        T=new Timer();T.schedule(new Prozess1(),0,1000);
    };
}
B1.addActionListener(new ActListKlasse1());
class ActListKlasse2 implements ActionListener{
    public void actionPerformed(ActionEvent e){
        T.cancel();
    };
}
B2.addActionListener(new ActListKlasse2());
```

Sachwortverzeichnis

A

Abkürzungsmöglichkeiten in Java 300
Abläufe, automatisch 351
abs (stat. Meth.) 204
ActionListener (Interf.) 307, 310, 329
actionPerformed (Prot.) 308, 313, 329
Adapter-Klassen 296, 303
add (Meth.) 305, 331, 337
addActionListener (Meth.) 307, 329
addAdjustmentListener (Meth.) 320
addItemListener (Meth.) 316, 327, 332
addKeyListener (Meth.) 343, 344
addMouseListener (Meth.) 307
addTextListener (Meth.) 323, 341
addWindowListener (Meth.) 293
AdjustmentListener (Interf.) 320
adjustmentValueChanged (Prot.) 320
Alternative 105
 - unvollständig 102
 -, Kurzschreibweise 111
Anwendungsprogrammierer 287
Apostroph 141
Applet (Klasse) 363, 365
Arbeitsfläche 284
Arrays (Klasse) 188, 231, 232, 234
ASCII-Tabelle 144
Ausführungsteil 11, 96, 177
Ausnahmeregel 103, 112, 126
Auswahl-Liste 278

B

BASIC 16
Basis 211, 223, 227
Bedienelemente 278, 280, 301
 -, Anordnung 303

Bedienhandlung 279, 350
Belegung, direkt 71
Benutzeroberfläche 278, 279
Betriebssystem 14, 15, 20, 37, 43, 361
Bild eines Programms 93, 94
Bildschirmschoner 351
Binärdarstellung 144
binarySearch (stat. Meth.) 237, 252
Bit 67, 68, 135
boolean 135
Browser 55, 362
Bruttopreis 91, 185
Button (Klasse) 278, 304, 307
 -, aktivieren 340
 -, deaktivieren 340
 -, Mausklick 307
Byte 67, 69, 83, 84, 135, 149
 -code 19, 30, 42, 361
 -code, Interpretation 32
Byte-Wert, größter 75

C

cancel (Meth.) 357
cbrt (stat. Methode) 209
char 141, 143, 149, 220
char und int 143
Character (Klasse) 216, 217, 218, 221
charAt (Meth.) 163, 355
char-Feld 141, 142, 196, 197
Checkbox (Klasse) 278, 314, 315, 325
 -Objekt 315
CheckboxGroup (Klasse) 325
class-Datei 21, 361
Color (Klasse) 288, 299
compareTo (Meth.) 168

G

Gruppen von Checkboxen 326

H

halblogarithmische Darstellung 83
Hexadezimalsystem 222, 230
Hierarchie 269
Hintergrundfarbe 287
HTML 362

I

if 102
Implementierung eines Interface 266
import-Befehle 188
Informationsprogramme 350
 -texte 11
init (Meth.) 365
Inkrementieren 109
Installation des JDK 28
Instanz 257, 260
int 69, 74, 149
Integer (Klasse) 224, 228, 314
Integrierte Entwicklungsumgebung 15
Interface 266, 294
 - ActionListener 307, 310, 329
 - AdjustmentListener 320
 - ItemListener 316, 327, 332
 - KeyListener 343, 344
 - LayoutManager 302
 - TextListener 323, 341
 - WindowListener 292
 -, Implementierung 266
Interne Darstellung ganzer Zahlen 69
 - von Dezimalbrüchen 83
Internet 37, 43, 55, 361
 - und Globalisierung 17
Interpretation des Bytecode 32
Interpreterprinzip 15

int-Rechenwerk 80
int-Wert, maximal 75
isDigit (stat. Meth.) 219
isLetter (stat. Meth.) 219
isLetterOrDigit (stat. Meth.) 219
isLowerCase (stat. Meth.) 219
isUpperCase (stat. Meth.) 219
Item 316
ItemListener (Interf.) 316, 327, 332
itemStateChanged (Protot.) 317, 327

J

Java, Grundprinzip 186
 -, Leistungsfähigkeit 203
java.applet (Paket) 365
java.awt (Paket) 280, 281, 301, 309
java.awt.event (Paket) 293, 307, 316
java.lang (Paket) 188, 209, 216, 224
java.util (Paket) 188, 190, 231, 351
Java Applets 361
 - Bytecode 19, 21, 31
 - Compiler 19, 21, 37, 42, 43, 61, 361
 - Dokumentation 154
 - Dokumentation, laden 154
 - Entwicklungssysteme 37
 - Interpreter 18, 21, 37, 42, 119, 141
 - Klassen 203
 - Pakete 203
 - Prinzip 18
 - Programme 21
 - Programme, Verarbeitung 18
 - Programmentwicklung 61
 - Programmierung, Hilfsmittel 37
 - Quelltext, abspeichern 24
 - Quelltext, editieren 21
JBuilder 54
JDK, Installation 28

Kurzschreibweise
  von Alternativen 111

L

Label (Klasse) 278, 304, 322
Lademodul 14
Laufbedingung 97, 100, 122
 -schrift 355
 -variable 124
 -zeit 211
Layout 301
LayoutManager (Interf.) 302
leerer Datenkern 151
 - Speicherplatz 34
 - String 201
Leertaste 346
 -zeichen 144
Leistungsangebot 104
Leistungsfähigkeit von Java 203
length (Meth.) 157, 196
Leser-Service 55
lineare Programme 95
List (Klasse) 330, 332
Liste, Erzeugung 331
log (stat. Meth.) 209
Logik des Programms 94, 95
logische Fehler 5, 25, 34, 93
 - Operationen 137
 - Speicherplätze 135
Long (Klasse) 228, 336
long 69, 149, 195
 - Rechenwerk 78
 - Speicherplatz, größter Wert 78

M

main (stat. Meth.) 23, 177, 189
Mantisse 84, 85

Maschine, virtuell 19
Math (Klasse) 188, 204, 205, 208, 209
mathematische Funktionen 209
Mausklick auf den Button 307
max (stat. Meth.) 205
Maximumsuche 129
Mehrfachfallunterscheidung 124
 -markierungen in Listen 331
Mehrwertsteuer 91, 185
Mensch-Rechner-Interaktion 277
Menü-Programme 104
Methode 154, 174
 - add 305, 331, 337
 - addActionListener 307, 329
 - addAdjustmentListener 320
 - addItemListener 316, 327, 332
 - addKeyListener 343, 344
 - addMouseListener 307
 - addTextListener 323, 341
 - addWindowListener 293
 - cancel 357
 - charAt 163, 355
 - compareTo 168
 - concat 167
 - endsWith 164
 - equals 235, 248, 250, 252, 341
 - getItem 337
 - getItemCount 337
 - getItems 337
 - getKeyCode 345
 - getLabel 309
 - getSelectedIndex 332, 337
 - getSelectedItem 337
 - getState 317, 327
 - getText 324, 341, 355
 - getValue 321
 - init 365

Methoden
-, nicht-statisch 183
 -, öffentliche 171, 176, 181
 -, statisch 181, 183, 186, 188, 203, 205
 -, vier Arten 157
Methodensammlung 181, 186, 190
 -übersicht 156
min (stat. Meth.) 205

N

Nachricht 292
Namen von Objekten 150, 300
 - von Speicherplätzen 150
 -, sprechend 82
namenlose Objekte 299
Namensgebung, Java-Vorschriften 82
natürlicher Logarithmus 209
NetBeans 26, 50
 -, Starten und Einrichten 51
Nettopreis 91, 185
new-Anweisung 151, 199, 253
nextByte (Meth.) 70
nextDouble (Meth.) 87
nextFloat (Meth.) 87
nextInt (Meth.) 70
nextLine (Meth.) 152
nextLong (Meth.) 70
next-Methoden 149, 190
nextShort (Meth.) 70
nicht-Dezimal-Zahlen 222, 227
nicht-statische Methoden 183, 186, 239
nummerierte Speicherplätze 119
Nutzer, Bedienhandlungen 279, 350
Nutzerdialog 277
 -eingabe 70, 149
 -einwirkung 290
Nutzung statischer Methoden 183

O

Object (Klasse) 249, 250
Objekt 150, 171, 181, 188
 - der Klasse 257
 -, Erzeugung 150
 -, visuell, Erzeugung 304
Objektfeld 273, 274
 -hierarchie 269
 -modul 13
 -namen 160
objektorientierte Programmierung 153
ODER-Verknüpfung 101
Oktalsystem 222
Online-Unterstützung 55
OOP 153
Optionsbuttons 325
Optische Problemdiskussion 95

P

Paket java.applet 365
 - java.awt 280, 281, 301, 309
 - java.awt.event 293, 307, 316
 - java.lang 188, 209, 216, 224
 - java.util 188, 190, 231, 351
Pakete 188
 -, importieren 188
parseDouble (stat. Meth.) 231, 348
parseFloat (stat. Meth.) 230
parseInt (stat. Meth.) 227, 314
parseLong (stat. Meth.) 229, 335
Plattform 15, 17, 27
 -übergreifende Lösungen 20
Platzhalter 163, 170, 176, 191, 192, 199
 - und Formel 212, 213
Platzhaltername 163
 -reihenfolge 199